2011年世界发展数据手册

世界银行　著

中国财政经济出版社

The Little Data Book 2011

This Work was originally published by the World Bank in English as Little Data Book 2011 in 2011. This Chinese translation was arranged by China Financial and Economic Publishing House, China Financial & Economic Publishing House is responsible for the accuracy of the translation. In case of any discrepancies, the original language will govern.

2011 年世界发展数据手册

本书原版由世界银行 2011 年以英文出版，书名为《2011 年世界发展数据手册》。中文版由中国财政经济出版社组织翻译并出版。中国财政经济出版社负责翻译的准确性，如出现理解歧义，以英文原版为准。

目录

致 谢

《2011 年世界发展数据手册》是由 Soong Sup Lee 领导的小组编撰，小组成员包括 Awatif Abuzeid、Mehdi Akhlaghi,、Azita Amjadi、Uranbileg Batjargal、David Cieslikowski、Federico Escaler、Mahyar Eshragh – Tabary、Shota Hatakeyama、Masako Hiraga、Bala Bhaskar Naidu Kalimili、Buyant Erdene Khaltarkhuu、Ibrahim Levent、Sulekha Patel、William Prince 和 Jomo Tariku，并且密切与主管发展经济学的副行长属下的发展数据小组密切合作。本项工作是在 Shaida Badiee 的管理下完成的。

Alison Kwong 对本书生产和排版的各个环节进行了协调。对外事务部门的工作人员负责监督本书的出版和发行。

引言

《2011年世界发展数据手册》是《2011年世界发展指标》的袖珍版。它旨在为《2011年世界发展指标》数据库、印刷版和CD－ROM的使用者提供一个快捷的参照。《世界发展指标》数据库囊括了横跨50多年的1,000多项指标，可在网站data. worldbank. org上获得。

《世界发展数据手册》的国别篇共213页，提供了人口在3万以上的世界银行成员国及其他经济体最新可获得的数据。综述部分14页，涵盖了按地区和收入组别划分的合计数。

欲知有关这些数据或世界银行其他数据类出版物的更多信息，请访问我们的数据网站：data. worldbank. org；或给我们发电子邮件至data@ worldbank. org；或拨打我们的热线电话：800－590－1906或202－473－7824；传真：202－522－1498。

欲订购《2011年世界发展指标》（英文版）或《2011年世界发展指标》CD－ROM者，请访问世界银行出版物网站：www. worldbank. org/publications，或拨打电话：800－645－7247或703－661－1580，传真：703－661－1501。

关于数据的说明

本书数据为1990年、2000年和2009年或最近年份可获得的数据，正文表或者词汇表中另有说明的除外。

- 增长率指与前一年相比的变化比例，另有说明的除外。
- 地区合计数仅包括低收入经济体和中等收入经济体的数据。
- 斜体数字表明该数据是几年或者一段时期的，而不是特定年份的数据。

符号用法：

..	指该数据不可获得或由于数据缺失而无法算出合计数。
0或0.0	指零或很小，小数位的数字四舍五入为零。
$	为现值美元。
	一些国家的表中标有字母的注释，见第231页的“注释”。

本书提供了人口在3万以上以及世界银行较小成员国的数据。“国家”（与“经济体”交替使用）一词并不意味着政治的独立或世界银行对其地位的官方认可，而是指任何一个其当局分别报告了社会或经济统计数据的经济体。

本书所选的指标，包含了那些用于检测千年发展目标进展情况的指标。要了解有关8个目标的更多信息——在2015年前实现将贫困人口减少一半以及提高生活水平——请参阅《2011年世界发展指标》类别的其他图书。

地区篇

各地区的国家构成是基于世界银行为进行分析而做的地区划分，可能与通用的地理划分有别。

东亚和太平洋地区

美属萨摩亚、柬埔寨、中国、斐济、印度尼西亚、基里巴斯、朝鲜、老挝、马来西亚、马绍尔群岛、密克罗尼西亚联邦、蒙古、缅甸、帕劳、巴布亚新几内亚、菲律宾、萨摩亚、所罗门群岛、泰国、东帝汶、汤加、图瓦卢、瓦努阿图、越南

欧洲和中亚

阿尔巴尼亚、亚美尼亚、阿塞拜疆、白俄罗斯、波斯尼亚和黑塞哥维那、保加利亚、格鲁吉亚、哈萨克斯坦、科索沃、吉尔吉斯斯坦、立陶宛、前南马其顿、摩尔多瓦、黑山、罗马尼亚、俄罗斯联邦、塞尔维亚、塔吉克斯坦、土耳其、土库曼斯坦、乌克兰、乌兹别克斯坦

拉丁美洲和加勒比地区

安提瓜和巴布达、阿根廷、伯利兹、玻利维亚、巴西、智利、哥伦比亚、哥斯达黎加、古巴、多米尼克、多米尼加共和国、厄瓜多尔、萨尔瓦多、格林纳达、危地马拉、圭亚那、海地、洪都拉斯、牙买加、墨西哥、尼加拉瓜、巴拿马、巴拉圭、秘鲁、圣基茨和尼维斯、圣卢西亚、圣文森特和格林纳丁斯、苏里南、乌拉圭、委内瑞拉

中东和北非

阿尔及利亚、吉布提、埃及、伊朗、伊拉克、约旦、黎巴嫩、利比亚、摩洛哥、叙利亚、突尼斯、西岸和加沙、也门共和国

南亚

阿富汗、孟加拉国、不丹、印度、马尔代夫、尼泊尔、巴基斯坦、斯里兰卡

撒哈拉以南非洲地区

安哥拉、贝宁、博茨瓦纳、布基纳法索、布隆迪、喀麦隆、佛得角、中非共和国、乍得、科摩罗、刚果民主共和国、刚果共和国、科特迪瓦、厄立特里亚、埃塞俄比亚、加蓬、冈比亚、加纳、几内亚、几内亚比绍、肯尼亚、莱索托、利比里亚、马达加斯加、马拉维、马里、毛里塔尼亚、毛里求斯、马约特岛、莫桑比克、纳米比亚、尼日尔、尼日利亚、卢旺达、圣多美和普林西比、塞内加尔、塞舌尔、塞拉利昂、索马里、南非、苏丹、斯威士兰、坦桑尼亚、多哥、乌干达、赞比亚、津巴布韦

世 界

人口(百万)	6,775.2	人口增长率(百分比)	1.2
陆地面积(千平方公里)	133,923	国家贫困率(占人口的百分比)	
GNI(10 亿美元)	59,162.8	人均 GNI(美元)	8,732
PPP 衡量的 GNI(10 亿美元)	71,774.4	PPP 衡量的人均 GNI(美元)	10,594

	1990	2000	2009
人口			
最贫困的 20% 人口占国家消费/收入的份额(百分比)	..	..	..
出生时的预期寿命(岁)	65	67	69
总生育率(每个女性生育数)	3.3	2.7	2.5
青年女性生育率(每千名 15—19 岁女性生育数)	..	60	50
避孕普及率(占 15—49 岁已婚女性的百分比)	57	61	61
在熟练医护人员护理下的分娩(占总数的百分比)	50	62	65
5 岁以下儿童死亡率(每千人)	92	79	61
儿童营养不良,体重不足(占 5 岁以下儿童的百分比)	..	25	21
儿童麻疹免疫接种率(占 12—23 个月年龄组的百分比)	73	72	82
小学毕业率,总数(占适龄年龄组的百分比)	*79*	82	*88*
中学总入学率,总数(占适龄年龄组的百分比)	*50*	60	*67*
小学和中学中女孩与男孩的比率(百分比)	*87*	92	*96*
HIV 感染率(占 15—49 岁人口的百分比)	0.3	1.0	0.8
环境			
森林(千平方公里)	41,582	40,738	40,204
森林采伐(1990—2010 年,平均年度百分比)			0.1
淡水使用量(占内陆水资源的百分比)	..	..	*9.0*
获得改善的水资源的人口(占总人口的百分比)	77	83	*87*
获得改善的卫生设施的人口(占总人口的百分比)	52	57	*61*
人均能源使用量(千克石油当量)	1,669	1,646	*1,835*
人均二氧化碳排放量(吨)	4.3	4.1	*4.6*
人均用电量(千瓦时)	2,120	2,389	*2,875*
经济			
GDP(10 亿美元)	21,904.8	32,209.7	58,259.8
GDP 增长率(年度百分比)	3.0	4.3	-1.9
GDP 隐含价格平减指数(年度增长百分比)	7.4	4.2	2.4
农业增加值(占 GDP 的百分比)	5	4	*3*
工业增加值(占 GDP 的百分比)	33	29	*27*
服务业增加值(占 GDP 的百分比)	61	68	*70*
货物和服务出口(占 GDP 的百分比)	19	24	24
货物和服务进口(占 GDP 的百分比)	19	24	24
资本形成总额(占 GDP 的百分比)	23	22	19
中央政府收入(占 GDP 的百分比)	..	*25.8*	24.3
中央政府现金盈余/赤字(占 GDP 的百分比)	..	*-0.2*	-7.1
政府与市场			
创办企业的时间(天)	..	..	34
股票市场资本总额(占 GDP 的百分比)	47.5	101.7	85.2
军费支出(占 GDP 的百分比)	3.6	2.3	2.6
移动电话用户(每 100 人)	0	12	69
互联网用户(每 100 人)	0.1	6.7	27.1
铺敷道路(占总数的百分比)	36.5	49.0	..
高科技出口(占制成品出口的百分比)	17	23	20
全球联系			
商品贸易(占 GDP 的百分比)	32.2	40.8	42.8
净易货贸易条件指数(2000 年 =100)	..	..	..
外债总额(10 亿美元)	..	..	..
债务还本付息总额(占出口的百分比)	..	..	..
净移民(千人)	..	..	..
获得的侨汇(10 亿美元)	68	132	416
外国直接投资,净流入额(10 亿美元)	212	1,612	1,164
获得的净官方发展援助(10 亿美元)	57	50	128

东亚和太平洋地区

人口(百万)	1,943.8	人口增长率(百分比)	0.7
陆地面积(千平方公里)	16,302	国家贫困率(占人口的百分比)	
GNI(10亿美元)	6,148.6	人均GNI(美元)	3,163
PPP衡量的GNI(10亿美元)	11,712.8	PPP衡量的人均GNI(美元)	6,026

	1990	2000	2009
人口			
最贫困的20%人口占国家消费/收入的份额(百分比)	..	..	..
出生时的预期寿命(岁)	67	70	72
总生育率(每个女性生育数)	2.6	2.0	1.9
青年女性生育率(每千名15—19岁女性生育数)	..	21	17
避孕普及率(占15—49岁已婚女性的百分比)	75	82	77
在熟练医护人员护理下的分娩(占总数的百分比)	48	85	89
5岁以下儿童死亡率(每千人)	55	41	26
儿童营养不良,体重不足(占5岁以下儿童的百分比)	18	14	9
儿童麻疹免疫接种率(占12—23个月年龄组的百分比)	90	83	91
小学毕业率,总数(占适龄年龄组的百分比)	*101*	..	*99*
中学总入学率,总数(占适龄年龄组的百分比)	*41*	60	*74*
小学和中学中女孩与男孩的比率(百分比)	*89*	*98*	*102*
HIV感染率(占15—49岁人口的百分比)	0.1	..	0.2
环境			
森林(千平方公里)	4,602	4,524	4,698
森林采伐(1990—2010年,平均年度百分比)			-0.2
淡水使用量(占内陆水资源的百分比)	..	..	*10.2*
获得改善的水资源的人口(占总人口的百分比)	69	80	*88*
获得改善的卫生设施的人口(占总人口的百分比)	42	52	*59*
人均能源使用量(千克石油当量)	716	828	*1,380*
人均二氧化碳排放量(吨)	1.9	2.3	*4.0*
人均用电量(千瓦时)	463	879	*1,972*
经济			
GDP(10亿美元)	670.3	1,721.9	6,353.8
GDP增长率(年度百分比)	5.5	7.6	7.4
GDP隐含价格平减指数(年度增长百分比)	5.8	3.3	1.8
农业增加值(占GDP的百分比)	25	15	11
工业增加值(占GDP的百分比)	40	44	45
服务业增加值(占GDP的百分比)	35	41	43
货物和服务出口(占GDP的百分比)	22	36	35
货物和服务进口(占GDP的百分比)	21	31	30
资本形成总额(占GDP的百分比)	35	32	40
中央政府收入(占GDP的百分比)	7.1	8.3	*13.4*
中央政府现金盈余/赤字(占GDP的百分比)	..	*-2.6*	..
政府与市场			
创办企业的时间(天)	..	..	40
股票市场资本总额(占GDP的百分比)	*16.4*	47.1	91.0
军费支出(占GDP的百分比)	2.5	1.7	1.9
移动电话用户(每100人)	0	6	62
互联网用户(每100人)	0.0	1.9	24.1
铺敷道路(占总数的百分比)	*17.2*	11.4	..
高科技出口(占制成品出口的百分比)	*16*	31	32
全球联系			
商品贸易(占GDP的百分比)	47.0	59.5	51.4
净易货贸易条件指数(2000年=100)	..	..	..
外债总额(10亿美元)	234	497	826
债务还本付息总额(占出口的百分比)	17.7	11.5	4.8
净移民(百万)	-2,288	-3,062	-3,781
获得的侨汇(10亿美元)	3.1	15.8	85.8
外国直接投资,净流入额(10亿美元)	11	45	101
获得的净官方发展援助(10亿美元)	7.7	8.6	10.3

欧洲和中亚

人口(百万)	404.2	人口增长率(百分比)	0.3
陆地面积(千平方公里)	23,549	国家贫困率(占人口的百分比)	
GNI(10亿美元)	2,745.8	人均GNI(美元)	6,793
PPP衡量的GNI(10亿美元)	5,097.0	PPP衡量的人均GNI(美元)	12,609

	1990	2000	2009
人口			
最贫困的20%人口占国家消费/收入的份额(百分比)	..	..	..
出生时的预期寿命(岁)	68	68	70
总生育率(每个女性生育数)	2.3	1.6	1.8
青年女性生育率(每千名15—19岁女性生育数)	..	36	27
避孕普及率(占15—49岁已婚女性的百分比)	..	68	69
在熟练医护人员护理下的分娩(占总数的百分比)	..	92	97
5岁以下儿童死亡率(每千人)	52	38	21
儿童营养不良,体重不足(占5岁以下儿童的百分比)	..	..	..
儿童麻疹免疫接种率(占12—23个月年龄组的百分比)	*82*	93	96
小学毕业率,总数(占适龄年龄组的百分比)	*92*	94	*96*
中学总入学率,总数(占适龄年龄组的百分比)	*85*	87	*89*
小学和中学中女孩与男孩的比率(百分比)	*98*	97	97
HIV感染率(占15—49岁人口的百分比)	0.1	0.3	0.6
环境			
森林(千平方公里)	8,703	8,722	8,750
森林采伐(1990—2010年,平均年度百分比)			-0.02
淡水使用量(占内陆水资源的百分比)	..	..	*7.0*
获得改善的水资源的人口(占总人口的百分比)	91	93	95
获得改善的卫生设施的人口(占总人口的百分比)	87	88	89
人均能源使用量(千克石油当量)	4,038	2,687	*3,030*
人均二氧化碳排放量(吨)	10.7	6.4	*7.2*
人均用电量(千瓦时)	4,485	3,316	*4,052*
经济			
GDP(10亿美元)	944.3	702.1	2,591.7
GDP增长率(年度百分比)	-1.1	7.6	-5.8
GDP隐含价格平减指数(年度增长百分比)	13.6	22.9	2.6
农业增加值(占GDP的百分比)	19	11	8
工业增加值(占GDP的百分比)	42	35	30
服务业增加值(占GDP的百分比)	39	55	62
货物和服务出口(占GDP的百分比)	19	37	30
货物和服务进口(占GDP的百分比)	22	31	29
资本形成总额(占GDP的百分比)	28	20	19
中央政府收入(占GDP的百分比)	..	..	29.3
中央政府现金盈余/赤字(占GDP的百分比)	..	..	-0.4
政府与市场			
创办企业的时间(天)	..	..	18
股票市场资本总额(占GDP的百分比)	*2.4*	17.5	50.8
军费支出(占GDP的百分比)	*4.9*	3.4	3.3
移动电话用户(每100人)	0	6	119
互联网用户(每100人)	0.0	2.0	36.4
铺敷道路(占总数的百分比)	79.0	*67.4*	..
高科技出口(占制成品出口的百分比)	..	11	9
全球联系			
商品贸易(占GDP的百分比)	..	52.3	48.3
净易货贸易条件指数(2000年=100)	..	..	..
外债总额(10亿美元)	138	363	1,126
债务还本付息总额(占出口的百分比)	..	18.3	26.9
净移民(百万)	-1,136	-2,139	-1,671
获得的侨汇(10亿美元)	3.2	10.4	35.4
外国直接投资,净流入额(10亿美元)	0.7	9.4	86.1
获得的净官方发展援助(10亿美元)	1.3	4.5	8.1

拉丁美洲和加勒比地区

人口(百万)	572.5	人口增长率(百分比)	1.1
陆地面积(千平方公里)	20,394	国家贫困率(占人口的百分比)	
GNI(10亿美元)	4,011.3	人均GNI(美元)	7,007
PPP衡量的GNI(10亿美元)	5,888.7	PPP衡量的人均GNI(美元)	10,286

	1990	2000	2009
人口			
最贫困的20%人口占国家消费/收入的份额(百分比)	..	..	..
出生时的预期寿命(岁)	68	72	74
总生育率(每个女性生育数)	3.2	2.7	2.2
青年女性生育率(每千名15—19岁女性生育数)	..	83	71
避孕普及率(占15—49岁已婚女性的百分比)	..	..	75
在熟练医护人员护理下的分娩(占总数的百分比)	72	86	89
5岁以下儿童死亡率(每千人)	52	34	23
儿童营养不良,体重不足(占5岁以下儿童的百分比)	..	..	4
儿童麻疹免疫接种率(占12—23个月年龄组的百分比)	76	92	93
小学毕业率,总数(占适龄年龄组的百分比)	*84*	97	*101*
中学总入学率,总数(占适龄年龄组的百分比)	*57*	83	*89*
小学和中学中女孩与男孩的比率(百分比)	*99*	101	*102*
HIV感染率(占15—49岁人口的百分比)	0.4	..	0.5
环境			
森林(千平方公里)	10,389	9,900	9,460
森林采伐(1990—2010年,平均年度百分比)			0.3
淡水使用量(占内陆水资源的百分比)	..	..	*2.0*
获得改善的水资源的人口(占总人口的百分比)	85	90	*93*
获得改善的卫生设施的人口(占总人口的百分比)	69	75	*79*
人均能源使用量(千克石油当量)	1,044	1,143	*1,290*
人均二氧化碳排放量(吨)	2.3	2.5	*2.7*
人均用电量(千瓦时)	1,173	1,568	*1,907*
经济			
GDP(10亿美元)	1,116.5	2,054.0	4,017.9
GDP增长率(年度百分比)	0.2	4.0	-1.9
GDP隐含价格平减指数(年度增长百分比)	22.5	4.9	3.7
农业增加值(占GDP的百分比)	9	6	6
工业增加值(占GDP的百分比)	36	30	31
服务业增加值(占GDP的百分比)	56	65	63
货物和服务出口(占GDP的百分比)	17	20	21
货物和服务进口(占GDP的百分比)	15	21	21
资本形成总额(占GDP的百分比)	19	20	20
中央政府收入(占GDP的百分比)	19.4	18.1	..
中央政府现金盈余/赤字(占GDP的百分比)	-2.6	-1.5	..
政府与市场			
创办企业的时间(天)	..	..	60
股票市场资本总额(占GDP的百分比)	7.6	31.7	52.9
军费支出(占GDP的百分比)	1.5	1.4	1.5
移动电话用户(每100人)	0	12	90
互联网用户(每100人)	0.0	3.8	31.5
铺敷道路(占总数的百分比)	21.1	24.3	..
高科技出口(占制成品出口的百分比)	7	16	13
全球联系			
商品贸易(占GDP的百分比)	23.3	35.7	33.6
净易货贸易条件指数(2000年=100)	..	..	..
外债总额(10亿美元)	441	751	913
债务还本付息总额(占出口的百分比)	24.5	40.4	17.9
净移民(百万)	-3,479	-3,760	-5,214
获得的侨汇(10亿美元)	5.7	20.2	56.6
外国直接投资,净流入额(10亿美元)	8.1	78.9	76.6
获得的净官方发展援助(10亿美元)	5.1	4.8	9.1

中东和北非

人口(百万)	330.9	人口增长率(百分比)	1.8
陆地面积(千平方公里)	8,778	国家贫困率(占人口的百分比)	
GNI(10 亿美元)	1,190.2	人均 GNI(美元)	3,597
PPP 衡量的 GNI(10 亿美元)	2,617.6	PPP 衡量的人均 GNI(美元)	7,911

	1990	2000	2009
人口			
最贫困的 20% 人口占国家消费/收入的份额(百分比)	..	..	..
出生时的预期寿命(岁)	64	69	71
总生育率(每个女性生育数)	4.9	3.2	2.7
青年女性生育率(每千名 15—19 岁女性生育数)	..	42	34
避孕普及率(占 15—49 岁已婚女性的百分比)	42	61	62
在熟练医护人员护理下的分娩(占总数的百分比)	47	77	80
5 岁以下儿童死亡率(每千人)	76	50	33
儿童营养不良,体重不足(占 5 岁以下儿童的百分比)	..	7	7
儿童麻疹免疫接种率(占 12—23 个月年龄组的百分比)	83	89	87
小学毕业率,总数(占适龄年龄组的百分比)	..	83	*95*
中学总入学率,总数(占适龄年龄组的百分比)	*54*	68	*73*
小学和中学中女孩与男孩的比率(百分比)	*80*	89	*96*
HIV 感染率(占 15—49 岁人口的百分比)	0.1	0.1	0.1
环境			
森林(千平方公里)	207	208	211
森林采伐(1990—2010 年,平均年度百分比)			-0.1
淡水使用量(占内陆水资源的百分比)	..	..	*122.3*
获得改善的水资源的人口(占总人口的百分比)	87	88	*87*
获得改善的卫生设施的人口(占总人口的百分比)	73	80	*84*
人均能源使用量(千克石油当量)	814	1,022	*1,329*
人均二氧化碳排放量(吨)	2.5	3.2	*3.7*
人均用电量(千瓦时)	727	1,044	*1,494*
经济			
GDP(10 亿美元)	265.4	431.3	1,062.4
GDP 增长率(年度百分比)	7.4	3.3	3.4
GDP 隐含价格平减指数(年度增长百分比)	17.0	4.9	1.1
农业增加值(占 GDP 的百分比)	18	13	*11*
工业增加值(占 GDP 的百分比)	32	43	*43*
服务业增加值(占 GDP 的百分比)	50	44	*46*
货物和服务出口(占 GDP 的百分比)	23	27	*38*
货物和服务进口(占 GDP 的百分比)	34	26	*33*
资本形成总额(占 GDP 的百分比)	29	24	*28*
中央政府收入(占 GDP 的百分比)	..	..	30.6
中央政府现金盈余/赤字(占 GDP 的百分比)	..	..	-3.0
政府与市场			
创办企业的时间(天)	..	..	23
股票市场资本总额(占 GDP 的百分比)	..	19.9	38.0
军费支出(占 GDP 的百分比)	2.9	3.5	3.5
移动电话用户(每 100 人)	0	2	67
互联网用户(每 100 人)	0.0	0.9	21.5
铺敷道路(占总数的百分比)	72.0	68.7	*81.0*
高科技出口(占制成品出口的百分比)	..	3	*2*
全球联系			
商品贸易(占 GDP 的百分比)	42.5	48.4	53.5
净易货贸易条件指数(2000 年=100)	..	..	..
外债总额(10 亿美元)	137	139	141
债务还本付息总额(占出口的百分比)	24.1	14.3	..
净移民(百万)	-1,500	-1,581	-1,089
获得的侨汇(10 亿美元)	11	13	33
外国直接投资,净流入额(10 亿美元)	0.7	4.1	27.8
获得的净官方发展援助(10 亿美元)	10.3	4.5	13.6

南亚

人口(百万)	1,567.7	人口增长率(百分比)	1.5
陆地面积(千平方公里)	5,131	国家贫困率(占人口的百分比)	
GNI(10亿美元)	1,735.4	人均GNI(美元)	1,107
PPP衡量的GNI(10亿美元)	4,658.7	PPP衡量的人均GNI(美元)	2,972

	1990	2000	2008
人口			
最贫困的20%人口占国家消费/收入的份额(百分比)	..	..	..
出生时的预期寿命(岁)	58	61	64
总生育率(每个女性生育数)	4.3	3.4	2.8
青年女性生育率(每千名15—19岁女性生育数)	..	87	63
避孕普及率(占15—49岁已婚女性的百分比)	40	45	51
在熟练医护人员护理下的分娩(占总数的百分比)	32	36	47
5岁以下儿童死亡率(每千人)	125	97	71
儿童营养不良,体重不足(占5岁以下儿童的百分比)	57	43	42
儿童麻疹免疫接种率(占12—23个月年龄组的百分比)	56	54	75
小学毕业率,总数(占适龄年龄组的百分比)	*62*	68	*79*
中学总入学率,总数(占适龄年龄组的百分比)	*37*	44	*52*
小学和中学中女孩与男孩的比率(百分比)	*69*	79	*91*
HIV感染率(占15—49岁人口的百分比)	0.1	0.3	0.3
环境			
森林(千平方公里)	795	794	817
森林采伐(1990—2007年,平均年度百分比)			-0.1
淡水使用量(占内陆水资源的百分比)	..	..	*51.7*
获得改善的水资源的人口(占总人口的百分比)	74	80	*87*
获得改善的卫生设施的人口(占总人口的百分比)	22	29	*36*
人均能源使用量(千克石油当量)	348	417	*495*
人均二氧化碳排放量(吨)	0.7	1.0	*1.2*
人均用电量(千瓦时)	246	359	*503*
经济			
GDP(10亿美元)	402.5	608.2	1,700.4
GDP增长率(年度百分比)	5.4	4.3	8.1
GDP隐含价格平减指数(年度增长百分比)	8.6	4.5	7.0
农业增加值(占GDP的百分比)	29	24	18
工业增加值(占GDP的百分比)	26	26	27
服务业增加值(占GDP的百分比)	45	50	55
货物和服务出口(占GDP的百分比)	9	14	19
货物和服务进口(占GDP的百分比)	12	16	24
资本形成总额(占GDP的百分比)	23	23	33
中央政府收入(占GDP的百分比)	13.6	12.3	12.1
中央政府现金盈余/赤字(占GDP的百分比)	-3.4	-4.0	-4.6
政府与市场			
创办企业的时间(天)	..	..	25
股票市场资本总额(占GDP的百分比)	10.8	26.1	73.3
军费支出(占GDP的百分比)	3.4	3.1	2.6
移动电话用户(每100人)	0	0	45
互联网用户(每100人)	0.0	0.5	5.5
铺敷道路(占总数的百分比)	*42.7*	47.5	*51.8*
高科技出口(占制成品出口的百分比)	2	4	8
全球联系			
商品贸易(占GDP的百分比)	16.4	24.0	31.0
净易货贸易条件指数(2000年=100)	..	..	..
外债总额(10亿美元)	126	161	340
债务还本付息总额(占出口的百分比)	31.6	17.4	6.8
净移民(百万)	-1,806	-2,857	-2,376
获得的侨汇(10亿美元)	5.6	17.2	75.1
外国直接投资,净流入额(10亿美元)	0.5	4.4	38.4
获得的净官方发展援助(10亿美元)	6.0	4.1	14.3

撒哈拉以南非洲地区

人口(百万)	839.6	人口增长率(百分比)	2.5
陆地面积(千平方公里)	24,242	国家贫困率(占人口的百分比)	
GNI(10 亿美元)	944.2	人均 GNI(美元)	1,125
PPP 衡量的 GNI(10 亿美元)	1,722.2	PPP 衡量的人均 GNI(美元)	2,051

	1990	2000	2009
人口			
最贫困的 20% 人口占国家消费/收入的份额(百分比)	..	..	..
出生时的预期寿命(岁)	50	50	53
总生育率(每个女性生育数)	6.3	5.6	5.0
青年女性生育率(每千名 15—19 岁女性生育数)	..	131	112
避孕普及率(占 15—49 岁已婚女性的百分比)	15	22	21
在熟练医护人员护理下的分娩(占总数的百分比)	..	45	44
5 岁以下儿童死亡率(每千人)	181	160	130
儿童营养不良,体重不足(占 5 岁以下儿童的百分比)	..	27	25
儿童麻疹免疫接种率(占 12—23 个月年龄组的百分比)	57	55	68
小学毕业率,总数(占适龄年龄组的百分比)	*51*	52	*64*
中学总入学率,总数(占适龄年龄组的百分比)	*22*	25	*34*
小学和中学中女孩与男孩的比率(百分比)	*82*	84	*88*
HIV 感染率(占 15—49 岁人口的百分比)	2.4	6.3	5.4
环境			
森林(千平方公里)	7,379	6,960	6,605
森林采伐(1990—2010 年,平均年度百分比)			0.3
淡水使用量(占内陆水资源的百分比)	..	..	*3.2*
获得改善的水资源的人口(占总人口的百分比)	49	55	*60*
获得改善的卫生设施的人口(占总人口的百分比)	27	29	*31*
人均能源使用量(千克石油当量)	676	648	*678*
人均二氧化碳排放量(吨)	0.9	0.8	*0.8*
人均用电量(千瓦时)	514	490	*531*
经济			
GDP(10 亿美元)	301.3	342.1	945.9
GDP 增长率(年度百分比)	1.1	3.7	1.7
GDP 隐含价格平减指数(年度增长百分比)	9.1	5.4	4.6
农业增加值(占 GDP 的百分比)	19	16	13
工业增加值(占 GDP 的百分比)	32	29	30
服务业增加值(占 GDP 的百分比)	49	54	57
货物和服务出口(占 GDP 的百分比)	26	32	30
货物和服务进口(占 GDP 的百分比)	25	31	34
资本形成总额(占 GDP 的百分比)	18	17	21
中央政府收入(占 GDP 的百分比)	..	..	*24.5*
中央政府现金盈余/赤字(占 GDP 的百分比)	..	..	*-1.0*
政府与市场			
创办企业的时间(天)	..	..	43
股票市场资本总额(占 GDP 的百分比)	*52.1*	89.8	*148.9*
军费支出(占 GDP 的百分比)	3.1	2.0	1.7
移动电话用户(每 100 人)	0	2	37
互联网用户(每 100 人)	0.0	0.5	8.8
铺敷道路(占总数的百分比)	15.2	12.1	..
高科技出口(占制成品出口的百分比)	..	4	6
全球联系			
商品贸易(占 GDP 的百分比)	41.9	51.5	52.7
净易货贸易条件指数(2000 年 = 100)	..	..	..
外债总额(10 亿美元)	176	211	199
债务还本付息总额(占出口的百分比)	13.8	11.8	5.9
净移民(百万)	-1,015	-1,115	-1,810
获得的侨汇(10 亿美元)	1.9	4.6	20.7
外国直接投资,净流入额(10 亿美元)	1.2	6.7	29.1
获得的净官方发展援助(10 亿美元)	18	13	45

收入组别篇

为便于操作和分析，世界银行对世界各经济体分组的主要标准是人均国民总收入（GNI）。在《世界发展数据手册》中，每个经济体被划分为低收入经济体、中等收入经济体或者高收入经济体。低收入经济体和中等收入经济体有时被称为发展中经济体。使用这一术语是为了方便，而并不意味着这一组别中所有经济体都经历着类似的发展阶段或者其他经济体达到了较佳的或最终的发展阶段。根据收入作出的分类并不一定反映发展状况。

低收入经济体是指2009年人均国民总收入为995美元及其以下的经济体。

中等收入经济体是指人均国民总收入高于995美元但低于12,196美元的经济体。中低收入经济体和中高收入经济体以人均国民总收入3,945美元为界限划分。

高收入经济体是指人均国民总收入为12,196美元及其以上的经济体。

欧元区包括采用欧元作为其货币的欧洲经济与货币联盟的成员国：奥地利、比利时、塞浦路斯、爱沙尼亚、芬兰、法国、德国、希腊、爱尔兰、意大利、卢森堡、马耳他、荷兰、葡萄牙、斯洛伐克、斯洛文尼亚和西班牙。

低收入经济体

人口（百万）	846.1	人口增长率（百分比）	2.2
陆地面积（千平方公里）	17,838	国家贫困率（占人口的百分比）	
GNI（10 亿美元）	431.0	人均 GNI（美元）	509
PPP 衡量的 GNI（10 亿美元）	1,032.5	PPP 衡量的人均 GNI（美元）	1,220

	1990	2000	2009
人口			
最贫困的 20% 人口占国家消费/收入的份额（百分比）	..	..	..
出生时的预期寿命（岁）	52	54	57
总生育率（每个女性生育数）	5.6	4.8	4.2
青年女性生育率（每千名 15—19 岁女性生育数）	..	116	97
避孕普及率（占 15—49 岁已婚女性的百分比）	23	32	33
在熟练医护人员护理下的分娩（占总数的百分比）	..	34	41
5 岁以下儿童死亡率（每千人）	171	143	118
儿童营养不良，体重不足（占 5 岁以下儿童的百分比）	..	33	28
儿童麻疹免疫接种率（占 12—23 个月年龄组的百分比）	57	63	78
小学毕业率，总数（占适龄年龄组的百分比）	*44*	52	*63*
中学总入学率，总数（占适龄年龄组的百分比）	*26*	29	*38*
小学和中学中女孩与男孩的比率（百分比）	*80*	86	*91*
HIV 感染率（占 15—49 岁人口的百分比）	2.0	3.4	2.7
环境			
森林（千平方公里）	5,524	5,187	4,881
森林采伐（1990—2010 年，平均年度百分比）			0.4
淡水使用量（占内陆水资源的百分比）	..	..	*5.6*
获得改善的水资源的人口（占总人口的百分比）	55	59	*64*
获得改善的卫生设施的人口（占总人口的百分比）	23	32	*35*
人均能源使用量（千克石油当量）	380	320	*357*
人均二氧化碳排放量（吨）	0.7	0.3	*0.3*
人均用电量（千瓦时）	229	184	*231*
经济			
GDP（10 亿美元）	155.5	176.1	432.2
GDP 增长率（年度百分比）	2.8	3.5	4.6
GDP 隐含价格平减指数（年度增长百分比）	10.6	6.1	6.3
农业增加值（占 GDP 的百分比）	38	34	26
工业增加值（占 GDP 的百分比）	20	21	24
服务业增加值（占 GDP 的百分比）	42	45	50
货物和服务出口（占 GDP 的百分比）	13	19	23
货物和服务进口（占 GDP 的百分比）	22	28	36
资本形成总额（占 GDP 的百分比）	17	19	24
中央政府收入（占 GDP 的百分比）	..	*11.1*	..
中央政府现金盈余/赤字（占 GDP 的百分比）	..	..	..
政府与市场			
创办企业的时间（天）	..	..	41
股票市场资本总额（占 GDP 的百分比）	..	..	..
军费支出（占 GDP 的百分比）	*2.1*	2.2	1.5
移动电话用户（每 100 人）	0	0	27
互联网用户（每 100 人）	0.0	0.1	2.7
铺敷道路（占总数的百分比）	15.3	12.0	..
高科技出口（占制成品出口的百分比）	..	3	*3*
全球联系			
商品贸易（占 GDP 的百分比）	30.8	41.3	48.9
净易货贸易条件指数（2000 年 =100）	..	..	..
外债总额（10 亿美元）	104	125	136
债务还本付息总额（占出口的百分比）	26.4	11.6	5.1
净移民（百万）	-2,891	-2,339	-2,737
获得的侨汇（10 亿美元）	1.5	4.1	22.7
外国直接投资，净流入额（10 亿美元）	0.9	2.8	10.9
获得的净官方发展援助（10 亿美元）	16	12	40

中等收入经济体

人口（百万）	4,812.5	人口增长率（百分比）	1.1
陆地面积（千平方公里）	80,558	国家贫困率（占人口的百分比）	
GNI（10亿美元）	16,346.7	人均 GNI（美元）	3,397
PPP 衡量的 GNI（10亿美元）	30,653.8	PPP 衡量的人均 GNI（美元）	6,370

	1990	2000	2009
人口			
最贫困的20%人口占国家消费/收入的份额（百分比）	..	..	..
出生时的预期寿命（岁）	64	67	69
总生育率（每个女性生育数）	3.3	2.6	2.4
青年女性生育率（每千名15—19岁女性生育数）	..	56	46
避孕普及率（占15—49岁已婚女性的百分比）	58	64	66
在熟练医护人员护理下的分娩（占总数的百分比）	46	67	71
5岁以下儿童死亡率（每千人）	85	71	51
儿童营养不良，体重不足（占5岁以下儿童的百分比）	32	24	21
儿童麻疹免疫接种率（占12—23个月年龄组的百分比）	75	71	82
小学毕业率，总数（占适龄年龄组的百分比）	*83*	85	*92*
中学总入学率，总数（占适龄年龄组的百分比）	*47*	59	*68*
小学和中学中女孩与男孩的比率（百分比）	*85*	92	*97*
HIV 感染率（占15—49岁人口的百分比）	0.2	..	0.6
环境			
森林（千平方公里）	26,552	25,921	25,660
森林采伐（1990—2010年，平均年度百分比）			0.1
淡水使用量（占内陆水资源的百分比）	..	..	*9.1*
获得改善的水资源的人口（占总人口的百分比）	74	83	*88*
获得改善的卫生设施的人口（占总人口的百分比）	45	52	*57*
人均能源使用量（千克石油当量）	1,029	961	*1,261*
人均二氧化碳排放量（吨）	2.6	2.5	*3.3*
人均用电量（千瓦时）	948	1,071	*1,670*
经济			
GDP（10亿美元）	3,534.7	5,681.0	16,213.2
GDP 增长率（年度百分比）	1.9	5.5	2.6
GDP 隐含价格平减指数（年度增长百分比）	10.8	5.2	2.8
农业增加值（占GDP的百分比）	18	11	10
工业增加值（占GDP的百分比）	37	36	35
服务业增加值（占GDP的百分比）	46	53	55
货物和服务出口（占GDP的百分比）	19	27	27
货物和服务进口（占GDP的百分比）	19	25	26
资本形成总额（占GDP的百分比）	26	24	28
中央政府收入（占GDP的百分比）	..	14.6	*20.0*
中央政府现金盈余/赤字（占GDP的百分比）	..	*-2.3*	..
政府与市场			
创办企业的时间（天）	..	..	39
股票市场资本总额（占GDP的百分比）	*18.9*	36.5	73.2
军费支出（占GDP的百分比）	5.1	2.1	2.2
移动电话用户（每100人）	0	5	67
互联网用户（每100人）	0.0	1.7	20.9
铺敷道路（占总数的百分比）	40.1	35.4	..
高科技出口（占制成品出口的百分比）	..	19	20
全球联系			
商品贸易（占GDP的百分比）	31.8	45.4	44.7
净易货贸易条件指数（2000年=100）	..	..	..
外债总额（10亿美元）	1,149	1,997	3,410
债务还本付息总额（占出口的百分比）	19.8	21.1	11.5
净移民（百万）	-8,333	-12,175	-13,203
获得的侨汇（10亿美元）	29	77	284
外国直接投资，净流入额（10亿美元）	21	146	348
获得的净官方发展援助（10亿美元）	30	25	51

中低收入经济体

人口（百万）	3,810.8	人口增长率（百分比）	1.2
陆地面积（千平方公里）	31,898	国家贫困率（占人口的百分比）	
GNI（10亿美元）	8,845.9	人均GNI（美元）	2,321
PPP衡量的GNI（10亿美元）	18,229.1	PPP衡量的人均GNI（美元）	4,784

	1990	2000	2009
人口			
最贫困的20%人口占国家消费/收入的份额（百分比）	..	..	..
出生时的预期寿命（岁）	63	66	68
总生育率（每个女性生育数）	3.4	2.8	2.5
青年女性生育率（每千名15—19岁女性生育数）	..	55	45
避孕普及率（占15—49岁已婚女性的百分比）	60	64	63
在熟练医护人员护理下的分娩（占总数的百分比）	41	62	66
5岁以下儿童死亡率（每千人）	93	79	57
儿童营养不良，体重不足（占5岁以下儿童的百分比）	34	26	24
儿童麻疹免疫接种率（占12—23个月年龄组的百分比）	74	67	79
小学毕业率，总数（占适龄年龄组的百分比）	*82*	82	*90*
中学总入学率，总数（占适龄年龄组的百分比）	*42*	52	*63*
小学和中学中女孩与男孩的比率（百分比）	*81*	89	*95*
HIV感染率（占15—49岁人口的百分比）	0.2	..	0.4
环境			
森林（千平方公里）	8,103	7,891	7,996
森林采伐（1990—2010年，平均年度百分比）			-0.03
淡水使用量（占内陆水资源的百分比）	..	..	*17.9*
获得改善的水资源的人口（占总人口的百分比）	70	80	*86*
获得改善的卫生设施的人口（占总人口的百分比）	37	45	*50*
人均能源使用量（千克石油当量）	679	711	*1,019*
人均二氧化碳排放量（吨）	1.6	1.8	*2.8*
人均用电量（千瓦时）	484	693	*1,318*
经济			
GDP（10亿美元）	1,324.4	2,606.1	8,887.3
GDP增长率（年度百分比）	4.2	6.1	7.1
GDP隐含价格平减指数（年度增长百分比）	7.4	4.7	2.0
农业增加值（占GDP的百分比）	26	17	13
工业增加值（占GDP的百分比）	35	40	39
服务业增加值（占GDP的百分比）	39	43	48
货物和服务出口（占GDP的百分比）	19	28	29
货物和服务进口（占GDP的百分比）	19	26	28
资本形成总额（占GDP的百分比）	30	28	37
中央政府收入（占GDP的百分比）	10.4	10.0	*14.7*
中央政府现金盈余/赤字（占GDP的百分比）	..	*-3.2*	..
政府与市场			
创办企业的时间（天）	..	..	35
股票市场资本总额（占GDP的百分比）	*11.2*	36.2	82.2
军费支出（占GDP的百分比）	3.0	2.2	2.1
移动电话用户（每100人）	0	3	58
互联网用户（每100人）	0.0	1.1	17.2
铺敷道路（占总数的百分比）	30.5	35.4	..
高科技出口（占制成品出口的百分比）	9	19	25
全球联系			
商品贸易（占GDP的百分比）	34.5	46.5	46.6
净易货贸易条件指数（2000年=100）	..	..	..
外债总额（10亿美元）	570	868	1,417
债务还本付息总额（占出口的百分比）	19.8	14.1	6.2
净移民（百万）	-5,861	-10,755	-9,231
获得的侨汇（10亿美元）	18	49	206
外国直接投资，净流入额（10亿美元）	10.0	54.9	177.6
获得的净官方发展援助（10亿美元）	25	19	39

中高收入经济体

人口（百万）	1,001.7	人口增长率（百分比）	0.9
陆地面积（千平方公里）	48,659	国家贫困率（占人口的百分比）	
GNI（10 亿美元）	7,515.1	人均 GNI（美元）	7,502
PPP 衡量的 GNI（10 亿美元）	12,461.9	PPP 衡量的人均 GNI（美元）	12,440

	1990	2000	2009
人口			
最贫困的 20% 人口占国家消费/收入的份额（百分比）	..	..	..
出生时的预期寿命（岁）	68	70	72
总生育率（每个女性生育数）	3.0	2.2	2.0
青年女性生育率（每千名 15—19 岁女性生育数）	..	59	49
避孕普及率（占 15—49 岁已婚女性的百分比）	52	69	75
在熟练医护人员护理下的分娩（占总数的百分比）	..	91	96
5 岁以下儿童死亡率（每千人）	51	35	22
儿童营养不良，体重不足（占 5 岁以下儿童的百分比）	..	..	..
儿童麻疹免疫接种率（占 12—23 个月年龄组的百分比）	79	92	93
小学毕业率，总数（占适龄年龄组的百分比）	*88*	96	*100*
中学总入学率，总数（占适龄年龄组的百分比）	*67*	84	*88*
小学和中学中女孩与男孩的比率（百分比）	*98*	98	*101*
HIV 感染率（占 15—49 岁人口的百分比）	0.3	1.4	1.4
环境			
森林（千平方公里）	18,449	18,030	17,664
森林采伐（1990—2010 年，平均年度百分比）			0.1
淡水使用量（占内陆水资源的百分比）	..	..	*3.2*
获得改善的水资源的人口（占总人口的百分比）	89	92	*95*
获得改善的卫生设施的人口（占总人口的百分比）	78	81	*84*
人均能源使用量（千克石油当量）	2,283	1,887	*2,177*
人均二氧化碳排放量（吨）	6.1	4.7	*5.3*
人均用电量（千瓦时）	2,606	2,469	*3,001*
经济			
GDP（10 亿美元）	2,210.8	3,074.9	7,318.4
GDP 增长率（年度百分比）	0.6	4.9	-2.6
GDP 隐含价格平减指数（年度增长百分比）	15.5	6.9	3.0
农业增加值（占 GDP 的百分比）	11	7	6
工业增加值（占 GDP 的百分比）	37	32	31
服务业增加值（占 GDP 的百分比）	52	61	62
货物和服务出口（占 GDP 的百分比）	20	27	25
货物和服务进口（占 GDP 的百分比）	19	25	24
资本形成总额（占 GDP 的百分比）	22	20	20
中央政府收入（占 GDP 的百分比）	..	*22.2*	..
中央政府现金盈余/赤字（占 GDP 的百分比）	..	*-1.4*	..
政府与市场			
创办企业的时间（天）	..	..	43
股票市场资本总额（占 GDP 的百分比）	*23.4*	36.8	62.1
军费支出（占 GDP 的百分比）	6.3	2.0	2.2
移动电话用户（每 100 人）	0	11	101
互联网用户（每 100 人）	0.0	3.8	34.6
铺敷道路（占总数的百分比）	47.6	36.8	..
高科技出口（占制成品出口的百分比）	..	20	14
全球联系			
商品贸易（占 GDP 的百分比）	29.9	44.4	42.3
净易货贸易条件指数（2000 年 = 100）	..	..	..
外债总额（10 亿美元）	579	1,129	1,992
债务还本付息总额（占出口的百分比）	22.7	27.9	19.5
净移民（百万）	-2,471	-1,421	-3,972
获得的侨汇（10 亿美元）	11	28	78
外国直接投资，净流入额（10 亿美元）	11	91	171
获得的净官方发展援助（10 亿美元）	4.9	5.8	10.8

低收入和中等收入经济体

人口（百万）	5,658.7	人口增长率（百分比）	1.3
陆地面积（千平方公里）	98,396	国家贫困率（占人口的百分比）	
GNI（10亿美元）	16,792.6	人均GNI（美元）	2,968
PPP衡量的GNI（10亿美元）	31,684.3	PPP衡量的人均GNI（美元）	5,599

	1990	2000	2009
人口			
最贫困的20%人口占国家消费/收入的份额（百分比）	..	..	..
出生时的预期寿命（岁）	63	65	67
总生育率（每个女性生育数）	3.6	2.9	2.7
青年女性生育率（每千名15—19岁女性生育数）	..	65	54
避孕普及率（占15—49岁已婚女性的百分比）	54	60	61
在熟练医护人员护理下的分娩（占总数的百分比）	46	59	64
5岁以下儿童死亡率（每千人）	100	86	66
儿童营养不良，体重不足（占5岁以下儿童的百分比）	33	26	22
儿童麻疹免疫接种率（占12—23个月年龄组的百分比）	72	70	81
小学毕业率，总数（占适龄年龄组的百分比）	*78*	80	*87*
中学总入学率，总数（占适龄年龄组的百分比）	*44*	55	*63*
小学和中学中女孩与男孩的比率（百分比）	*84*	91	*96*
HIV感染率（占15—49岁人口的百分比）	0.3	..	0.9
环境			
森林（千平方公里）	32,076	31,109	30,541
森林采伐（1990—2010年，平均年度百分比）			0.1
淡水使用量（占内陆水资源的百分比）	..	..	*8.6*
获得改善的水资源的人口（占总人口的百分比）	72	79	*84*
获得改善的卫生设施的人口（占总人口的百分比）	43	49	*54*
人均能源使用量（千克石油当量）	966	892	*1,157*
人均二氧化碳排放量（吨）	2.4	2.2	*2.9*
人均用电量（千瓦时）	878	975	*1,505*
经济			
GDP（10亿美元）	3,685.7	5,859.1	16,657.6
GDP增长率（年度百分比）	1.9	5.4	2.7
GDP隐含价格平减指数（年度增长百分比）	10.7	5.6	3.8
农业增加值（占GDP的百分比）	18	12	10
工业增加值（占GDP的百分比）	36	35	35
服务业增加值（占GDP的百分比）	46	53	55
货物和服务出口（占GDP的百分比）	19	27	27
货物和服务进口（占GDP的百分比）	19	25	26
资本形成总额（占GDP的百分比）	26	24	28
中央政府收入（占GDP的百分比）	..	14.5	*19.8*
中央政府现金盈余/赤字（占GDP的百分比）	..	-2.3	..
政府与市场			
创办企业的时间（天）	..	..	39
股票市场资本总额（占GDP的百分比）	*18.7*	36.1	72.6
军费支出（占GDP的百分比）	5.0	2.1	2.1
移动电话用户（每100人）	0	4	61
互联网用户（每100人）	0.0	1.5	18.1
铺敷道路（占总数的百分比）	22.7	24.3	..
高科技出口（占制成品出口的百分比）	..	19	20
全球联系			
商品贸易（占GDP的百分比）	31.8	45.3	44.8
净易货贸易条件指数（2000年=100）	..	..	..
外债总额（10亿美元）	1,253	2,122	3,545
债务还本付息总额（占出口的百分比）	21.5	20.9	11.3
净移民（百万）	-11,223	-14,515	-15,941
获得的侨汇（10亿美元）	31	81	307
外国直接投资，净流入额（10亿美元）	22	149	359
获得的净官方发展援助（10亿美元）	54	49	127

欧元区

人口（百万）	327.3	人口增长率（百分比）	0.4
陆地面积（千平方公里）	2,583	国家贫困率（占人口的百分比）	
GNI（10亿美元）	12,723.2	人均GNI（美元）	38,872
PPP衡量的GNI（10亿美元）	11,127.6	PPP衡量的人均GNI（美元）	33,997

	1990	2000	2009
人口			
最贫困的20%人口占国家消费/收入的份额（百分比）	..	..	..
出生时的预期寿命（岁）	76	78	81
总生育率（每个女性生育数）	1.5	1.5	1.6
青年女性生育率（每千名15—19岁女性生育数）	..	10	8
避孕普及率（占15—49岁已婚女性的百分比）	..	..	..
在熟练医护人员护理下的分娩（占总数的百分比）	..	..	..
5岁以下儿童死亡率（每千人）	9	6	4
儿童营养不良，体重不足（占5岁以下儿童的百分比）	..	..	..
儿童麻疹免疫接种率（占12—23个月年龄组的百分比）	74	87	94
小学毕业率，总数（占适龄年龄组的百分比）	*101*	..	..
中学总入学率，总数（占适龄年龄组的百分比）	..	..	..
小学和中学中女孩与男孩的比率（百分比）	..	..	..
HIV感染率（占15—49岁人口的百分比）	0.2	0.2	0.3
环境			
森林（千平方公里）	859	924	952
森林采伐（1990—2010年，平均年度百分比）			-0.4
淡水使用量（占内陆水资源的百分比）	..	..	*22.0*
获得改善的水资源的人口（占总人口的百分比）	100	100	*100*
获得改善的卫生设施的人口（占总人口的百分比）	100	100	*100*
人均能源使用量（千克石油当量）	3,527	3,756	3,547
人均二氧化碳排放量（吨）	8.6	8.3	*8.2*
人均用电量（千瓦时）	5,367	6,363	*6,970*
经济			
GDP（10亿美元）	5,688.9	6,263.5	12,465.3
GDP增长率（年度百分比）	3.5	3.9	-4.1
GDP隐含价格平减指数（年度增长百分比）	4.4	3.4	0.5
农业增加值（占GDP的百分比）	4	2	2
工业增加值（占GDP的百分比）	33	28	24
服务业增加值（占GDP的百分比）	64	70	74
货物和服务出口（占GDP的百分比）	27	37	36
货物和服务进口（占GDP的百分比）	28	36	35
资本形成总额（占GDP的百分比）	23	22	19
中央政府收入（占GDP的百分比）	..	36.3	34.5
中央政府现金盈余/赤字（占GDP的百分比）	..	0.1	-5.2
政府与市场			
创办企业的时间（天）	..	..	14
股票市场资本总额（占GDP的百分比）	21.1	86.8	49.3
军费支出（占GDP的百分比）	2.5	1.8	1.7
移动电话用户（每100人）	0	60	123
互联网用户（每100人）	0.1	22.8	67.3
铺敷道路（占总数的百分比）	91.7	91.8	*100.0*
高科技出口（占制成品出口的百分比）	12	19	16
全球联系			
商品贸易（占GDP的百分比）	44.0	61.1	57.1
净易货贸易条件指数（2000年=100）	..	..	..
外债总额（10亿美元）	..	..	..
债务还本付息总额（占出口的百分比）	..	..	..
净移民（百万）	2,533	3,097	5,607
获得的侨汇（10亿美元）	28	33	68
外国直接投资，净流入额（10亿美元）	69	726	371
获得的净官方发展援助（10亿美元）	..	..	..

高收入经济体

人口（百万）	1,116.6	人口增长率（百分比）	0.6
陆地面积（千平方公里）	35,527	国家贫困率（占人口的百分比）	
GNI（10亿美元）	42,417.7	人均GNI（美元）	37,990
PPP衡量的GNI（10亿美元）	40,433.9	PPP衡量的人均GNI（美元）	36,213

	1990	2000	2009
人口			
最贫困的20%人口占国家消费/收入的份额（百分比）	..	..	..
出生时的预期寿命（岁）	75	78	80
总生育率（每个女性生育数）	1.8	1.7	1.7
青年女性生育率（每千名15—19岁女性生育数）	..	23	18
避孕普及率（占15—49岁已婚女性的百分比）	70	..	..
在熟练医护人员护理下的分娩（占总数的百分比）	..	..	..
5岁以下儿童死亡率（每千人）	12	8	7
儿童营养不良，体重不足（占5岁以下儿童的百分比）	..	..	..
儿童麻疹免疫接种率（占12—23个月年龄组的百分比）	84	91	93
小学毕业率，总数（占适龄年龄组的百分比）	..	98	*98*
中学总入学率，总数（占适龄年龄组的百分比）	*91*	99	*100*
小学和中学中女孩与男孩的比率（百分比）	*100*	100	*99*
HIV感染率（占15—49岁人口的百分比）	0.2	0.3	0.3
环境			
森林（千平方公里）	9,506	9,629	9,663
森林采伐（1990—2010年，平均年度百分比）			-0.1
淡水使用量（占内陆水资源的百分比）	..	..	*10.5*
获得改善的水资源的人口（占总人口的百分比）	99	99	*100*
获得改善的卫生设施的人口（占总人口的百分比）	100	99	*99*
人均能源使用量（千克石油当量）	4,649	5,143	4,828
人均二氧化碳排放量（吨）	11.9	12.5	*12.5*
人均用电量（千瓦时）	7,391	8,939	*9,518*
经济			
GDP（10亿美元）	18,218.4	26,352.1	41,607.7
GDP增长率（年度百分比）	3.2	4.0	-3.3
GDP隐含价格平减指数（年度增长百分比）	5.4	3.2	0.4
农业增加值（占GDP的百分比）	3	2	*1*
工业增加值（占GDP的百分比）	33	28	*25*
服务业增加值（占GDP的百分比）	65	70	*74*
货物和服务出口（占GDP的百分比）	19	24	24
货物和服务进口（占GDP的百分比）	19	24	24
资本形成总额（占GDP的百分比）	23	22	17
中央政府收入（占GDP的百分比）	..	*27.5*	24.7
中央政府现金盈余/赤字（占GDP的百分比）	..	*0.1*	-7.7
政府与市场			
创办企业的时间（天）	..	..	18
股票市场资本总额（占GDP的百分比）	51.0	115.2	89.9
军费支出（占GDP的百分比）	3.4	2.3	2.8
移动电话用户（每100人）	1	50	111
互联网用户（每100人）	0.3	30.5	72.3
铺敷道路（占总数的百分比）	78.8	88.5	*93.4*
高科技出口（占制成品出口的百分比）	18	24	19
全球联系			
商品贸易（占GDP的百分比）	32.2	39.8	42.0
净易货贸易条件指数（2000年=100）	..	..	..
外债总额（10亿美元）	..	..	..
债务还本付息总额（占出口的百分比）	..	..	..
净移民（千人）	11,190	14,471	15,894
获得的侨汇（10亿美元）	38	50	109
外国直接投资，净流入额（10亿美元）	191	1,463	804
获得的净官方发展援助（10亿美元）	2.6	0.3	0.4

本篇数据表按照国名的英文字母顺序排列。

中国

除非另有说明，中国的数据不包括中国香港、中国澳门和中国台湾。

塞浦路斯

GNI 和 GDP 数据以及利用 GNI 和 GDP 计算的数据为塞浦路斯政府控制地区的数据。更多的信息见《2011 年世界发展指标》及其网站 data. worldbank. org。

格鲁吉亚

GNI 和 GDP 数据以及利用 GNI 和 GDP 计算的数据不包括阿布哈兹和南奥赛梯，更多的信息见《2011 年世界发展指标》及其网站 data. worldbank. org。

科索沃、塞尔维亚和黑山

2006 年 6 月 3 日，黑山从塞尔维亚和黑山宣布独立。如果数据可以获得，各国的数据单独给出。然而，2006 年以前塞尔维亚的一些指标包括黑山，这些数据在表中给予了注释。此外，1999 年以来塞尔维亚的大多数指标数据不包括科索沃。根据联合国安理会第 1244 号决议（1999 年），科索沃在 1999 年由国际托管。科索沃于 2009 年 6 月 29 日成为世界银行成员国，数据如果可以获得，则给出该国数据。

摩尔多瓦

GNI 和 GDP 数据以及利用 GNI 和 GDP 计算的数据不包括德涅斯特河沿岸地区，更多的信息见《2011 年世界发展指标》及其网站 data. worldbank. org。

摩洛哥

GNI 和 GDP 数据以及利用 GNI 和 GDP 计算的数据包括前西属撒哈拉，更多的信息见《2011 年世界发展指标》及其网站 data. worldbank. org。

荷属安的列斯

荷属安的列斯于 2010 年 10 月 10 日起正式解体。库拉索岛与圣马丁岛成为荷兰王国的构成国家，波内赫、萨巴岛和圣尤斯特歇斯则成为荷兰的特别行政区。

坦桑尼亚

GNI 和 GDP 数据以及利用 GNI 和 GDP 计算的数据仅为坦桑尼亚大陆的数据，更多的信息见《2011 年世界发展指标》及其网站 data. worldbank. org。

阿富汗

南亚			低收入经济体
人口（百万）	29.8	人口增长率（百分比）	2.7
陆地面积（千平方公里）	652	国家贫困率（占人口的百分比）	*36.0*
GNI（10 亿美元）	*9.1*	人均 GNI（美元）	*310*
PPP 衡量的 GNI（10 亿美元）	*25.1*	PPP 衡量的人均 GNI（美元）	*860*

	1990	2000	2009
人口			
最贫困的 20% 人口占国家消费/收入的份额（百分比）	..	..	*9.0*
出生时的预期寿命（岁）	41	42	44
总生育率（每个女性生育数）	8.0	7.7	6.5
青年女性生育率（每千名 15—19 岁女性生育数）	..	146	117
避孕普及率（占 15—49 岁已婚女性的百分比）	..	5	*15*
在熟练医护人员护理下的分娩（占总数的百分比）	..	12	*24*
5 岁以下儿童死亡率（每千人）	250	222	199
儿童营养不良，体重不足（占 5 岁以下儿童的百分比）	..	..	..
儿童麻疹免疫接种率（占 12—23 个月年龄组的百分比）	20	35	76
小学毕业率，总数（占适龄年龄组的百分比）	..	..	..
中学总入学率，总数（占适龄年龄组的百分比）	11	*13*	44
小学和中学中女孩与男孩的比率（百分比）	*54*	*0*	62
HIV 感染率（占 15—49 岁人口的百分比）	..	..	..
环境			
森林（千平方公里）	14	14	14
森林采伐（1990—2010 年，平均年度百分比）			0.0
淡水使用量（占内陆水资源的百分比）	..	..	*42.0*
获得改善的水资源的人口（占总人口的百分比）	..	21	*48*
获得改善的卫生设施的人口（占总人口的百分比）	..	32	*37*
人均能源使用量（千克石油当量）	..	..	..
人均二氧化碳排放量（吨）	0.14	0.03	*0.03*
人均用电量（千瓦时）	..	..	..
经济			
GDP（百万美元）	..	*2,462*	14,483
GDP 增长率（年度百分比）	..	..	40.8
GDP 隐含价格平减指数（年度增长百分比）	..	..	-15.5
农业增加值（占 GDP 的百分比）	..	*45*	33
工业增加值（占 GDP 的百分比）	..	*20*	22
服务业增加值（占 GDP 的百分比）	..	*35*	45
货物和服务出口（占 GDP 的百分比）	..	*31*	*16*
货物和服务进口（占 GDP 的百分比）	..	*62*	*48*
资本形成总额（占 GDP 的百分比）	..	*12*	*25*
中央政府收入（占 GDP 的百分比）	..	..	9.1
中央政府现金盈余/赤字（占 GDP 的百分比）	..	..	0.2
政府与市场			
创办企业的时间（天）	..	..	7
股票市场资本总额（占 GDP 的百分比）	..	..	..
军费支出（占 GDP 的百分比）	..	..	1.8
移动电话用户（每 100 人）	0	0	40
互联网用户（每 100 人）	0.0	*0.0*	3.4
铺敷道路（占总数的百分比）	..	..	*29.3*
高科技出口（占制成品出口的百分比）	..	..	..
全球联系			
商品贸易（占 GDP 的百分比）	..	*71.7*	31.3
净易货贸易条件指数（2000 年 = 100）	..	100	108
外债总额（10 亿美元）	..	..	2.3
债务还本付息总额（占出口的百分比）	..	..	0.4
净移民（千人）	-1,456	-368	1,000
获得的侨汇（10 亿美元）	..	..	..
外国直接投资，净流入额（百万美元）	*-0.3*	0.2	185.0
获得的净官方发展援助（10 亿美元）	0.1	0.1	6.1

阿尔巴尼亚

欧洲和中亚 **中高收入经济体**

人口（百万）	3.2	人口增长率（百分比）	0.4
陆地面积（千平方公里）	29	国家贫困率（占人口的百分比）	*12.4*
GNI（10亿美元）	12.6	人均GNI（美元）	4,000
PPP衡量的GNI（10亿美元）	27.3	PPP衡量的人均GNI（美元）	8,640

	1990	2000	2009
人口			
最贫困的20%人口占国家消费/收入的份额（百分比）	..	*9.0*	*8.1*
出生时的预期寿命（岁）	72	74	77
总生育率（每个女性生育数）	2.9	2.2	1.9
青年女性生育率（每千名15—19岁女性生育数）	..	15	14
避孕普及率（占15—49岁已婚女性的百分比）	..	58	69
在熟练医护人员护理下的分娩（占总数的百分比）	..	99	99
5岁以下儿童死亡率（每千人）	51	27	15
儿童营养不良，体重不足（占5岁以下儿童的百分比）	..	17.0	..
儿童麻疹免疫接种率（占12—23个月年龄组的百分比）	88	95	97
小学毕业率，总数（占适龄年龄组的百分比）	..	102	90
中学总入学率，总数（占适龄年龄组的百分比）	89	73	72
小学和中学中女孩与男孩的比率（百分比）	95	97	100
HIV感染率（占15—49岁人口的百分比）	..	..	..
环境			
森林（千平方公里）	7.9	7.7	7.8
森林采伐（1990—2010年，平均年度百分比）			0.1
淡水使用量（占内陆水资源的百分比）	..	..	*6.8*
获得改善的水资源的人口（占总人口的百分比）	..	97	*97*
获得改善的卫生设施的人口（占总人口的百分比）	..	90	*98*
人均能源使用量（千克石油当量）	809	579	*664*
人均二氧化碳排放量（吨）	2.3	1.0	*1.4*
人均用电量（千瓦时）	522	1,218	*1,372*
经济			
GDP（10亿美元）	2.1	3.7	12.0
GDP增长率（年度百分比）	-9.6	7.3	2.5
GDP隐含价格平减指数（年度增长百分比）	-0.5	4.3	2.3
农业增加值（占GDP的百分比）	36	29	21
工业增加值（占GDP的百分比）	48	19	20
服务业增加值（占GDP的百分比）	16	52	60
货物和服务出口（占GDP的百分比）	15	19	29
货物和服务进口（占GDP的百分比）	23	37	54
资本形成总额（占GDP的百分比）	29	25	29
中央政府收入（占GDP的百分比）	..	*23.4*	..
中央政府现金盈余/赤字（占GDP的百分比）	..	*-6.7*	..
政府与市场			
创办企业的时间（天）	..	..	5
股票市场资本总额（占GDP的百分比）	..	..	..
军费支出（占GDP的百分比）	5.9	1.2	2.1
移动电话用户（每100人）	0	1	132
互联网用户（每100人）	0.0	0.1	41.2
铺敷道路（占总数的百分比）	..	39.0	..
高科技出口（占制成品出口的百分比）	..	1	1
全球联系			
商品贸易（占GDP的百分比）	29.0	36.6	46.9
净易货贸易条件指数（2000年=100）	..	..	..
外债总额（10亿美元）	*0.5*	1.1	4.7
债务还本付息总额（占出口的百分比）	*4.3*	3.3	6.9
净移民（千人）	23	-267	-75
获得的侨汇（10亿美元）	*0.2*	0.6	1.3
外国直接投资，净流入额（百万美元）	*20.0*	143.0	978.0
获得的净官方发展援助（百万美元）	11	317	358

阿尔及利亚

中东和北非			中高收入经济体
人口（百万）	34.9	人口增长率（百分比）	1.5
陆地面积（千平方公里）	2,382	国家贫困率（占人口的百分比）	..
GNI（10亿美元）	154.2	人均GNI（美元）	4,420
PPP衡量的GNI（10亿美元）	283.2	PPP衡量的人均GNI（美元）	8,110

	1990	2000	2009
人口			
最贫困的20%人口占国家消费/收入的份额（百分比）	*6.5*	..	..
出生时的预期寿命（岁）	67	70	73
总生育率（每个女性生育数）	4.7	2.6	2.3
青年女性生育率（每千名15—19岁女性生育数）	..	10	7
避孕普及率（占15—49岁已婚女性的百分比）	*47*	64	*61*
在熟练医护人员护理下的分娩（占总数的百分比）	77	92	*95*
5岁以下儿童死亡率（每千人）	61	46	32
儿童营养不良，体重不足（占5岁以下儿童的百分比）	*9.2*	5.4	..
儿童麻疹免疫接种率（占12—23个月年龄组的百分比）	83	80	88
小学毕业率，总数（占适龄年龄组的百分比）	81	83	91
中学总入学率，总数（占适龄年龄组的百分比）	62	*75*	..
小学和中学中女孩与男孩的比率（百分比）	82	*98*	..
HIV感染率（占15—49岁人口的百分比）	0.1	0.1	0.1
环境			
森林（千平方公里）	17	16	15
森林采伐（1990—2010年，平均年度百分比）			0.4
淡水使用量（占内陆水资源的百分比）	..	..	*54.6*
获得改善的水资源的人口（占总人口的百分比）	94	89	*83*
获得改善的卫生设施的人口（占总人口的百分比）	88	92	*95*
人均能源使用量（千克石油当量）	878	886	*1,078*
人均二氧化碳排放量（吨）	3.1	3.8	*4.1*
人均用电量（千瓦时）	542	695	*957*
经济			
GDP（10亿美元）	62.0	54.8	140.6
GDP增长率（年度百分比）	0.8	2.2	2.1
GDP隐含价格平减指数（年度增长百分比）	30.3	24.6	-9.4
农业增加值（占GDP的百分比）	11	9	12
工业增加值（占GDP的百分比）	48	59	55
服务业增加值（占GDP的百分比）	40	33	34
货物和服务出口（占GDP的百分比）	23	41	40
货物和服务进口（占GDP的百分比）	25	21	36
资本形成总额（占GDP的百分比）	29	25	41
中央政府收入（占GDP的百分比）	..	..	36.6
中央政府现金盈余/赤字（占GDP的百分比）	..	..	-4.4
政府与市场			
创办企业的时间（天）	..	..	24
股票市场资本总额（占GDP的百分比）	..	..	..
军费支出（占GDP的百分比）	1.5	3.4	3.8
移动电话用户（每100人）	0	0	94
互联网用户（每100人）	0.0	0.5	13.5
铺敷道路（占总数的百分比）	67.0	68.9	*73.5*
高科技出口（占制成品出口的百分比）	*1*	4	1
全球联系			
商品贸易（占GDP的百分比）	36.6	56.9	60.1
净易货贸易条件指数（2000年=100）	74	100	161
外债总额（10亿美元）	28.1	25.4	5.3
债务还本付息总额（占出口的百分比）	65.1	..	*1.4*
净移民（千人）	-70	-140	-140
获得的侨汇（10亿美元）	0.4	0.8	2.1
外国直接投资，净流入额（10亿美元）	0.0	0.4	2.8
获得的净官方发展援助（百万美元）	132	200	319

美属萨摩亚

东亚和太平洋地区			中高收入经济体
人口（千人）	67	人口增长率（百分比）	1.6
陆地面积（平方公里）	200	国家贫困率（占人口的百分比）	..
GNI（百万美元）	..	人均 GNI（美元）	..
PPP 衡量的 GNI（百万美元）	..	PPP 衡量的人均 GNI（美元）	..

	1990	2000	2009
人口			
最贫困的 20% 人口占国家消费/收入的份额（百分比）	..	..	..
出生时的预期寿命（岁）	..	..	..
总生育率（每个女性生育数）	..	..	..
青年女性生育率（每千名 15—19 岁女性生育数）	..	..	..
避孕普及率（占 15—49 岁已婚女性的百分比）	..	..	..
在熟练医护人员护理下的分娩（占总数的百分比）	..	*100*	..
5 岁以下儿童死亡率（每千人）	..	..	..
儿童营养不良，体重不足（占 5 岁以下儿童的百分比）	..	..	..
儿童麻疹免疫接种率（占 12—23 个月年龄组的百分比）	..	..	..
小学毕业率，总数（占适龄年龄组的百分比）	..	..	..
中学总入学率，总数（占适龄年龄组的百分比）	*93*	..	*127*
小学和中学中女孩与男孩的比率（百分比）	*103*	..	..
HIV 感染率（占 15—49 岁人口的百分比）	..	..	..
环境			
森林（平方公里）	180	180	180
森林采伐（1990—2010 年，平均年度百分比）			0.0
淡水使用量（占内陆水资源的百分比）	..	..	..
获得改善的水资源的人口（占总人口的百分比）	..	..	..
获得改善的卫生设施的人口（占总人口的百分比）	..	..	..
人均能源使用量（千克石油当量）	..	..	..
人均二氧化碳排放量（吨）	..	..	..
人均用电量（千瓦时）	..	..	..
经济			
GDP（10 亿美元）	..	..	..
GDP 增长率（年度百分比）	..	..	..
GDP 隐含价格平减指数（年度增长百分比）	..	..	..
农业增加值（占 GDP 的百分比）	..	..	..
工业增加值（占 GDP 的百分比）	..	..	..
服务业增加值（占 GDP 的百分比）	..	..	..
货物和服务出口（占 GDP 的百分比）	..	..	..
货物和服务进口（占 GDP 的百分比）	..	..	..
资本形成总额（占 GDP 的百分比）	..	..	..
中央政府收入（占 GDP 的百分比）	..	..	..
中央政府现金盈余/赤字（占 GDP 的百分比）	..	..	..
政府与市场			
创办企业的时间（天）	..	..	..
股票市场资本总额（占 GDP 的百分比）	..	..	..
军费支出（占 GDP 的百分比）	..	..	..
移动电话用户（每 100 人）	..	3	..
互联网用户（每 100 人）	..	..	..
铺敷道路（占总数的百分比）	..	..	..
高科技出口（占制成品出口的百分比）	..	..	..
全球联系			
商品贸易（占 GDP 的百分比）	..	..	..
净易货贸易条件指数（2000 年 =100）	..	100	164
外债总额（10 亿美元）	..	..	..
债务还本付息总额（占出口的百分比）	..	..	..
净移民（千人）	..	..	..
获得的侨汇（10 亿美元）	..	..	..
外国直接投资，净流入额（百万美元）	..	..	..
获得的净官方发展援助（百万美元）	..	..	..

安道尔

高收入经济体

人口（千人）	85.2	人口增长率（百分比）	1.6
陆地面积（平方公里）	470	国家贫困率（占人口的百分比）	..
GNI（百万美元）	*3.4*	人均 GNI（美元）	*41,130*
PPP 衡量的 GNI（百万美元）	..	PPP 衡量的人均 GNI（美元）	..

	1990	2000	2009
人口			
最贫困的 20% 人口占国家消费/收入的份额（百分比）	..	..	..
出生时的预期寿命（岁）	..	..	..
总生育率（每个女性生育数）	..	..	1.2
青年女性生育率（每千名 15—19 岁女性生育数）	..	..	..
避孕普及率（占 15—49 岁已婚女性的百分比）	..	..	..
在熟练医护人员护理下的分娩（占总数的百分比）	..	..	..
5 岁以下儿童死亡率（每千人）	9	5	4
儿童营养不良，体重不足（占 5 岁以下儿童的百分比）	..	..	..
儿童麻疹免疫接种率（占 12—23 个月年龄组的百分比）	..	97	98
小学毕业率，总数（占适龄年龄组的百分比）	..	*100*	..
中学总入学率，总数（占适龄年龄组的百分比）	..	*77*	81
小学和中学中女孩与男孩的比率（百分比）	..	*101*	104
HIV 感染率（占 15—49 岁人口的百分比）	..	..	..
环境			
森林（平方公里）	160	160	160
森林采伐（1990—2010 年，平均年度百分比）			0.0
淡水使用量（占内陆水资源的百分比）	..	..	..
获得改善的水资源的人口（占总人口的百分比）	100	100	*100*
获得改善的卫生设施的人口（占总人口的百分比）	100	100	*100*
人均能源使用量（千克石油当量）	..	..	..
人均二氧化碳排放量（吨）	..	..	*6.6*
人均用电量（千瓦时）	..	..	..
经济			
GDP（10 亿美元）	1.0	1.1	*3.7*
GDP 增长率（年度百分比）	3.8	1.2	*3.6*
GDP 隐含价格平减指数（年度增长百分比）	7.3	4.5	*3.2*
农业增加值（占 GDP 的百分比）	..	..	..
工业增加值（占 GDP 的百分比）	..	..	..
服务业增加值（占 GDP 的百分比）	..	..	..
货物和服务出口（占 GDP 的百分比）	..	..	..
货物和服务进口（占 GDP 的百分比）	..	..	..
资本形成总额（占 GDP 的百分比）	..	..	..
中央政府收入（占 GDP 的百分比）	..	..	..
中央政府现金盈余/赤字（占 GDP 的百分比）	..	..	..
政府与市场			
创办企业的时间（天）	..	..	..
股票市场资本总额（占 GDP 的百分比）	..	..	..
军费支出（占 GDP 的百分比）	..	..	..
移动电话用户（每 100 人）	..	..	*77*
互联网用户（每 100 人）	..	..	*70.5*
铺敷道路（占总数的百分比）	..	..	..
高科技出口（占制成品出口的百分比）	..	11	*17*
全球联系			
商品贸易（占 GDP 的百分比）	..	..	..
净易货贸易条件指数（2000 年=100）	..	..	..
外债总额（10 亿美元）	..	..	..
债务还本付息总额（占出口的百分比）	..	..	..
净移民（千人）	..	..	..
获得的侨汇（10 亿美元）	..	..	..
外国直接投资，净流入额（百万美元）	..	..	..
获得的净官方发展援助（百万美元）	..	..	..

安哥拉

撒哈拉以南非洲地区		中低收入经济体	
人口（百万）	18.5	人口增长率（百分比）	2.6
陆地面积（千平方公里）	1,247	国家贫困率（占人口的百分比）	..
GNI（10亿美元）	69.4	人均GNI（美元）	3,750
PPP衡量的GNI（10亿美元）	96.1	PPP衡量的人均GNI（美元）	5,190

	1990	2000	2009
人口			
最贫困的20%人口占国家消费/收入的份额（百分比）	..	2.0	..
出生时的预期寿命（岁）	42	44	48
总生育率（每个女性生育数）	7.2	6.8	5.6
青年女性生育率（每千名15—19岁女性生育数）	..	143	121
避孕普及率（占15—49岁已婚女性的百分比）	..	*6*	..
在熟练医护人员护理下的分娩（占总数的百分比）	..	47	*47*
5岁以下儿童死亡率（每千人）	258	212	161
儿童营养不良，体重不足（占5岁以下儿童的百分比）	..	*27.5*	..
儿童麻疹免疫接种率（占12—23个月年龄组的百分比）	38	41	77
小学毕业率，总数（占适龄年龄组的百分比）	*33*	..	..
中学总入学率，总数（占适龄年龄组的百分比）	11	14	*15*
小学和中学中女孩与男孩的比率（百分比）	..	*82*	..
HIV感染率（占15—49岁人口的百分比）	0.5	1.9	2.0
环境			
森林（千平方公里）	610	597	585
森林采伐（1990—2010年，平均年度百分比）			0.1
淡水使用量（占内陆水资源的百分比）	..	..	*0.4*
获得改善的水资源的人口（占总人口的百分比）	36	41	*50*
获得改善的卫生设施的人口（占总人口的百分比）	25	40	*57*
人均能源使用量（千克石油当量）	552	521	*609*
人均二氧化碳排放量（吨）	0.4	0.7	*1.4*
人均用电量（千瓦时）	59	86	*189*
经济			
GDP（10亿美元）	10.3	9.1	75.5
GDP增长率（年度百分比）	-0.3	3.0	0.7
GDP隐含价格平减指数（年度增长百分比）	10.9	418.2	-5.8
农业增加值（占GDP的百分比）	18	6	10
工业增加值（占GDP的百分比）	41	72	59
服务业增加值（占GDP的百分比）	41	22	31
货物和服务出口（占GDP的百分比）	39	90	52
货物和服务进口（占GDP的百分比）	21	63	46
资本形成总额（占GDP的百分比）	12	15	15
中央政府收入（占GDP的百分比）	..	..	..
中央政府现金盈余/赤字（占GDP的百分比）	..	..	..
政府与市场			
创办企业的时间（天）	..	..	68
股票市场资本总额（占GDP的百分比）	..	..	..
军费支出（占GDP的百分比）	*7.1*	6.4	4.2
移动电话用户（每100人）	0	0	44
互联网用户（每100人）	0.0	0.1	3.3
铺敷道路（占总数的百分比）	..	10.4	..
高科技出口（占制成品出口的百分比）	..	..	..
全球联系			
商品贸易（占GDP的百分比）	53.5	120.1	75.6
净易货贸易条件指数（2000年=100）	94	100	171
外债总额（10亿美元）	8.6	9.4	16.7
债务还本付息总额（占出口的百分比）	8.1	20.7	8.4
净移民（千人）	-150	-120	80
获得的侨汇（百万美元）	..	..	*82.1*
外国直接投资，净流入额（10亿美元）	-0.3	0.9	2.2
获得的净官方发展援助（百万美元）	266	302	239

安提瓜和巴布达

高收入经济体

人口（千人）	88	人口增长率（百分比）	1.1
陆地面积（平方公里）	440	国家贫困率（占人口的百分比）	..
GNI（10亿美元）	1.1	人均GNI（美元）	12,130
PPP衡量的GNI（10亿美元）	1.5	PPP衡量的人均GNI（美元）	17,670

	1990	2000	2009
人口			
最贫困的20%人口占国家消费/收入的份额（百分比）	..	..	..
出生时的预期寿命（岁）	74	75	..
总生育率（每个女性生育数）	*1.7*	*1.7*	..
青年女性生育率（每千名15—19岁女性生育数）	..	..	..
避孕普及率（占15—49岁已婚女性的百分比）	*53*	*53*	..
在熟练医护人员护理下的分娩（占总数的百分比）	..	100	*100*
5岁以下儿童死亡率（每千人）	..	19	12
儿童营养不良，体重不足（占5岁以下儿童的百分比）	..	..	..
儿童麻疹免疫接种率（占12—23个月年龄组的百分比）	89	95	99
小学毕业率，总数（占适龄年龄组的百分比）	..	..	95
中学总入学率，总数（占适龄年龄组的百分比）	..	76	110
小学和中学中女孩与男孩的比率（百分比）	..	135	97
HIV感染率（占15—49岁人口的百分比）	..	..	..
环境			
森林（平方公里）	100	100	100
森林采伐（1990—2010年，平均年度百分比）			0.0
淡水使用量（占内陆水资源的百分比）	..	..	*3.3*
获得改善的水资源的人口（占总人口的百分比）	..	91	..
获得改善的卫生设施的人口（占总人口的百分比）	..	95	..
人均能源使用量（千克石油当量）	..	..	..
人均二氧化碳排放量（吨）	4.9	4.5	*5.1*
人均用电量（千瓦时）	..	..	..
经济			
GDP（百万美元）	392	664	1,132
GDP增长率（年度百分比）	2.5	1.5	-8.5
GDP隐含价格平减指数（年度增长百分比）	2.3	0.4	2.8
农业增加值（占GDP的百分比）	4	4	4
工业增加值（占GDP的百分比）	20	20	28
服务业增加值（占GDP的百分比）	76	76	68
货物和服务出口（占GDP的百分比）	89	70	48
货物和服务进口（占GDP的百分比）	87	75	68
资本形成总额（占GDP的百分比）	32	48	76
中央政府收入（占GDP的百分比）	..	..	..
中央政府现金盈余/赤字（占GDP的百分比）	..	..	..
政府与市场			
创办企业的时间（天）	..	..	21
股票市场资本总额（占GDP的百分比）	..	..	..
军费支出（占GDP的百分比）	..	..	..
移动电话用户（每100人）	0	29	154
互联网用户（每100人）	0.0	6.5	74.2
铺敷道路（占总数的百分比）	..	*33.0*	..
高科技出口（占制成品出口的百分比）	..	0	*0*
全球联系			
商品贸易（占GDP的百分比）	70.5	69.1	64.0
净易货贸易条件指数（2000年=100）	..	100	102
外债总额（百万美元）	..	..	..
债务还本付息总额（占出口的百分比）	..	..	..
净移民（千人）	..	..	..
获得的侨汇（百万美元）	13	21	24
外国直接投资，净流入额（百万美元）	60.6	43.1	129.5
获得的净官方发展援助（百万美元）	4.6	9.8	5.9

阿根廷

拉丁美洲和加勒比地区			中高收入经济体
人口（百万）	40.3	人口增长率（百分比）	1.0
陆地面积（千平方公里）	2,780	国家贫困率（占人口的百分比）	..
GNI（10亿美元）	304.1	人均GNI（美元）	7,550
PPP衡量的GNI（10亿美元）	567.5	PPP衡量的人均GNI（美元）	14,090

	1990	2000	2009
人口			
最贫困的20%人口占国家消费/收入的份额（百分比）	*4.6*	*3.1*	4.1
出生时的预期寿命（岁）	72	74	76
总生育率（每个女性生育数）	3.0	2.5	2.2
青年女性生育率（每千名15—19岁女性生育数）	..	65	56
避孕普及率（占15—49岁已婚女性的百分比）	..	..	..
在熟练医护人员护理下的分娩（占总数的百分比）	96	98	95
5岁以下儿童死亡率（每千人）	28	21	14
儿童营养不良，体重不足（占5岁以下儿童的百分比）	..	..	..
儿童麻疹免疫接种率（占12—23个月年龄组的百分比）	93	91	99
小学毕业率，总数（占适龄年龄组的百分比）	..	100	*102*
中学总入学率，总数（占适龄年龄组的百分比）	72	88	*85*
小学和中学中女孩与男孩的比率（百分比）	*107*	101	*105*
HIV感染率（占15—49岁人口的百分比）	0.3	0.4	0.5
环境			
森林（千平方公里）	348	319	294
森林采伐（1990—2010年，平均年度百分比）			0.6
淡水使用量（占内陆水资源的百分比）	..	..	*11.8*
获得改善的水资源的人口（占总人口的百分比）	94	96	*97*
获得改善的卫生设施的人口（占总人口的百分比）	90	91	*90*
人均能源使用量（千克石油当量）	1,418	1,650	*1,915*
人均二氧化碳排放量（吨）	3.5	3.8	*4.6*
人均用电量（千瓦时）	1,309	2,085	*2,789*
经济			
GDP（10亿美元）	141.4	284.2	307.2
GDP增长率（年度百分比）	-2.4	-0.8	0.9[a]
GDP隐含价格平减指数（年度增长百分比）	2,076.8	1.0	10.0
农业增加值（占GDP的百分比）	8	5	8
工业增加值（占GDP的百分比）	36	28	32
服务业增加值（占GDP的百分比）	56	67	61
货物和服务出口（占GDP的百分比）	10	11	21
货物和服务进口（占GDP的百分比）	5	12	16
资本形成总额（占GDP的百分比）	14	16	21
中央政府收入（占GDP的百分比）	..	*14.1*	..
中央政府现金盈余/赤字（占GDP的百分比）	..	*-5.7*	..
政府与市场			
创办企业的时间（天）	..	..	26
股票市场资本总额（占GDP的百分比）	2.3	58.4	15.9
军费支出（占GDP的百分比）	1.1	1.1	0.8
移动电话用户（每100人）	0	18	129
互联网用户（每100人）	0.0	7.0	30.4
铺敷道路（占总数的百分比）	28.5	29.4	..
高科技出口（占制成品出口的百分比）	7	9	9
全球联系			
商品贸易（占GDP的百分比）	11.6	18.1	30.7
净易货贸易条件指数（2000年=100）	64	100	126
外债总额（10亿美元）	62	141	120
债务还本付息总额（占出口的百分比）	37.0	69.4	17.3
净移民（千人）	162	86	30
获得的侨汇（百万美元）	23	86	658
外国直接投资，净流入额（10亿美元）	1.8	10.4	3.9
获得的净官方发展援助（百万美元）	169	52	128

亚美尼亚

欧洲和中亚			中低收入经济体
人口（百万）	3.1	人口增长率（百分比）	0.2
陆地面积（千平方公里）	30	国家贫困率（占人口的百分比）	26.5
GNI（10亿美元）	9.5	人均GNI（美元）	3,100
PPP衡量的GNI（10亿美元）	16.7	PPP衡量的人均GNI（美元）	5,410

	1990	2000	2009
人口			
最贫困的20%人口占国家消费/收入的份额（百分比）	..	*7.6*	*8.8*
出生时的预期寿命（岁）	68	71	74
总生育率（每个女性生育数）	2.5	1.7	1.7
青年女性生育率（每千名15—19岁女性生育数）	..	45	35
避孕普及率（占15—49岁已婚女性的百分比）	..	61	..
在熟练医护人员护理下的分娩（占总数的百分比）	..	97	*100*
5岁以下儿童死亡率（每千人）	56	36	22
儿童营养不良，体重不足（占5岁以下儿童的百分比）	..	*2.6*	..
儿童麻疹免疫接种率（占12—23个月年龄组的百分比）	*93*	92	96
小学毕业率，总数（占适龄年龄组的百分比）	..	*101*	*98*
中学总入学率，总数（占适龄年龄组的百分比）	..	90	93
小学和中学中女孩与男孩的比率（百分比）	..	*104*	103
HIV感染率（占15—49岁人口的百分比）	0.1	0.1	0.1
环境			
森林（千平方公里）	3.5	3.0	2.6
森林采伐（1990—2010年，平均年度百分比）			0.9
淡水使用量（占内陆水资源的百分比）	..	..	*41.2*
获得改善的水资源的人口（占总人口的百分比）	..	93	*96*
获得改善的卫生设施的人口（占总人口的百分比）	..	89	*90*
人均能源使用量（千克石油当量）	2,171	651	*974*
人均二氧化碳排放量（吨）	*1.1*	1.1	*1.6*
人均用电量（千瓦时）	2,718	1,295	*1,578*
经济			
GDP（10亿美元）	2.3	1.9	8.7
GDP增长率（年度百分比）	*-11.7*	5.9	-14.4
GDP隐含价格平减指数（年度增长百分比）	*79.4*	-1.4	1.4
农业增加值（占GDP的百分比）	17	26	21
工业增加值（占GDP的百分比）	52	35	35
服务业增加值（占GDP的百分比）	31	39	45
货物和服务出口（占GDP的百分比）	35	23	12
货物和服务进口（占GDP的百分比）	46	51	36
资本形成总额（占GDP的百分比）	47	19	31
中央政府收入（占GDP的百分比）	..	..	22.1
中央政府现金盈余/赤字（占GDP的百分比）	..	..	-7.5
政府与市场			
创办企业的时间（天）	..	..	15
股票市场资本总额（占GDP的百分比）	..	*0.1*	1.6
军费支出（占GDP的百分比）	*2.1*	3.6	4.0
移动电话用户（每100人）	0	1	85
互联网用户（每100人）	0.0	1.3	6.8
铺敷道路（占总数的百分比）	99.2	*96.8*	*90.5*
高科技出口（占制成品出口的百分比）	..	5	4
全球联系			
商品贸易（占GDP的百分比）	..	61.5	45.9
净易货贸易条件指数（2000年=100）	..	..	..
外债总额（10亿美元）	..	0.9	4.9
债务还本付息总额（占出口的百分比）	..	8.3	20.9
净移民（千人）	-68	-225	-75
获得的侨汇（10亿美元）	..	87.5	769.5
外国直接投资，净流入额（百万美元）	*2.4*	104.2	777.5
获得的净官方发展援助（百万美元）	*2.7*	215.9	527.6

阿鲁巴

高收入经济体

人口（千人）	107	人口增长率（百分比）	1.0
陆地面积（平方公里）	180	国家贫困率（占人口的百分比）	..
GNI（百万美元）	..	人均 GNI（美元）	..
PPP 衡量的 GNI（百万美元）	..	PPP 衡量的人均 GNI（美元）	..

	1990	2000	2009
人口			
最贫困的 20% 人口占国家消费/收入的份额（百分比）	..	..	..
出生时的预期寿命（岁）	73	74	75
总生育率（每个女性生育数）	2.2	1.9	1.7
青年女性生育率（每千名 15—19 岁女性生育数）	..	45	31
避孕普及率（占 15—49 岁已婚女性的百分比）	..	..	..
在熟练医护人员护理下的分娩（占总数的百分比）	..	*96*	..
5 岁以下儿童死亡率（每千人）	..	..	..
儿童营养不良，体重不足（占 5 岁以下儿童的百分比）	..	..	..
儿童麻疹免疫接种率（占 12—23 个月年龄组的百分比）	..	..	..
小学毕业率，总数（占适龄年龄组的百分比）	..	100	95
中学总入学率，总数（占适龄年龄组的百分比）	..	102	96
小学和中学中女孩与男孩的比率（百分比）	..	98	99
HIV 感染率（占 15—49 岁人口的百分比）	..	..	..
环境			
森林（平方公里）	4.0	4.0	4.0
森林采伐（1990—2010 年，平均年度百分比）			0.0
淡水使用量（占内陆水资源的百分比）	..	..	..
获得改善的水资源的人口（占总人口的百分比）	100	100	*100*
获得改善的卫生设施的人口（占总人口的百分比）	..	..	..
人均能源使用量（千克石油当量）	..	..	..
人均二氧化碳排放量（吨）	29.1	24.9	*23.0*
人均用电量（千瓦时）	..	..	..
经济			
GDP（百万美元）	*872.1*	1,858.7	..
GDP 增长率（年度百分比）	12.0	3.7	..
GDP 隐含价格平减指数（年度增长百分比）	5.7	4.0	..
农业增加值（占 GDP 的百分比）	..	..	..
工业增加值（占 GDP 的百分比）	..	..	..
服务业增加值（占 GDP 的百分比）	..	..	..
货物和服务出口（占 GDP 的百分比）	*101*	*70*	..
货物和服务进口（占 GDP 的百分比）	*161*	*91*	..
资本形成总额（占 GDP 的百分比）	..	..	..
中央政府收入（占 GDP 的百分比）	..	..	..
中央政府现金盈余/赤字（占 GDP 的百分比）	..	..	..
政府与市场			
创办企业的时间（天）	..	..	..
股票市场资本总额（占 GDP 的百分比）	..	..	..
军费支出（占 GDP 的百分比）	..	..	..
移动电话用户（每 100 人）	0	17	120
互联网用户（每 100 人）	0.0	15.4	22.5
铺敷道路（占总数的百分比）	..	..	..
高科技出口（占制成品出口的百分比）	..	..	4
全球联系			
商品贸易（占 GDP 的百分比）	*58.1*	54.2	..
净易货贸易条件指数（2000 年 =100）	..	100	104
外债总额（百万美元）	..	..	..
债务还本付息总额（占出口的百分比）	..	..	..
净移民（千人）	-6	7	4
获得的侨汇（百万美元）	*2.6*	7.9	19.1
外国直接投资，净流入额（百万美元）	130.5	-128.0	79.9
获得的净官方发展援助（百万美元）	30.0	*-7.4*	..

澳大利亚

高收入经济体

人口（百万）	21.9	人口增长率（百分比）	2.0
陆地面积（千平方公里）	7,741	国家贫困率（占人口的百分比）	..
GNI（10亿美元）	957.5	人均GNI（美元）	43,770
PPP衡量的GNI（10亿美元）	842.3	PPP衡量的人均GNI（美元）	38,510

	1990	2000	2009
人口			
最贫困的20%人口占国家消费/收入的份额（百分比）	..	..	..
出生时的预期寿命（岁）	77	79	82
总生育率（每个女性生育数）	1.9	1.8	1.9
青年女性生育率（每千名15—19岁女性生育数）	..	18	14
避孕普及率（占15—49岁已婚女性的百分比）	..	*71*	..
在熟练医护人员护理下的分娩（占总数的百分比）	*100*	99	..
5岁以下儿童死亡率（每千人）	9	6	5
儿童营养不良，体重不足（占5岁以下儿童的百分比）	..	..	..
儿童麻疹免疫接种率（占12—23个月年龄组的百分比）	86	91	94
小学毕业率，总数（占适龄年龄组的百分比）	..	..	..
中学总入学率，总数（占适龄年龄组的百分比）	..	162	*149*
小学和中学中女孩与男孩的比率（百分比）	..	100	*97*
HIV感染率（占15—49岁人口的百分比）	0.1	0.1	0.1
环境			
森林（千平方公里）	1,545	1,549	1,493
森林采伐（1990—2010年，平均年度百分比）			0.1
淡水使用量（占内陆水资源的百分比）	..	..	*4.9*
获得改善的水资源的人口（占总人口的百分比）	100	100	*100*
获得改善的卫生设施的人口（占总人口的百分比）	100	100	*100*
人均能源使用量（千克石油当量）	5,053	5,645	5,996
人均二氧化碳排放量（吨）	17.2	17.2	*17.7*
人均用电量（千瓦时）	8,527	10,194	*11,217*
经济			
GDP（10亿美元）	314.5	416.9	924.8
GDP增长率（年度百分比）	2.9	4.0	1.3
GDP隐含价格平减指数（年度增长百分比）	7.1	2.6	4.9
农业增加值（占GDP的百分比）	5	4	*3*
工业增加值（占GDP的百分比）	31	27	*29*
服务业增加值（占GDP的百分比）	64	70	*68*
货物和服务出口（占GDP的百分比）	15	19	*20*
货物和服务进口（占GDP的百分比）	17	21	*22*
资本形成总额（占GDP的百分比）	27	24	*28*
中央政府收入（占GDP的百分比）	..	25.8	24.6
中央政府现金盈余/赤字（占GDP的百分比）	..	2.0	-2.4
政府与市场			
创办企业的时间（天）	..	..	2
股票市场资本总额（占GDP的百分比）	34.7	89.4	136.1
军费支出（占GDP的百分比）	2.1	1.9	1.9
移动电话用户（每100人）	1	45	111
互联网用户（每100人）	0.6	46.8	72.0
铺敷道路（占总数的百分比）	35.0	*38.7*	..
高科技出口（占制成品出口的百分比）	8	15	13
全球联系			
商品贸易（占GDP的百分比）	26.0	32.5	34.6
净易货贸易条件指数（2000年=100）	116	100	163
外债总额（10亿美元）	..	..	..
债务还本付息总额（占出口的百分比）	..	..	..
净移民（千人）	667	466	500
获得的侨汇（10亿美元）	2.4	1.9	4.1
外国直接投资，净流入额（10亿美元）	8.1	13.6	22.6
获得的净官方发展援助（百万美元）	..	..	..

奥地利

高收入经济体

人口（百万）	8.4	人口增长率（百分比）	0.3
陆地面积（千平方公里）	84	国家贫困率（占人口的百分比）	..
GNI（10亿美元）	388.5	人均GNI（美元）	46,450
PPP衡量的GNI（10亿美元）	321.3	PPP衡量的人均GNI（美元）	38,410

	1990	2000	2009
人口			
最贫困的20%人口占国家消费/收入的份额（百分比）	..	8.6	..
出生时的预期寿命（岁）	76	78	80
总生育率（每个女性生育数）	1.5	1.4	1.4
青年女性生育率（每千名15—19岁女性生育数）	..	14	12
避孕普及率（占15—49岁已婚女性的百分比）	..	..	..
在熟练医护人员护理下的分娩（占总数的百分比）	..	..	..
5岁以下儿童死亡率（每千人）	9	5	4
儿童营养不良，体重不足（占5岁以下儿童的百分比）	..	..	..
儿童麻疹免疫接种率（占12—23个月年龄组的百分比）	60	75	83
小学毕业率，总数（占适龄年龄组的百分比）	..	*102*	*99*
中学总入学率，总数（占适龄年龄组的百分比）	101	98	*100*
小学和中学中女孩与男孩的比率（百分比）	94	97	*97*
HIV感染率（占15—49岁人口的百分比）	0.1	0.1	0.3
环境			
森林（千平方公里）	38	38	39
森林采伐（1990—2010年，平均年度百分比）			-0.1
淡水使用量（占内陆水资源的百分比）	..	..	*6.5*
获得改善的水资源的人口（占总人口的百分比）	100	100	*100*
获得改善的卫生设施的人口（占总人口的百分比）	100	100	*100*
人均能源使用量（千克石油当量）	3,214	3,559	3,876
人均二氧化碳排放量（吨）	7.9	7.7	*8.3*
人均用电量（千瓦时）	6,078	7,109	*8,218*
经济			
GDP（10亿美元）	164.8	191.2	381.1
GDP增长率（年度百分比）	4.2	3.7	-3.9
GDP隐含价格平减指数（年度增长百分比）	3.1	1.1	0.8
农业增加值（占GDP的百分比）	4	2	2
工业增加值（占GDP的百分比）	32	31	29
服务业增加值（占GDP的百分比）	64	67	69
货物和服务出口（占GDP的百分比）	37	46	51
货物和服务进口（占GDP的百分比）	37	45	46
资本形成总额（占GDP的百分比）	25	24	21
中央政府收入（占GDP的百分比）	..	37.8	36.6
中央政府现金盈余/赤字（占GDP的百分比）	..	-2.0	-2.6
政府与市场			
创办企业的时间（天）	..	..	28
股票市场资本总额（占GDP的百分比）	7.0	15.7	14.1
军费支出（占GDP的百分比）	1.2	1.0	0.9
移动电话用户（每100人）	1	76	141
互联网用户（每100人）	0.1	33.7	73.5
铺敷道路（占总数的百分比）	100.0	100.0	*100.0*
高科技出口（占制成品出口的百分比）	8	14	11
全球联系			
商品贸易（占GDP的百分比）	54.8	73.3	73.8
净易货贸易条件指数（2000年=100）	..	..	..
外债总额（10亿美元）	..	..	..
债务还本付息总额（占出口的百分比）	..	..	..
净移民（千人）	111	65	160
获得的侨汇（10亿美元）	0.6	1.8	3.3
外国直接投资，净流入额（10亿美元）	0.7	8.5	8.7
获得的净官方发展援助（百万美元）	..	..	..

阿塞拜疆

欧洲和中亚			中高收入经济体
人口（百万）	8.8	人口增长率（百分比）	1.2
陆地面积（千平方公里）	87	国家贫困率（占人口的百分比）	*15.8*
GNI（10亿美元）	42.5	人均 GNI（美元）	4,840
PPP 衡量的 GNI（10亿美元）	79.2	PPP 衡量的人均 GNI（美元）	9,020

	1990	2000	2009
人口			
最贫困的 20% 人口占国家消费/收入的份额（百分比）	..	*7.4*	*8.0*
出生时的预期寿命（岁）	65	67	70
总生育率（每个女性生育数）	2.7	2.0	2.3
青年女性生育率（每千名 15—19 岁女性生育数）	..	37	33
避孕普及率（占 15—49 岁已婚女性的百分比）	..	55	*51*
在熟练医护人员护理下的分娩（占总数的百分比）	..	84	*88*
5 岁以下儿童死亡率（每千人）	98	69	34
儿童营养不良，体重不足（占 5 岁以下儿童的百分比）	..	14.0	*8.4*
儿童麻疹免疫接种率（占 12—23 个月年龄组的百分比）	*52*	67	67
小学毕业率，总数（占适龄年龄组的百分比）	..	90	92
中学总入学率，总数（占适龄年龄组的百分比）	89	75	99
小学和中学中女孩与男孩的比率（百分比）	*100*	96	102
HIV 感染率（占 15—49 岁人口的百分比）	0.1	0.1	0.1
环境			
森林（千平方公里）	9.4	9.4	9.4
森林采伐（1990—2010 年，平均年度百分比）			0.0
淡水使用量（占内陆水资源的百分比）	..	..	*150.5*
获得改善的水资源的人口（占总人口的百分比）	70	74	*80*
获得改善的卫生设施的人口（占总人口的百分比）	..	44	*45*
人均能源使用量（千克石油当量）	3,609	1,421	*1,540*
人均二氧化碳排放量（吨）	*6.0*	3.8	*3.7*
人均用电量（千瓦时）	2,584	2,040	*2,317*
经济			
GDP（10亿美元）	8.9	5.3	43.0
GDP 增长率（年度百分比）	-11.7	11.1	9.3
GDP 隐含价格平减指数（年度增长百分比）	*83.5*	12.5	-16.8
农业增加值（占 GDP 的百分比）	29	17	8
工业增加值（占 GDP 的百分比）	33	45	60
服务业增加值（占 GDP 的百分比）	38	38	32
货物和服务出口（占 GDP 的百分比）	44	39	52
货物和服务进口（占 GDP 的百分比）	39	38	25
资本形成总额（占 GDP 的百分比）	27	21	22
中央政府收入（占 GDP 的百分比）	..	..	*27.3*
中央政府现金盈余/赤字（占 GDP 的百分比）	..	..	*0.4*
政府与市场			
创办企业的时间（天）	..	..	8
股票市场资本总额（占 GDP 的百分比）	..	*0.1*	..
军费支出（占 GDP 的百分比）	*2.1*	2.3	3.5
移动电话用户（每 100 人）	0	5	88
互联网用户（每 100 人）	0.0	0.1	42.0
铺敷道路（占总数的百分比）	..	..	*50.6*
高科技出口（占制成品出口的百分比）	..	4	1
全球联系			
商品贸易（占 GDP 的百分比）	..	55.3	64.2
净易货贸易条件指数（2000 年 = 100）	..	..	..
外债总额（10亿美元）	..	1.3	4.9
债务还本付息总额（占出口的百分比）	..	6.0	1.7
净移民（千人）	-151	-128	-50
获得的侨汇（10亿美元）	..	0.1	1.3
外国直接投资，净流入额（百万美元）	..	129.9	473.3
获得的净官方发展援助（百万美元）	*0.3*	139.1	232.3

巴哈马

高收入经济体

人口（千人）	342	人口增长率（百分比）	1.2
陆地面积（千平方公里）	14	国家贫困率（占人口的百分比）	..
GNI（百万美元）	7.1	人均 GNI（美元）	21,390
PPP 衡量的 GNI（百万美元）	..	PPP 衡量的人均 GNI（美元）	..

	1990	2000	2009
人口			
最贫困的 20% 人口占国家消费/收入的份额（百分比）	..	..	..
出生时的预期寿命（岁）	70	70	74
总生育率（每个女性生育数）	2.6	2.2	2.0
青年女性生育率（每千名 15—19 岁女性生育数）	..	60	52
避孕普及率（占 15—49 岁已婚女性的百分比）	*62*	*45*	..
在熟练医护人员护理下的分娩（占总数的百分比）	99	99	*99*
5 岁以下儿童死亡率（每千人）	25	20	12
儿童营养不良，体重不足（占 5 岁以下儿童的百分比）	..	..	..
儿童麻疹免疫接种率（占 12—23 个月年龄组的百分比）	86	93	98
小学毕业率，总数（占适龄年龄组的百分比）	..	*80*	*95*
中学总入学率，总数（占适龄年龄组的百分比）	*93*	82	*93*
小学和中学中女孩与男孩的比率（百分比）	*102*	96	*101*
HIV 感染率（占 15—49 岁人口的百分比）	3.6	3.2	3.1
环境			
森林（千平方公里）	5.2	5.2	5.2
森林采伐（1990—2010 年，平均年度百分比）			0.0
淡水使用量（占内陆水资源的百分比）	..	..	..
获得改善的水资源的人口（占总人口的百分比）	..	96	..
获得改善的卫生设施的人口（占总人口的百分比）	100	100	*100*
人均能源使用量（千克石油当量）	..	..	..
人均二氧化碳排放量（吨）	7.6	5.9	*6.4*
人均用电量（千瓦时）	..	..	..
经济			
GDP（10 亿美元）	3.2	5.5	*7.2*
GDP 增长率（年度百分比）	-1.6	4.3	*2.8*
GDP 隐含价格平减指数（年度增长百分比）	5.1	2.9	*2.4*
农业增加值（占 GDP 的百分比）	3	2	*2*
工业增加值（占 GDP 的百分比）	16	19	*20*
服务业增加值（占 GDP 的百分比）	81	79	*79*
货物和服务出口（占 GDP 的百分比）	54	43	*45*
货物和服务进口（占 GDP 的百分比）	56	52	*68*
资本形成总额（占 GDP 的百分比）	29	36	*39*
中央政府收入（占 GDP 的百分比）	15.7	17.0	*18.5*
中央政府现金盈余/赤字（占 GDP 的百分比）	-1.9	0.4	*-1.1*
政府与市场			
创办企业的时间（天）	..	..	31
股票市场资本总额（占 GDP 的百分比）	..	..	..
军费支出（占 GDP 的百分比）	..	..	..
移动电话用户（每 100 人）	1	10	105
互联网用户（每 100 人）	0.0	4.3	33.9
铺敷道路（占总数的百分比）	52.0	57.4	..
高科技出口（占制成品出口的百分比）	..	7	0
全球联系			
商品贸易（占 GDP 的百分比）	88.1	47.9	*52.0*
净易货贸易条件指数（2000 年 =100）	..	100	102
外债总额（10 亿美元）	..	..	..
债务还本付息总额（占出口的百分比）	..	..	..
净移民（千人）	0	2	2
获得的侨汇（10 亿美元）	..	..	..
外国直接投资，净流入额（百万美元）	-17.3	250.3	654.9
获得的净官方发展援助（百万美元）	3.2	..	..

巴林

高收入经济体

人口（千人）	791	人口增长率（百分比）	2.0
陆地面积（平方公里）	760	国家贫困率（占人口的百分比）	..
GNI（10 亿美元）	*19.7*	人均 GNI（美元）	*25,420*
PPP 衡量的 GNI（10 亿美元）	*26.1*	PPP 衡量的人均 GNI（美元）	*33,690*

	1990	2000	2009
人口			
最贫困的 20% 人口占国家消费/收入的份额（百分比）	..	..	..
出生时的预期寿命（岁）	72	75	76
总生育率（每个女性生育数）	3.7	2.6	2.2
青年女性生育率（每千名 15—19 岁女性生育数）	..	20	16
避孕普及率（占 15—49 岁已婚女性的百分比）	*53*	..	..
在熟练医护人员护理下的分娩（占总数的百分比）	*94*	..	..
5 岁以下儿童死亡率（每千人）	16	13	12
儿童营养不良，体重不足（占 5 岁以下儿童的百分比）	*6.3*	..	..
儿童麻疹免疫接种率（占 12—23 个月年龄组的百分比）	87	98	99
小学毕业率，总数（占适龄年龄组的百分比）	*97*	98	101
中学总入学率，总数（占适龄年龄组的百分比）	*100*	97	96
小学和中学中女孩与男孩的比率（百分比）	*101*	104	101
HIV 感染率（占 15—49 岁人口的百分比）	..	..	..
环境			
森林（平方公里）	2.0	4.6	10.0
森林采伐（1990—2010 年，平均年度百分比）			-5.5
淡水使用量（占内陆水资源的百分比）	..	..	*6,375.0*
获得改善的水资源的人口（占总人口的百分比）	..	..	..
获得改善的卫生设施的人口（占总人口的百分比）	..	..	..
人均能源使用量（千克石油当量）	8,824	9,023	*11,896*
人均二氧化碳排放量（吨）	24.1	30.4	29.6
人均用电量（千瓦时）	6,573	8,831	*13,144*
经济			
GDP（10 亿美元）	4.2	8.0	20.6
GDP 增长率（年度百分比）	4.4	5.3	*6.3*
GDP 隐含价格平减指数（年度增长百分比）	4.8	14.3	*11.5*
农业增加值（占 GDP 的百分比）	1	..	..
工业增加值（占 GDP 的百分比）	46	..	..
服务业增加值（占 GDP 的百分比）	53	..	..
货物和服务出口（占 GDP 的百分比）	116	89	*97*
货物和服务进口（占 GDP 的百分比）	95	64	*74*
资本形成总额（占 GDP 的百分比）	16	10	*33*
中央政府收入（占 GDP 的百分比）	27.1	32.9	*32.2*
中央政府现金盈余/赤字（占 GDP 的百分比）	-2.3	8.5	*6.4*
政府与市场			
创办企业的时间（天）	..	..	9
股票市场资本总额（占 GDP 的百分比）	..	83.1	82.2
军费支出（占 GDP 的百分比）	5.1	4.0	3.6
移动电话用户（每 100 人）	1	32	199
互联网用户（每 100 人）	0.0	6.2	82.0
铺敷道路（占总数的百分比）	75.4	77.6	*81.5*
高科技出口（占制成品出口的百分比）	..	0	*0*
全球联系			
商品贸易（占 GDP 的百分比）	176.7	135.8	93.1
净易货贸易条件指数（2000 年 =100）	..	100	114
外债总额（10 亿美元）	..	..	..
债务还本付息总额（占出口的百分比）	..	..	..
净移民（千人）	18	17	20
获得的侨汇（10 亿美元）	..	..	..
外国直接投资，净流入额（百万美元）	-182.7	363.6	257.1
获得的净官方发展援助（百万美元）	136.9	49.1	..

孟加拉国

南亚 | 低收入经济体

人口（百万）	162.2	人口增长率（百分比）	1.4
陆地面积（千平方公里）	144	国家贫困率（占人口的百分比）	*40.0*
GNI（10亿美元）	93.5	人均 GNI（美元）	580
PPP 衡量的 GNI（10亿美元）	250.6	PPP 衡量的人均 GNI（美元）	1,550

	1990	2000	2009
人口			
最贫困的20%人口占国家消费/收入的份额（百分比）	*10.0*	9.3	..
出生时的预期寿命（岁）	54	61	67
总生育率（每个女性生育数）	4.4	3.0	2.3
青年女性生育率（每千名15—19岁女性生育数）	..	105	68
避孕普及率（占15—49岁已婚女性的百分比）	*40*	54	*53*
在熟练医护人员护理下的分娩（占总数的百分比）	..	12	24
5岁以下儿童死亡率（每千人）	148	90	52
儿童营养不良，体重不足（占5岁以下儿童的百分比）	61.5	48.2	*41.3*
儿童麻疹免疫接种率（占12—23个月年龄组的百分比）	65	72	89
小学毕业率，总数（占适龄年龄组的百分比）	*41*	59	61
中学总入学率，总数（占适龄年龄组的百分比）	18	44	*42*
小学和中学中女孩与男孩的比率（百分比）	75	..	*108*
HIV 感染率（占15—49岁人口的百分比）	0.1	0.1	0.1
环境			
森林（千平方公里）	15	15	14
森林采伐（1990—2010年，平均年度百分比）			0.1
淡水使用量（占内陆水资源的百分比）	..	..	..
获得改善的水资源的人口（占总人口的百分比）	78	79	*80*
获得改善的卫生设施的人口（占总人口的百分比）	39	46	*53*
人均能源使用量（千克石油当量）	110	132	*175*
人均二氧化碳排放量（吨）	0.1	0.2	*0.3*
人均用电量（千瓦时）	44	95	*208*
经济			
GDP（10亿美元）	30.1	47.1	89.4
GDP 增长率（年度百分比）	5.9	5.9	5.7
GDP 隐含价格平减指数（年度增长百分比）	6.3	1.9	6.5
农业增加值（占 GDP 的百分比）	30	26	19
工业增加值（占 GDP 的百分比）	21	25	29
服务业增加值（占 GDP 的百分比）	48	49	53
货物和服务出口（占 GDP 的百分比）	6	14	19
货物和服务进口（占 GDP 的百分比）	14	19	27
资本形成总额（占 GDP 的百分比）	17	23	24
中央政府收入（占 GDP 的百分比）	..	*9.8*	11.1
中央政府现金盈余/赤字（占 GDP 的百分比）	..	*-0.7*	-1.7
政府与市场			
创办企业的时间（天）	..	..	19
股票市场资本总额（占 GDP 的百分比）	1.1	2.5	7.9
军费支出（占 GDP 的百分比）	1.1	1.4	1.1
移动电话用户（每100人）	0	0	31
互联网用户（每100人）	0.0	0.1	0.4
铺敷道路（占总数的百分比）	*7.2*	9.5	..
高科技出口（占制成品出口的百分比）	0	0	*1*
全球联系			
商品贸易（占 GDP 的百分比）	17.6	32.4	41.3
净易货贸易条件指数（2000年=100）	117	100	65
外债总额（10亿美元）	12	16	24
债务还本付息总额（占出口的百分比）	34.6	10.5	5.6
净移民（千人）	-435	-550	-570
获得的侨汇（10亿美元）	0.8	2.0	10.5
外国直接投资，净流入额（百万美元）	3.2	280.4	674.2
获得的净官方发展援助（10亿美元）	2.1	1.2	1.2

巴巴多斯

高收入经济体

人口（千人）	256	人口增长率（百分比）	0.3
陆地面积（平方公里）	430	国家贫困率（占人口的百分比）	..
GNI（10亿美元）	..	人均GNI（美元）	..
PPP衡量的GNI（10亿美元）	..	PPP衡量的人均GNI（美元）	..

	1990	2000	2009
人口			
最贫困的20%人口占国家消费/收入的份额（百分比）	..	..	..
出生时的预期寿命（岁）	74	75	77
总生育率（每个女性生育数）	1.7	1.5	1.5
青年女性生育率（每千名15—19岁女性生育数）	..	43	43
避孕普及率（占15—49岁已婚女性的百分比）	55	55	..
在熟练医护人员护理下的分娩（占总数的百分比）	..	98	*100*
5岁以下儿童死亡率（每千人）	18	15	11
儿童营养不良，体重不足（占5岁以下儿童的百分比）	..	..	..
儿童麻疹免疫接种率（占12—23个月年龄组的百分比）	87	94	94
小学毕业率，总数（占适龄年龄组的百分比）	..	..	..
中学总入学率，总数（占适龄年龄组的百分比）	..	..	..
小学和中学中女孩与男孩的比率（百分比）	..	..	..
HIV感染率（占15—49岁人口的百分比）	0.1	0.4	1.4
环境			
森林（平方公里）	80	80	80
森林采伐（1990—2010年，平均年度百分比）			0.0
淡水使用量（占内陆水资源的百分比）	..	..	*76.1*
获得改善的水资源的人口（占总人口的百分比）	100	100	*100*
获得改善的卫生设施的人口（占总人口的百分比）	100	100	*100*
人均能源使用量（千克石油当量）	..	..	..
人均二氧化碳排放量（吨）	4.1	4.7	*5.3*
人均用电量（千瓦时）	..	..	..
经济			
GDP（10亿美元）	1.7	2.6	3.6
GDP增长率（年度百分比）	-4.8	2.3	..
GDP隐含价格平减指数（年度增长百分比）	5.5	0.8	..
农业增加值（占GDP的百分比）	7	4	..
工业增加值（占GDP的百分比）	20	16	..
服务业增加值（占GDP的百分比）	73	79	..
货物和服务出口（占GDP的百分比）	49	50	61
货物和服务进口（占GDP的百分比）	52	57	65
资本形成总额（占GDP的百分比）	19	19	22
中央政府收入（占GDP的百分比）	..	..	*35.6*
中央政府现金盈余/赤字（占GDP的百分比）	..	..	*-5.6*
政府与市场			
创办企业的时间（天）	..	..	..
股票市场资本总额（占GDP的百分比）	16.5	66.0	122.1
军费支出（占GDP的百分比）	..	..	..
移动电话用户（每100人）	0	11	132
互联网用户（每100人）	0.0	4.0	..
铺敷道路（占总数的百分比）	86.8	98.6	..
高科技出口（占制成品出口的百分比）	*20*	23	10
全球联系			
商品贸易（占GDP的百分比）	53.8	55.8	50.8
净易货贸易条件指数（2000年=100）	..	100	122
外债总额（百万美元）	..	..	..
债务还本付息总额（占出口的百分比）	..	..	..
净移民（千人）	-5	-12	-1
获得的侨汇（百万美元）	38	115	113
外国直接投资，净流入额（百万美元）	11.2	19.4	298.2
获得的净官方发展援助（百万美元）	2.6	0.2	12.2

白俄罗斯

欧洲和中亚 **中高收入经济体**

人口（百万）	9.7	人口增长率（百分比）	-0.2
陆地面积（千平方公里）	208	国家贫困率（占人口的百分比）	5.4
GNI（10亿美元）	53.7	人均GNI（美元）	5,560
PPP衡量的GNI（10亿美元）	123.1	PPP衡量的人均GNI（美元）	12,740

	1990	2000	2009
人口			
最贫困的20%人口占国家消费/收入的份额（百分比）	*10.5*	8.5	*9.2*
出生时的预期寿命（岁）	71	69	70
总生育率（每个女性生育数）	1.9	1.3	1.5
青年女性生育率（每千名15—19岁女性生育数）	..	29	20
避孕普及率（占15—49岁已婚女性的百分比）	..	..	..
在熟练医护人员护理下的分娩（占总数的百分比）	..	*100*	..
5岁以下儿童死亡率（每千人）	24	18	12
儿童营养不良，体重不足（占5岁以下儿童的百分比）	..	..	..
儿童麻疹免疫接种率（占12—23个月年龄组的百分比）	*94*	98	99
小学毕业率，总数（占适龄年龄组的百分比）	94	102	*96*
中学总入学率，总数（占适龄年龄组的百分比）	98	87	*95*
小学和中学中女孩与男孩的比率（百分比）	..	102	*101*
HIV感染率（占15—49岁人口的百分比）	0.1	0.1	0.3
环境			
森林（千平方公里）	78	83	86
森林采伐（1990—2010年，平均年度百分比）			-0.3
淡水使用量（占内陆水资源的百分比）	..	..	*11.7*
获得改善的水资源的人口（占总人口的百分比）	100	100	*100*
获得改善的卫生设施的人口（占总人口的百分比）	..	93	*93*
人均能源使用量（千克石油当量）	4,470	2,467	*2,907*
人均二氧化碳排放量（吨）	*9.6*	5.9	*6.9*
人均用电量（千瓦时）	4,381	2,989	*3,427*
经济			
GDP（10亿美元）	17.4	12.7	49.0
GDP增长率（年度百分比）	*-1.2*	5.8	1.4
GDP隐含价格平减指数（年度增长百分比）	*103.6*	185.3	3.9
农业增加值（占GDP的百分比）	24	14	10
工业增加值（占GDP的百分比）	47	39	42
服务业增加值（占GDP的百分比）	29	47	48
货物和服务出口（占GDP的百分比）	46	69	51
货物和服务进口（占GDP的百分比）	44	72	62
资本形成总额（占GDP的百分比）	27	25	38
中央政府收入（占GDP的百分比）	*31.5*	28.7	35.4
中央政府现金盈余/赤字（占GDP的百分比）	*-4.8*	0.1	0.2
政府与市场			
创办企业的时间（天）	..	..	5
股票市场资本总额（占GDP的百分比）	..	..	..
军费支出（占GDP的百分比）	*1.6*	1.3	1.8
移动电话用户（每100人）	0	0	100
互联网用户（每100人）	0.0	1.9	45.9
铺敷道路（占总数的百分比）	*95.8*	*95.6*	..
高科技出口（占制成品出口的百分比）	..	4	3
全球联系			
商品贸易（占GDP的百分比）	..	125.4	101.6
净易货贸易条件指数（2000年=100）	..	100	121
外债总额（10亿美元）	..	2.1	17.2
债务还本付息总额（占出口的百分比）	..	4.8	5.0
净移民（千人）	-33	0	0
获得的侨汇（百万美元）	..	139.2	357.8
外国直接投资，净流入额（10亿美元）	*0.0*	0.1	1.9
获得的净官方发展援助（百万美元）	..	..	98.1

比利时

高收入经济体

人口（百万）	10.8	人口增长率（百分比）	0.7
陆地面积（千平方公里）	31	国家贫困率（占人口的百分比）	..
GNI（10亿美元）	488.4	人均GNI（美元）	45,270
PPP衡量的GNI（10亿美元）	395.0	PPP衡量的人均GNI（美元）	36,610

	1990	2000	2009
人口			
最贫困的20%人口占国家消费/收入的份额（百分比）	..	8.5	..
出生时的预期寿命（岁）	76	78	81
总生育率（每个女性生育数）	1.6	1.7	1.9
青年女性生育率（每千名15—19岁女性生育数）	..	9	7
避孕普及率（占15—49岁已婚女性的百分比）	*78*	..	..
在熟练医护人员护理下的分娩（占总数的百分比）	..	*99*	..
5岁以下儿童死亡率（每千人）	10	6	5
儿童营养不良，体重不足（占5岁以下儿童的百分比）	..	..	..
儿童麻疹免疫接种率（占12—23个月年龄组的百分比）	85	82	94
小学毕业率，总数（占适龄年龄组的百分比）	*79*	..	*86*
中学总入学率，总数（占适龄年龄组的百分比）	101	146	*108*
小学和中学中女孩与男孩的比率（百分比）	101	106	*98*
HIV感染率（占15—49岁人口的百分比）	0.1	0.2	0.2
环境			
森林（千平方公里）	6.8	6.7	6.8
森林采伐（1990—2010年，平均年度百分比）			0.0
淡水使用量（占内陆水资源的百分比）	..	..	..
获得改善的水资源的人口（占总人口的百分比）	100	100	*100*
获得改善的卫生设施的人口（占总人口的百分比）	100	100	*100*
人均能源使用量（千克石油当量）	4,844	5,707	5,168
人均二氧化碳排放量（吨）	10.8	11.3	*9.7*
人均用电量（千瓦时）	6,380	8,247	*8,523*
经济			
GDP（10亿美元）	202.6	232.4	471.2
GDP增长率（年度百分比）	3.1	3.7	-2.8
GDP隐含价格平减指数（年度增长百分比）	2.8	2.0	1.1
农业增加值（占GDP的百分比）	2	1	1
工业增加值（占GDP的百分比）	31	27	22
服务业增加值（占GDP的百分比）	67	72	78
货物和服务出口（占GDP的百分比）	67	78	73
货物和服务进口（占GDP的百分比）	65	75	70
资本形成总额（占GDP的百分比）	23	22	20
中央政府收入（占GDP的百分比）	..	42.9	40.3
中央政府现金盈余/赤字（占GDP的百分比）	..	0.0	-5.1
政府与市场			
创办企业的时间（天）	..	..	4
股票市场资本总额（占GDP的百分比）	32.3	78.5	55.5
军费支出（占GDP的百分比）	2.3	1.4	1.1
移动电话用户（每100人）	0	55	115
互联网用户（每100人）	0.0	29.3	75.2
铺敷道路（占总数的百分比）	*81.2*	78.2	*78.2*
高科技出口（占制成品出口的百分比）	..	10	10
全球联系			
商品贸易（占GDP的百分比）	117.2	157.5	153.2
净易货贸易条件指数（2000年=100）	..	100	103
外债总额（10亿美元）	..	..	..
债务还本付息总额（占出口的百分比）	..	..	..
净移民（千人）	52	61	200
获得的侨汇（10亿美元）	3.6	4.0	10.4
外国直接投资，净流入额（10亿美元）	8.0[b]	214.9	-38.9
获得的净官方发展援助（百万美元）	..	..	..

伯利兹

拉丁美洲和加勒比地区 | **中低收入经济体**

人口（千人）	333	人口增长率（百分比）	3.4
陆地面积（千平方公里）	23	国家贫困率（占人口的百分比）	*33.5*
GNI（10亿美元）	*1.2*	人均GNI（美元）	*3,740*
PPP衡量的GNI（10亿美元）	*1.9*	PPP衡量的人均GNI（美元）	*5,990*

	1990	2000	2009
人口			
最贫困的20%人口占国家消费/收入的份额（百分比）	..	*3.4*	..
出生时的预期寿命（岁）	72	74	77
总生育率（每个女性生育数）	4.5	3.6	2.8
青年女性生育率（每千名15—19岁女性生育数）	..	99	76
避孕普及率（占15—49岁已婚女性的百分比）	*47*	*56*	*34*
在熟练医护人员护理下的分娩（占总数的百分比）	*77*	100	*95*
5岁以下儿童死亡率（每千人）	43	27	18
儿童营养不良，体重不足（占5岁以下儿童的百分比）	*5.4*	..	*4.9*
儿童麻疹免疫接种率（占12—23个月年龄组的百分比）	86	96	97
小学毕业率，总数（占适龄年龄组的百分比）	*96*	93	106
中学总入学率，总数（占适龄年龄组的百分比）	*63*	66	76
小学和中学中女孩与男孩的比率（百分比）	*99*	99	101
HIV感染率（占15—49岁人口的百分比）	0.5	2.2	2.3
环境			
森林（千平方公里）	16	15	14
森林采伐（1990—2010年，平均年度百分比）			0.4
淡水使用量（占内陆水资源的百分比）	..	..	*0.9*
获得改善的水资源的人口（占总人口的百分比）	75	89	*99*
获得改善的卫生设施的人口（占总人口的百分比）	74	82	*90*
人均能源使用量（千克石油当量）	..	..	..
人均二氧化碳排放量（吨）	1.6	2.8	*1.4*
人均用电量（千瓦时）	..	..	..
经济			
GDP（百万美元）	413	832	1,354
GDP增长率（年度百分比）	10.6	13.0	0.0
GDP隐含价格平减指数（年度增长百分比）	2.8	0.5	-0.3
农业增加值（占GDP的百分比）	20	17	*12*
工业增加值（占GDP的百分比）	22	21	*23*
服务业增加值（占GDP的百分比）	58	62	*65*
货物和服务出口（占GDP的百分比）	62	53	*62*
货物和服务进口（占GDP的百分比）	60	74	*70*
资本形成总额（占GDP的百分比）	27	29	*25*
中央政府收入（占GDP的百分比）	25.4	..	..
中央政府现金盈余/赤字（占GDP的百分比）	-0.6	..	..
政府与市场			
创办企业的时间（天）	..	..	44
股票市场资本总额（占GDP的百分比）	..	..	..
军费支出（占GDP的百分比）	1.1	0.9	*1.1*
移动电话用户（每100人）	0	7	49
互联网用户（每100人）	0.0	6.0	10.8
铺敷道路（占总数的百分比）	..	17.0	..
高科技出口（占制成品出口的百分比）	*0*	0	*0*
全球联系			
商品贸易（占GDP的百分比）	83.3	89.2	67.8
净易货贸易条件指数（2000年=100）	..	100	80
外债总额（10亿美元）	0.1	0.6	1.1
债务还本付息总额（占出口的百分比）	7.2	17.3	13.6
净移民（千人）	-4	-1	-1
获得的侨汇（百万美元）	18	26	80
外国直接投资，净流入额（百万美元）	17.2	23.3	95.4
获得的净官方发展援助（百万美元）	30	15	28

贝宁

撒哈拉以南非洲地区			低收入经济体
人口（百万）	8.9	人口增长率（百分比）	3.1
陆地面积（千平方公里）	113	国家贫困率（占人口的百分比）	*39.0*
GNI（10亿美元）	6.7	人均GNI（美元）	750
PPP衡量的GNI（10亿美元）	13.5	PPP衡量的人均GNI（美元）	1,510

	1990	2000	2009
人口			
最贫困的20%人口占国家消费/收入的份额（百分比）	..	..	..
出生时的预期寿命（岁）	54	58	62
总生育率（每个女性生育数）	6.7	6.0	5.4
青年女性生育率（每千名15—19岁女性生育数）	..	121	108
避孕普及率（占15—49岁已婚女性的百分比）	..	*19*	*17*
在熟练医护人员护理下的分娩（占总数的百分比）	..	66	*74*
5岁以下儿童死亡率（每千人）	184	144	118
儿童营养不良，体重不足（占5岁以下儿童的百分比）	..	*21.5*	*20.2*
儿童麻疹免疫接种率（占12—23个月年龄组的百分比）	79	70	72
小学毕业率，总数（占适龄年龄组的百分比）	19	39	62
中学总入学率，总数（占适龄年龄组的百分比）	..	23	..
小学和中学中女孩与男孩的比率（百分比）	..	64	..
HIV感染率（占15—49岁人口的百分比）	0.2	1.4	1.2
环境			
森林（千平方公里）	58	51	46
森林采伐（1990—2010年，平均年度百分比）			0.8
淡水使用量（占内陆水资源的百分比）	..	..	*1.3*
获得改善的水资源的人口（占总人口的百分比）	56	66	*75*
获得改善的卫生设施的人口（占总人口的百分比）	5	9	*12*
人均能源使用量（千克石油当量）	346	298	*347*
人均二氧化碳排放量（吨）	0.1	0.2	*0.5*
人均用电量（千瓦时）	36	60	*76*
经济			
GDP（10亿美元）	1.8	2.3	6.7
GDP增长率（年度百分比）	3.2	5.8	3.8
GDP隐含价格平减指数（年度增长百分比）	1.6	3.2	1.2
农业增加值（占GDP的百分比）	36	37	..
工业增加值（占GDP的百分比）	13	14	..
服务业增加值（占GDP的百分比）	51	50	..
货物和服务出口（占GDP的百分比）	14	15	14
货物和服务进口（占GDP的百分比）	26	28	28
资本形成总额（占GDP的百分比）	14	19	25
中央政府收入（占GDP的百分比）	..	*16.5*	17.6
中央政府现金盈余/赤字（占GDP的百分比）	..	*0.7*	-4.5
政府与市场			
创办企业的时间（天）	..	..	31
股票市场资本总额（占GDP的百分比）	..	..	..
军费支出（占GDP的百分比）	1.8	0.6	*1.0*
移动电话用户（每100人）	0	1	56
互联网用户（每100人）	0.0	0.2	2.2
铺敷道路（占总数的百分比）	20.0	*20.0*	..
高科技出口（占制成品出口的百分比）	..	0	*0*
全球联系			
商品贸易（占GDP的百分比）	30.0	44.6	45.7
净易货贸易条件指数（2000年=100）	107	100	83
外债总额（10亿美元）	1.1	1.4	1.1
债务还本付息总额（占出口的百分比）	9.9	13.5	*2.1*
净移民（千人）	-9	-29	50
获得的侨汇（百万美元）	101	87	243
外国直接投资，净流入额（百万美元）	62.4	59.7	92.5
获得的净官方发展援助（10亿美元）	267	243	683

百慕大

高收入经济体

人口（千人）	64	人口增长率（百分比）	0.3
陆地面积（平方公里）	50	国家贫困率（占人口的百分比）	..
GNI（百万美元）	..	人均 GNI（美元）	..
PPP 衡量的 GNI（百万美元）	..	PPP 衡量的人均 GNI（美元）	..

	1990	2000	2009
人口			
最贫困的 20% 人口占国家消费/收入的份额（百分比）	..	..	..
出生时的预期寿命（岁）	74	78	79
总生育率（每个女性生育数）	..	1.7	1.8
青年女性生育率（每千名 15—19 岁女性生育数）	..	..	..
避孕普及率（占 15—49 岁已婚女性的百分比）	..	..	..
在熟练医护人员护理下的分娩（占总数的百分比）	..	..	..
5 岁以下儿童死亡率（每千人）	..	..	..
儿童营养不良，体重不足（占 5 岁以下儿童的百分比）	..	..	..
儿童麻疹免疫接种率（占 12—23 个月年龄组的百分比）	..	..	..
小学毕业率，总数（占适龄年龄组的百分比）	..	*96*	*93*
中学总入学率，总数（占适龄年龄组的百分比）	..	*79*	*77*
小学和中学中女孩与男孩的比率（百分比）	..	*104*	*98*
HIV 感染率（占 15—49 岁人口的百分比）	..	..	..
环境			
森林（平方公里）	10	10	10
森林采伐（1990—2010 年，平均年度百分比）			0.0
淡水使用量（占内陆水资源的百分比）	..	..	..
获得改善的水资源的人口（占总人口的百分比）	..	..	..
获得改善的卫生设施的人口（占总人口的百分比）	..	..	..
人均能源使用量（千克石油当量）	..	..	..
人均二氧化碳排放量（吨）	9.9	8.0	*8.0*
人均用电量（千瓦时）	..	..	..
经济			
GDP（10 亿美元）	1.6	3.5	5.7
GDP 增长率（年度百分比）	0.0	2.9	-8.1
GDP 隐含价格平减指数（年度增长百分比）	6.0	2.5	2.5
农业增加值（占 GDP 的百分比）	..	1	1
工业增加值（占 GDP 的百分比）	..	9	8
服务业增加值（占 GDP 的百分比）	..	90	92
货物和服务出口（占 GDP 的百分比）	..	..	*26*
货物和服务进口（占 GDP 的百分比）	..	..	*36*
资本形成总额（占 GDP 的百分比）	..	..	*10*
中央政府收入（占 GDP 的百分比）	..	..	..
中央政府现金盈余/赤字（占 GDP 的百分比）	..	..	..
政府与市场			
创办企业的时间（天）	..	..	..
股票市场资本总额（占 GDP 的百分比）	..	61.2	23.8
军费支出（占 GDP 的百分比）	..	..	..
移动电话用户（每 100 人）	2	21	132
互联网用户（每 100 人）	0.0	43.5	83.9
铺敷道路（占总数的百分比）	..	..	..
高科技出口（占制成品出口的百分比）	..	..	..
全球联系			
商品贸易（占 GDP 的百分比）	41.1	22.0	19.0
净易货贸易条件指数（2000 年 =100）	..	..	..
外债总额（10 亿美元）	..	..	..
债务还本付息总额（占出口的百分比）	..	..	..
净移民（千人）	..	..	..
获得的侨汇（10 亿美元）	..	..	..
外国直接投资，净流入额（百万美元）	..	..	..
获得的净官方发展援助（百万美元）	42.2	..	..

不丹

南亚			中低收入经济体
人口（千人）	697	人口增长率（百分比）	1.5
陆地面积（千平方公里）	38	国家贫困率（占人口的百分比）	*23.2*
GNI（10亿美元）	1.4	人均GNI（美元）	2,020
PPP衡量的GNI（10亿美元）	3.7	PPP衡量的人均GNI（美元）	5,290

	1990	2000	2009
人口			
最贫困的20%人口占国家消费/收入的份额（百分比）	..	..	..
出生时的预期寿命（岁）	53	61	67
总生育率（每个女性生育数）	5.9	3.8	2.6
青年女性生育率（每千名15—19岁女性生育数）	..	68	35
避孕普及率（占15—49岁已婚女性的百分比）	..	31	*35*
在熟练医护人员护理下的分娩（占总数的百分比）	..	24	*71*
5岁以下儿童死亡率（每千人）	148	106	79
儿童营养不良，体重不足（占5岁以下儿童的百分比）	*34.0*	*14.1*	*12.0*
儿童麻疹免疫接种率（占12—23个月年龄组的百分比）	93	78	98
小学毕业率，总数（占适龄年龄组的百分比）	*19*	52	88
中学总入学率，总数（占适龄年龄组的百分比）	..	41	62
小学和中学中女孩与男孩的比率（百分比）	..	86	100
HIV感染率（占15—49岁人口的百分比）	0.1	0.1	0.2
环境			
森林（千平方公里）	30	31	32
森林采伐（1990—2010年，平均年度百分比）			-0.2
淡水使用量（占内陆水资源的百分比）	..	..	..
获得改善的水资源的人口（占总人口的百分比）	..	91	*92*
获得改善的卫生设施的人口（占总人口的百分比）	..	62	*65*
人均能源使用量（千克石油当量）	..	..	..
人均二氧化碳排放量（吨）	0.2	0.7	*0.9*
人均用电量（千瓦时）	..	..	..
经济			
GDP（百万美元）	281	428	1,277
GDP增长率（年度百分比）	9.1	7.5	7.4
GDP隐含价格平减指数（年度增长百分比）	6.4	4.7	6.3
农业增加值（占GDP的百分比）	36	28	18
工业增加值（占GDP的百分比）	24	35	45
服务业增加值（占GDP的百分比）	40	36	37
货物和服务出口（占GDP的百分比）	29	30	58
货物和服务进口（占GDP的百分比）	33	51	48
资本形成总额（占GDP的百分比）	32	48	54
中央政府收入（占GDP的百分比）	18.1	23.5	22.7
中央政府现金盈余/赤字（占GDP的百分比）	-6.2	-2.5	0.5
政府与市场			
创办企业的时间（天）	..	..	46
股票市场资本总额（占GDP的百分比）	..	*11.0*	..
军费支出（占GDP的百分比）	..	..	..
移动电话用户（每100人）	0	0	47
互联网用户（每100人）	0.0	0.4	7.2
铺敷道路（占总数的百分比）	77.1	..	..
高科技出口（占制成品出口的百分比）	..	*0*	0
全球联系			
商品贸易（占GDP的百分比）	53.7	65.0	80.3
净易货贸易条件指数（2000年=100）	..	100	152
外债总额（百万美元）	84	204	762
债务还本付息总额（占出口的百分比）	..	..	11.4
净移民（千人）	2	0	10
获得的侨汇（10亿美元）	..	..	..
外国直接投资，净流入额（百万美元）	..	..	36.4
获得的净官方发展援助（百万美元）	46	53	125

玻利维亚

拉丁美洲和加勒比地区 中低收入经济体

人口（百万）	9.9	人口增长率（百分比）	1.7
陆地面积（千平方公里）	1,099	国家贫困率（占人口的百分比）	*60.1*
GNI（10亿美元）	16.1	人均GNI（美元）	1,630
PPP衡量的GNI（10亿美元）	41.9	PPP衡量的人均GNI（美元）	4,250

	1990	2000	2009
人口			
最贫困的20%人口占国家消费/收入的份额（百分比）	5.5	*1.6*	*2.8*
出生时的预期寿命（岁）	59	63	66
总生育率（每个女性生育数）	4.9	4.1	3.4
青年女性生育率（每千名15—19岁女性生育数）	..	86	76
避孕普及率（占15—49岁已婚女性的百分比）	*30*	53	*61*
在熟练医护人员护理下的分娩（占总数的百分比）	*43*	69	*71*
5岁以下儿童死亡率（每千人）	122	86	51
儿童营养不良，体重不足（占5岁以下儿童的百分比）	9.7	*5.9*	*4.5*
儿童麻疹免疫接种率（占12—23个月年龄组的百分比）	53	81	86
小学毕业率，总数（占适龄年龄组的百分比）	71	99	*99*
中学总入学率，总数（占适龄年龄组的百分比）	..	80	*81*
小学和中学中女孩与男孩的比率（百分比）	..	98	*99*
HIV感染率（占15—49岁人口的百分比）	0.1	0.2	0.2
环境			
森林（千平方公里）	628	601	572
森林采伐（1990—2010年，平均年度百分比）			0.3
淡水使用量（占内陆水资源的百分比）	..	..	*0.7*
获得改善的水资源的人口（占总人口的百分比）	70	79	*86*
获得改善的卫生设施的人口（占总人口的百分比）	19	23	*25*
人均能源使用量（千克石油当量）	416	594	*587*
人均二氧化碳排放量（吨）	0.8	1.1	*1.4*
人均用电量（千瓦时）	274	421	*561*
经济			
GDP（10亿美元）	4.9	8.4	17.3
GDP增长率（年度百分比）	4.6	2.5	3.4
GDP隐含价格平减指数（年度增长百分比）	16.3	5.2	-2.4
农业增加值（占GDP的百分比）	17	15	14
工业增加值（占GDP的百分比）	35	30	36
服务业增加值（占GDP的百分比）	48	55	50
货物和服务出口（占GDP的百分比）	23	18	36
货物和服务进口（占GDP的百分比）	24	27	33
资本形成总额（占GDP的百分比）	13	18	17
中央政府收入（占GDP的百分比）	..	*18.4*	*23.3*
中央政府现金盈余/赤字（占GDP的百分比）	..	*-8.7*	*1.2*
政府与市场			
创办企业的时间（天）	..	..	50
股票市场资本总额（占GDP的百分比）	..	20.7	16.1
军费支出（占GDP的百分比）	2.7	1.9	1.6
移动电话用户（每100人）	0	7	72
互联网用户（每100人）	0.0	1.4	11.2
铺敷道路（占总数的百分比）	4.3	6.6	..
高科技出口（占制成品出口的百分比）	7	40	5
全球联系			
商品贸易（占GDP的百分比）	33.1	36.4	53.4
净易货贸易条件指数（2000年=100）	102	100	137
外债总额（10亿美元）	4.3	5.8	5.7
债务还本付息总额（占出口的百分比）	38.7	39.4	14.4
净移民（千人）	-100	-100	-100
获得的侨汇（10亿美元）	0.0	0.1	1.1
外国直接投资，净流入额（百万美元）	27.2	736.4	423.0
获得的净官方发展援助（百万美元）	545	482	726

波斯尼亚和黑塞哥维那

欧洲和中亚			中高收入经济体
人口（百万）	3.8	人口增长率（百分比）	-0.2
陆地面积（千平方公里）	51	国家贫困率（占人口的百分比）	*14.0*
GNI（10亿美元）	17.7	人均GNI（美元）	4,700
PPP衡量的GNI（10亿美元）	33.0	PPP衡量的人均GNI（美元）	8,770

	1990	2000	2009
人口			
最贫困的20%人口占国家消费/收入的份额（百分比）	..	*9.1*	*6.7*
出生时的预期寿命（岁）	67	74	75
总生育率（每个女性生育数）	1.7	1.4	1.2
青年女性生育率（每千名15—19岁女性生育数）	..	24	15
避孕普及率（占15—49岁已婚女性的百分比）	..	48	*36*
在熟练医护人员护理下的分娩（占总数的百分比）	*97*	100	*100*
5岁以下儿童死亡率（每千人）	23	17	14
儿童营养不良，体重不足（占5岁以下儿童的百分比）	..	4.2	*1.6*
儿童麻疹免疫接种率（占12—23个月年龄组的百分比）	*52*	80	93
小学毕业率，总数（占适龄年龄组的百分比）	..	..	..
中学总入学率，总数（占适龄年龄组的百分比）	..	..	91
小学和中学中女孩与男孩的比率（百分比）	..	..	102
HIV感染率（占15—49岁人口的百分比）	..	..	..
环境			
森林（千平方公里）	22	22	22
森林采伐（1990—2010年，平均年度百分比）			0.04
淡水使用量（占内陆水资源的百分比）	..	..	..
获得改善的水资源的人口（占总人口的百分比）	..	97	*99*
获得改善的卫生设施的人口（占总人口的百分比）	..	95	*95*
人均能源使用量（千克石油当量）	1,627	1,180	*1,588*
人均二氧化碳排放量（吨）	*1.2*	6.1	*7.7*
人均用电量（千瓦时）	3,043	2,062	*2,467*
经济			
GDP（10亿美元）	..	5,506	17,042
GDP增长率（年度百分比）	..	5.5	-2.9
GDP隐含价格平减指数（年度增长百分比）	..	28.8	0.0
农业增加值（占GDP的百分比）	..	11	8
工业增加值（占GDP的百分比）	..	23	28
服务业增加值（占GDP的百分比）	..	66	64
货物和服务出口（占GDP的百分比）	..	29	33
货物和服务进口（占GDP的百分比）	..	76	58
资本形成总额（占GDP的百分比）	..	21	22
中央政府收入（占GDP的百分比）	..	..	38.6
中央政府现金盈余/赤字（占GDP的百分比）	..	..	-4.3
政府与市场			
创办企业的时间（天）	..	..	55
股票市场资本总额（占GDP的百分比）	..	..	..
军费支出（占GDP的百分比）	..	*3.6*	1.5
移动电话用户（每100人）	0	3	86
互联网用户（每100人）	0.0	1.1	37.7
铺敷道路（占总数的百分比）	54.0	*52.3*	..
高科技出口（占制成品出口的百分比）	..	..	3
全球联系			
商品贸易（占GDP的百分比）	..	75.8	74.5
净易货贸易条件指数（2000年=100）	..	..	..
外债总额（10亿美元）	..	2.8	9.6
债务还本付息总额（占出口的百分比）	..	14.2	10.5
净移民（千人）	-24	282	-10
获得的侨汇（10亿美元）	..	1.6	2.1
外国直接投资，净流入额（百万美元）	..	146.1	234.6
获得的净官方发展援助（百万美元）	*9.7*	736.9	415.2

博茨瓦纳

撒哈拉以南非洲地区		中高收入经济体	
人口（百万）	1.9	人口增长率（百分比）	1.5
陆地面积（千平方公里）	582	国家贫困率（占人口的百分比）	*30.6*
GNI（10 亿美元）	12.2	人均 GNI（美元）	6,260
PPP 衡量的 GNI（10 亿美元）	25.0	PPP 衡量的人均 GNI（美元）	12,840

	1990	2000	2009
人口			
最贫困的 20% 人口占国家消费/收入的份额（百分比）	..	..	..
出生时的预期寿命（岁）	64	51	55
总生育率（每个女性生育数）	4.7	3.4	2.8
青年女性生育率（每千名 15—19 岁女性生育数）	..	67	50
避孕普及率（占 15—49 岁已婚女性的百分比）	*33*	48	*53*
在熟练医护人员护理下的分娩（占总数的百分比）	*77*	94	*95*
5 岁以下儿童死亡率（每千人）	60	99	57
儿童营养不良，体重不足（占 5 岁以下儿童的百分比）	..	10.7	..
儿童麻疹免疫接种率（占 12—23 个月年龄组的百分比）	87	91	94
小学毕业率，总数（占适龄年龄组的百分比）	90	91	*95*
中学总入学率，总数（占适龄年龄组的百分比）	40	76	*82*
小学和中学中女孩与男孩的比率（百分比）	108	102	*100*
HIV 感染率（占 15—49 岁人口的百分比）	3.5	26.0	24.8
环境			
森林（千平方公里）	137	125	114
森林采伐（1990—2010 年，平均年度百分比）			0.6
淡水使用量（占内陆水资源的百分比）	..	..	*8.1*
获得改善的水资源的人口（占总人口的百分比）	93	94	*95*
获得改善的卫生设施的人口（占总人口的百分比）	36	50	*60*
人均能源使用量（千克石油当量）	933	1,066	*1,102*
人均二氧化碳排放量（吨）	1.6	2.5	*2.6*
人均用电量（千瓦时）	732	924	*1,503*
经济			
GDP（10 亿美元）	3.8	5.6	11.8
GDP 增长率（年度百分比）	6.8	5.9	-3.7
GDP 隐含价格平减指数（年度增长百分比）	6.3	0.0	-5.7
农业增加值（占 GDP 的百分比）	5	3	3
工业增加值（占 GDP 的百分比）	61	53	40
服务业增加值（占 GDP 的百分比）	34	45	57
货物和服务出口（占 GDP 的百分比）	55	53	34
货物和服务进口（占 GDP 的百分比）	50	41	45
资本形成总额（占 GDP 的百分比）	37	32	24
中央政府收入（占 GDP 的百分比）	50.8	..	..
中央政府现金盈余/赤字（占 GDP 的百分比）	19.1	..	..
政府与市场			
创办企业的时间（天）	..	..	61
股票市场资本总额（占 GDP 的百分比）	*6.6*	17.4	33.8
军费支出（占 GDP 的百分比）	4.1	3.3	3.1
移动电话用户（每 100 人）	0	13	96
互联网用户（每 100 人）	0.0	2.9	6.2
铺敷道路（占总数的百分比）	32.0	*35.3*	..
高科技出口（占制成品出口的百分比）	..	0	1
全球联系			
商品贸易（占 GDP 的百分比）	98.4	84.4	69.2
净易货贸易条件指数（2000 年 =100）	98	100	79
外债总额（百万美元）	0.6	0.5	1.6
债务还本付息总额（占出口的百分比）	4.3	2.0	1.2
净移民（千人）	1	23	15
获得的侨汇（百万美元）	86	26	88
外国直接投资，净流入额（百万美元）	95.9	57.2	251.6
获得的净官方发展援助（百万美元）	145	31	280

巴西

拉丁美洲和加勒比地区			中高收入经济体
人口（百万）	193.7	人口增长率（百分比）	0.9
陆地面积（千平方公里）	8,515	国家贫困率（占人口的百分比）	21.4
GNI（10亿美元）	1,564.2	人均GNI（美元）	8,070
PPP衡量的GNI（10亿美元）	1,968.0	PPP衡量的人均GNI（美元）	10,160

	1990	2000	2009
人口			
最贫困的20%人口占国家消费/收入的份额（百分比）	2.4	2.5	3.3
出生时的预期寿命（岁）	66	70	73
总生育率（每个女性生育数）	2.8	2.4	1.8
青年女性生育率（每千名15—19岁女性生育数）	..	88	74
避孕普及率（占15—49岁已婚女性的百分比）	59	..	*81*
在熟练医护人员护理下的分娩（占总数的百分比）	72	96	97
5岁以下儿童死亡率（每千人）	56	34	21
儿童营养不良，体重不足（占5岁以下儿童的百分比）	..	..	*2.2*
儿童麻疹免疫接种率（占12—23个月年龄组的百分比）	78	99	99
小学毕业率，总数（占适龄年龄组的百分比）	93	108	..
中学总入学率，总数（占适龄年龄组的百分比）	..	104	90
小学和中学中女孩与男孩的比率（百分比）	..	103	*103*
HIV感染率（占15—49岁人口的百分比）	..	..	..
环境			
森林（千平方公里）	5,748	5,459	5,195
森林采伐（1990—2010年，平均年度百分比）			0.3
淡水使用量（占内陆水资源的百分比）	..	..	*1.1*
获得改善的水资源的人口（占总人口的百分比）	88	93	*97*
获得改善的卫生设施的人口（占总人口的百分比）	69	75	*80*
人均能源使用量（千克石油当量）	938	1,086	*1,295*
人均二氧化碳排放量（吨）	1.4	1.9	*1.9*
人均用电量（千瓦时）	1,455	1,894	*2,232*
经济			
GDP（10亿美元）	462.0	644.7	1,594.5
GDP增长率（年度百分比）	-4.3	4.3	-0.6
GDP隐含价格平减指数（年度增长百分比）	2,735.5	6.2	5.7
农业增加值（占GDP的百分比）	8	6	6
工业增加值（占GDP的百分比）	39	28	25
服务业增加值（占GDP的百分比）	53	67	69
货物和服务出口（占GDP的百分比）	8	10	11
货物和服务进口（占GDP的百分比）	7	12	11
资本形成总额（占GDP的百分比）	20	18	17
中央政府收入（占GDP的百分比）	22.8	19.9	23.1
中央政府现金盈余/赤字（占GDP的百分比）	-3.4	-1.8	-3.5
政府与市场			
创办企业的时间（天）	..	..	120
股票市场资本总额（占GDP的百分比）	3.6	35.1	73.2
军费支出（占GDP的百分比）	1.7	1.8	1.6
移动电话用户（每100人）	0	13	90
互联网用户（每100人）	0.0	2.9	39.2
铺敷道路（占总数的百分比）	9.7	5.5	..
高科技出口（占制成品出口的百分比）	7	19	14
全球联系			
商品贸易（占GDP的百分比）	11.7	17.7	18.0
净易货贸易条件指数（2000年=100）	66	100	108
外债总额（10亿美元）	120	242	277
债务还本付息总额（占出口的百分比）	22.5	95.1	23.4
净移民（千人）	-92	-210	-229
获得的侨汇（10亿美元）	0.6	1.6	4.2
外国直接投资，净流入额（10亿美元）	1.0	32.8	25.9
获得的净官方发展援助（百万美元）	151	231	338

文莱

高收入经济体

人口（千人）	400	人口增长率（百分比）	1.9
陆地面积（千平方公里）	5.8	国家贫困率（占人口的百分比）	..
GNI（10亿美元）	..	人均GNI（美元）	..
PPP衡量的GNI（10亿美元）	*19.7*	PPP衡量的人均GNI（美元）	*51,200*

	1990	**2000**	**2009**
人口			
最贫困的20%人口占国家消费/收入的份额（百分比）	..	..	..
出生时的预期寿命（岁）	74	76	78
总生育率（每个女性生育数）	3.2	2.5	2.1
青年女性生育率（每千名15—19岁女性生育数）	..	31	24
避孕普及率（占15—49岁已婚女性的百分比）	..	..	..
在熟练医护人员护理下的分娩（占总数的百分比）	..	*100*	..
5岁以下儿童死亡率（每千人）	11	8	7
儿童营养不良，体重不足（占5岁以下儿童的百分比）	..	..	..
儿童麻疹免疫接种率（占12—23个月年龄组的百分比）	99	99	99
小学毕业率，总数（占适龄年龄组的百分比）	*100*	122	104
中学总入学率，总数（占适龄年龄组的百分比）	*77*	85	98
小学和中学中女孩与男孩的比率（百分比）	*100*	102	101
HIV感染率（占15—49岁人口的百分比）	..	..	..
环境			
森林（千平方公里）	4.1	4.0	3.8
森林采伐（1990—2010年，平均年度百分比）			0.3
淡水使用量（占内陆水资源的百分比）	..	..	*1.1*
获得改善的水资源的人口（占总人口的百分比）	..	..	..
获得改善的卫生设施的人口（占总人口的百分比）	..	..	..
人均能源使用量（千克石油当量）	6,856	7,359	*9,251*
人均二氧化碳排放量（吨）	25.0	19.6	*19.7*
人均用电量（千瓦时）	4,354	7,539	*8,308*
经济			
GDP（10亿美元）	3.5	6.0	*11.5*
GDP增长率（年度百分比）	1.1	2.8	*0.6*
GDP隐含价格平减指数（年度增长百分比）	8.4	29.0	*0.9*
农业增加值（占GDP的百分比）	1	1	*1*
工业增加值（占GDP的百分比）	62	64	*71*
服务业增加值（占GDP的百分比）	37	35	*28*
货物和服务出口（占GDP的百分比）	62	67	*68*
货物和服务进口（占GDP的百分比）	37	36	*28*
资本形成总额（占GDP的百分比）	19	13	*13*
中央政府收入（占GDP的百分比）	..	..	..
中央政府现金盈余/赤字（占GDP的百分比）	..	..	..
政府与市场			
创办企业的时间（天）	..	..	105
股票市场资本总额（占GDP的百分比）	..	..	..
军费支出（占GDP的百分比）	6.6	4.1	*2.6*
移动电话用户（每100人）	1	28	107
互联网用户（每100人）	0.0	9.0	79.8
铺敷道路（占总数的百分比）	31.4	34.7	..
高科技出口（占制成品出口的百分比）	..	*0*	6
全球联系			
商品贸易（占GDP的百分比）	91.3	83.5	*81.2*
净易货贸易条件指数（2000年=100）	..	100	169
外债总额（10亿美元）	..	..	..
债务还本付息总额（占出口的百分比）	..	..	..
净移民（千人）	6	4	4
获得的侨汇（10亿美元）	..	..	..
外国直接投资，净流入额（百万美元）	..	*60.7*	325.6
获得的净官方发展援助（百万美元）	3.9	..	..

保加利亚

欧洲和中亚			中高收入经济体
人口（百万）	7.6	人口增长率（百分比）	-0.5
陆地面积（千平方公里）	111	国家贫困率（占人口的百分比）	*12.8*
GNI（10亿美元）	46.0	人均GNI（美元）	6,060
PPP衡量的GNI（10亿美元）	100.6	PPP衡量的人均GNI（美元）	13,260

	1990	2000	2009
人口			
最贫困的20%人口占国家消费/收入的份额（百分比）	*8.3*	*6.5*	*5.0*
出生时的预期寿命（岁）	72	72	73
总生育率（每个女性生育数）	1.8	1.3	1.6
青年女性生育率（每千名15—19岁女性生育数）	..	48	40
避孕普及率（占15—49岁已婚女性的百分比）	..	..	..
在熟练医护人员护理下的分娩（占总数的百分比）	..	*99*	*100*
5岁以下儿童死亡率（每千人）	18	18	10
儿童营养不良，体重不足（占5岁以下儿童的百分比）	..	..	..
儿童麻疹免疫接种率（占12—23个月年龄组的百分比）	99	89	96
小学毕业率，总数（占适龄年龄组的百分比）	101	99	*90*
中学总入学率，总数（占适龄年龄组的百分比）	99	92	*89*
小学和中学中女孩与男孩的比率（百分比）	99	98	*97*
HIV感染率（占15—49岁人口的百分比）	0.1	0.1	0.1
环境			
森林（千平方公里）	33	34	39
森林采伐（1990—2010年，平均年度百分比）			-0.6
淡水使用量（占内陆水资源的百分比）	..	..	*24.2*
获得改善的水资源的人口（占总人口的百分比）	100	100	*100*
获得改善的卫生设施的人口（占总人口的百分比）	99	100	*100*
人均能源使用量（千克石油当量）	3,277	2,314	*2,595*
人均二氧化碳排放量（吨）	8.8	5.3	*6.8*
人均用电量（千瓦时）	4,759	3,724	*4,594*
经济			
GDP（10亿美元）	20.7	12.9	48.7
GDP增长率（年度百分比）	-9.1	5.7	-4.9
GDP隐含价格平减指数（年度增长百分比）	26.2	6.6	4.1
农业增加值（占GDP的百分比）	17	14	6
工业增加值（占GDP的百分比）	49	26	30
服务业增加值（占GDP的百分比）	34	61	64
货物和服务出口（占GDP的百分比）	33	50	48
货物和服务进口（占GDP的百分比）	37	56	56
资本形成总额（占GDP的百分比）	26	18	26
中央政府收入（占GDP的百分比）	47.1	32.9	32.3
中央政府现金盈余/赤字（占GDP的百分比）	-5.0	-0.4	-0.1
政府与市场			
创办企业的时间（天）	..	..	18
股票市场资本总额（占GDP的百分比）	..	4.8	14.6
军费支出（占GDP的百分比）	3.7	2.7	2.3
移动电话用户（每100人）	0	9	140
互联网用户（每100人）	0.0	5.3	44.8
铺敷道路（占总数的百分比）	91.6	*92.1*	..
高科技出口（占制成品出口的百分比）	..	3	8
全球联系			
商品贸易（占GDP的百分比）	48.9	88.3	81.7
净易货贸易条件指数（2000年=100）	..	..	..
外债总额（10亿美元）	11	11	41
债务还本付息总额（占出口的百分比）	19.4	17.7	21.3
净移民（千人）	-186	-108	-50
获得的侨汇（10亿美元）	..	0.1	1.6
外国直接投资，净流入额（10亿美元）	0.0	1.0	4.6
获得的净官方发展援助（百万美元）	..	..	..

布基纳法索

撒哈拉以南非洲地区 低收入经济体

人口（百万）	15.8	人口增长率（百分比）	3.4
陆地面积（千平方公里）	274	国家贫困率（占人口的百分比）	*46.4*
GNI（10亿美元）	8.0	人均GNI（美元）	510
PPP衡量的GNI（10亿美元）	18.4	PPP衡量的人均GNI（美元）	1,170

	1990	2000	2009
人口			
最贫困的20%人口占国家消费/收入的份额（百分比）	..	*5.9*	..
出生时的预期寿命（岁）	47	50	53
总生育率（每个女性生育数）	6.8	6.3	5.8
青年女性生育率（每千名15—19岁女性生育数）	..	138	125
避孕普及率（占15—49岁已婚女性的百分比）	..	13	*17*
在熟练医护人员护理下的分娩（占总数的百分比）	..	*31*	*54*
5岁以下儿童死亡率（每千人）	201	188	166
儿童营养不良，体重不足（占5岁以下儿童的百分比）	..	*33.7*	26.0
儿童麻疹免疫接种率（占12—23个月年龄组的百分比）	79	51	75
小学毕业率，总数（占适龄年龄组的百分比）	19	25	43
中学总入学率，总数（占适龄年龄组的百分比）	7	10	20
小学和中学中女孩与男孩的比率（百分比）	..	70	86
HIV感染率（占15—49岁人口的百分比）	3.9	2.3	1.2
环境			
森林（千平方公里）	68	62	56
森林采伐（1990—2010年，平均年度百分比）			0.6
淡水使用量（占内陆水资源的百分比）	..	..	*7.9*
获得改善的水资源的人口（占总人口的百分比）	41	60	*76*
获得改善的卫生设施的人口（占总人口的百分比）	6	8	*11*
人均能源使用量（千克石油当量）	..	..	..
人均二氧化碳排放量（吨）	0.1	0.1	*0.1*
人均用电量（千瓦时）	..	..	..
经济			
GDP（10亿美元）	3.1	2.6	8.1
GDP增长率（年度百分比）	-0.6	1.8	3.5
GDP隐含价格平减指数（年度增长百分比）	1.8	-1.7	3.1
农业增加值（占GDP的百分比）	29	29	*33*
工业增加值（占GDP的百分比）	21	24	*22*
服务业增加值（占GDP的百分比）	50	47	*44*
货物和服务出口（占GDP的百分比）	11	9	*12*
货物和服务进口（占GDP的百分比）	24	25	*27*
资本形成总额（占GDP的百分比）	19	17	*18*
中央政府收入（占GDP的百分比）	..	*11.3*	14.0
中央政府现金盈余/赤字（占GDP的百分比）	..	*-3.6*	-4.8
政府与市场			
创办企业的时间（天）	..	..	14
股票市场资本总额（占GDP的百分比）	..	..	..
军费支出（占GDP的百分比）	2.3	1.2	1.3
移动电话用户（每100人）	0	0	21
互联网用户（每100人）	0.0	0.1	1.1
铺敷道路（占总数的百分比）	16.6	*16.0*	..
高科技出口（占制成品出口的百分比）	..	3	1
全球联系			
商品贸易（占GDP的百分比）	22.2	31.4	36.0
净易货贸易条件指数（2000年=100）	119	100	79
外债总额（10亿美元）	0.8	1.4	1.8
债务还本付息总额（占出口的百分比）	9.4	18.6	..
净移民（千人）	-128	-121	-65
获得的侨汇（百万美元）	140	67	99
外国直接投资，净流入额（百万美元）	0.5	23.1	171.4
获得的净官方发展援助（10亿美元）	0.3	0.2	1.1

布隆迪

撒哈拉以南非洲地区			低收入经济体
人口（百万）	8.3	人口增长率（百分比）	2.8
陆地面积（千平方公里）	28	国家贫困率（占人口的百分比）	66.9
GNI（百万美元）	1.2	人均 GNI（美元）	150
PPP 衡量的 GNI（10 亿美元）	3.3	PPP 衡量的人均 GNI（美元）	390

	1990	2000	2009
人口			
最贫困的 20% 人口占国家消费/收入的份额（百分比）	7.9	5.1	9.0
出生时的预期寿命（岁）	46	47	51
总生育率（每个女性生育数）	6.6	5.8	4.5
青年女性生育率（每千名 15—19 岁女性生育数）	..	34	18
避孕普及率（占 15—49 岁已婚女性的百分比）	..	16	..
在熟练医护人员护理下的分娩（占总数的百分比）	..	25	..
5 岁以下儿童死亡率（每千人）	189	178	166
儿童营养不良，体重不足（占 5 岁以下儿童的百分比）	..	38.9	..
儿童麻疹免疫接种率（占 12—23 个月年龄组的百分比）	74	76	91
小学毕业率，总数（占适龄年龄组的百分比）	41	25	52
中学总入学率，总数（占适龄年龄组的百分比）	5	..	21
小学和中学中女孩与男孩的比率（百分比）	79	..	93
HIV 感染率（占 15—49 岁人口的百分比）	3.9	5.2	3.3
环境			
森林（千平方公里）	2.9	2.0	1.7
森林采伐（1990—2010 年，平均年度百分比）			1.7
淡水使用量（占内陆水资源的百分比）	..	..	2.9
获得改善的水资源的人口（占总人口的百分比）	70	72	72
获得改善的卫生设施的人口（占总人口的百分比）	44	45	46
人均能源使用量（千克石油当量）	..	..	..
人均二氧化碳排放量（吨）	0.05	0.05	0.02
人均用电量（千瓦时）	..	..	..
经济			
GDP（10 亿美元）	1.1	0.7	1.3
GDP 增长率（年度百分比）	3.5	-0.9	3.5
GDP 隐含价格平减指数（年度增长百分比）	6.0	13.2	13.6
农业增加值（占 GDP 的百分比）	56	40	..
工业增加值（占 GDP 的百分比）	19	19	..
服务业增加值（占 GDP 的百分比）	25	41	..
货物和服务出口（占 GDP 的百分比）	8	8	11
货物和服务进口（占 GDP 的百分比）	28	20	47
资本形成总额（占 GDP 的百分比）	15	6	16
中央政府收入（占 GDP 的百分比）	18.2	15.8	..
中央政府现金盈余/赤字（占 GDP 的百分比）	-2.3	-2.4	..
政府与市场			
创办企业的时间（天）	..	..	32
股票市场资本总额（占 GDP 的百分比）	..	..	..
军费支出（占 GDP 的百分比）	3.5	6.0	3.8
移动电话用户（每 100 人）	0	0	10
互联网用户（每 100 人）	0.0	0.1	0.8
铺敷道路（占总数的百分比）	..	7.1	..
高科技出口（占制成品出口的百分比）	..	0	12
全球联系			
商品贸易（占 GDP 的百分比）	27.0	27.9	35.2
净易货贸易条件指数（2000 年 =100）	128	100	138
外债总额（10 亿美元）	0.9	1.1	0.5
债务还本付息总额（占出口的百分比）	43.4	39.4	13.3
净移民（千人）	-3	-400	323
获得的侨汇（百万美元）	..	..	28.2
外国直接投资，净流入额（百万美元）	1.3	11.7	0.3
获得的净官方发展援助（10 亿美元）	263	93	549

柬埔寨

东亚和太平洋地区 **低收入经济体**

人口（百万）	14.8	人口增长率（百分比）	1.7
陆地面积（千平方公里）	181	国家贫困率（占人口的百分比）	*30.1*
GNI（10亿美元）	9.7	人均GNI（美元）	650
PPP衡量的GNI（10亿美元）	27.0	PPP衡量的人均GNI（美元）	1,820

	1990	2000	2009
人口			
最贫困的20%人口占国家消费/收入的份额（百分比）	..	..	*6.6*
出生时的预期寿命（岁）	55	57	62
总生育率（每个女性生育数）	5.8	3.9	2.9
青年女性生育率（每千名15—19岁女性生育数）	..	52	37
避孕普及率（占15—49岁已婚女性的百分比）	..	24	..
在熟练医护人员护理下的分娩（占总数的百分比）	..	32	..
5岁以下儿童死亡率（每千人）	117	106	88
儿童营养不良，体重不足（占5岁以下儿童的百分比）	..	39.5	*28.8*
儿童麻疹免疫接种率（占12—23个月年龄组的百分比）	34	65	92
小学毕业率，总数（占适龄年龄组的百分比）	..	*51*	83
中学总入学率，总数（占适龄年龄组的百分比）	*25*	18	*40*
小学和中学中女孩与男孩的比率（百分比）	..	82	*90*
HIV感染率（占15—49岁人口的百分比）	0.5	1.3	0.5
环境			
森林（千平方公里）	129	115	101
森林采伐（1990—2010年，平均年度百分比）			0.8
淡水使用量（占内陆水资源的百分比）	..	..	*1.8*
获得改善的水资源的人口（占总人口的百分比）	35	46	*61*
获得改善的卫生设施的人口（占总人口的百分比）	9	17	*29*
人均能源使用量（千克石油当量）	..	312	*358*
人均二氧化碳排放量（吨）	0.1	0.2	*0.3*
人均用电量（千瓦时）	..	29	*113*
经济			
GDP（百万美元）	..	3,654	10,447
GDP增长率（年度百分比）	..	8.8	-1.9
GDP隐含价格平减指数（年度增长百分比）	..	-3.2	5.1
农业增加值（占GDP的百分比）	..	38	35
工业增加值（占GDP的百分比）	..	23	23
服务业增加值（占GDP的百分比）	..	39	42
货物和服务出口（占GDP的百分比）	..	50	60
货物和服务进口（占GDP的百分比）	..	62	63
资本形成总额（占GDP的百分比）	..	18	21
中央政府收入（占GDP的百分比）	..	*10.3*	11.0
中央政府现金盈余/赤字（占GDP的百分比）	..	*-3.4*	-2.3
政府与市场			
创办企业的时间（天）	..	..	85
股票市场资本总额（占GDP的百分比）	..	..	..
军费支出（占GDP的百分比）	..	2.2	*1.2*
移动电话用户（每100人）	0	1	38
互联网用户（每100人）	0.0	0.0	0.5
铺敷道路（占总数的百分比）	7.5	..	..
高科技出口（占制成品出口的百分比）	..	0	*0*
全球联系			
商品贸易（占GDP的百分比）	..	91.1	99.5
净易货贸易条件指数（2000年=100）	..	100	85
外债总额（10亿美元）	1.8	2.6	4.4
债务还本付息总额（占出口的百分比）	*4.1*	1.7	0.8
净移民（千人）	150	80	-5
获得的侨汇（百万美元）	*9.0*	120.5	337.8
外国直接投资，净流入额（百万美元）	*33.0*	148.5	530.2
获得的净官方发展援助（百万美元）	41	396	722

喀麦隆

撒哈拉以南非洲地区		中低收入经济体	
人口（百万）	19.5	人口增长率（百分比）	2.2
陆地面积（千平方公里）	475	国家贫困率（占人口的百分比）	*39.9*
GNI（10亿美元）	23.2	人均GNI（美元）	1,190
PPP衡量的GNI（10亿美元）	42.8	PPP衡量的人均GNI（美元）	2,190

	1990	**2000**	**2009**
人口			
最贫困的20%人口占国家消费/收入的份额（百分比）	..	*5.6*	..
出生时的预期寿命（岁）	55	51	51
总生育率（每个女性生育数）	5.9	5.0	4.5
青年女性生育率（每千名15—19岁女性生育数）	..	140	122
避孕普及率（占15—49岁已婚女性的百分比）	*16*	26	*29*
在熟练医护人员护理下的分娩（占总数的百分比）	*58*	60	*63*
5岁以下儿童死亡率（每千人）	148	156	154
儿童营养不良，体重不足（占5岁以下儿童的百分比）	*18.0*	*17.8*	*16.6*
儿童麻疹免疫接种率（占12—23个月年龄组的百分比）	56	49	74
小学毕业率，总数（占适龄年龄组的百分比）	54	50	73
中学总入学率，总数（占适龄年龄组的百分比）	25	27	41
小学和中学中女孩与男孩的比率（百分比）	82	*85*	86
HIV感染率（占15—49岁人口的百分比）	0.6	5.5	5.3
环境			
森林（千平方公里）	243	221	199
森林采伐（1990—2010年，平均年度百分比）			0.7
淡水使用量（占内陆水资源的百分比）	..	..	*0.4*
获得改善的水资源的人口（占总人口的百分比）	50	64	*74*
获得改善的卫生设施的人口（占总人口的百分比）	47	47	*47*
人均能源使用量（千克石油当量）	407	396	*372*
人均二氧化碳排放量（吨）	0.1	0.2	*0.3*
人均用电量（千瓦时）	192	171	*263*
经济			
GDP（10亿美元）	11.2	10.1	22.2
GDP增长率（年度百分比）	-6.1	4.2	2.0
GDP隐含价格平减指数（年度增长百分比）	1.6	2.8	-3.4
农业增加值（占GDP的百分比）	25	22	*19*
工业增加值（占GDP的百分比）	29	36	*31*
服务业增加值（占GDP的百分比）	46	42	*50*
货物和服务出口（占GDP的百分比）	20	23	27
货物和服务进口（占GDP的百分比）	17	20	31
资本形成总额（占GDP的百分比）	18	17	*18*
中央政府收入（占GDP的百分比）	14.3	*14.1*	..
中央政府现金盈余/赤字（占GDP的百分比）	-5.6	*0.1*	..
政府与市场			
创办企业的时间（天）	..	..	19
股票市场资本总额（占GDP的百分比）	..	..	..
军费支出（占GDP的百分比）	1.5	1.3	1.5
移动电话用户（每100人）	0	1	38
互联网用户（每100人）	0.0	0.3	3.8
铺敷道路（占总数的百分比）	10.5	8.1	..
高科技出口（占制成品出口的百分比）	3	1	*3*
全球联系			
商品贸易（占GDP的百分比）	30.5	33.0	32.7
净易货贸易条件指数（2000年=100）	81	100	122
外债总额（10亿美元）	6.6	10.3	2.9
债务还本付息总额（占出口的百分比）	20.5	21.5	7.4
净移民（千人）	25	0	-19
获得的侨汇（百万美元）	23	30	148
外国直接投资，净流入额（百万美元）	-112.8	158.8	340.1
获得的净官方发展援助（百万美元）	444	377	649

加拿大

高收入经济体

人口（百万）	33.7	人口增长率（百分比）	1.3
陆地面积（千平方公里）	9,985	国家贫困率（占人口的百分比）	..
GNI（10亿美元）	1,416.3	人均GNI（美元）	41,980
PPP衡量的GNI（10亿美元）	1,257.7	PPP衡量的人均GNI（美元）	37,280

	1990	2000	2009
人口			
最贫困的20%人口占国家消费/收入的份额（百分比）	..	7.2	..
出生时的预期寿命（岁）	77	79	81
总生育率（每个女性生育数）	1.8	1.5	1.6
青年女性生育率（每千名15—19岁女性生育数）	..	18	12
避孕普及率（占15—49岁已婚女性的百分比）	..	*74*	..
在熟练医护人员护理下的分娩（占总数的百分比）	..	*98*	..
5岁以下儿童死亡率（每千人）	8	6	6
儿童营养不良，体重不足（占5岁以下儿童的百分比）	..	..	..
儿童麻疹免疫接种率（占12—23个月年龄组的百分比）	89	96	93
小学毕业率，总数（占适龄年龄组的百分比）	..	*96*	*96*
中学总入学率，总数（占适龄年龄组的百分比）	100	103	*101*
小学和中学中女孩与男孩的比率（百分比）	100	101	*99*
HIV感染率（占15—49岁人口的百分比）	0.1	0.2	0.2
环境			
森林（千平方公里）	3,101	3,101	3,101
森林采伐（1990—2010年，平均年度百分比）			0.0
淡水使用量（占内陆水资源的百分比）	..	..	*1.6*
获得改善的水资源的人口（占总人口的百分比）	100	100	*100*
获得改善的卫生设施的人口（占总人口的百分比）	100	100	*100*
人均能源使用量（千克石油当量）	7,509	8,172	7,411
人均二氧化碳排放量（吨）	16.2	17.5	*16.9*
人均用电量（千瓦时）	16,109	16,991	*17,061*
经济			
GDP（10亿美元）	582.7	724.9	1,336.1
GDP增长率（年度百分比）	0.2	5.2	-2.5
GDP隐含价格平减指数（年度增长百分比）	3.2	4.1	-2.1
农业增加值（占GDP的百分比）	3	2	*2*
工业增加值（占GDP的百分比）	31	33	*32*
服务业增加值（占GDP的百分比）	66	65	*67*
货物和服务出口（占GDP的百分比）	26	46	29
货物和服务进口（占GDP的百分比）	26	40	30
资本形成总额（占GDP的百分比）	21	20	21
中央政府收入（占GDP的百分比）	*21.4*	21.1	17.4
中央政府现金盈余/赤字（占GDP的百分比）	*-4.9*	2.2	-1.9
政府与市场			
创办企业的时间（天）	..	..	5
股票市场资本总额（占GDP的百分比）	41.5	116.1	125.8
军费支出（占GDP的百分比）	2.0	1.1	1.4
移动电话用户（每100人）	2	28	68
互联网用户（每100人）	0.4	42.2	77.7
铺敷道路（占总数的百分比）	35.0	..	..
高科技出口（占制成品出口的百分比）	14	19	18
全球联系			
商品贸易（占GDP的百分比）	43.1	71.9	48.4
净易货贸易条件指数（2000年=100）	103	100	115
外债总额（10亿美元）	..	..	..
债务还本付息总额（占出口的百分比）	..	..	..
净移民（百万）	889	733	1,050
获得的侨汇（10亿美元）	..	..	..
外国直接投资，净流入额（10亿美元）	7.6	66.1	19.9
获得的净官方发展援助（百万美元）	..	..	..

佛得角

撒哈拉以南非洲地区			中低收入经济体
人口（千人）	506	人口增长率（百分比）	1.4
陆地面积（千平方公里）	4.0	国家贫困率（占人口的百分比）	*26.6*
GNI（10亿美元）	1.5	人均GNI（美元）	3,010
PPP衡量的GNI（10亿美元）	1.8	PPP衡量的人均GNI（美元）	3,530

	1990	2000	2009
人口			
最贫困的20%人口占国家消费/收入的份额（百分比）	..	*4.5*	..
出生时的预期寿命（岁）	66	69	71
总生育率（每个女性生育数）	5.3	3.7	2.7
青年女性生育率（每千名15—19岁女性生育数）	..	105	89
避孕普及率（占15—49岁已婚女性的百分比）	..	*53*	..
在熟练医护人员护理下的分娩（占总数的百分比）	..	*89*	..
5岁以下儿童死亡率（每千人）	63	41	28
儿童营养不良，体重不足（占5岁以下儿童的百分比）	..	..	..
儿童麻疹免疫接种率（占12—23个月年龄组的百分比）	79	86	96
小学毕业率，总数（占适龄年龄组的百分比）	54	103	87
中学总入学率，总数（占适龄年龄组的百分比）	20	65	81
小学和中学中女孩与男孩的比率（百分比）	94	*99*	103
HIV感染率（占15—49岁人口的百分比）	..	..	..
环境			
森林（平方公里）	580	820	850
森林采伐（1990—2007年，平均年度百分比）			-1.3
淡水使用量（占内陆水资源的百分比）	..	..	*6.8*
获得改善的水资源的人口（占总人口的百分比）	..	83	*84*
获得改善的卫生设施的人口（占总人口的百分比）	..	45	*54*
人均能源使用量（千克石油当量）	..	..	..
人均二氧化碳排放量（吨）	0.2	0.4	*0.6*
人均用电量（千瓦时）	..	..	..
经济			
GDP（百万美元）	339	531	1,549
GDP增长率（年度百分比）	0.7	6.6	2.8
GDP隐含价格平减指数（年度增长百分比）	2.3	-1.2	3.8
农业增加值（占GDP的百分比）	14	12	9
工业增加值（占GDP的百分比）	21	18	20
服务业增加值（占GDP的百分比）	64	70	71
货物和服务出口（占GDP的百分比）	13	28	24
货物和服务进口（占GDP的百分比）	44	61	65
资本形成总额（占GDP的百分比）	23	20	54
中央政府收入（占GDP的百分比）	..	..	28.7
中央政府现金盈余/赤字（占GDP的百分比）	..	..	-3.8
政府与市场			
创办企业的时间（天）	..	..	11
股票市场资本总额（占GDP的百分比）	..	..	..
军费支出（占GDP的百分比）	*1.7*	1.3	*0.6*
移动电话用户（每100人）	0	4	78
互联网用户（每100人）	0.0	1.8	29.7
铺敷道路（占总数的百分比）	78.0	69.0	..
高科技出口（占制成品出口的百分比）	..	1	*0*
全球联系			
商品贸易（占GDP的百分比）	41.9	45.4	48.1
净易货贸易条件指数（2000年=100）	100	100	136
外债总额（百万美元）	134	317	707
债务还本付息总额（占出口的百分比）	9.1	10.5	*4.2*
净移民（千人）	-17	-12	-13
获得的侨汇（百万美元）	59	87	146
外国直接投资，净流入额（百万美元）	0.3	33.4	119.8
获得的净官方发展援助（百万美元）	105	94	196

开曼群岛

高收入经济体

人口（千人）	54	人口增长率（百分比）	1.3
陆地面积（平方公里）	260	国家贫困率（占人口的百分比）	..
GNI（百万美元）	..	人均 GNI（美元）	..
PPP 衡量的 GNI（百万美元）	..	PPP 衡量的人均 GNI（美元）	..

	1990	2000	2009
人口			
最贫困的 20% 人口占国家消费/收入的份额（百分比）	..	..	..
出生时的预期寿命（岁）	..	..	..
总生育率（每个女性生育数）	..	..	..
青年女性生育率（每千名 15—19 岁女性生育数）	..	..	..
避孕普及率（占 15—49 岁已婚女性的百分比）	..	..	..
在熟练医护人员护理下的分娩（占总数的百分比）	..	..	..
5 岁以下儿童死亡率（每千人）	..	..	..
儿童营养不良，体重不足（占 5 岁以下儿童的百分比）	..	..	..
儿童麻疹免疫接种率（占 12—23 个月年龄组的百分比）	..	..	..
小学毕业率，总数（占适龄年龄组的百分比）	..	105	*84*
中学总入学率，总数（占适龄年龄组的百分比）	..	101	*82*
小学和中学中女孩与男孩的比率（百分比）	..	99	*101*
HIV 感染率（占 15—49 岁人口的百分比）	..	..	..
环境			
森林（平方公里）	130	130	130
森林采伐（1990—2010 年，平均年度百分比）			0.0
淡水使用量（占内陆水资源的百分比）	..	..	..
获得改善的水资源的人口（占总人口的百分比）	..	93	*95*
获得改善的卫生设施的人口（占总人口的百分比）	96	96	*96*
人均能源使用量（千克石油当量）	..	..	..
人均二氧化碳排放量（吨）	9.6	11.3	*10.1*
人均用电量（千瓦时）	..	..	..
经济			
GDP（百万美元）	..	..	..
GDP 增长率（年度百分比）	..	..	..
GDP 隐含价格平减指数（年度增长百分比）	..	..	..
农业增加值（占 GDP 的百分比）	..	..	..
工业增加值（占 GDP 的百分比）	..	..	..
服务业增加值（占 GDP 的百分比）	..	..	..
货物和服务出口（占 GDP 的百分比）	..	..	..
货物和服务进口（占 GDP 的百分比）	..	..	..
资本形成总额（占 GDP 的百分比）	..	..	..
中央政府收入（占 GDP 的百分比）	..	..	..
中央政府现金盈余/赤字（占 GDP 的百分比）	..	..	..
政府与市场			
创办企业的时间（天）	..	..	..
股票市场资本总额（占 GDP 的百分比）	..	..	..
军费支出（占 GDP 的百分比）	..	..	..
移动电话用户（每 100 人）	0	27	..
互联网用户（每 100 人）	0.0	..	43.7
铺敷道路（占总数的百分比）	..	..	..
高科技出口（占制成品出口的百分比）	..	..	..
全球联系			
商品贸易（占 GDP 的百分比）	..	..	..
净易货贸易条件指数（2000 年＝100）	..	100	*87*
外债总额（10 亿美元）	..	..	..
债务还本付息总额（占出口的百分比）	..	..	..
净移民（千人）	..	..	..
获得的侨汇（10 亿美元）	..	..	..
外国直接投资，净流入额（百万美元）	..	..	..
获得的净官方发展援助（百万美元）	3.0	..	..

中非共和国

撒哈拉以南非洲地区 **低收入经济体**

人口（百万）	4.4	人口增长率（百分比）	1.9
陆地面积（千平方公里）	623	国家贫困率（占人口的百分比）	*62.0*
GNI（10亿美元）	2.0	人均GNI（美元）	450
PPP衡量的GNI（10亿美元）	3.3	PPP衡量的人均GNI（美元）	750

	1990	2000	2009
人口			
最贫困的20%人口占国家消费/收入的份额（百分比）	..	..	..
出生时的预期寿命（岁）	49	46	47
总生育率（每个女性生育数）	5.8	5.4	4.7
青年女性生育率（每千名15—19岁女性生育数）	..	128	96
避孕普及率（占15—49岁已婚女性的百分比）	..	28	*19*
在熟练医护人员护理下的分娩（占总数的百分比）	..	44	44
5岁以下儿童死亡率（每千人）	175	184	171
儿童营养不良，体重不足（占5岁以下儿童的百分比）	..	21.8	..
儿童麻疹免疫接种率（占12—23个月年龄组的百分比）	82	36	62
小学毕业率，总数（占适龄年龄组的百分比）	30	..	38
中学总入学率，总数（占适龄年龄组的百分比）	11	*12*	14
小学和中学中女孩与男孩的比率（百分比）	59	..	69
HIV感染率（占15—49岁人口的百分比）	3.1	9.4	4.7
环境			
森林（千平方公里）	232	229	226
森林采伐（1990—2010年，平均年度百分比）			0.1
淡水使用量（占内陆水资源的百分比）	..	..	*0.0*
获得改善的水资源的人口（占总人口的百分比）	58	63	*67*
获得改善的卫生设施的人口（占总人口的百分比）	11	22	*34*
人均能源使用量（千克石油当量）	..	..	..
人均二氧化碳排放量（吨）	0.1	0.1	*0.1*
人均用电量（千瓦时）	..	..	..
经济			
GDP（10亿美元）	1.5	1.0	2.0
GDP增长率（年度百分比）	-2.1	2.3	2.4
GDP隐含价格平减指数（年度增长百分比）	2.3	3.2	3.9
农业增加值（占GDP的百分比）	48	53	56
工业增加值（占GDP的百分比）	20	16	15
服务业增加值（占GDP的百分比）	33	31	30
货物和服务出口（占GDP的百分比）	15	20	14
货物和服务进口（占GDP的百分比）	28	24	22
资本形成总额（占GDP的百分比）	12	10	11
中央政府收入（占GDP的百分比）	..	..	..
中央政府现金盈余/赤字（占GDP的百分比）	..	..	..
政府与市场			
创办企业的时间（天）	..	..	22
股票市场资本总额（占GDP的百分比）	..	..	..
军费支出（占GDP的百分比）	*1.5*	*1.0*	1.8
移动电话用户（每100人）	0	0	4
互联网用户（每100人）	0.0	0.1	0.5
铺敷道路（占总数的百分比）	..	2.7	..
高科技出口（占制成品出口的百分比）	..	0	..
全球联系			
商品贸易（占GDP的百分比）	18.4	29.0	20.9
净易货贸易条件指数（2000年=100）	238	100	79
外债总额（百万美元）	699	860	396
债务还本付息总额（占出口的百分比）	13.2	..	..
净移民（千人）	-41	11	5
获得的侨汇（10亿美元）	0.1	..	..
外国直接投资，净流入额（百万美元）	0.7	0.8	42.3
获得的净官方发展援助（百万美元）	249	75	237

乍得

撒哈拉以南非洲地区			低收入经济体
人口（百万）	11.2	人口增长率（百分比）	2.7
陆地面积（千平方公里）	1,284	国家贫困率（占人口的百分比）	*55.0.*
GNI（10亿美元）	6.7	人均GNI（美元）	600
PPP衡量的GNI（10亿美元）	13.0	PPP衡量的人均GNI（美元）	1,160

	1990	2000	2009
人口			
最贫困的20%人口占国家消费/收入的份额（百分比）	..	..	..
出生时的预期寿命（岁）	51	49	49
总生育率（每个女性生育数）	6.7	6.6	6.1
青年女性生育率（每千名15—19岁女性生育数）	..	191	155
避孕普及率（占15—49岁已婚女性的百分比）	..	8	..
在熟练医护人员护理下的分娩（占总数的百分比）	..	16	..
5岁以下儿童死亡率（每千人）	201	205	209
儿童营养不良，体重不足（占5岁以下儿童的百分比）	..	29.4	..
儿童麻疹免疫接种率（占12—23个月年龄组的百分比）	32	28	23
小学毕业率，总数（占适龄年龄组的百分比）	16	22	33
中学总入学率，总数（占适龄年龄组的百分比）	6	11	24
小学和中学中女孩与男孩的比率（百分比）	41	56	64
HIV感染率（占15—49岁人口的百分比）	1.1	3.0	3.4
环境			
森林（千平方公里）	131	123	115
森林采伐（1990—2010年，平均年度百分比）			0.4
淡水使用量（占内陆水资源的百分比）	..	..	*2.4*
获得改善的水资源的人口（占总人口的百分比）	38	45	*50*
获得改善的卫生设施的人口（占总人口的百分比）	6	7	*9*
人均能源使用量（千克石油当量）	..	..	..
人均二氧化碳排放量（吨）	0.02	0.02	*0.04*
人均用电量（千瓦时）	..	..	..
经济			
GDP（10亿美元）	1.7	1.4	6.8
GDP增长率（年度百分比）	-4.2	-0.9	-1.6
GDP隐含价格平减指数（年度增长百分比）	8.0	5.3	-12.4
农业增加值（占GDP的百分比）	29	42	*14*
工业增加值（占GDP的百分比）	18	11	*49*
服务业增加值（占GDP的百分比）	53	46	*38*
货物和服务出口（占GDP的百分比）	13	17	42
货物和服务进口（占GDP的百分比）	28	35	70
资本形成总额（占GDP的百分比）	7	23	34
中央政府收入（占GDP的百分比）	..	..	..
中央政府现金盈余/赤字（占GDP的百分比）	..	..	..
政府与市场			
创办企业的时间（天）	..	..	75
股票市场资本总额（占GDP的百分比）	..	..	..
军费支出（占GDP的百分比）	..	1.9	6.4
移动电话用户（每100人）	0	0	24
互联网用户（每100人）	0.0	0.0	1.7
铺敷道路（占总数的百分比）	0.8	0.8	..
高科技出口（占制成品出口的百分比）	..	..	..
全球联系			
商品贸易（占GDP的百分比）	27.2	36.1	69.5
净易货贸易条件指数（2000年=100）	..	100	136
外债总额（10亿美元）	0.5	1.1	1.7
债务还本付息总额（占出口的百分比）	4.3	..	2.8
净移民（千人）	1	69	-75
获得的侨汇（百万美元）	0.6	..	..
外国直接投资，净流入额（百万美元）	9.4	115.2	461.8
获得的净官方发展援助（百万美元）	311	130	561

海峡群岛

高收入经济体

人口（千人）	150	人口增长率（百分比）	*0.2*
陆地面积（平方公里）	190	国家贫困率（占人口的百分比）	..
GNI（10 亿美元）	*10.2*	人均 GNI（美元）	*68,610*
PPP 衡量的 GNI（百万美元）	..	PPP 衡量的人均 GNI（美元）	..

	1990	2000	2009
人口			
最贫困的 20% 人口占国家消费/收入的份额（百分比）	..	..	..
出生时的预期寿命（岁）	76	78	79
总生育率（每个女性生育数）	1.5	1.4	1.4
青年女性生育率（每千名 15—19 岁女性生育数）	..	13	9
避孕普及率（占 15—49 岁已婚女性的百分比）	..	..	..
在熟练医护人员护理下的分娩（占总数的百分比）	..	..	..
5 岁以下儿童死亡率（每千人）	..	..	..
儿童营养不良，体重不足（占 5 岁以下儿童的百分比）	..	..	..
儿童麻疹免疫接种率（占 12—23 个月年龄组的百分比）	..	..	..
小学毕业率，总数（占适龄年龄组的百分比）	..	..	..
中学总入学率，总数（占适龄年龄组的百分比）	..	..	..
小学和中学中女孩与男孩的比率（百分比）	..	..	..
HIV 感染率（占 15—49 岁人口的百分比）	..	..	..
环境			
森林（平方公里）	8.0	8.0	8.0
森林采伐（1990—2010 年，平均年度百分比）			0.0
淡水使用量（占内陆水资源的百分比）	..	..	..
获得改善的水资源的人口（占总人口的百分比）	..	..	..
获得改善的卫生设施的人口（占总人口的百分比）	..	..	..
人均能源使用量（千克石油当量）	..	..	..
人均二氧化碳排放量（吨）	..	..	..
人均用电量（千瓦时）	..	..	..
经济			
GDP（百万美元）	..	6,440	*11,515*
GDP 增长率（年度百分比）	..	5.8	*5.9*
GDP 隐含价格平减指数（年度增长百分比）	..	3.9	*3.3*
农业增加值（占 GDP 的百分比）	..	..	..
工业增加值（占 GDP 的百分比）	..	..	..
服务业增加值（占 GDP 的百分比）	..	..	..
货物和服务出口（占 GDP 的百分比）	..	..	..
货物和服务进口（占 GDP 的百分比）	..	..	..
资本形成总额（占 GDP 的百分比）	..	..	..
中央政府收入（占 GDP 的百分比）	..	..	..
中央政府现金盈余/赤字（占 GDP 的百分比）	..	..	..
政府与市场			
创办企业的时间（天）	..	..	..
股票市场资本总额（占 GDP 的百分比）	..	..	..
军费支出（占 GDP 的百分比）	..	..	..
移动电话用户（每 100 人）	..	..	..
互联网用户（每 100 人）	..	..	..
铺敷道路（占总数的百分比）	..	..	..
高科技出口（占制成品出口的百分比）	..	..	..
全球联系			
商品贸易（占 GDP 的百分比）	..	..	..
净易货贸易条件指数（2000 年 =100）	..	..	..
外债总额（10 亿美元）	..	..	..
债务还本付息总额（占出口的百分比）	..	..	..
净移民（千人）	6	3	2
获得的侨汇（10 亿美元）	..	..	..
外国直接投资，净流入额（百万美元）	..	..	..
获得的净官方发展援助（百万美元）	..	..	..

智利

拉丁美洲和加勒比地区 **中高收入经济体**

人口（百万）	17.0	人口增长率（百分比）	1.0
陆地面积（千平方公里）	756	国家贫困率（占人口的百分比）	15.1
GNI（10 亿美元）	160.7	人均 GNI（美元）	9,470
PPP 衡量的 GNI（10 亿美元）	222.7	PPP 衡量的人均 GNI（美元）	13,420

	1990	2000	2009
人口			
最贫困的 20% 人口占国家消费/收入的份额（百分比）	3.4	3.5	8.6
出生时的预期寿命（岁）	74	77	79
总生育率（每个女性生育数）	2.6	2.1	1.9
青年女性生育率（每千名 15—19 岁女性生育数）	..	64	59
避孕普及率（占 15—49 岁已婚女性的百分比）	56	..	*58*
在熟练医护人员护理下的分娩（占总数的百分比）	..	*100*	*100*
5 岁以下儿童死亡率（每千人）	22	11	9
儿童营养不良，体重不足（占 5 岁以下儿童的百分比）	..	*0.7*	*0.5*
儿童麻疹免疫接种率（占 12—23 个月年龄组的百分比）	97	97	96
小学毕业率，总数（占适龄年龄组的百分比）	..	98	*95*
中学总入学率，总数（占适龄年龄组的百分比）	78	83	*90*
小学和中学中女孩与男孩的比率（百分比）	101	100	*99*
HIV 感染率（占 15—49 岁人口的百分比）	0.1	0.2	0.4
环境			
森林（千平方公里）	153	158	162
森林采伐（1990—2010 年，平均年度百分比）			-0.2
淡水使用量（占内陆水资源的百分比）	..	..	*1.3*
获得改善的水资源的人口（占总人口的百分比）	90	94	*96*
获得改善的卫生设施的人口（占总人口的百分比）	84	92	*96*
人均能源使用量（千克石油当量）	1,049	1,702	*1,871*
人均二氧化碳排放量（吨）	2.6	3.9	*4.3*
人均用电量（千瓦时）	1,246	2,487	*3,319*
经济			
GDP（10 亿美元）	31.6	75.2	163.7
GDP 增长率（年度百分比）	3.7	4.5	-1.5
GDP 隐含价格平减指数（年度增长百分比）	22.5	4.6	4.2
农业增加值（占 GDP 的百分比）	9	6	3
工业增加值（占 GDP 的百分比）	41	38	42
服务业增加值（占 GDP 的百分比）	50	55	55
货物和服务出口（占 GDP 的百分比）	34	32	38
货物和服务进口（占 GDP 的百分比）	31	30	30
资本形成总额（占 GDP 的百分比）	25	22	19
中央政府收入（占 GDP 的百分比）	..	21.6	20.1
中央政府现金盈余/赤字（占 GDP 的百分比）	..	-0.7	-4.5
政府与市场			
创办企业的时间（天）	..	..	22
股票市场资本总额（占 GDP 的百分比）	43.1	80.3	128.0
军费支出（占 GDP 的百分比）	4.2	3.7	3.1
移动电话用户（每 100 人）	0	22	97
互联网用户（每 100 人）	0.0	16.6	34.0
铺敷道路（占总数的百分比）	13.8	18.4	..
高科技出口（占制成品出口的百分比）	5	3	4
全球联系			
商品贸易（占 GDP 的百分比）	51.1	50.1	58.8
净易货贸易条件指数（2000 年 =100）	114	100	167
外债总额（10 亿美元）	19	37	72
债务还本付息总额（占出口的百分比）	25.9	24.8	22.6
净移民（千人）	-40	60	30
获得的侨汇（百万美元）	0.4	13.3	4.4
外国直接投资，净流入额（10 亿美元）	0.7	4.9	12.7
获得的净官方发展援助（百万美元）	104	49	80

中国

东亚和太平洋地区		中低收入经济体	
人口（百万）	1,331.5	人口增长率（百分比）	0.5
陆地面积（千平方公里）	9,600	国家贫困率（占人口的百分比）	2.8
GNI（10亿美元）	4,856.1	人均GNI（美元）	3,650
PPP衡量的GNI（10亿美元）	9,170.1	PPP衡量的人均GNI（美元）	6,890

	1990	2000	2009
人口			
最贫困的20%人口占国家消费/收入的份额（百分比）	..	..	..
出生时的预期寿命（岁）	68	71	73
总生育率（每个女性生育数）	2.3	1.8	1.8
青年女性生育率（每千名15—19岁女性生育数）	..	10	10
避孕普及率（占15—49岁已婚女性的百分比）	*85*	*87*	*85*
在熟练医护人员护理下的分娩（占总数的百分比）	*50*	97	*99*
5岁以下儿童死亡率（每千人）	46	36	19
儿童营养不良，体重不足（占5岁以下儿童的百分比）	12.6	7.4	..
儿童麻疹免疫接种率（占12—23个月年龄组的百分比）	98	84	94
小学毕业率，总数（占适龄年龄组的百分比）	104	..	..
中学总入学率，总数（占适龄年龄组的百分比）	38	61	78
小学和中学中女孩与男孩的比率（百分比）	85	99	105
HIV感染率（占15—49岁人口的百分比）	..	..	0.1
环境			
森林（千平方公里）	1,571	1,770	2,069
森林采伐（1990—2010年，平均年度百分比）			-0.9
淡水使用量（占内陆水资源的百分比）	..	..	*19.7*
获得改善的水资源的人口（占总人口的百分比）	67	80	*89*
获得改善的卫生设施的人口（占总人口的百分比）	41	49	*55*
人均能源使用量（千克石油当量）	760	866	*1,598*
人均二氧化碳排放量（吨）	2.2	2.7	*5.0*
人均用电量（千瓦时）	511	993	*2,455*
经济			
GDP（10亿美元）	356.9	1,198.5	4,985.5
GDP增长率（年度百分比）	3.8	8.4	9.1
GDP隐含价格平减指数（年度增长百分比）	5.8	2.1	-0.6
农业增加值（占GDP的百分比）	27	15	10
工业增加值（占GDP的百分比）	41	46	46
服务业增加值（占GDP的百分比）	32	39	43
货物和服务出口（占GDP的百分比）	16	23	27
货物和服务进口（占GDP的百分比）	13	21	22
资本形成总额（占GDP的百分比）	36	35	48
中央政府收入（占GDP的百分比）	6.3	7.1	*11.1*
中央政府现金盈余/赤字（占GDP的百分比）	..	*-2.6*	..
政府与市场			
创办企业的时间（天）	..	..	38
股票市场资本总额（占GDP的百分比）	*0.5*	48.5	100.4
军费支出（占GDP的百分比）	2.7	1.8[d]	2.0[d]
移动电话用户（每100人）	0	7	56
互联网用户（每100人）	0.0	1.8	28.8
铺敷道路（占总数的百分比）	..	..	*53.5*
高科技出口（占制成品出口的百分比）	6	19	31
全球联系			
商品贸易（占GDP的百分比）	32.3	39.6	44.3
净易货贸易条件指数（2000年=100）	102	100	80
外债总额（10亿美元）	55	146	428
债务还本付息总额（占出口的百分比）	11.7	9.3	2.9
净移民（千人）[c]	-368	-786	-1,731
获得的侨汇（10亿美元）	0.2	5.2	48.7
外国直接投资，净流入额（10亿美元）	3.5	38.4	78.2
获得的净官方发展援助（10亿美元）	2.0	1.7	1.1

哥伦比亚

拉丁美洲和加勒比地区 **中高收入经济体**

人口（百万）	45.7	人口增长率（百分比）	1.4
陆地面积（千平方公里）	1,142	国家贫困率（占人口的百分比）	45.5
GNI（10亿美元）	227.8	人均GNI（美元）	4,990
PPP衡量的GNI（10亿美元）	392.5	PPP衡量的人均GNI（美元）	8,600

	1990	2000	2009
人口			
最贫困的20%人口占国家消费/收入的份额（百分比）	*3.4*	2.6	*2.5*
出生时的预期寿命（岁）	68	71	73
总生育率（每个女性生育数）	3.1	2.6	2.4
青年女性生育率（每千名15—19岁女性生育数）	..	94	72
避孕普及率（占15—49岁已婚女性的百分比）	66	77	..
在熟练医护人员护理下的分娩（占总数的百分比）	82	86	..
5岁以下儿童死亡率（每千人）	35	26	19
儿童营养不良，体重不足（占5岁以下儿童的百分比）	*8.8*	4.9	..
儿童麻疹免疫接种率（占12—23个月年龄组的百分比）	82	80	95
小学毕业率，总数（占适龄年龄组的百分比）	74	95	115
中学总入学率，总数（占适龄年龄组的百分比）	*53*	72	95
小学和中学中女孩与男孩的比率（百分比）	*108*	104	105
HIV感染率（占15—49岁人口的百分比）	*0.2*	*0.9*	*0.5*
环境			
森林（千平方公里）	625	615	605
森林采伐（1990—2010年，平均年度百分比）			0.1
淡水使用量（占内陆水资源的百分比）	..	..	*0.6*
获得改善的水资源的人口（占总人口的百分比）	88	91	*92*
获得改善的卫生设施的人口（占总人口的百分比）	68	72	*74*
人均能源使用量（千克石油当量）	730	673	*684*
人均二氧化碳排放量（吨）	1.7	1.5	*1.4*
人均用电量（千瓦时）	869	844	*974*
经济			
GDP（10亿美元）	40.3	100.4	234.0
GDP增长率（年度百分比）	6.0	4.4	0.8
GDP隐含价格平减指数（年度增长百分比）	26.1	32.4	4.9
农业增加值（占GDP的百分比）	17	9	7
工业增加值（占GDP的百分比）	38	29	34
服务业增加值（占GDP的百分比）	45	62	58
货物和服务出口（占GDP的百分比）	21	16	16
货物和服务进口（占GDP的百分比）	15	17	18
资本形成总额（占GDP的百分比）	19	15	23
中央政府收入（占GDP的百分比）	..	*15.1*	17.0
中央政府现金盈余/赤字（占GDP的百分比）	..	*-5.8*	-4.0
政府与市场			
创办企业的时间（天）	..	..	14
股票市场资本总额（占GDP的百分比）	3.5	9.5	57.0
军费支出（占GDP的百分比）	2.6	2.8	4.1
移动电话用户（每100人）	0	6	92
互联网用户（每100人）	0.0	2.2	45.5
铺敷道路（占总数的百分比）	11.9	*14.4*	..
高科技出口（占制成品出口的百分比）	5	8	5
全球联系			
商品贸易（占GDP的百分比）	30.7	24.5	28.1
净易货贸易条件指数（2000年=100）	81	100	114
外债总额（10亿美元）	17	34	52
债务还本付息总额（占出口的百分比）	43.1	30.3	22.4
净移民（千人）	-245	-150	-120
获得的侨汇（10亿美元）	0.5	1.6	4.2
外国直接投资，净流入额（10亿美元）	0.5	2.4	7.2
获得的净官方发展援助（10亿美元）	0.1	0.2	1.1

科摩罗

撒哈拉以南非洲地区			低收入经济体
人口（千人）	659	人口增长率（百分比）	2.4
陆地面积（千平方公里）	1.9	国家贫困率（占人口的百分比）	*44.8*
GNI（百万美元）	531.2	人均 GNI（美元）	810
PPP 衡量的 GNI（百万美元）	448.6	PPP 衡量的人均 GNI（美元）	1,180

	1990	2000	2009
人口			
最贫困的 20% 人口占国家消费/收入的份额（百分比）	..	..	..
出生时的预期寿命（岁）	56	62	66
总生育率（每个女性生育数）	5.5	4.3	3.9
青年女性生育率（每千名 15—19 岁女性生育数）	..	53	43
避孕普及率（占 15—49 岁已婚女性的百分比）	..	26	..
在熟练医护人员护理下的分娩（占总数的百分比）	..	62	..
5 岁以下儿童死亡率（每千人）	128	114	104
儿童营养不良，体重不足（占 5 岁以下儿童的百分比）	*16.2*	25.0	..
儿童麻疹免疫接种率（占 12—23 个月年龄组的百分比）	87	70	79
小学毕业率，总数（占适龄年龄组的百分比）	*40*	*64*	*81*
中学总入学率，总数（占适龄年龄组的百分比）	*22*	29	..
小学和中学中女孩与男孩的比率（百分比）	..	84	..
HIV 感染率（占 15—49 岁人口的百分比）	0.1	0.1	0.1
环境			
森林（平方公里）	120	80	30
森林采伐（1990—2010 年，平均年度百分比）			4.5
淡水使用量（占内陆水资源的百分比）	..	..	*0.8*
获得改善的水资源的人口（占总人口的百分比）	87	92	*95*
获得改善的卫生设施的人口（占总人口的百分比）	17	28	*36*
人均能源使用量（千克石油当量）	..	..	..
人均二氧化碳排放量（吨）	0.2	0.2	*0.2*
人均用电量（千瓦时）	..	..	..
经济			
GDP（百万美元）	250	202	535
GDP 增长率（年度百分比）	5.1	1.4	1.8
GDP 隐含价格平减指数（年度增长百分比）	2.2	3.4	4.6
农业增加值（占 GDP 的百分比）	41	49	46
工业增加值（占 GDP 的百分比）	8	12	12
服务业增加值（占 GDP 的百分比）	50	40	..
货物和服务出口（占 GDP 的百分比）	14	17	15
货物和服务进口（占 GDP 的百分比）	37	33	48
资本形成总额（占 GDP 的百分比）	20	10	12
中央政府收入（占 GDP 的百分比）	..	..	..
中央政府现金盈余/赤字（占 GDP 的百分比）	..	..	..
政府与市场			
创办企业的时间（天）	..	..	24
股票市场资本总额（占 GDP 的百分比）	..	..	..
军费支出（占 GDP 的百分比）	..	..	..
移动电话用户（每 100 人）	0	0	15
互联网用户（每 100 人）	0.0	0.3	3.7
铺敷道路（占总数的百分比）	69.3	76.5	..
高科技出口（占制成品出口的百分比）	..	0	*1*
全球联系			
商品贸易（占 GDP 的百分比）	28.0	28.2	30.4
净易货贸易条件指数（2000 年 =100）	..	100	66
外债总额（百万美元）	188	237	279
债务还本付息总额（占出口的百分比）	2.9	..	..
净移民（千人）	-5	-6	-10
获得的侨汇（百万美元）	9.9	12.0	11.3
外国直接投资，净流入额（百万美元）	0.4	0.1	9.1
获得的净官方发展援助（百万美元）	45	19	51

刚果民主共和国

撒哈拉以南非洲地区 **低收入经济体**

人口（百万）	66.0	人口增长率（百分比）	2.7
陆地面积（千平方公里）	2,345	国家贫困率（占人口的百分比）	*71.3*
GNI（10亿美元）	10.6	人均GNI（美元）	160
PPP衡量的GNI（10亿美元）	19.6	PPP衡量的人均GNI（美元）	300

	1990	2000	2009
人口			
最贫困的20%人口占国家消费/收入的份额（百分比）	..	..	*5.5*
出生时的预期寿命（岁）	*48*	*46*	*48*
总生育率（每个女性生育数）	7.1	6.9	5.9
青年女性生育率（每千名15—19岁女性生育数）	..	236	191
避孕普及率（占15—49岁已婚女性的百分比）	*8*	*31*	*21*
在熟练医护人员护理下的分娩（占总数的百分比）	..	*61*	*74*
5岁以下儿童死亡率（每千人）	199	199	199
儿童营养不良，体重不足（占5岁以下儿童的百分比）	..	*33.6*	*28.2*
儿童麻疹免疫接种率（占12—23个月年龄组的百分比）	38	46	76
小学毕业率，总数（占适龄年龄组的百分比）	*48*	*37*	56
中学总入学率，总数（占适龄年龄组的百分比）	*21*	*22*	37
小学和中学中女孩与男孩的比率（百分比）	*70*	*73*	77
HIV感染率（占15—49岁人口的百分比）	..	..	..
环境			
森林（千平方公里）	1,604	1,572	1,541
森林采伐（1990—2010年，平均年度百分比）			0.1
淡水使用量（占内陆水资源的百分比）	..	..	*0.1*
获得改善的水资源的人口（占总人口的百分比）	45	44	*46*
获得改善的卫生设施的人口（占总人口的百分比）	9	16	*23*
人均能源使用量（千克石油当量）	319	328	*346*
人均二氧化碳排放量（吨）	0.11	0.03	*0.04*
人均用电量（千瓦时）	122	89	*95*
经济			
GDP（10亿美元）	9.3	4.3	10.6
GDP增长率（年度百分比）	-6.6	-6.9	2.7
GDP隐含价格平减指数（年度增长百分比）	109.0	515.8	30.2
农业增加值（占GDP的百分比）	31	50	43
工业增加值（占GDP的百分比）	29	20	24
服务业增加值（占GDP的百分比）	40	30	33
货物和服务出口（占GDP的百分比）	30	22	10
货物和服务进口（占GDP的百分比）	29	21	22
资本形成总额（占GDP的百分比）	9	3	30
中央政府收入（占GDP的百分比）	10.1	3.7	..
中央政府现金盈余/赤字（占GDP的百分比）	-6.5	-4.0	..
政府与市场			
创办企业的时间（天）	..	..	84
股票市场资本总额（占GDP的百分比）	..	..	..
军费支出（占GDP的百分比）	..	1.0	1.1
移动电话用户（每100人）	0	0	15
互联网用户（每100人）	0.0	0.0	0.6
铺敷道路（占总数的百分比）	..	..	..
高科技出口（占制成品出口的百分比）	..	..	..
全球联系			
商品贸易（占GDP的百分比）	43.5	35.3	63.4
净易货贸易条件指数（2000年=100）	86	100	112
外债总额（10亿美元）	10	12	12
债务还本付息总额（占出口的百分比）	..	..	..
净移民（千人）	123	-1,379	-100
获得的侨汇（10亿美元）	..	..	..
外国直接投资，净流入额（百万美元）	-14.5	72.0	951.4
获得的净官方发展援助（10亿美元）	0.9	0.2	2.4

刚果共和国

撒哈拉以南非洲地区			中低收入经济体
人口（百万）	3.7	人口增长率（百分比）	1.9
陆地面积（千平方公里）	342	国家贫困率（占人口的百分比）	*50.1*
GNI（10亿美元）	7.7	人均GNI（美元）	2,080
PPP衡量的GNI（10亿美元）	11.2	PPP衡量的人均GNI（美元）	3,040

	1990	2000	2009
人口			
最贫困的20%人口占国家消费/收入的份额（百分比）	..	..	..
出生时的预期寿命（岁）	59	54	54
总生育率（每个女性生育数）	5.4	4.8	4.3
青年女性生育率（每千名15—19岁女性生育数）	..	128	106
避孕普及率（占15—49岁已婚女性的百分比）	..	..	..
在熟练医护人员护理下的分娩（占总数的百分比）	..	..	..
5岁以下儿童死亡率（每千人）	104	116	128
儿童营养不良，体重不足（占5岁以下儿童的百分比）	..	..	..
儿童麻疹免疫接种率（占12—23个月年龄组的百分比）	75	34	76
小学毕业率，总数（占适龄年龄组的百分比）	59	*55*	74
中学总入学率，总数（占适龄年龄组的百分比）	48	35	..
小学和中学中女孩与男孩的比率（百分比）	89	86	..
HIV感染率（占15—49岁人口的百分比）	5.2	3.9	3.4
环境			
森林（千平方公里）	227	226	224
森林采伐（1990—2010年，平均年度百分比）			0.05
淡水使用量（占内陆水资源的百分比）	..	..	*0.0*
获得改善的水资源的人口（占总人口的百分比）	..	70	*71*
获得改善的卫生设施的人口（占总人口的百分比）	..	30	*30*
人均能源使用量（千克石油当量）	326	279	*378*
人均二氧化碳排放量（吨）	0.5	0.3	*0.4*
人均用电量（千瓦时）	168	99	*150*
经济			
GDP（10亿美元）	2.8	3.2	9.6
GDP增长率（年度百分比）	1.0	7.6	7.6
GDP隐含价格平减指数（年度增长百分比）	-1.0	47.0	-20.4
农业增加值（占GDP的百分比）	13	5	5
工业增加值（占GDP的百分比）	41	72	71
服务业增加值（占GDP的百分比）	46	23	24
货物和服务出口（占GDP的百分比）	54	80	72
货物和服务进口（占GDP的百分比）	46	44	51
资本形成总额（占GDP的百分比）	16	23	25
中央政府收入（占GDP的百分比）	*22.5*	28.6	..
中央政府现金盈余/赤字（占GDP的百分比）	*-13.1*	1.9	..
政府与市场			
创办企业的时间（天）	..	..	160
股票市场资本总额（占GDP的百分比）	..	..	..
军费支出（占GDP的百分比）	..	*1.4*	*1.2*
移动电话用户（每100人）	0	2	59
互联网用户（每100人）	0.0	0.0	6.7
铺敷道路（占总数的百分比）	9.7	9.7	*7.1*
高科技出口（占制成品出口的百分比）	..	..	..
全球联系			
商品贸易（占GDP的百分比）	57.2	91.7	88.7
净易货贸易条件指数（2000年=100）	63	100	147
外债总额（10亿美元）	4.9	4.8	5.0
债务还本付息总额（占出口的百分比）	34.6	1.7	*1.7*
净移民（千人）	2	-91	-50
获得的侨汇（百万美元）	*4.4*	10.4	13.7
外国直接投资，净流入额（10亿美元）	0.0	0.2	2.1
获得的净官方发展援助（百万美元）	217	32	283

哥斯达黎加

拉丁美洲和加勒比地区			中高收入经济体
人口（百万）	4.6	人口增长率（百分比）	1.3
陆地面积（千平方公里）	51	国家贫困率（占人口的百分比）	21.7
GNI（10亿美元）	28.7	人均GNI（美元）	6,260
PPP衡量的GNI（10亿美元）	50.0	PPP衡量的人均GNI（美元）	10,930

	1990	2000	2009
人口			
最贫困的20%人口占国家消费/收入的份额（百分比）	4.0	4.1	4.2
出生时的预期寿命（岁）	76	78	79
总生育率（每个女性生育数）	3.2	2.4	1.9
青年女性生育率（每千名15—19岁女性生育数）	..	82	67
避孕普及率（占15—49岁已婚女性的百分比）	..	*80*	*80*
在熟练医护人员护理下的分娩（占总数的百分比）	*98*	*98*	*99*
5岁以下儿童死亡率（每千人）	18	13	11
儿童营养不良，体重不足（占5岁以下儿童的百分比）	2.5	..	..
儿童麻疹免疫接种率（占12—23个月年龄组的百分比）	90	82	81
小学毕业率，总数（占适龄年龄组的百分比）	74	87	96
中学总入学率，总数（占适龄年龄组的百分比）	43	61	96
小学和中学中女孩与男孩的比率（百分比）	100	101	102
HIV感染率（占15—49岁人口的百分比）	0.1	0.1	0.3
环境			
森林（千平方公里）	26	24	26
森林采伐（1990—2010年，平均年度百分比）			-0.1
淡水使用量（占内陆水资源的百分比）	..	..	*2.4*
获得改善的水资源的人口（占总人口的百分比）	93	95	*97*
获得改善的卫生设施的人口（占总人口的百分比）	93	95	*95*
人均能源使用量（千克石油当量）	658	767	*1,084*
人均二氧化碳排放量（吨）	1.0	1.4	*1.8*
人均用电量（千瓦时）	1,086	1,519	*1,866*
经济			
GDP（10亿美元）	7.4	15.9	29.2
GDP增长率（年度百分比）	3.9	1.8	-1.5
GDP隐含价格平减指数（年度增长百分比）	17.1	7.0	8.9
农业增加值（占GDP的百分比）	12	9	7
工业增加值（占GDP的百分比）	30	32	27
服务业增加值（占GDP的百分比）	58	58	66
货物和服务出口（占GDP的百分比）	30	49	43
货物和服务进口（占GDP的百分比）	36	46	42
资本形成总额（占GDP的百分比）	18	17	20
中央政府收入（占GDP的百分比）	..	..	24.7
中央政府现金盈余/赤字（占GDP的百分比）	..	..	-3.4
政府与市场			
创办企业的时间（天）	..	..	60
股票市场资本总额（占GDP的百分比）	5.5	18.3	5.0
军费支出（占GDP的百分比）	..	..	..
移动电话用户（每100人）	0	5	43
互联网用户（每100人）	0.0	5.8	34.5
铺敷道路（占总数的百分比）	15.3	22.0	*25.3*
高科技出口（占制成品出口的百分比）	..	52	41
全球联系			
商品贸易（占GDP的百分比）	46.4	76.7	69.0
净易货贸易条件指数（2000年=100）	75	100	87
外债总额（10亿美元）	3.7	4.6	8.1
债务还本付息总额（占出口的百分比）	24.1	8.1	9.6
净移民（千人）	25	128	30
获得的侨汇（百万美元）	12	136	513
外国直接投资，净流入额（10亿美元）	0.2	0.4	1.3
获得的净官方发展援助（百万美元）	227.0	9.6	109.3

科特迪瓦

撒哈拉以南非洲地区		中低收入经济体	
人口（百万）	21.1	人口增长率（百分比）	2.3
陆地面积（千平方公里）	322	国家贫困率（占人口的百分比）	*42.7*
GNI（10亿美元）	22.5	人均GNI（美元）	1,070
PPP衡量的GNI（10亿美元）	34.5	PPP衡量的人均GNI（美元）	1,640

	1990	**2000**	**2009**
人口			
最贫困的20%人口占国家消费/收入的份额（百分比）	*6.7*	*5.0*	*5.6*
出生时的预期寿命（岁）	58	56	58
总生育率（每个女性生育数）	6.3	5.2	4.5
青年女性生育率（每千名15—19岁女性生育数）	..	136	122
避孕普及率（占15—49岁已婚女性的百分比）	..	*15*	*13*
在熟练医护人员护理下的分娩（占总数的百分比）	..	63	*57*
5岁以下儿童死亡率（每千人）	*152*	*142*	*119*
儿童营养不良，体重不足（占5岁以下儿童的百分比）	..	*18.2*	*16.7*
儿童麻疹免疫接种率（占12—23个月年龄组的百分比）	56	71	67
小学毕业率，总数（占适龄年龄组的百分比）	40	42	46
中学总入学率，总数（占适龄年龄组的百分比）	..	23	..
小学和中学中女孩与男孩的比率（百分比）	..	69	..
HIV感染率（占15—49岁人口的百分比）	2.4	6.9	3.4
环境			
森林（千平方公里）	102	103	104
森林采伐（1990—2010年，平均年度百分比）			-0.1
淡水使用量（占内陆水资源的百分比）	..	..	*1.8*
获得改善的水资源的人口（占总人口的百分比）	76	78	*80*
获得改善的卫生设施的人口（占总人口的百分比）	20	22	*23*
人均能源使用量（千克石油当量）	343	390	*499*
人均二氧化碳排放量（吨）	0.5	0.4	*0.3*
人均用电量（千瓦时）	152	166	*186*
经济			
GDP（10亿美元）	10.8	10.4	23.3
GDP增长率（年度百分比）	-1.1	-3.7	3.6
GDP隐含价格平减指数（年度增长百分比）	-4.5	-0.4	1.3
农业增加值（占GDP的百分比）	32	24	24
工业增加值（占GDP的百分比）	23	25	25
服务业增加值（占GDP的百分比）	44	51	50
货物和服务出口（占GDP的百分比）	32	40	42
货物和服务进口（占GDP的百分比）	27	33	34
资本形成总额（占GDP的百分比）	7	11	11
中央政府收入（占GDP的百分比）	..	..	18.7
中央政府现金盈余/赤字（占GDP的百分比）	..	..	0.9
政府与市场			
创办企业的时间（天）	..	..	40
股票市场资本总额（占GDP的百分比）	5.1	11.4	26.4
军费支出（占GDP的百分比）	1.3	..	*1.6*
移动电话用户（每100人）	0	3	63
互联网用户（每100人）	0.0	0.2	4.6
铺敷道路（占总数的百分比）	8.7	9.7	*7.9*
高科技出口（占制成品出口的百分比）	..	2	12
全球联系			
商品贸易（占GDP的百分比）	47.9	64.1	64.2
净易货贸易条件指数（2000年=100）	143	100	140
外债总额（10亿美元）	17	12	12
债务还本付息总额（占出口的百分比）	35.4	22.6	9.5
净移民（千人）	325	175	-145
获得的侨汇（百万美元）	44	119	185
外国直接投资，净流入额（百万美元）	48.1	234.7	380.9
获得的净官方发展援助（10亿美元）	0.7	0.4	2.4

克罗地亚

高收入经济体

人口（百万）	4.4	人口增长率（百分比）	0.0
陆地面积（千平方公里）	57	国家贫困率（占人口的百分比）	*11.1*
GNI（10亿美元）	61.0	人均GNI（美元）	13,770
PPP衡量的GNI（10亿美元）	85.1	PPP衡量的人均GNI（美元）	19,200

	1990	2000	2009
人口			
最贫困的20%人口占国家消费/收入的份额（百分比）	*10.5*	8.3	*8.1*
出生时的预期寿命（岁）	72	73	76
总生育率（每个女性生育数）	1.6	1.4	1.5
青年女性生育率（每千名15—19岁女性生育数）	..	16	14
避孕普及率（占15—49岁已婚女性的百分比）	..	69	..
在熟练医护人员护理下的分娩（占总数的百分比）	100	100	100
5岁以下儿童死亡率（每千人）	13	8	5
儿童营养不良，体重不足（占5岁以下儿童的百分比）	..	..	1.0
儿童麻疹免疫接种率（占12—23个月年龄组的百分比）	*90*	93	98
小学毕业率，总数（占适龄年龄组的百分比）	..	92	*100*
中学总入学率，总数（占适龄年龄组的百分比）	..	85	90
小学和中学中女孩与男孩的比率（百分比）	..	101	*102*
HIV感染率（占15—49岁人口的百分比）	0.1	0.1	0.1
环境			
森林（千平方公里）	19	19	19
森林采伐（1990—2010年，平均年度百分比）			-0.1
淡水使用量（占内陆水资源的百分比）	..	..	..
获得改善的水资源的人口（占总人口的百分比）	..	99	*99*
获得改善的卫生设施的人口（占总人口的百分比）	..	99	*99*
人均能源使用量（千克石油当量）	1,884	1,760	*2,047*
人均二氧化碳排放量（吨）	*3.8*	4.6	*5.6*
人均用电量（千瓦时）	2,991	2,840	*3,878*
经济			
GDP（10亿美元）	24.8	21.5	63.0
GDP增长率（年度百分比）	*-21.1*	3.8	-5.8
GDP隐含价格平减指数（年度增长百分比）	*99.3*	4.6	3.3
农业增加值（占GDP的百分比）	11	6	7
工业增加值（占GDP的百分比）	36	29	27
服务业增加值（占GDP的百分比）	53	65	66
货物和服务出口（占GDP的百分比）	*78*	42	36
货物和服务进口（占GDP的百分比）	*86*	45	39
资本形成总额（占GDP的百分比）	12	19	27
中央政府收入（占GDP的百分比）	*33.0*	35.7	34.1
中央政府现金盈余/赤字（占GDP的百分比）	*-4.6*	-5.3	-3.0
政府与市场			
创办企业的时间（天）	..	..	7
股票市场资本总额（占GDP的百分比）	..	12.8	40.7
军费支出（占GDP的百分比）	*7.6*	3.1	1.8
移动电话用户（每100人）	0	23	136
互联网用户（每100人）	0.0	6.8	50.4
铺敷道路（占总数的百分比）	..	85.4	*86.9*
高科技出口（占制成品出口的百分比）	5	8	11
全球联系			
商品贸易（占GDP的百分比）	*88.8*	57.3	50.3
净易货贸易条件指数（2000年=100）	..	..	..
外债总额（10亿美元）	..	..	..
债务还本付息总额（占出口的百分比）	..	..	..
净移民（千人）	7	-160	10
获得的侨汇（10亿美元）	..	0.6	1.5
外国直接投资，净流入额（百万美元）	*0.0*	1.1	3.0
获得的净官方发展援助（百万美元）	*0.0*	65.5	169.4

古巴

拉丁美洲和加勒比地区		中高收入经济体	
人口（百万）	11.2	人口增长率（百分比）	0.0
陆地面积（千平方公里）	110	国家贫困率（占人口的百分比）	..
GNI（10 亿美元）	*62.2*	人均 GNI（美元）	*5,550*
PPP 衡量的 GNI（10 亿美元）	..	PPP 衡量的人均 GNI（美元）	..

	1990	2000	2009
人口			
最贫困的 20% 人口占国家消费/收入的份额（百分比）	..	..	..
出生时的预期寿命（岁）	75	77	79
总生育率（每个女性生育数）	1.8	1.6	1.5
青年女性生育率（每千名 15—19 岁女性生育数）	..	59	46
避孕普及率（占 15—49 岁已婚女性的百分比）	..	73	78
在熟练医护人员护理下的分娩（占总数的百分比）	..	*100*	100
5 岁以下儿童死亡率（每千人）	14	9	6
儿童营养不良，体重不足（占 5 岁以下儿童的百分比）	..	3.4	..
儿童麻疹免疫接种率（占 12—23 个月年龄组的百分比）	94	94	96
小学毕业率，总数（占适龄年龄组的百分比）	96	104	98
中学总入学率，总数（占适龄年龄组的百分比）	95	79	90
小学和中学中女孩与男孩的比率（百分比）	105	100	99
HIV 感染率（占 15—49 岁人口的百分比）	0.1	0.1	0.1
环境			
森林（千平方公里）	21	24	29
森林采伐（1990—2010 年，平均年度百分比）			-1.1
淡水使用量（占内陆水资源的百分比）	..	..	*19.8*
获得改善的水资源的人口（占总人口的百分比）	82	90	*94*
获得改善的卫生设施的人口（占总人口的百分比）	80	86	*91*
人均能源使用量（千克石油当量）	1,558	1,018	*1,076*
人均二氧化碳排放量（吨）	3.1	2.3	*2.4*
人均用电量（千瓦时）	1,214	1,142	*1,327*
经济			
GDP（10 亿美元）	28.6	30.6	*62.7*
GDP 增长率（年度百分比）	-2.9	5.9	*4.3*
GDP 隐含价格平减指数（年度增长百分比）	5.3	1.7	*2.6*
农业增加值（占 GDP 的百分比）	14	8	*5*
工业增加值（占 GDP 的百分比）	19	28	*20*
服务业增加值（占 GDP 的百分比）	67	64	*75*
货物和服务出口（占 GDP 的百分比）	30	14	*20*
货物和服务进口（占 GDP 的百分比）	41	17	*18*
资本形成总额（占 GDP 的百分比）	25	13	*11*
中央政府收入（占 GDP 的百分比）	..	..	..
中央政府现金盈余/赤字（占 GDP 的百分比）	..	..	..
政府与市场			
创办企业的时间（天）	..	..	..
股票市场资本总额（占 GDP 的百分比）	..	..	..
军费支出（占 GDP 的百分比）	6.4	..	*3.2*
移动电话用户（每 100 人）	0	0	4
互联网用户（每 100 人）	0.0	0.5	14.3
铺敷道路（占总数的百分比）	50.5	49.0	..
高科技出口（占制成品出口的百分比）	..	21	*35*
全球联系			
商品贸易（占 GDP 的百分比）	33.9	21.3	*30.9*
净易货贸易条件指数（2000 年 = 100）	..	100	*111*
外债总额（10 亿美元）	..	..	..
债务还本付息总额（占出口的百分比）	..	..	..
净移民（千人）	-67	-164	-194
获得的侨汇（10 亿美元）	..	..	..
外国直接投资，净流入额（10 亿美元）	..	..	..
获得的净官方发展援助（百万美元）	51	44	116

塞浦路斯

高收入经济体

人口（千人）	871	人口增长率（百分比）	1.0
陆地面积（千平方公里）	9.3	国家贫困率（占人口的百分比）	..
GNI（10 亿美元）	24.4	人均 GNI（美元）	30,480
PPP 衡量的 GNI（10 亿美元）	24.3	PPP 衡量的人均 GNI（美元）	30,290

	1990	2000	2009
人口			
最贫困的 20% 人口占国家消费/收入的份额（百分比）	..	..	..
出生时的预期寿命（岁）	77	78	80
总生育率（每个女性生育数）	2.4	1.7	1.5
青年女性生育率（每千名 15—19 岁女性生育数）	..	11	6
避孕普及率（占 15—49 岁已婚女性的百分比）	..	..	..
在熟练医护人员护理下的分娩（占总数的百分比）	..	..	..
5 岁以下儿童死亡率（每千人）	10	6	4
儿童营养不良，体重不足（占 5 岁以下儿童的百分比）	..	..	..
儿童麻疹免疫接种率（占 12—23 个月年龄组的百分比）	77	86	87
小学毕业率，总数（占适龄年龄组的百分比）	83	98	*100*
中学总入学率，总数（占适龄年龄组的百分比）	71	92	*98*
小学和中学中女孩与男孩的比率（百分比）	100	102	*100*
HIV 感染率（占 15—49 岁人口的百分比）	..	..	..
环境			
森林（千平方公里）	1.6	1.7	1.7
森林采伐（1990—2010 年，平均年度百分比）			-0.2
淡水使用量（占内陆水资源的百分比）	..	..	*24.5*
获得改善的水资源的人口（占总人口的百分比）	100	100	*100*
获得改善的卫生设施的人口（占总人口的百分比）	100	100	*100*
人均能源使用量（千克石油当量）	2,000	2,717	*2,998*
人均二氧化碳排放量（吨）	6.8	8.7	*9.6*
人均用电量（千瓦时）	2,737	4,045	*5,711*
经济			
GDP（10 亿美元）	5.6	9.3	25.0
GDP 增长率（年度百分比）	7.4	5.0	-1.0
GDP 隐含价格平减指数（年度增长百分比）	5.4	3.8	-0.7
农业增加值（占 GDP 的百分比）	7	4	*2*
工业增加值（占 GDP 的百分比）	26	19	*20*
服务业增加值（占 GDP 的百分比）	67	77	*78*
货物和服务出口（占 GDP 的百分比）	52	55	*46*
货物和服务进口（占 GDP 的百分比）	57	55	*57*
资本形成总额（占 GDP 的百分比）	27	18	*24*
中央政府收入（占 GDP 的百分比）	..	..	39.7
中央政府现金盈余/赤字（占 GDP 的百分比）	..	..	-5.9
政府与市场			
创办企业的时间（天）	..	..	8
股票市场资本总额（占 GDP 的百分比）	*22.4*	46.7	19.9
军费支出（占 GDP 的百分比）	7.4	3.0	2.2
移动电话用户（每 100 人）	0	28	112
互联网用户（每 100 人）	0.0	15.3	49.8
铺敷道路（占总数的百分比）	59.6	60.6	*64.6*
高科技出口（占制成品出口的百分比）	6	2	32
全球联系			
商品贸易（占 GDP 的百分比）	63.0	51.5	36.1
净易货贸易条件指数（2000 年 = 100）	..	..	..
外债总额（10 亿美元）	..	..	..
债务还本付息总额（占出口的百分比）	..	..	..
净移民（千人）	-2	29	25
获得的侨汇（百万美元）	79	64	153
外国直接投资，净流入额（10 亿美元）	0.1	0.9	5.9
获得的净官方发展援助（百万美元）	38.1	..	..

捷克

高收入经济体

人口（百万）	10.5	人口增长率（百分比）	0.6
陆地面积（千平方公里）	79	国家贫困率（占人口的百分比）	..
GNI（10 亿美元）	181.5	人均 GNI（美元）	17,310
PPP 衡量的 GNI（10 亿美元）	251.1	PPP 衡量的人均 GNI（美元）	23,940

	1990	2000	2009
人口			
最贫困的 20% 人口占国家消费/收入的份额（百分比）	*11.9*	..	..
出生时的预期寿命（岁）	71	75	77
总生育率（每个女性生育数）	1.9	1.1	1.5
青年女性生育率（每千名 15—19 岁女性生育数）	..	15	10
避孕普及率（占 15—49 岁已婚女性的百分比）	*78*	..	..
在熟练医护人员护理下的分娩（占总数的百分比）	..	*100*	*100*
5 岁以下儿童死亡率（每千人）	12	5	4
儿童营养不良，体重不足（占 5 岁以下儿童的百分比）	*0.9*	*2.1*	..
儿童麻疹免疫接种率（占 12—23 个月年龄组的百分比）	..	98	98
小学毕业率，总数（占适龄年龄组的百分比）	..	100	*95*
中学总入学率，总数（占适龄年龄组的百分比）	93	88	*95*
小学和中学中女孩与男孩的比率（百分比）	94	101	*101*
HIV 感染率（占 15—49 岁人口的百分比）	0.1	0.1	0.1
环境			
森林（千平方公里）	26	26	27
森林采伐（1990—2010 年，平均年度百分比）			-0.04
淡水使用量（占内陆水资源的百分比）	..	..	*13.6*
获得改善的水资源的人口（占总人口的百分比）	100	100	*100*
获得改善的卫生设施的人口（占总人口的百分比）	100	98	*98*
人均能源使用量（千克石油当量）	4,705	3,918	4,140
人均二氧化碳排放量（吨）	*12.7*	12.2	*12.1*
人均用电量（千瓦时）	5,584	5,694	*6,464*
经济			
GDP（10 亿美元）	34.9	56.7	190.3
GDP 增长率（年度百分比）	*-11.6*	3.6	-4.2
GDP 隐含价格平减指数（年度增长百分比）	*36.2*	1.5	2.7
农业增加值（占 GDP 的百分比）	6	4	2
工业增加值（占 GDP 的百分比）	49	38	37
服务业增加值（占 GDP 的百分比）	45	58	60
货物和服务出口（占 GDP 的百分比）	45	63	70
货物和服务进口（占 GDP 的百分比）	43	66	64
资本形成总额（占 GDP 的百分比）	25	29	22
中央政府收入（占 GDP 的百分比）	..	30.5	29.1
中央政府现金盈余/赤字（占 GDP 的百分比）	..	-3.6	-6.1
政府与市场			
创办企业的时间（天）	..	..	20
股票市场资本总额（占 GDP 的百分比）	..	19.4	27.7
军费支出（占 GDP 的百分比）	..	2.0	1.5
移动电话用户（每 100 人）	0	42	136
互联网用户（每 100 人）	0.0	9.7	63.7
铺数道路（占总数的百分比）	100.0	100.0	..
高科技出口（占制成品出口的百分比）	..	8	16
全球联系			
商品贸易（占 GDP 的百分比）	*83.6*	107.7	114.9
净易货贸易条件指数（2000 年 = 100）	..	..	..
外债总额（10 亿美元）	..	..	..
债务还本付息总额（占出口的百分比）	..	..	..
净移民（千人）	-22	12	226
获得的侨汇（10 亿美元）	..	0.3	1.2
外国直接投资，净流入额（10 亿美元）	..	5.0	2.7
获得的净官方发展援助（百万美元）	..	..	..

丹麦

高收入经济体

人口（百万）	5.5	人口增长率（百分比）	0.6
陆地面积（千平方公里）	43	国家贫困率（占人口的百分比）	..
GNI（10亿美元）	326.5	人均GNI（美元）	59,060
PPP衡量的GNI（10亿美元）	214.4	PPP衡量的人均GNI（美元）	38,780

	1990	2000	2009
人口			
最贫困的20%人口占国家消费/收入的份额（百分比）	..	..	..
出生时的预期寿命（岁）	75	77	79
总生育率（每个女性生育数）	1.7	1.8	1.8
青年女性生育率（每千名15—19岁女性生育数）	..	7	6
避孕普及率（占15—49岁已婚女性的百分比）	*78*	..	..
在熟练医护人员护理下的分娩（占总数的百分比）	..	..	..
5岁以下儿童死亡率（每千人）	9	6	4
儿童营养不良，体重不足（占5岁以下儿童的百分比）	..	..	..
儿童麻疹免疫接种率（占12—23个月年龄组的百分比）	84	99	84
小学毕业率，总数（占适龄年龄组的百分比）	95	101	*101*
中学总入学率，总数（占适龄年龄组的百分比）	109	127	*119*
小学和中学中女孩与男孩的比率（百分比）	101	102	*102*
HIV感染率（占15—49岁人口的百分比）	0.1	0.1	0.2
环境			
森林（千平方公里）	4.5	4.9	5.4
森林采伐（1990—2010年，平均年度百分比）			-0.7
淡水使用量（占内陆水资源的百分比）	..	..	*17.4*
获得改善的水资源的人口（占总人口的百分比）	100	100	*100*
获得改善的卫生设施的人口（占总人口的百分比）	100	100	*100*
人均能源使用量（千克石油当量）	3,374	3,482	3,226
人均二氧化碳排放量（吨）	9.8	8.8	*9.1*
人均用电量（千瓦时）	5,945	6,485	*6,460*
经济			
GDP（10亿美元）	135.8	160.1	309.6
GDP增长率（年度百分比）	1.6	3.5	-4.9
GDP隐含价格平减指数（年度增长百分比）	2.8	3.0	0.4
农业增加值（占GDP的百分比）	4	3	1
工业增加值（占GDP的百分比）	26	27	22
服务业增加值（占GDP的百分比）	70	71	77
货物和服务出口（占GDP的百分比）	37	47	48
货物和服务进口（占GDP的百分比）	33	41	44
资本形成总额（占GDP的百分比）	20	21	17
中央政府收入（占GDP的百分比）	..	36.2	40.0
中央政府现金盈余/赤字（占GDP的百分比）	..	1.6	-2.1
政府与市场			
创办企业的时间（天）	..	..	6
股票市场资本总额（占GDP的百分比）	28.8	67.3	60.4
军费支出（占GDP的百分比）	2.0	1.5	1.4
移动电话用户（每100人）	3	63	134
互联网用户（每100人）	0.1	39.2	85.9
铺敷道路（占总数的百分比）	100.0	100.0	*100.0*
高科技出口（占制成品出口的百分比）	15	21	18
全球联系			
商品贸易（占GDP的百分比）	51.7	60.5	56.9
净易货贸易条件指数（2000年=100）	102	100	103
外债总额（10亿美元）	..	..	..
债务还本付息总额（占出口的百分比）	..	..	..
净移民（千人）	30	73	30
获得的侨汇（百万美元）	*464*	667	894
外国直接投资，净流入额（10亿美元）	1.1	36.0	2.9
获得的净官方发展援助（10亿美元）	..	..	..

吉布提

中东和北非			中低收入经济体
人口（千人）	864	人口增长率（百分比）	1.8
陆地面积（千平方公里）	23	国家贫困率（占人口的百分比）	..
GNI（10亿美元）	1.1	人均GNI（美元）	1,280
PPP衡量的GNI（10亿美元）	2.1	PPP衡量的人均GNI（美元）	2,480

	1990	2000	2009
人口			
最贫困的20%人口占国家消费/收入的份额（百分比）	..	*6.0*	..
出生时的预期寿命（岁）	51	54	56
总生育率（每个女性生育数）	6.2	4.8	3.8
青年女性生育率（每千名15—19岁女性生育数）	..	30	21
避孕普及率（占15—49岁已婚女性的百分比）	..	*9*	*23*
在熟练医护人员护理下的分娩（占总数的百分比）	..	..	*93*
5岁以下儿童死亡率（每千人）	123	106	94
儿童营养不良，体重不足（占5岁以下儿童的百分比）	*20.2*	*25.4*	*29.6*
儿童麻疹免疫接种率（占12—23个月年龄组的百分比）	85	50	73
小学毕业率，总数（占适龄年龄组的百分比）	32	28	35
中学总入学率，总数（占适龄年龄组的百分比）	11	14	30
小学和中学中女孩与男孩的比率（百分比）	72	71	82
HIV感染率（占15—49岁人口的百分比）	0.9	2.9	2.5
环境			
森林（平方公里）	60	60	60
森林采伐（1990—2007年，平均年度百分比）			0.0
淡水使用量（占内陆水资源的百分比）	..	..	*6.3*
获得改善的水资源的人口（占总人口的百分比）	77	84	*92*
获得改善的卫生设施的人口（占总人口的百分比）	66	63	*56*
人均能源使用量（千克石油当量）	..	..	..
人均二氧化碳排放量（吨）	0.7	0.6	*0.6*
人均用电量（千瓦时）	..	..	..
经济			
GDP（百万美元）	452	551	1,049
GDP增长率（年度百分比）	*-4.3*	0.4	5.0
GDP隐含价格平减指数（年度增长百分比）	*6.8*	2.4	1.7
农业增加值（占GDP的百分比）	3	4	*4*
工业增加值（占GDP的百分比）	22	15	*17*
服务业增加值（占GDP的百分比）	75	81	*79*
货物和服务出口（占GDP的百分比）	54	35	*57*
货物和服务进口（占GDP的百分比）	78	50	*77*
资本形成总额（占GDP的百分比）	14	9	*37*
中央政府收入（占GDP的百分比）	..	..	..
中央政府现金盈余/赤字（占GDP的百分比）	..	..	..
政府与市场			
创办企业的时间（天）	..	..	37
股票市场资本总额（占GDP的百分比）	..	..	..
军费支出（占GDP的百分比）	6.9	4.7	*3.7*
移动电话用户（每100人）	0	0	15
互联网用户（每100人）	0.0	0.2	3.0
铺敷道路（占总数的百分比）	..	45.0	..
高科技出口（占制成品出口的百分比）	..	..	1
全球联系			
商品贸易（占GDP的百分比）	53.1	43.2	46.2
净易货贸易条件指数（2000年=100）	..	100	77
外债总额（百万美元）	155	258	752
债务还本付息总额（占出口的百分比）	*4.0*	6.1	*6.2*
净移民（千人）	90	30	0
获得的侨汇（百万美元）	*13*	12	32
外国直接投资，净流入额（百万美元）	*2.3*	3.3	96.9
获得的净官方发展援助（百万美元）	194	71	162

多米尼克

拉丁美洲和加勒比地区 **中高收入经济体**

人口（千人）	74	人口增长率（百分比）	0.5
陆地面积（平方公里）	750	国家贫困率（占人口的百分比）	..
GNI（百万美元）	360.3	人均 GNI（美元）	4,900
PPP 衡量的 GNI（百万美元）	622.7	PPP 衡量的人均 GNI（美元）	8,460

	1990	2000	2009
人口			
最贫困的 20% 人口占国家消费/收入的份额（百分比）	..	..	..
出生时的预期寿命（岁）	73	76	..
总生育率（每个女性生育数）	2.7	1.9	..
青年女性生育率（每千名 15—19 岁女性生育数）	..	..	..
避孕普及率（占 15—49 岁已婚女性的百分比）	..	*50*	..
在熟练医护人员护理下的分娩（占总数的百分比）	..	100	*100*
5 岁以下儿童死亡率（每千人）	18	16	10
儿童营养不良，体重不足（占 5 岁以下儿童的百分比）	..	..	..
儿童麻疹免疫接种率（占 12—23 个月年龄组的百分比）	88	99	99
小学毕业率，总数（占适龄年龄组的百分比）	..	114	89
中学总入学率，总数（占适龄年龄组的百分比）	*72*	112	105
小学和中学中女孩与男孩的比率（百分比）	*103*	102	102
HIV 感染率（占 15—49 岁人口的百分比）	..	..	..
环境			
森林（平方公里）	500	470	450
森林采伐（1990—2007 年，平均年度百分比）			0.4
淡水使用量（占内陆水资源的百分比）	..	..	..
获得改善的水资源的人口（占总人口的百分比）	..	95	..
获得改善的卫生设施的人口（占总人口的百分比）	..	81	..
人均能源使用量（千克石油当量）	..	..	..
人均二氧化碳排放量（吨）	0.8	1.4	*1.7*
人均用电量（千瓦时）	..	..	..
经济			
GDP（百万美元）	166	271	378
GDP 增长率（年度百分比）	5.3	0.7	-0.8
GDP 隐含价格平减指数（年度增长百分比）	3.0	0.6	1.7
农业增加值（占 GDP 的百分比）	25	18	20
工业增加值（占 GDP 的百分比）	19	23	23
服务业增加值（占 GDP 的百分比）	56	58	57
货物和服务出口（占 GDP 的百分比）	55	53	38
货物和服务进口（占 GDP 的百分比）	81	68	66
资本形成总额（占 GDP 的百分比）	41	28	29
中央政府收入（占 GDP 的百分比）	..	..	..
中央政府现金盈余/赤字（占 GDP 的百分比）	..	..	..
政府与市场			
创办企业的时间（天）	..	..	14
股票市场资本总额（占 GDP 的百分比）	..	..	..
军费支出（占 GDP 的百分比）	..	..	..
移动电话用户（每 100 人）	0	2	144
互联网用户（每 100 人）	0.0	8.4	38.0
铺敷道路（占总数的百分比）	45.6	50.4	..
高科技出口（占制成品出口的百分比）	..	7	*0*
全球联系			
商品贸易（占 GDP 的百分比）	104.0	74.1	66.0
净易货贸易条件指数（2000 年 =100）	..	100	92
外债总额（百万美元）	88	165	252
债务还本付息总额（占出口的百分比）	6.2	7.2	12.0
净移民（千人）	..	..	..
获得的侨汇（百万美元）	14	16	23
外国直接投资，净流入额（百万美元）	12.9	17.6	50.3
获得的净官方发展援助（百万美元）	20	15	36

多米尼加共和国

拉丁美洲和加勒比地区			中高收入经济体
人口（百万）	10.1	人口增长率（百分比）	1.4
陆地面积（千平方公里）	49	国家贫困率（占人口的百分比）	*50.5*
GNI（10 亿美元）	45.9	人均 GNI（美元）	4,550
PPP 衡量的 GNI（10 亿美元）	81.9	PPP 衡量的人均 GNI（美元）	8,110

	1990	2000	2009
人口			
最贫困的 20% 人口占国家消费/收入的份额（百分比）	*4.3*	3.5	*4.4*
出生时的预期寿命（岁）	68	71	73
总生育率（每个女性生育数）	3.5	2.9	2.6
青年女性生育率（每千名 15—19 岁女性生育数）	..	110	107
避孕普及率（占 15—49 岁已婚女性的百分比）	*56*	65	*73*
在熟练医护人员护理下的分娩（占总数的百分比）	*93*	98	*98*
5 岁以下儿童死亡率（每千人）	62	39	32
儿童营养不良，体重不足（占 5 岁以下儿童的百分比）	*8.4*	3.5	*3.4*
儿童麻疹免疫接种率（占 12—23 个月年龄组的百分比）	70	84	79
小学毕业率，总数（占适龄年龄组的百分比）	..	75	90
中学总入学率，总数（占适龄年龄组的百分比）	..	58	77
小学和中学中女孩与男孩的比率（百分比）	..	104	97
HIV 感染率（占 15—49 岁人口的百分比）	0.4	1.0	0.9
环境			
森林（千平方公里）	20	20	20
森林采伐（1990—2010 年，平均年度百分比）			0.0
淡水使用量（占内陆水资源的百分比）	..	..	*16.6*
获得改善的水资源的人口（占总人口的百分比）	88	87	*86*
获得改善的卫生设施的人口（占总人口的百分比）	73	79	*83*
人均能源使用量（千克石油当量）	556	875	*820*
人均二氧化碳排放量（吨）	1.3	2.3	*2.1*
人均用电量（千瓦时）	379	709	*1,377*
经济			
GDP（10 亿美元）	7.1	24.0	46.8
GDP 增长率（年度百分比）	-5.5	5.7	3.5
GDP 隐含价格平减指数（年度增长百分比）	50.5	6.9	3.0
农业增加值（占 GDP 的百分比）	13	7	6
工业增加值（占 GDP 的百分比）	31	36	32
服务业增加值（占 GDP 的百分比）	55	57	61
货物和服务出口（占 GDP 的百分比）	34	37	22
货物和服务进口（占 GDP 的百分比）	44	46	30
资本形成总额（占 GDP 的百分比）	25	23	15
中央政府收入（占 GDP 的百分比）	..	..	*16.4*
中央政府现金盈余/赤字（占 GDP 的百分比）	..	..	*-3.8*
政府与市场			
创办企业的时间（天）	..	..	19
股票市场资本总额（占 GDP 的百分比）	..	..	..
军费支出（占 GDP 的百分比）	0.6	0.7	0.6
移动电话用户（每 100 人）	0	8	86
互联网用户（每 100 人）	0.0	3.7	26.8
铺敷道路（占总数的百分比）	44.7	49.4	..
高科技出口（占制成品出口的百分比）	..	*1*	5
全球联系			
商品贸易（占 GDP 的百分比）	73.2	63.4	37.9
净易货贸易条件指数（2000 年 =100）	96	100	97
外债总额（10 亿美元）	4.4	4.5	11.0
债务还本付息总额（占出口的百分比）	12.1	5.6	12.1
净移民（千人）	-117	-139	-140
获得的侨汇（10 亿美元）	0.3	1.8	3.5
外国直接投资，净流入额（10 亿美元）	0.1	1.0	2.1
获得的净官方发展援助（百万美元）	102	56	120

厄瓜多尔

拉丁美洲和加勒比地区 | **中低收入经济体**

人口（百万）	13.6	人口增长率（百分比）	1.1
陆地面积（千平方公里）	256	国家贫困率（占人口的百分比）	36.0
GNI（10亿美元）	54.1	人均GNI（美元）	3,970
PPP衡量的GNI（10亿美元）	110.4	PPP衡量的人均GNI（美元）	8,100

	1990	2000	2009
人口			
最贫困的20%人口占国家消费/收入的份额（百分比）	..	*3.1*	4.2
出生时的预期寿命（岁）	69	73	75
总生育率（每个女性生育数）	3.7	3.0	2.5
青年女性生育率（每千名15—19岁女性生育数）	..	85	82
避孕普及率（占15—49岁已婚女性的百分比）	*53*	*66*	..
在熟练医护人员护理下的分娩（占总数的百分比）	..	*99*	..
5岁以下儿童死亡率（每千人）	53	34	24
儿童营养不良，体重不足（占5岁以下儿童的百分比）	..	*12.5*	..
儿童麻疹免疫接种率（占12—23个月年龄组的百分比）	60	72	66
小学毕业率，总数（占适龄年龄组的百分比）	*92*	98	103
中学总入学率，总数（占适龄年龄组的百分比）	*58*	57	81
小学和中学中女孩与男孩的比率（百分比）	*100*	100	103
HIV感染率（占15—49岁人口的百分比）	0.3	0.5	0.4
环境			
森林（千平方公里）	138	118	99
森林采伐（1990—2010年，平均年度百分比）			1.1
淡水使用量（占内陆水资源的百分比）	..	..	*3.5*
获得改善的水资源的人口（占总人口的百分比）	72	86	*94*
获得改善的卫生设施的人口（占总人口的百分比）	69	83	*92*
人均能源使用量（千克石油当量）	583	653	*767*
人均二氧化碳排放量（吨）	1.6	1.7	*2.2*
人均用电量（千瓦时）	478	654	*1,137*
经济			
GDP（10亿美元）	10.4	15.9	57.2
GDP增长率（年度百分比）	2.7	2.8	0.4
GDP隐含价格平减指数（年度增长百分比）	5.9	-7.0	4.3
农业增加值（占GDP的百分比）	..	..	6
工业增加值（占GDP的百分比）	..	..	23
服务业增加值（占GDP的百分比）	..	..	71
货物和服务出口（占GDP的百分比）	33	37	37
货物和服务进口（占GDP的百分比）	32	31	48
资本形成总额（占GDP的百分比）	21	20	32
中央政府收入（占GDP的百分比）	14.4	..	..
中央政府现金盈余/赤字（占GDP的百分比）	2.9	..	..
政府与市场			
创办企业的时间（天）	..	..	56
股票市场资本总额（占GDP的百分比）	*0.6*	4.4	7.4
军费支出（占GDP的百分比）	2.0	1.7	3.3
移动电话用户（每100人）	0	4	100
互联网用户（每100人）	0.0	1.5	15.1
铺敷道路（占总数的百分比）	13.4	18.9	*14.8*
高科技出口（占制成品出口的百分比）	0	6	4
全球联系			
商品贸易（占GDP的百分比）	44.2	54.2	50.5
净易货贸易条件指数（2000年=100）	114	100	110
外债总额（10亿美元）	12	13	13
债务还本付息总额（占出口的百分比）	33.0	31.4	40.8
净移民（千人）	0	-300	-350
获得的侨汇（10亿美元）	0.1	1.3	2.5
外国直接投资，净流入额（百万美元）	126.0	-23.4	316.5
获得的净官方发展援助（百万美元）	159	146	209

埃及

中东和北非			中低收入经济体
人口（百万）	83.0	人口增长率（百分比）	1.8
陆地面积（千平方公里）	1,001	国家贫困率（占人口的百分比）	*22.0*
GNI（10亿美元）	172.0	人均GNI（美元）	2,070
PPP衡量的GNI（10亿美元）	471.2	PPP衡量的人均GNI（美元）	5,680

	1990	**2000**	**2009**
人口			
最贫困的20%人口占国家消费/收入的份额（百分比）	*8.6*	9.0	..
出生时的预期寿命（岁）	63	68	70
总生育率（每个女性生育数）	4.6	3.3	2.8
青年女性生育率（每千名15—19岁女性生育数）	..	51	37
避孕普及率（占15—49岁已婚女性的百分比）	*47*	56	*60*
在熟练医护人员护理下的分娩（占总数的百分比）	*37*	61	*79*
5岁以下儿童死亡率（每千人）	90	47	21
儿童营养不良，体重不足（占5岁以下儿童的百分比）	*10.5*	4.3	*6.8*
儿童麻疹免疫接种率（占12—23个月年龄组的百分比）	86	98	95
小学毕业率，总数（占适龄年龄组的百分比）	..	88	*95*
中学总入学率，总数（占适龄年龄组的百分比）	*69*	76	..
小学和中学中女孩与男孩的比率（百分比）	80	93	..
HIV感染率（占15—49岁人口的百分比）	0.1	0.1	0.1
环境			
森林（平方公里）	440	590	700
森林采伐（1990—2010年，平均年度百分比）			-1.6
淡水使用量（占内陆水资源的百分比）	..	..	*3,788.9*
获得改善的水资源的人口（占总人口的百分比）	90	96	*99*
获得改善的卫生设施的人口（占总人口的百分比）	72	86	*94*
人均能源使用量（千克石油当量）	551	644	*867*
人均二氧化碳排放量（吨）	1.3	2.0	*2.3*
人均用电量（千瓦时）	658	958	*1,425*
经济			
GDP（10亿美元）	43.1	99.8	188.4
GDP增长率（年度百分比）	5.7	5.4	4.6
GDP隐含价格平减指数（年度增长百分比）	18.4	4.9	10.8
农业增加值（占GDP的百分比）	19	17	14
工业增加值（占GDP的百分比）	29	33	37
服务业增加值（占GDP的百分比）	52	50	49
货物和服务出口（占GDP的百分比）	20	16	25
货物和服务进口（占GDP的百分比）	33	23	32
资本形成总额（占GDP的百分比）	29	20	19
中央政府收入（占GDP的百分比）	23.0	*24.3*	27.0
中央政府现金盈余/赤字（占GDP的百分比）	-2.0	*-6.7*	-6.6
政府与市场			
创办企业的时间（天）	..	..	7
股票市场资本总额（占GDP的百分比）	4.1	28.8	47.7
军费支出（占GDP的百分比）	4.7	3.2	2.1
移动电话用户（每100人）	0	2	67
互联网用户（每100人）	0.0	0.6	20.0
铺敷道路（占总数的百分比）	72.0	78.1	*86.9*
高科技出口（占制成品出口的百分比）	..	0	*1*
全球联系			
商品贸易（占GDP的百分比）	36.8	19.9	36.1
净易货贸易条件指数（2000年=100）	101	100	128
外债总额（10亿美元）	33	29	33
债务还本付息总额（占出口的百分比）	28.6	9.8	6.5
净移民（千人）	-574	-536	-340
获得的侨汇（10亿美元）	4.3	2.9	7.1
外国直接投资，净流入额（10亿美元）	0.7	1.2	6.7
获得的净官方发展援助（10亿美元）	5.4	1.3	0.9

萨尔瓦多

拉丁美洲和加勒比地区		中低收入经济体	
人口（百万）	6.2	人口增长率（百分比）	0.5
陆地面积（千平方公里）	21	国家贫困率（占人口的百分比）	37.8
GNI（10亿美元）	20.8	人均GNI（美元）	3,370
PPP衡量的GNI（10亿美元）	39.6	PPP衡量的人均GNI（美元）	6,420

	1990	2000	2009
人口			
最贫困的20%人口占国家消费/收入的份额（百分比）	*2.4*	2.8	*4.3*
出生时的预期寿命（岁）	66	70	71
总生育率（每个女性生育数）	4.0	2.9	2.3
青年女性生育率（每千名15—19岁女性生育数）	..	102	81
避孕普及率（占15—49岁已婚女性的百分比）	*47*	*60*	*73*
在熟练医护人员护理下的分娩（占总数的百分比）	*52*	..	*96*
5岁以下儿童死亡率（每千人）	62	33	17
儿童营养不良，体重不足（占5岁以下儿童的百分比）	*11.1*	*10.3*	..
儿童麻疹免疫接种率（占12—23个月年龄组的百分比）	98	97	95
小学毕业率，总数（占适龄年龄组的百分比）	*65*	88	*89*
中学总入学率，总数（占适龄年龄组的百分比）	*38*	57	*64*
小学和中学中女孩与男孩的比率（百分比）	*101*	95	*98*
HIV感染率（占15—49岁人口的百分比）	0.1	0.7	0.8
环境			
森林（千平方公里）	3.8	3.3	2.9
森林采伐（1990—2010年，平均年度百分比）			0.9
淡水使用量（占内陆水资源的百分比）	..	..	*7.8*
获得改善的水资源的人口（占总人口的百分比）	74	82	*87*
获得改善的卫生设施的人口（占总人口的百分比）	*75*	83	*87*
人均能源使用量（千克石油当量）	463	667	*796*
人均二氧化碳排放量（吨）	0.5	1.0	*1.1*
人均用电量（千瓦时）	353	680	*953*
经济			
GDP（10亿美元）	4.8	13.1	21.1
GDP增长率（年度百分比）	4.8	2.2	-3.5
GDP隐含价格平减指数（年度增长百分比）	4.7	3.2	-1.0
农业增加值（占GDP的百分比）	17	10	12
工业增加值（占GDP的百分比）	27	32	27
服务业增加值（占GDP的百分比）	55	58	60
货物和服务出口（占GDP的百分比）	19	27	22
货物和服务进口（占GDP的百分比）	31	42	38
资本形成总额（占GDP的百分比）	14	17	13
中央政府收入（占GDP的百分比）	..	*16.0*	17.5
中央政府现金盈余/赤字（占GDP的百分比）	..	*-4.7*	-5.0
政府与市场			
创办企业的时间（天）	..	..	17
股票市场资本总额（占GDP的百分比）	..	15.5	21.0
军费支出（占GDP的百分比）	2.3	0.9	0.6
移动电话用户（每100人）	0	13	123
互联网用户（每100人）	0.0	1.2	14.4
铺敷道路（占总数的百分比）	14.4	19.8	..
高科技出口（占制成品出口的百分比）	..	3	5
全球联系			
商品贸易（占GDP的百分比）	38.4	60.1	52.4
净易货贸易条件指数（2000年=100）	84	100	99
外债总额（10亿美元）	2.1	4.5	11.4
债务还本付息总额（占出口的百分比）	20.7	9.7	25.2
净移民（千人）	-288	-384	-280
获得的侨汇（10亿美元）	0.4	1.8	3.5
外国直接投资，净流入额（百万美元）	1.9	173.4	430.8
获得的净官方发展援助（百万美元）	347	180	277

赤道几内亚

高收入经济体

人口（千人）	676	人口增长率（百分比）	2.6
陆地面积（千平方公里）	28	国家贫困率（占人口的百分比）	..
GNI（10亿美元）	8.4	人均GNI（美元）	12,420
PPP衡量的GNI（10亿美元）	13.1	PPP衡量的人均GNI（美元）	19,330

	1990	2000	2009
人口			
最贫困的20%人口占国家消费/收入的份额（百分比）	..	..	..
出生时的预期寿命（岁）	47	49	51
总生育率（每个女性生育数）	5.9	5.8	5.3
青年女性生育率（每千名15—19岁女性生育数）	..	131	121
避孕普及率（占15—49岁已婚女性的百分比）	..	..	..
在熟练医护人员护理下的分娩（占总数的百分比）	..	65	..
5岁以下儿童死亡率（每千人）	198	168	145
儿童营养不良，体重不足（占5岁以下儿童的百分比）	..	15.7	..
儿童麻疹免疫接种率（占12—23个月年龄组的百分比）	88	51	51
小学毕业率，总数（占适龄年龄组的百分比）	..	*42*	47
中学总入学率，总数（占适龄年龄组的百分比）	..	30	..
小学和中学中女孩与男孩的比率（百分比）	..	81	..
HIV感染率（占15—49岁人口的百分比）	0.1	1.5	5.0
环境			
森林（千平方公里）	19	17	16
森林采伐（1990—2010年，平均年度百分比）			0.4
淡水使用量（占内陆水资源的百分比）	..	..	*0.1*
获得改善的水资源的人口（占总人口的百分比）	..	43	..
获得改善的卫生设施的人口（占总人口的百分比）	..	51	..
人均能源使用量（千克石油当量）	..	..	..
人均二氧化碳排放量（吨）	0.3	0.9	*7.5*
人均用电量（千瓦时）	..	..	..
经济			
GDP（百万美元）	132	1,254	10,413
GDP增长率（年度百分比）	3.3	13.5	-5.4
GDP隐含价格平减指数（年度增长百分比）	-2.5	46.6	-33.5
农业增加值（占GDP的百分比）	62	10	3
工业增加值（占GDP的百分比）	11	86	92
服务业增加值（占GDP的百分比）	28	4	5
货物和服务出口（占GDP的百分比）	32	99	74
货物和服务进口（占GDP的百分比）	70	85	42
资本形成总额（占GDP的百分比）	17	61	40
中央政府收入（占GDP的百分比）	..	..	..
中央政府现金盈余/赤字（占GDP的百分比）	..	..	..
政府与市场			
创办企业的时间（天）	..	..	136
股票市场资本总额（占GDP的百分比）	..	..	..
军费支出（占GDP的百分比）	..	..	..
移动电话用户（每100人）	0	1	66
互联网用户（每100人）	0.0	0.1	2.1
铺敷道路（占总数的百分比）	..	..	..
高科技出口（占制成品出口的百分比）	..	..	..
全球联系			
商品贸易（占GDP的百分比）	95.3	123.4	137.3
净易货贸易条件指数（2000年=100）	38	100	151
外债总额（10亿美元）	..	..	..
债务还本付息总额（占出口的百分比）	..	..	..
净移民（千人）	15	15	10
获得的侨汇（百万美元）	*1.3*	..	..
外国直接投资，净流入额（10亿美元）	0.0	0.2	1.6
获得的净官方发展援助（百万美元）	60	21	32

厄立特里亚

撒哈拉以南非洲地区			低收入经济体
人口（百万）	5.1	人口增长率（百分比）	2.9
陆地面积（千平方公里）	118	国家贫困率（占人口的百分比）	..
GNI（10亿美元）	1.6	人均GNI（美元）	320
PPP衡量的GNI（10亿美元）	2.9	PPP衡量的人均GNI（美元）	580

	1990	2000	2009
人口			
最贫困的20%人口占国家消费/收入的份额（百分比）	..	..	..
出生时的预期寿命（岁）	48	56	60
总生育率（每个女性生育数）	6.2	5.4	4.5
青年女性生育率（每千名15—19岁女性生育数）	..	89	62
避孕普及率（占15—49岁已婚女性的百分比）	..	*8*	..
在熟练医护人员护理下的分娩（占总数的百分比）	..	*28*	..
5岁以下儿童死亡率（每千人）	150	89	55
儿童营养不良，体重不足（占5岁以下儿童的百分比）	..	*34.5*	..
儿童麻疹免疫接种率（占12—23个月年龄组的百分比）	..	86	95
小学毕业率，总数（占适龄年龄组的百分比）	..	36	48
中学总入学率，总数（占适龄年龄组的百分比）	..	25	32
小学和中学中女孩与男孩的比率（百分比）	..	77	77
HIV感染率（占15—49岁人口的百分比）	0.3	1.2	0.8
环境			
森林（千平方公里）	16	16	15
森林采伐（1990—2010年，平均年度百分比）			0.2
淡水使用量（占内陆水资源的百分比）	..	..	*20.8*
获得改善的水资源的人口（占总人口的百分比）	43	54	*61*
获得改善的卫生设施的人口（占总人口的百分比）	9	11	*14*
人均能源使用量（千克石油当量）	*276*	194	*138*
人均二氧化碳排放量（吨）	..	0.2	*0.1*
人均用电量（千瓦时）	..	..	..
经济			
GDP（百万美元）	*477*	634	1,873
GDP增长率（年度百分比）	..	-13.1	3.6
GDP隐含价格平减指数（年度增长百分比）	..	25.0	9.3
农业增加值（占GDP的百分比）	*31*	15	14
工业增加值（占GDP的百分比）	*12*	23	22
服务业增加值（占GDP的百分比）	*57*	62	63
货物和服务出口（占GDP的百分比）	*11*	15	4
货物和服务进口（占GDP的百分比）	*45*	82	20
资本形成总额（占GDP的百分比）	*8*	24	*11*
中央政府收入（占GDP的百分比）	..	..	..
中央政府现金盈余/赤字（占GDP的百分比）	..	..	..
政府与市场			
创办企业的时间（天）	..	..	84
股票市场资本总额（占GDP的百分比）	..	..	..
军费支出（占GDP的百分比）	..	36.4	..
移动电话用户（每100人）	0	0	3
互联网用户（每100人）	0.0	0.1	4.9
铺敷道路（占总数的百分比）	19.4	21.8	..
高科技出口（占制成品出口的百分比）	..	0	..
全球联系			
商品贸易（占GDP的百分比）	*77.0*	80.2	29.6
净易货贸易条件指数（2000年=100）	..	100	73
外债总额（百万美元）	..	0.3	1.0
债务还本付息总额（占出口的百分比）	..	2.8	..
净移民（千人）	-4	-9	55
获得的侨汇（百万美元）	..	3.3	..
外国直接投资，净流入额（百万美元）	..	27.9	0.0
获得的净官方发展援助（百万美元）	..	175.8	144.8

爱沙尼亚

高收入经济体

人口（百万）	1.3	人口增长率（百分比）	0.0
陆地面积（千平方公里）	45	国家贫困率（占人口的百分比）	..
GNI（10 亿美元）	18.8	人均 GNI（美元）	14,060
PPP 衡量的 GNI（10 亿美元）	25.6	PPP 衡量的人均 GNI（美元）	19,120

	1990	2000	2009
人口			
最贫困的 20% 人口占国家消费/收入的份额（百分比）	*10.0*	6.6	..
出生时的预期寿命（岁）	69	70	75
总生育率（每个女性生育数）	2.0	1.4	1.6
青年女性生育率（每千名 15—19 岁女性生育数）	..	26	20
避孕普及率（占 15—49 岁已婚女性的百分比）	..	..	..
在熟练医护人员护理下的分娩（占总数的百分比）	..	*100*	*100*
5 岁以下儿童死亡率（每千人）	17	11	6
儿童营养不良，体重不足（占 5 岁以下儿童的百分比）	..	..	..
儿童麻疹免疫接种率（占 12—23 个月年龄组的百分比）	..	93	95
小学毕业率，总数（占适龄年龄组的百分比）	..	91	*100*
中学总入学率，总数（占适龄年龄组的百分比）	103	92	99
小学和中学中女孩与男孩的比率（百分比）	*103*	101	*101*
HIV 感染率（占 15—49 岁人口的百分比）	0.1	0.5	1.2
环境			
森林（千平方公里）	21	22	22
森林采伐（1990—2010 年，平均年度百分比）			-0.2
淡水使用量（占内陆水资源的百分比）	..	..	*1.2*
获得改善的水资源的人口（占总人口的百分比）	98	98	*98*
获得改善的卫生设施的人口（占总人口的百分比）	..	95	*95*
人均能源使用量（千克石油当量）	6,101	3,443	*4,026*
人均二氧化碳排放量（吨）	*16.3*	11.7	*15.2*
人均用电量（千瓦时）	5,891	4,629	*6,348*
经济			
GDP（10 亿美元）	5.0	5.7	19.1
GDP 增长率（年度百分比）	-7.1	9.6	-14.1
GDP 隐含价格平减指数（年度增长百分比）	33.7	4.9	-0.6
农业增加值（占 GDP 的百分比）	17	5	*3*
工业增加值（占 GDP 的百分比）	50	28	*29*
服务业增加值（占 GDP 的百分比）	34	68	*68*
货物和服务出口（占 GDP 的百分比）	*60*	85	71
货物和服务进口（占 GDP 的百分比）	*54*	88	65
资本形成总额（占 GDP 的百分比）	30	28	19
中央政府收入（占 GDP 的百分比）	..	31.0	37.1
中央政府现金盈余/赤字（占 GDP 的百分比）	..	0.2	-1.3
政府与市场			
创办企业的时间（天）	..	..	7
股票市场资本总额（占 GDP 的百分比）	..	32.5	13.9
军费支出（占 GDP 的百分比）	*0.5*	1.4	2.3
移动电话用户（每 100 人）	0	41	203
互联网用户（每 100 人）	0.0	28.6	72.3
铺敷道路（占总数的百分比）	51.8	20.1	*28.8*
高科技出口（占制成品出口的百分比）	..	36	10
全球联系			
商品贸易（占 GDP 的百分比）	..	156.5	100.4
净易货贸易条件指数（2000 年 =100）	..	..	..
外债总额（10 亿美元）	..	..	..
债务还本付息总额（占出口的百分比）	..	..	..
净移民（千人）	15	-37	0
获得的侨汇（百万美元）	..	4.1	324.6
外国直接投资，净流入额（10 亿美元）	*0.1*	0.4	1.8
获得的净官方发展援助（10 亿美元）	..	..	..

埃塞俄比亚

撒哈拉以南非洲地区 **低收入经济体**

人口（百万）	82.8	人口增长率（百分比）	2.6
陆地面积（千平方公里）	1,104	国家贫困率（占人口的百分比）	*38.9*
GNI（10亿美元）	27.1	人均GNI（美元）	330
PPP衡量的GNI（10亿美元）	77.3	PPP衡量的人均GNI（美元）	930

	1990	2000	2009
人口			
最贫困的20%人口占国家消费/收入的份额（百分比）	..	9.2	..
出生时的预期寿命（岁）	47	51	56
总生育率（每个女性生育数）	7.1	6.2	5.2
青年女性生育率（每千名15—19岁女性生育数）	..	109	94
避孕普及率（占15—49岁已婚女性的百分比）	4	8	..
在熟练医护人员护理下的分娩（占总数的百分比）	..	6	..
5岁以下儿童死亡率（每千人）	210	148	104
儿童营养不良，体重不足（占5岁以下儿童的百分比）	..	42.0	..
儿童麻疹免疫接种率（占12—23个月年龄组的百分比）	38	52	75
小学毕业率，总数（占适龄年龄组的百分比）	*23*	23	55
中学总入学率，总数（占适龄年龄组的百分比）	*14*	14	34
小学和中学中女孩与男孩的比率（百分比）	*68*	65	88
HIV感染率（占15—49岁人口的百分比）	..	..	..
环境			
森林（千平方公里）	151	137	123
森林采伐（1990—2010年，平均年度百分比）			0.7
淡水使用量（占内陆水资源的百分比）	..	..	*4.6*
获得改善的水资源的人口（占总人口的百分比）	17	28	*38*
获得改善的卫生设施的人口（占总人口的百分比）	4	8	*12*
人均能源使用量（千克石油当量）	308	285	*393*
人均二氧化碳排放量（吨）	0.1	0.1	*0.1*
人均用电量（千瓦时）	22	23	*42*
经济			
GDP（10亿美元）	12.1	8.2	28.5
GDP增长率（年度百分比）	2.7	6.1	8.7
GDP隐含价格平减指数（年度增长百分比）	3.3	6.9	24.4
农业增加值（占GDP的百分比）	54	50	51
工业增加值（占GDP的百分比）	11	12	11
服务业增加值（占GDP的百分比）	35	38	39
货物和服务出口（占GDP的百分比）	6	12	11
货物和服务进口（占GDP的百分比）	9	24	29
资本形成总额（占GDP的百分比）	13	20	22
中央政府收入（占GDP的百分比）	12.4	*11.9*	..
中央政府现金盈余/赤字（占GDP的百分比）	-6.6	*-4.2*	..
政府与市场			
创办企业的时间（天）	..	..	9
股票市场资本总额（占GDP的百分比）	..	..	..
军费支出（占GDP的百分比）	6.5	7.6	1.3
移动电话用户（每100人）	0	0	5
互联网用户（每100人）	0.0	0.0	0.5
铺敷道路（占总数的百分比）	15.0	12.0	*13.7*
高科技出口（占制成品出口的百分比）	..	0	4
全球联系			
商品贸易（占GDP的百分比）	11.4	21.4	33.5
净易货贸易条件指数（2000年=100）	..	100	121
外债总额（10亿美元）	8.6	5.5	5.0
债务还本付息总额（占出口的百分比）	39.0	13.7	3.1
净移民（千人）	780	-277	-300
获得的侨汇（百万美元）	5.2	53.2	261.6
外国直接投资，净流入额（百万美元）	*0.2*	134.6	221.5
获得的净官方发展援助（10亿美元）	1.0	0.7	3.8

法罗群岛

高收入经济体

人口（千人）	49	人口增长率（百分比）	0.3
陆地面积（千平方公里）	1.4	国家贫困率（占人口的百分比）	..
GNI（百万美元）	..	人均 GNI（美元）	..
PPP 衡量的 GNI（百万美元）	..	PPP 衡量的人均 GNI（美元）	..

	1990	2000	2009
人口			
最贫困的 20% 人口占国家消费/收入的份额（百分比）	..	..	..
出生时的预期寿命（岁）	..	..	*80*
总生育率（每个女性生育数）	..	..	..
青年女性生育率（每千名 15—19 岁女性生育数）	..	..	..
避孕普及率（占 15—49 岁已婚女性的百分比）	..	..	..
在熟练医护人员护理下的分娩（占总数的百分比）	..	..	..
5 岁以下儿童死亡率（每千人）	..	..	..
儿童营养不良，体重不足（占 5 岁以下儿童的百分比）	..	..	..
儿童麻疹免疫接种率（占 12—23 个月年龄组的百分比）	..	..	..
小学毕业率，总数（占适龄年龄组的百分比）	..	..	..
中学总入学率，总数（占适龄年龄组的百分比）	..	..	..
小学和中学中女孩与男孩的比率（百分比）	..	..	..
HIV 感染率（占 15—49 岁人口的百分比）	..	..	..
环境			
森林（平方公里）	1.0	1.0	1.0
森林采伐（1990—2010 年，平均年度百分比）			0.0
淡水使用量（占内陆水资源的百分比）	..	..	..
获得改善的水资源的人口（占总人口的百分比）	..	..	..
获得改善的卫生设施的人口（占总人口的百分比）	..	..	..
人均能源使用量（千克石油当量）	..	..	..
人均二氧化碳排放量（吨）	13.1	14.3	*14.4*
人均用电量（千瓦时）	..	..	..
经济			
GDP（百万美元）	..	1,062	2,198
GDP 增长率（年度百分比）	..	..	..
GDP 隐含价格平减指数（年度增长百分比）	..	..	..
农业增加值（占 GDP 的百分比）	..	..	..
工业增加值（占 GDP 的百分比）	..	..	..
服务业增加值（占 GDP 的百分比）	..	..	..
货物和服务出口（占 GDP 的百分比）	..	..	..
货物和服务进口（占 GDP 的百分比）	..	..	..
资本形成总额（占 GDP 的百分比）	..	..	..
中央政府收入（占 GDP 的百分比）	..	..	..
中央政府现金盈余/赤字（占 GDP 的百分比）	..	..	..
政府与市场			
创办企业的时间（天）	..	..	..
股票市场资本总额（占 GDP 的百分比）	..	..	..
军费支出（占 GDP 的百分比）	..	..	..
移动电话用户（每 100 人）	0	37	117
互联网用户（每 100 人）	0.0	32.8	77.1
铺敷道路（占总数的百分比）	..	..	..
高科技出口（占制成品出口的百分比）	0	0	1
全球联系			
商品贸易（占 GDP 的百分比）	..	94.8	70.3
净易货贸易条件指数（2000 年 =100）	..	..	..
外债总额（10 亿美元）	..	..	..
债务还本付息总额（占出口的百分比）	..	..	..
净移民（千人）	..	..	..
获得的侨汇（百万美元）	..	43.0	..
外国直接投资，净流入额（10 亿美元）	..	..	..
获得的净官方发展援助（10 亿美元）	..	..	..

斐济

东亚和太平洋地区			中高收入经济体
人口（千人）	849	人口增长率（百分比）	0.6
陆地面积（千平方公里）	18	国家贫困率（占人口的百分比）	31.0
GNI（10亿美元）	3.3	人均GNI（美元）	3,840
PPP衡量的GNI（10亿美元）	3.8	PPP衡量的人均GNI（美元）	4,530

	1990	2000	2009
人口			
最贫困的20%人口占国家消费/收入的份额（百分比）	..	..	..
出生时的预期寿命（岁）	67	67	69
总生育率（每个女性生育数）	3.4	3.1	2.7
青年女性生育率（每千名15—19岁女性生育数）	..	47	28
避孕普及率（占15—49岁已婚女性的百分比）	..	44	*43*
在熟练医护人员护理下的分娩（占总数的百分比）	98	99	..
5岁以下儿童死亡率（每千人）	22	19	18
儿童营养不良，体重不足（占5岁以下儿童的百分比）	..	..	..
儿童麻疹免疫接种率（占12—23个月年龄组的百分比）	84	81	94
小学毕业率，总数（占适龄年龄组的百分比）	..	100	*92*
中学总入学率，总数（占适龄年龄组的百分比）	*76*	80	*81*
小学和中学中女孩与男孩的比率（百分比）	*98*	103	*103*
HIV感染率（占15—49岁人口的百分比）	0.1	0.1	0.1
环境			
森林（千平方公里）	9.5	9.8	10.1
森林采伐（1990—2010年，平均年度百分比）			-0.2
淡水使用量（占内陆水资源的百分比）	..	..	*0.3*
获得改善的水资源的人口（占总人口的百分比）	..	..	..
获得改善的卫生设施的人口（占总人口的百分比）	..	..	..
人均能源使用量（千克石油当量）	..	..	..
人均二氧化碳排放量（吨）	1.1	1.1	*1.7*
人均用电量（千瓦时）	..	..	..
经济			
GDP（10亿美元）	1.3	1.7	2.8
GDP增长率（年度百分比）	5.8	-1.7	-3.0
GDP隐含价格平减指数（年度增长百分比）	6.7	-4.7	0.3
农业增加值（占GDP的百分比）	20	17	13
工业增加值（占GDP的百分比）	24	22	18
服务业增加值（占GDP的百分比）	56	61	69
货物和服务出口（占GDP的百分比）	62	65	47
货物和服务进口（占GDP的百分比）	67	70	62
资本形成总额（占GDP的百分比）	14	17	*25*
中央政府收入（占GDP的百分比）	26.8	..	*25.4*
中央政府现金盈余/赤字（占GDP的百分比）	0.9	..	-2.9
政府与市场			
创办企业的时间（天）	..	..	46
股票市场资本总额（占GDP的百分比）	..	14.5	56.9
军费支出（占GDP的百分比）	2.3	1.9	*1.4*
移动电话用户（每100人）	0	7	75
互联网用户（每100人）	0.0	1.5	13.4
铺敷道路（占总数的百分比）	44.5	49.2	..
高科技出口（占制成品出口的百分比）	12	0	5
全球联系			
商品贸易（占GDP的百分比）	93.6	84.0	75.0
净易货贸易条件指数（2000年=100）	*142*	100	110
外债总额（百万美元）	308	173	432
债务还本付息总额（占出口的百分比）	9.1	2.4	*1.2*
净移民（千人）	-70	-42	-35
获得的侨汇（百万美元）	22	44	154
外国直接投资，净流入额（百万美元）	91.9	0.6	56.0
获得的净官方发展援助（百万美元）	50	29	71

芬兰

高收入经济体

人口（百万）	5.3	人口增长率（百分比）	0.5
陆地面积（千平方公里）	338	国家贫困率（占人口的百分比）	..
GNI（10亿美元）	245.3	人均GNI（美元）	45,940
PPP衡量的GNI（10亿美元）	188.3	PPP衡量的人均GNI（美元）	35,280

	1990	2000	2009
人口			
最贫困的20%人口占国家消费/收入的份额（百分比）	..	9.6	..
出生时的预期寿命（岁）	75	77	80
总生育率（每个女性生育数）	1.8	1.7	1.9
青年女性生育率（每千名15—19岁女性生育数）	..	11	11
避孕普及率（占15—49岁已婚女性的百分比）	*77*	..	..
在熟练医护人员护理下的分娩（占总数的百分比）	..	*100*	..
5岁以下儿童死亡率（每千人）	7	4	3
儿童营养不良，体重不足（占5岁以下儿童的百分比）	..	..	..
儿童麻疹免疫接种率（占12—23个月年龄组的百分比）	97	96	98
小学毕业率，总数（占适龄年龄组的百分比）	102	97	*98*
中学总入学率，总数（占适龄年龄组的百分比）	114	125	*110*
小学和中学中女孩与男孩的比率（百分比）	109	105	*102*
HIV感染率（占15—49岁人口的百分比）	0.1	0.1	0.1
环境			
森林（千平方公里）	219	225	222
森林采伐（1990—2010年，平均年度百分比）			-0.04
淡水使用量（占内陆水资源的百分比）	..	..	*2.1*
获得改善的水资源的人口（占总人口的百分比）	100	100	*100*
获得改善的卫生设施的人口（占总人口的百分比）	100	100	*100*
人均能源使用量（千克石油当量）	5,692	6,203	6,182
人均二氧化碳排放量（吨）	10.2	10.1	*12.1*
人均用电量（千瓦时）	12,487	15,286	*16,350*
经济			
GDP（10亿美元）	138.8	121.7	238.0
GDP增长率（年度百分比）	0.5	5.3	-8.0
GDP隐含价格平减指数（年度增长百分比）	5.5	2.6	0.9
农业增加值（占GDP的百分比）	6	3	3
工业增加值（占GDP的百分比）	34	35	28
服务业增加值（占GDP的百分比）	60	62	69
货物和服务出口（占GDP的百分比）	23	44	37
货物和服务进口（占GDP的百分比）	24	34	35
资本形成总额（占GDP的百分比）	28	21	18
中央政府收入（占GDP的百分比）	..	40.9	*39.0*
中央政府现金盈余/赤字（占GDP的百分比）	..	6.7	*4.6*
政府与市场			
创办企业的时间（天）	..	..	14
股票市场资本总额（占GDP的百分比）	16.3	241.2	38.2
军费支出（占GDP的百分比）	1.5	1.3	1.5
移动电话用户（每100人）	5	72	144
互联网用户（每100人）	0.4	37.2	83.9
铺敷道路（占总数的百分比）	61.0	62.0	*65.5*
高科技出口（占制成品出口的百分比）	8	27	18
全球联系			
商品贸易（占GDP的百分比）	38.6	66.2	51.9
净易货贸易条件指数（2000年=100）	111	100	83
外债总额（10亿美元）	..	..	..
债务还本付息总额（占出口的百分比）	..	..	..
净移民（千人）	16	20	55
获得的侨汇（百万美元）	63	473	859
外国直接投资，净流入额（10亿美元）	0.8	9.1	0.1
获得的净官方发展援助（10亿美元）	..	..	..

法国

高收入经济体

人口（百万）	62.6[e]	人口增长率（百分比）	0.5
陆地面积（千平方公里）	549	国家贫困率（占人口的百分比）	..
GNI（10亿美元）	2,750.9	人均GNI（美元）	42,620
PPP衡量的GNI（10亿美元）	2,191.2	PPP衡量的人均GNI（美元）	33,950

	1990	2000	2009
人口			
最贫困的20%人口占国家消费/收入的份额（百分比）	..	..	..
出生时的预期寿命（岁）[e]	77	79	81
总生育率（每个女性生育数）[e]	1.8	1.9	2.0
青年女性生育率（每千名15—19岁女性生育数）[e]	..	8	6
避孕普及率（占15—49岁已婚女性的百分比）	*81*	..	..
在熟练医护人员护理下的分娩（占总数的百分比）	..	..	..
5岁以下儿童死亡率（每千人）[e]	9	5	4
儿童营养不良，体重不足（占5岁以下儿童的百分比）	..	..	..
儿童麻疹免疫接种率（占12—23个月年龄组的百分比）	71	84	90
小学毕业率，总数（占适龄年龄组的百分比）	101	98	..
中学总入学率，总数（占适龄年龄组的百分比）	96	109	*113*
小学和中学中女孩与男孩的比率（百分比）	103	100	*100*
HIV感染率（占15—49岁人口的百分比）	0.3	0.3	0.4
环境			
森林（千平方公里）	145	154	160
森林采伐（1990—2010年，平均年度百分比）			-0.3
淡水使用量（占内陆水资源的百分比）	..	..	*15.9*
获得改善的水资源的人口（占总人口的百分比）	100	100	*100*
获得改善的卫生设施的人口（占总人口的百分比）	100	100	*100*
人均能源使用量（千克石油当量）	3,946	4,277	4,041
人均二氧化碳排放量（吨）	7.0	6.2	*6.0*
人均用电量（千瓦时）	6,127	7,485	*7,931*
经济			
GDP（10亿美元）	1,244.5	1,328.0	2,649.4
GDP增长率（年度百分比）	2.6	3.9	-2.6
GDP隐含价格平减指数（年度增长百分比）	2.6	1.4	0.5
农业增加值（占GDP的百分比）	4	3	2
工业增加值（占GDP的百分比）	27	23	19
服务业增加值（占GDP的百分比）	69	74	79
货物和服务出口（占GDP的百分比）	21	29	23
货物和服务进口（占GDP的百分比）	23	28	25
资本形成总额（占GDP的百分比）	23	20	19
中央政府收入（占GDP的百分比）	..	42.8	40.5
中央政府现金盈余/赤字（占GDP的百分比）	..	-1.7	-7.3
政府与市场			
创办企业的时间（天）	..	..	7
股票市场资本总额（占GDP的百分比）	25.2	108.9	74.4
军费支出（占GDP的百分比）	3.4	2.5	2.4
移动电话用户（每100人）	0	49	95
互联网用户（每100人）	0.1	14.4	71.3
铺敷道路（占总数的百分比）	..	100.0	*100.0*
高科技出口（占制成品出口的百分比）	16	24	23
全球联系			
商品贸易（占GDP的百分比）	36.2	50.2	39.4
净易货贸易条件指数（2000年=100）	103	100	*100*
外债总额（10亿美元）	..	..	..
债务还本付息总额（占出口的百分比）	..	..	..
净移民（千人）	401	192	500
获得的侨汇（10亿美元）	4.0	8.6	15.6
外国直接投资，净流入额（10亿美元）	13.2	42.4	60.0
获得的净官方发展援助（百万美元）	..	..	..

法属波利尼西亚

高收入经济体

人口（千人）	269	人口增长率（百分比）	1.2
陆地面积（千平方公里）	4.0	国家贫困率（占人口的百分比）	..
GNI（百万美元）	..	人均 GNI（美元）	..
PPP 衡量的 GNI（百万美元）	..	PPP 衡量的人均 GNI（美元）	..

	1990	2000	2009
人口			
最贫困的 20% 人口占国家消费/收入的份额（百分比）	..	..	..
出生时的预期寿命（岁）	69	72	75
总生育率（每个女性生育数）	3.3	2.5	2.2
青年女性生育率（每千名 15—19 岁女性生育数）	..	58	52
避孕普及率（占 15—49 岁已婚女性的百分比）	..	..	..
在熟练医护人员护理下的分娩（占总数的百分比）	..	99	..
5 岁以下儿童死亡率（每千人）	..	..	..
儿童营养不良，体重不足（占 5 岁以下儿童的百分比）	..	..	..
儿童麻疹免疫接种率（占 12—23 个月年龄组的百分比）	..	..	..
小学毕业率，总数（占适龄年龄组的百分比）	..	..	..
中学总入学率，总数（占适龄年龄组的百分比）	67	..	..
小学和中学中女孩与男孩的比率（百分比）	111	..	..
HIV 感染率（占 15—49 岁人口的百分比）	..	..	..
环境			
森林（千平方公里）	550	1,050	1,550
森林采伐（1990—2010 年，平均年度百分比）			-3.5
淡水使用量（占内陆水资源的百分比）	..	..	..
获得改善的水资源的人口（占总人口的百分比）	100	100	*100*
获得改善的卫生设施的人口（占总人口的百分比）	98	98	*98*
人均能源使用量（千克石油当量）	..	..	..
人均二氧化碳排放量（吨）	3.2	2.7	*3.1*
人均用电量（千瓦时）	..	..	..
经济			
GDP（10 亿美元）	3.2	3.4	..
GDP 增长率（年度百分比）	2.2	4.0	..
GDP 隐含价格平减指数（年度增长百分比）	0.8	1.0	..
农业增加值（占 GDP 的百分比）	1	5	..
工业增加值（占 GDP 的百分比）	..	..	..
服务业增加值（占 GDP 的百分比）	..	..	..
货物和服务出口（占 GDP 的百分比）	*1*	5	..
货物和服务进口（占 GDP 的百分比）	*28*	24	..
资本形成总额（占 GDP 的百分比）	..	..	..
中央政府收入（占 GDP 的百分比）	..	..	..
中央政府现金盈余/赤字（占 GDP 的百分比）	..	..	..
政府与市场			
创办企业的时间（天）	..	..	..
股票市场资本总额（占 GDP 的百分比）	..	..	..
军费支出（占 GDP 的百分比）	..	..	..
移动电话用户（每 100 人）	0	17	77
互联网用户（每 100 人）	0.0	6.4	44.6
铺敷道路（占总数的百分比）	..	..	..
高科技出口（占制成品出口的百分比）	..	11	9
全球联系			
商品贸易（占 GDP 的百分比）	32.7	34.6	..
净易货贸易条件指数（2000 年 = 100）	..	100	90
外债总额（10 亿美元）	..	..	..
债务还本付息总额（占出口的百分比）	..	..	..
净移民（千人）	-1	2	0
获得的侨汇（百万美元）	..	*408.0*	728.3
外国直接投资，净流入额（百万美元）	..	*10.9*	10.2
获得的净官方发展援助（10 亿美元）	259.7	*351.5*	..

加蓬

撒哈拉以南非洲地区			中高收入经济体
人口（百万）	1.5	人口增长率（百分比）	1.8
陆地面积（千平方公里）	268	国家贫困率（占人口的百分比）	*32.7*
GNI（10亿美元）	10.9	人均GNI（美元）	7,370
PPP衡量的GNI（10亿美元）	18.4	PPP衡量的人均GNI（美元）	12,450

	1990	2000	2009
人口			
最贫困的20%人口占国家消费/收入的份额（百分比）	..	..	..
出生时的预期寿命（岁）	61	60	61
总生育率（每个女性生育数）	5.2	4.1	3.2
青年女性生育率（每千名15—19岁女性生育数）	..	119	85
避孕普及率（占15—49岁已婚女性的百分比）	..	33	..
在熟练医护人员护理下的分娩（占总数的百分比）	..	86	..
5岁以下儿童死亡率（每千人）	93	83	69
儿童营养不良，体重不足（占5岁以下儿童的百分比）	..	*8.8*	..
儿童麻疹免疫接种率（占12—23个月年龄组的百分比）	76	55	55
小学毕业率，总数（占适龄年龄组的百分比）	*62*	*72*	..
中学总入学率，总数（占适龄年龄组的百分比）	*40*	48	..
小学和中学中女孩与男孩的比率（百分比）	*96*	96	..
HIV感染率（占15—49岁人口的百分比）	0.9	5.2	5.2
环境			
森林（千平方公里）	220	220	220
森林采伐（1990—2010年，平均年度百分比）			0.0
淡水使用量（占内陆水资源的百分比）	..	..	*0.1*
获得改善的水资源的人口（占总人口的百分比）	..	85	*87*
获得改善的卫生设施的人口（占总人口的百分比）	..	36	*33*
人均能源使用量（千克石油当量）	1,275	1,186	*1,431*
人均二氧化碳排放量（吨）	6.6	1.0	*1.4*
人均用电量（千瓦时）	942	876	*1,158*
经济			
GDP（10亿美元）	6.0	5.1	11.1
GDP增长率（年度百分比）	5.2	-1.9	-1.0
GDP隐含价格平减指数（年度增长百分比）	15.4	28.1	-19.0
农业增加值（占GDP的百分比）	7	6	5
工业增加值（占GDP的百分比）	43	56	54
服务业增加值（占GDP的百分比）	50	38	41
货物和服务出口（占GDP的百分比）	46	69	52
货物和服务进口（占GDP的百分比）	31	33	33
资本形成总额（占GDP的百分比）	22	22	28
中央政府收入（占GDP的百分比）	..	..	..
中央政府现金盈余/赤字（占GDP的百分比）	..	..	..
政府与市场			
创办企业的时间（天）	..	..	58
股票市场资本总额（占GDP的百分比）	..	..	..
军费支出（占GDP的百分比）	..	1.8	*1.1*
移动电话用户（每100人）	0	10	93
互联网用户（每100人）	0.0	1.2	6.7
铺敷道路（占总数的百分比）	8.2	9.9	..
高科技出口（占制成品出口的百分比）	..	7	*32*
全球联系			
商品贸易（占GDP的百分比）	52.5	70.0	66.0
净易货贸易条件指数（2000年=100）	157	100	155
外债总额（10亿美元）	4.0	3.9	2.1
债务还本付息总额（占出口的百分比）	6.4	9.9	8.1
净移民（千人）	20	14	5
获得的侨汇（百万美元）	0.9	6.1	10.3
外国直接投资，净流入额（百万美元）	73.5	-42.6	32.8
获得的净官方发展援助（10亿美元）	131	12	78

冈比亚

撒哈拉以南非洲地区		低收入经济体	
人口（百万）	1.7	人口增长率（百分比）	2.7
陆地面积（千平方公里）	11	国家贫困率（占人口的百分比）	*58.0*
GNI（百万美元）	743.3	人均 GNI（美元）	440
PPP 衡量的 GNI（百万美元）	2,270.1	PPP 衡量的人均 GNI（美元）	1,330

	1990	2000	2009
人口			
最贫困的 20% 人口占国家消费/收入的份额（百分比）	..	*4.0*	..
出生时的预期寿命（岁）	51	54	56
总生育率（每个女性生育数）	6.1	5.6	5.0
青年女性生育率（每千名 15—19 岁女性生育数）	..	118	87
避孕普及率（占 15—49 岁已婚女性的百分比）	12	10	..
在熟练医护人员护理下的分娩（占总数的百分比）	44	55	*57*
5 岁以下儿童死亡率（每千人）	153	131	103
儿童营养不良，体重不足（占 5 岁以下儿童的百分比）	..	15.4	*15.8*
儿童麻疹免疫接种率（占 12—23 个月年龄组的百分比）	86	92	96
小学毕业率，总数（占适龄年龄组的百分比）	*45*	74	*79*
中学总入学率，总数（占适龄年龄组的百分比）	19	35	*51*
小学和中学中女孩与男孩的比率（百分比）	*65*	82	*102*
HIV 感染率（占 15—49 岁人口的百分比）	0.1	0.5	2.0
环境			
森林（千平方公里）	4.4	4.6	4.8
森林采伐（1990—2010 年，平均年度百分比）			-0.3
淡水使用量（占内陆水资源的百分比）	..	..	*2.4*
获得改善的水资源的人口（占总人口的百分比）	74	84	*92*
获得改善的卫生设施的人口（占总人口的百分比）	..	63	*67*
人均能源使用量（千克石油当量）	..	..	..
人均二氧化碳排放量（吨）	0.2	0.2	*0.2*
人均用电量（千瓦时）	..	..	..
经济			
GDP（百万美元）	317	421	733
GDP 增长率（年度百分比）	3.6	5.5	4.6
GDP 隐含价格平减指数（年度增长百分比）	12.0	3.7	2.4
农业增加值（占 GDP 的百分比）	29	36	27
工业增加值（占 GDP 的百分比）	13	13	15
服务业增加值（占 GDP 的百分比）	58	51	57
货物和服务出口（占 GDP 的百分比）	60	48	30
货物和服务进口（占 GDP 的百分比）	72	57	50
资本形成总额（占 GDP 的百分比）	22	17	26
中央政府收入（占 GDP 的百分比）	19.4	..	..
中央政府现金盈余/赤字（占 GDP 的百分比）	2.1	..	..
政府与市场			
创办企业的时间（天）	..	..	27
股票市场资本总额（占 GDP 的百分比）	..	..	..
军费支出（占 GDP 的百分比）	1.1	0.8	*0.7*
移动电话用户（每 100 人）	0	0	84
互联网用户（每 100 人）	0.0	0.9	7.6
铺敷道路（占总数的百分比）	..	..	..
高科技出口（占制成品出口的百分比）	..	3	1
全球联系			
商品贸易（占 GDP 的百分比）	69.1	48.0	43.5
净易货贸易条件指数（2000 年 =100）	100	100	86
外债总额（百万美元）	369	483	520
债务还本付息总额（占出口的百分比）	22.2	..	*7.6*
净移民（千人）	45	45	15
获得的侨汇（百万美元）	10	14	80
外国直接投资，净流入额（百万美元）	14.1	..	39.4
获得的净官方发展援助（百万美元）	97	50	128

格鲁吉亚

欧洲和中亚			中低收入经济体
人口（百万）	4.3	人口增长率（百分比）	-1.1
陆地面积（千平方公里）	70	国家贫困率（占人口的百分比）	*23.6*
GNI（10 亿美元）	11.1	人均 GNI（美元）	2,530
PPP 衡量的 GNI（10 亿美元）	20.6	PPP 衡量的人均 GNI（美元）	4,700

	1990	**2000**	**2009**
人口			
最贫困的 20% 人口占国家消费/收入的份额（百分比）	..	5.9	*5.3*
出生时的预期寿命（岁）	70	71	72
总生育率（每个女性生育数）	2.2	1.6	*1.6*
青年女性生育率（每千名 15—19 岁女性生育数）	..	55	44
避孕普及率（占 15—49 岁已婚女性的百分比）	..	41	..
在熟练医护人员护理下的分娩（占总数的百分比）	..	*96*	..
5 岁以下儿童死亡率（每千人）	47	35	29
儿童营养不良，体重不足（占 5 岁以下儿童的百分比）	..	*2.7*	..
儿童麻疹免疫接种率（占 12—23 个月年龄组的百分比）	*16*	73	83
小学毕业率，总数（占适龄年龄组的百分比）	..	99	107
中学总入学率，总数（占适龄年龄组的百分比）	95	79	108
小学和中学中女孩与男孩的比率（百分比）	*98*	98	*96*
HIV 感染率（占 15—49 岁人口的百分比）	0.1	0.1	0.1
环境			
森林（千平方公里）	28	28	27
森林采伐（1990—2010 年，平均年度百分比）			0.04
淡水使用量（占内陆水资源的百分比）	..	..	*2.8*
获得改善的水资源的人口（占总人口的百分比）	81	89	*98*
获得改善的卫生设施的人口（占总人口的百分比）	96	95	*95*
人均能源使用量（千克石油当量）	2,217	604	*694*
人均二氧化碳排放量（吨）	*2.9*	1.0	*1.4*
人均用电量（千瓦时）	2,673	1,353	*1,678*
经济			
GDP（10 亿美元）	7.7	3.1	10.7
GDP 增长率（年度百分比）	-14.8	1.8	-3.9
GDP 隐含价格平减指数（年度增长百分比）	22.4	4.7	-2.0
农业增加值（占 GDP 的百分比）	32	22	10
工业增加值（占 GDP 的百分比）	33	22	21
服务业增加值（占 GDP 的百分比）	35	56	69
货物和服务出口（占 GDP 的百分比）	40	23	30
货物和服务进口（占 GDP 的百分比）	46	40	49
资本形成总额（占 GDP 的百分比）	31	27	12
中央政府收入（占 GDP 的百分比）	..	10.4	25.2
中央政府现金盈余/赤字（占 GDP 的百分比）	..	-1.6	-7.8
政府与市场			
创办企业的时间（天）	..	..	3
股票市场资本总额（占 GDP 的百分比）	..	0.8	6.8
军费支出（占 GDP 的百分比）	..	0.6	5.6
移动电话用户（每 100 人）	0	4	67
互联网用户（每 100 人）	0.0	0.5	30.5
铺敷道路（占总数的百分比）	93.8	*93.4*	*94.1*
高科技出口（占制成品出口的百分比）	..	11	*3*
全球联系			
商品贸易（占 GDP 的百分比）	..	33.8	51.3
净易货贸易条件指数（2000 年 =100）	..	..	..
外债总额（10 亿美元）	*0.1*	1.6	4.2
债务还本付息总额（占出口的百分比）	..	13.9	7.3
净移民（千人）	-65	-390	-250
获得的侨汇（百万美元）	..	273.5	714.3
外国直接投资，净流入额（10 亿美元）	..	131.1	658.4
获得的净官方发展援助（百万美元）	*0.2*	169.2	907.9

德国

高收入经济体

人口（百万）	81.9	人口增长率（百分比）	-0.3
陆地面积（千平方公里）	357	国家贫困率（占人口的百分比）	..
GNI（10 亿美元）	3,476.1	人均 GNI（美元）	42,450
PPP 衡量的 GNI（10 亿美元）	3,017.3	PPP 衡量的人均 GNI（美元）	36,850

	1990	2000	2009
人口			
最贫困的 20% 人口占国家消费/收入的份额（百分比）	..	8.5	..
出生时的预期寿命（岁）	75	78	80
总生育率（每个女性生育数）	1.5	1.4	1.4
青年女性生育率（每千名 15—19 岁女性生育数）	..	12	7
避孕普及率（占 15—49 岁已婚女性的百分比）	75	..	..
在熟练医护人员护理下的分娩（占总数的百分比）	..	..	*100*
5 岁以下儿童死亡率（每千人）	9	5	4
儿童营养不良，体重不足（占 5 岁以下儿童的百分比）	..	..	*1.1*
儿童麻疹免疫接种率（占 12—23 个月年龄组的百分比）	75	93	96
小学毕业率，总数（占适龄年龄组的百分比）	..	105	*104*
中学总入学率，总数（占适龄年龄组的百分比）	*98*	99	*102*
小学和中学中女孩与男孩的比率（百分比）	*99*	99	*98*
HIV 感染率（占 15—49 岁人口的百分比）	0.1	0.1	0.1
环境			
森林（千平方公里）	107	111	111
森林采伐（1990—2010 年，平均年度百分比）			-0.1
淡水使用量（占内陆水资源的百分比）	..	..	*36.6*
获得改善的水资源的人口（占总人口的百分比）	100	100	*100*
获得改善的卫生设施的人口（占总人口的百分比）	100	100	*100*
人均能源使用量（千克石油当量）	4,424	4,103	3,894
人均二氧化碳排放量（吨）	*12.0*	10.1	*9.6*
人均用电量（千瓦时）	6,640	6,636	*7,149*
经济			
GDP（10 亿美元）	1,714.5	1,900.2	3,330.0
GDP 增长率（年度百分比）	5.3	3.2	-4.7
GDP 隐含价格平减指数（年度增长百分比）	3.4	-0.7	1.4
农业增加值（占 GDP 的百分比）	1	1	1
工业增加值（占 GDP 的百分比）	37	30	26
服务业增加值（占 GDP 的百分比）	61	68	73
货物和服务出口（占 GDP 的百分比）	25	33	41
货物和服务进口（占 GDP 的百分比）	25	33	36
资本形成总额（占 GDP 的百分比）	23	22	16
中央政府收入（占 GDP 的百分比）	..	30.3	29.4
中央政府现金盈余/赤字（占 GDP 的百分比）	..	1.4	-2.2
政府与市场			
创办企业的时间（天）	..	..	15
股票市场资本总额（占 GDP 的百分比）	20.7	66.8	39.0
军费支出（占 GDP 的百分比）	2.5	1.5	1.4
移动电话用户（每 100 人）	0	59	128
互联网用户（每 100 人）	0.1	30.2	79.5
铺敷道路（占总数的百分比）	99.0	..	..
高科技出口（占制成品出口的百分比）	11	18	16
全球联系			
商品贸易（占 GDP 的百分比）	45.3	55.2	62.0
净易货贸易条件指数（2000 年 =100）	110	100	106
外债总额（10 亿美元）	..	..	..
债务还本付息总额（占出口的百分比）	..	..	..
净移民（千人）	1,956	952	550
获得的侨汇（10 亿美元）	4.9	3.6	10.9
外国直接投资，净流入额（10 亿美元）	3.0	210.1	39.2
获得的净官方发展援助（10 亿美元）	..	..	..

加纳

撒哈拉以南非洲地区			低收入经济体
人口（百万）	23.8	人口增长率（百分比）	2.1
陆地面积（千平方公里）	239	国家贫困率（占人口的百分比）	*28.5*
GNI（10亿美元）	28.4	人均GNI（美元）	1,190
PPP衡量的GNI（10亿美元）	36.6	PPP衡量的人均GNI（美元）	1,530

	1990	2000	2009
人口			
最贫困的20%人口占国家消费/收入的份额（百分比）	*6.7*	*5.6*	*5.2*
出生时的预期寿命（岁）	57	58	57
总生育率（每个女性生育数）	5.6	4.7	3.9
青年女性生育率（每千名15—19岁女性生育数）	..	84	61
避孕普及率（占15—49岁已婚女性的百分比）	*13*	*22*	*24*
在熟练医护人员护理下的分娩（占总数的百分比）	*40*	*44*	*57*
5岁以下儿童死亡率（每千人）	120	106	69
儿童营养不良，体重不足（占5岁以下儿童的百分比）	*24.1*	*20.3*	*14.3*
儿童麻疹免疫接种率（占12—23个月年龄组的百分比）	61	90	93
小学毕业率，总数（占适龄年龄组的百分比）	*64*	70	83
中学总入学率，总数（占适龄年龄组的百分比）	35	40	57
小学和中学中女孩与男孩的比率（百分比）	78	90	95
HIV感染率（占15—49岁人口的百分比）	0.3	2.3	1.8
环境			
森林（千平方公里）	74	61	49
森林采伐（1990—2010年，平均年度百分比）			1.4
淡水使用量（占内陆水资源的百分比）	..	..	*3.2*
获得改善的水资源的人口（占总人口的百分比）	54	71	*82*
获得改善的卫生设施的人口（占总人口的百分比）	7	9	*13*
人均能源使用量（千克石油当量）	353	396	*405*
人均二氧化碳排放量（吨）	0.3	0.3	*0.4*
人均用电量（千瓦时）	319	324	*268*
经济			
GDP（10亿美元）	5.9	5.0	26.2
GDP增长率（年度百分比）	3.3	3.7	4.7
GDP隐含价格平减指数（年度增长百分比）	31.2	27.2	16.7
农业增加值（占GDP的百分比）	45	39	32
工业增加值（占GDP的百分比）	17	28	19
服务业增加值（占GDP的百分比）	38	32	49
货物和服务出口（占GDP的百分比）	17	49	31
货物和服务进口（占GDP的百分比）	26	67	41
资本形成总额（占GDP的百分比）	14	24	20
中央政府收入（占GDP的百分比）	12.5	*18.1*	15.3
中央政府现金盈余/赤字（占GDP的百分比）	..	*-6.5*	-5.6
政府与市场			
创办企业的时间（天）	..	..	12
股票市场资本总额（占GDP的百分比）	*1.2*	10.1	9.6
军费支出（占GDP的百分比）	0.5	1.0	0.4
移动电话用户（每100人）	0	1	63
互联网用户（每100人）	0.0	0.2	5.4
铺敷道路（占总数的百分比）	19.6	29.6	..
高科技出口（占制成品出口的百分比）	*2*	2	*1*
全球联系			
商品贸易（占GDP的百分比）	35.7	93.3	52.1
净易货贸易条件指数（2000年=100）	100	100	178
外债总额（10亿美元）	3.7	6.1	5.7
债务还本付息总额（占出口的百分比）	38.4	15.8	2.9
净移民（千人）	-30	-51	-51
获得的侨汇（百万美元）	6.0	32.4	114.5
外国直接投资，净流入额（10亿美元）	0.0	0.2	1.7
获得的净官方发展援助（10亿美元）	0.6	0.6	1.6

直布罗陀

高收入经济体

人口（千人）	31	人口增长率（百分比）	0.0
陆地面积（平方公里）	10	国家贫困率（占人口的百分比）	..
GNI（10亿美元）	..	人均GNI（美元）	..
PPP衡量的GNI（10亿美元）	..	PPP衡量的人均GNI（美元）	..

	1990	2000	2009
人口			
最贫困的20%人口占国家消费/收入的份额（百分比）	..	..	..
出生时的预期寿命（岁）	..	..	..
总生育率（每个女性生育数）	..	..	..
青年女性生育率（每千名15—19岁女性生育数）	..	..	..
避孕普及率（占15—49岁已婚女性的百分比）	..	..	..
在熟练医护人员护理下的分娩（占总数的百分比）	..	..	..
5岁以下儿童死亡率（每千人）	..	..	..
儿童营养不良，体重不足（占5岁以下儿童的百分比）	..	..	..
儿童麻疹免疫接种率（占12—23个月年龄组的百分比）	..	..	..
小学毕业率，总数（占适龄年龄组的百分比）	..	..	..
中学总入学率，总数（占适龄年龄组的百分比）	..	..	..
小学和中学中女孩与男孩的比率（百分比）	..	..	..
HIV感染率（占15—49岁人口的百分比）	..	..	..
环境			
森林（千平方公里）	0	0	0
森林采伐（1990—2010年，平均年度百分比）	0.0	0.0	0.0
淡水使用量（占内陆水资源的百分比）	..	..	..
获得改善的水资源的人口（占总人口的百分比）	..	..	..
获得改善的卫生设施的人口（占总人口的百分比）	..	..	..
人均能源使用量（千克石油当量）	2,059	4,428	*5,124*
人均二氧化碳排放量（吨）	3.4	11.5	*13.1*
人均用电量（千瓦时）	2,627	4,325	*5,349*
经济			
GDP（10亿美元）	..	..	..
GDP增长率（年度百分比）	..	..	..
GDP隐含价格平减指数（年度增长百分比）	..	..	..
农业增加值（占GDP的百分比）	..	..	..
工业增加值（占GDP的百分比）	..	..	..
服务业增加值（占GDP的百分比）	..	..	..
货物和服务出口（占GDP的百分比）	..	..	..
货物和服务进口（占GDP的百分比）	..	..	..
资本形成总额（占GDP的百分比）	..	..	..
中央政府收入（占GDP的百分比）	..	..	..
中央政府现金盈余/赤字（占GDP的百分比）	..	..	..
政府与市场			
创办企业的时间（天）	..	..	..
股票市场资本总额（占GDP的百分比）	..	..	..
军费支出（占GDP的百分比）	..	..	..
移动电话用户（每100人）	0	19	92
互联网用户（每100人）	0.0	19.1	65.1
铺敷道路（占总数的百分比）	..	..	..
高科技出口（占制成品出口的百分比）	..	..	..
全球联系			
商品贸易（占GDP的百分比）	..	..	..
净易货贸易条件指数（2000年=100）	..	..	..
外债总额（10亿美元）	..	..	..
债务还本付息总额（占出口的百分比）	..	..	..
净移民（千人）	..	..	..
获得的侨汇（10亿美元）	..	..	..
外国直接投资，净流入额（10亿美元）	..	..	..
获得的净官方发展援助（百万美元）	1	*0*	..

希腊

高收入经济体

人口（百万）	11.3	人口增长率（百分比）	0.4
陆地面积（千平方公里）	132	国家贫困率（占人口的百分比）	..
GNI（10 亿美元）	327.7	人均 GNI（美元）	29,040
PPP 衡量的 GNI（10 亿美元）	325.0	PPP 衡量的人均 GNI（美元）	28,800

	1990	2000	2009
人口			
最贫困的 20% 人口占国家消费/收入的份额（百分比）	..	6.7	..
出生时的预期寿命（岁）	77	78	80
总生育率（每个女性生育数）	1.4	1.3	1.5
青年女性生育率（每千名 15—19 岁女性生育数）	..	11	8
避孕普及率（占 15—49 岁已婚女性的百分比）	..	..	..
在熟练医护人员护理下的分娩（占总数的百分比）	..	..	..
5 岁以下儿童死亡率（每千人）	11	7	3
儿童营养不良，体重不足（占 5 岁以下儿童的百分比）	..	..	..
儿童麻疹免疫接种率（占 12—23 个月年龄组的百分比）	76	89	99
小学毕业率，总数（占适龄年龄组的百分比）	*99*	..	*101*
中学总入学率，总数（占适龄年龄组的百分比）	93	89	*102*
小学和中学中女孩与男孩的比率（百分比）	98	103	*97*
HIV 感染率（占 15—49 岁人口的百分比）	0.1	0.1	0.1
环境			
森林（千平方公里）	33	36	39
森林采伐（1990—2010 年，平均年度百分比）			-0.6
淡水使用量（占内陆水资源的百分比）	..	..	*12.2*
获得改善的水资源的人口（占总人口的百分比）	96	99	*100*
获得改善的卫生设施的人口（占总人口的百分比）	97	98	*98*
人均能源使用量（千克石油当量）	2,110	2,481	2,574
人均二氧化碳排放量（吨）	7.2	8.4	*8.8*
人均用电量（千瓦时）	3,233	4,539	*5,723*
经济			
GDP（10 亿美元）	94.2	125.6	329.9
GDP 增长率（年度百分比）	0.0	4.5	-2.0
GDP 隐含价格平减指数（年度增长百分比）	20.7	3.4	1.3
农业增加值（占 GDP 的百分比）	9	7	3
工业增加值（占 GDP 的百分比）	26	21	18
服务业增加值（占 GDP 的百分比）	65	72	79
货物和服务出口（占 GDP 的百分比）	18	25	19
货物和服务进口（占 GDP 的百分比）	30	38	29
资本形成总额（占 GDP 的百分比）	23	23	16
中央政府收入（占 GDP 的百分比）	..	41.5	36.2
中央政府现金盈余/赤字（占 GDP 的百分比）	..	-3.7	-15.2
政府与市场			
创办企业的时间（天）	..	..	19
股票市场资本总额（占 GDP 的百分比）	16.1	88.3	16.6
军费支出（占 GDP 的百分比）	4.1	4.3	4.0
移动电话用户（每 100 人）	0	54	118
互联网用户（每 100 人）	0.0	9.2	44.1
铺敷道路（占总数的百分比）	91.7	91.8	..
高科技出口（占制成品出口的百分比）	2	13	11
全球联系			
商品贸易（占 GDP 的百分比）	29.6	36.0	24.2
净易货贸易条件指数（2000 年 =100）	96	100	91
外债总额（10 亿美元）	..	..	..
债务还本付息总额（占出口的百分比）	..	..	..
净移民（千人）	155	300	150
获得的侨汇（10 亿美元）	1.8	2.2	2.0
外国直接投资，净流入额（10 亿美元）	1.0	1.1	2.4
获得的净官方发展援助（10 亿美元）	..	..	..

格陵兰

高收入经济体

人口（千人）	56	人口增长率（百分比）	-0.5
陆地面积（千平方公里）	410	国家贫困率（占人口的百分比）	..
GNI（百万美元）	1.5	人均 GNI（美元）	26,160
PPP 衡量的 GNI（10 亿美元）	..	PPP 衡量的人均 GNI（美元）	..

	1990	2000	2009
人口			
最贫困的 20% 人口占国家消费/收入的份额（百分比）	..	..	..
出生时的预期寿命（岁）	*65*	66	68
总生育率（每个女性生育数）	2.4	2.3	2.4
青年女性生育率（每千名 15—19 岁女性生育数）	..	..	..
避孕普及率（占 15—49 岁已婚女性的百分比）	..	..	..
在熟练医护人员护理下的分娩（占总数的百分比）	..	..	..
5 岁以下儿童死亡率（每千人）	..	..	..
儿童营养不良，体重不足（占 5 岁以下儿童的百分比）	..	..	..
儿童麻疹免疫接种率（占 12—23 个月年龄组的百分比）	..	..	..
小学毕业率，总数（占适龄年龄组的百分比）	..	..	..
中学总入学率，总数（占适龄年龄组的百分比）	..	..	..
小学和中学中女孩与男孩的比率（百分比）	..	..	..
HIV 感染率（占 15—49 岁人口的百分比）	..	..	..
环境			
森林（平方公里）	2.0	2.0	2.0
森林采伐（1990—2010 年，平均年度百分比）			0.0
淡水使用量（占内陆水资源的百分比）	..	..	..
获得改善的水资源的人口（占总人口的百分比）	..	..	..
获得改善的卫生设施的人口（占总人口的百分比）	..	..	..
人均能源使用量（千克石油当量）	..	..	..
人均二氧化碳排放量（吨）	10.0	9.5	*9.2*
人均用电量（千瓦时）	..	..	..
经济			
GDP（10 亿美元）	1.0	1.1	1.3
GDP 增长率（年度百分比）	-11.7	7.1	-5.4
GDP 隐含价格平减指数（年度增长百分比）	5.1	2.1	-19.0
农业增加值（占 GDP 的百分比）	..	..	..
工业增加值（占 GDP 的百分比）	..	..	..
服务业增加值（占 GDP 的百分比）	..	..	..
货物和服务出口（占 GDP 的百分比）	..	..	..
货物和服务进口（占 GDP 的百分比）	..	..	..
资本形成总额（占 GDP 的百分比）	..	..	..
中央政府收入（占 GDP 的百分比）	..	..	..
中央政府现金盈余/赤字（占 GDP 的百分比）	..	..	..
政府与市场			
创办企业的时间（天）	..	..	..
股票市场资本总额（占 GDP 的百分比）	..	..	..
军费支出（占 GDP 的百分比）	..	..	..
移动电话用户（每 100 人）	0	27	95
互联网用户（每 100 人）	0.0	31.7	64.2
铺敷道路（占总数的百分比）	..	..	..
高科技出口（占制成品出口的百分比）	10	37	*11*
全球联系			
商品贸易（占 GDP 的百分比）	88.0	59.7	83.3
净易货贸易条件指数（2000 年 = 100）	..	..	..
外债总额（10 亿美元）	..	..	..
债务还本付息总额（占出口的百分比）	..	..	..
净移民（千人）	..	..	..
获得的侨汇（10 亿美元）	..	..	..
外国直接投资，净流入额（10 亿美元）	..	..	..
获得的净官方发展援助（10 亿美元）	..	..	..

格林纳达

拉丁美洲和加勒比地区　　　　中高收入经济体

人口（千人）	104	人口增长率（百分比）	0.4
陆地面积（平方公里）	340	国家贫困率（占人口的百分比）	..
GNI（百万美元）	579.6	人均 GNI（美元）	5,580
PPP 衡量的 GNI（百万美元）	801.7	PPP 衡量的人均 GNI（美元）	7,710

	1990	2000	2009
人口			
最贫困的 20% 人口占国家消费/收入的份额（百分比）	..	..	..
出生时的预期寿命（岁）	69	73	75
总生育率（每个女性生育数）	3.8	2.6	2.3
青年女性生育率（每千名 15—19 岁女性生育数）	..	56	40
避孕普及率（占 15—49 岁已婚女性的百分比）	54	*54*	*54*
在熟练医护人员护理下的分娩（占总数的百分比）	..	100	99
5 岁以下儿童死亡率（每千人）	40	20	15
儿童营养不良，体重不足（占 5 岁以下儿童的百分比）	..	..	..
儿童麻疹免疫接种率（占 12—23 个月年龄组的百分比）	85	92	99
小学毕业率，总数（占适龄年龄组的百分比）	..	72	126
中学总入学率，总数（占适龄年龄组的百分比）	94	*109*	99
小学和中学中女孩与男孩的比率（百分比）	102	*104*	97
HIV 感染率（占 15—49 岁人口的百分比）	..	..	..
环境			
森林（平方公里）	170	170	170
森林采伐（1990—2007 年，平均年度百分比）			0.0
淡水使用量（占内陆水资源的百分比）	..	..	..
获得改善的水资源的人口（占总人口的百分比）	..	94	..
获得改善的卫生设施的人口（占总人口的百分比）	97	97	*97*
人均能源使用量（千克石油当量）	..	..	..
人均二氧化碳排放量（吨）	1.3	2.0	*2.3*
人均用电量（千瓦时）	..	..	..
经济			
GDP（百万美元）	221	430	627
GDP 增长率（年度百分比）	5.2	12.6	-6.8
GDP 隐含价格平减指数（年度增长百分比）	-1.4	0.5	-0.9
农业增加值（占 GDP 的百分比）	13	7	6
工业增加值（占 GDP 的百分比）	18	22	18
服务业增加值（占 GDP 的百分比）	69	70	75
货物和服务出口（占 GDP 的百分比）	42	55	27
货物和服务进口（占 GDP 的百分比）	63	72	57
资本形成总额（占 GDP 的百分比）	38	42	23
中央政府收入（占 GDP 的百分比）	..	..	..
中央政府现金盈余/赤字（占 GDP 的百分比）	..	..	..
政府与市场			
创办企业的时间（天）	..	..	15
股票市场资本总额（占 GDP 的百分比）	..	..	..
军费支出（占 GDP 的百分比）	..	..	..
移动电话用户（每 100 人）	0	4	62
互联网用户（每 100 人）	0.0	4.1	24.1
铺敷道路（占总数的百分比）	55.4	61.0	..
高科技出口（占制成品出口的百分比）	..	30	*11*
全球联系			
商品贸易（占 GDP 的百分比）	59.7	66.8	49.6
净易货贸易条件指数（2000 年 =100）	..	100	98
外债总额（百万美元）	111	201	531
债务还本付息总额（占出口的百分比）	3.4	6.0	10.9
净移民（千人）	-15	-6	-5
获得的侨汇（百万美元）	18	46	54
外国直接投资，净流入额（百万美元）	12.9	37.4	90.9
获得的净官方发展援助（百万美元）	14	17	48

关岛

高收入经济体

人口（千人）	178	人口增长率（百分比）	1.2
陆地面积（平方公里）	540	国家贫困率（占人口的百分比）	..
GNI（百万美元）	..	人均 GNI（美元）	..
PPP 衡量的 GNI（百万美元）	..	PPP 衡量的人均 GNI（美元）	..

	1990	2000	2009
人口			
最贫困的 20% 人口占国家消费/收入的份额（百分比）	..	..	..
出生时的预期寿命（岁）	72	74	76
总生育率（每个女性生育数）	3.1	2.9	2.5
青年女性生育率（每千名 15—19 岁女性生育数）	..	66	51
避孕普及率（占 15—49 岁已婚女性的百分比）	..	..	..
在熟练医护人员护理下的分娩（占总数的百分比）	..	*99*	..
5 岁以下儿童死亡率（每千人）	..	..	..
儿童营养不良，体重不足（占 5 岁以下儿童的百分比）	..	..	..
儿童麻疹免疫接种率（占 12—23 个月年龄组的百分比）	..	..	..
小学毕业率，总数（占适龄年龄组的百分比）	..	..	..
中学总入学率，总数（占适龄年龄组的百分比）	..	..	..
小学和中学中女孩与男孩的比率（百分比）	..	..	..
HIV 感染率（占 15—49 岁人口的百分比）	..	..	..
环境			
森林（平方公里）	260	260	260
森林采伐（1990—2010 年，平均年度百分比）			0.0
淡水使用量（占内陆水资源的百分比）	..	..	..
获得改善的水资源的人口（占总人口的百分比）	100	100	*100*
获得改善的卫生设施的人口（占总人口的百分比）	99	99	*99*
人均能源使用量（千克石油当量）	..	..	..
人均二氧化碳排放量（吨）	..	..	..
人均用电量（千瓦时）	..	..	..
经济			
GDP（10 亿美元）	..	..	..
GDP 增长率（年度百分比）	..	..	..
GDP 隐含价格平减指数（年度增长百分比）	..	..	..
农业增加值（占 GDP 的百分比）	..	..	..
工业增加值（占 GDP 的百分比）	..	..	..
服务业增加值（占 GDP 的百分比）	..	..	..
货物和服务出口（占 GDP 的百分比）	..	..	..
货物和服务进口（占 GDP 的百分比）	..	..	..
资本形成总额（占 GDP 的百分比）	..	..	..
中央政府收入（占 GDP 的百分比）	..	..	..
中央政府现金盈余/赤字（占 GDP 的百分比）	..	..	..
政府与市场			
创办企业的时间（天）	..	..	..
股票市场资本总额（占 GDP 的百分比）	..	..	..
军费支出（占 GDP 的百分比）	..	..	..
移动电话用户（每 100 人）	0	18	..
互联网用户（每 100 人）	0.0	16.1	50.6
铺敷道路（占总数的百分比）	..	..	..
高科技出口（占制成品出口的百分比）	..	..	..
全球联系			
商品贸易（占 GDP 的百分比）	..	..	..
净易货贸易条件指数（2000 年 = 100）	..	100	77
外债总额（10 亿美元）	..	..	..
债务还本付息总额（占出口的百分比）	..	..	..
净移民（千人）	1	-5	0
获得的侨汇（10 亿美元）	..	..	..
外国直接投资，净流入额（10 亿美元）	..	..	..
获得的净官方发展援助（10 亿美元）	..	..	..

危地马拉

拉丁美洲和加勒比地区		中低收入经济体	
人口（百万）	14.0	人口增长率（百分比）	2.5
陆地面积（千平方公里）	109	国家贫困率（占人口的百分比）	*51.0*
GNI（10 亿美元）	37.2	人均 GNI（美元）	2,650
PPP 衡量的 GNI（10 亿美元）	64.1	PPP 衡量的人均 GNI（美元）	4,570

	1990	2000	2009
人口			
最贫困的 20% 人口占国家消费/收入的份额（百分比）	*2.2*	3.4	*3.4*
出生时的预期寿命（岁）	62	68	71
总生育率（每个女性生育数）	5.6	4.8	4.0
青年女性生育率（每千名 15—19 岁女性生育数）	..	118	104
避孕普及率（占 15—49 岁已婚女性的百分比）	..	*43*	54
在熟练医护人员护理下的分娩（占总数的百分比）	..	*41*	51
5 岁以下儿童死亡率（每千人）	76	48	40
儿童营养不良，体重不足（占 5 岁以下儿童的百分比）	..	19.6	..
儿童麻疹免疫接种率（占 12—23 个月年龄组的百分比）	68	86	92
小学毕业率，总数（占适龄年龄组的百分比）	..	58	*80*
中学总入学率，总数（占适龄年龄组的百分比）	*23*	38	*57*
小学和中学中女孩与男孩的比率（百分比）	..	89	*94*
HIV 感染率（占 15—49 岁人口的百分比）	0.1	0.5	0.8
环境			
森林（千平方公里）	47	42	37
森林采伐（1990—2010 年，平均年度百分比）			0.9
淡水使用量（占内陆水资源的百分比）	..	..	*2.7*
获得改善的水资源的人口（占总人口的百分比）	82	89	*94*
获得改善的卫生设施的人口（占总人口的百分比）	65	74	*81*
人均能源使用量（千克石油当量）	498	631	*590*
人均二氧化碳排放量（吨）	0.6	0.9	*1.0*
人均用电量（千瓦时）	223	343	*543*
经济			
GDP（10 亿美元）	7.7	19.3	37.3
GDP 增长率（年度百分比）	3.1	3.6	0.6
GDP 隐含价格平减指数（年度增长百分比）	40.5	6.8	2.4
农业增加值（占 GDP 的百分比）	26	*15*	12
工业增加值（占 GDP 的百分比）	20	*29*	28
服务业增加值（占 GDP 的百分比）	54	*56*	59
货物和服务出口（占 GDP 的百分比）	21	20	23
货物和服务进口（占 GDP 的百分比）	25	29	33
资本形成总额（占 GDP 的百分比）	14	18	13
中央政府收入（占 GDP 的百分比）	7.9	10.2	11.0
中央政府现金盈余/赤字（占 GDP 的百分比）	-1.9	-1.8	-3.2
政府与市场			
创办企业的时间（天）	..	..	37
股票市场资本总额（占 GDP 的百分比）	..	*0.9*	..
军费支出（占 GDP 的百分比）	1.5	0.8	0.4
移动电话用户（每 100 人）	0	8	123
互联网用户（每 100 人）	0.0	0.7	16.3
铺敷道路（占总数的百分比）	24.9	34.5	..
高科技出口（占制成品出口的百分比）	..	8	5
全球联系			
商品贸易（占 GDP 的百分比）	36.8	38.8	50.2
净易货贸易条件指数（2000 年 =100）	115	100	91
外债总额（10 亿美元）	2.8	3.9	13.8
债务还本付息总额（占出口的百分比）	14.9	9.6	18.4
净移民（千人）	-300	-390	-200
获得的侨汇（10 亿美元）	0.1	0.6	4.0
外国直接投资，净流入额（百万美元）	47.7	229.9	599.8
获得的净官方发展援助（百万美元）	201	263	376

几内亚

撒哈拉以南非洲地区			低收入经济体
人口（百万）	10.1	人口增长率（百分比）	2.4
陆地面积（千平方公里）	246	国家贫困率（占人口的百分比）	*53.0*
GNI（10亿美元）	3.8	人均GNI（美元）	370
PPP衡量的GNI（10亿美元）	9.5	PPP衡量的人均GNI（美元）	940

	1990	2000	2009
人口			
最贫困的20%人口占国家消费/收入的份额（百分比）	*3.1*	..	*6.4*
出生时的预期寿命（岁）	48	53	58
总生育率（每个女性生育数）	6.7	6.0	5.3
青年女性生育率（每千名15—19岁女性生育数）	..	172	147
避孕普及率（占15—49岁已婚女性的百分比）	..	*6*	..
在熟练医护人员护理下的分娩（占总数的百分比）	*31*	*35*	*46*
5岁以下儿童死亡率（每千人）	231	185	142
儿童营养不良，体重不足（占5岁以下儿童的百分比）	..	29.1	*20.8*
儿童麻疹免疫接种率（占12—23个月年龄组的百分比）	35	42	51
小学毕业率，总数（占适龄年龄组的百分比）	19	32	62
中学总入学率，总数（占适龄年龄组的百分比）	10	16	37
小学和中学中女孩与男孩的比率（百分比）	44	62	77
HIV感染率（占15—49岁人口的百分比）	1.1	1.7	1.3
环境			
森林（千平方公里）	73	69	65
森林采伐（1990—2010年，平均年度百分比）			0.3
淡水使用量（占内陆水资源的百分比）	..	..	*0.7*
获得改善的水资源的人口（占总人口的百分比）	52	62	*71*
获得改善的卫生设施的人口（占总人口的百分比）	9	15	*19*
人均能源使用量（千克石油当量）	..	..	..
人均二氧化碳排放量（吨）	0.2	0.2	*0.1*
人均用电量（千瓦时）	..	..	..
经济			
GDP（10亿美元）	2.7	3.1	4.1
GDP增长率（年度百分比）	4.3	1.9	-0.3
GDP隐含价格平减指数（年度增长百分比）	17.3	11.1	5.2
农业增加值（占GDP的百分比）	24	20	17
工业增加值（占GDP的百分比）	33	33	53
服务业增加值（占GDP的百分比）	43	47	30
货物和服务出口（占GDP的百分比）	31	24	41
货物和服务进口（占GDP的百分比）	33	28	45
资本形成总额（占GDP的百分比）	25	20	22
中央政府收入（占GDP的百分比）	..	*12.0*	..
中央政府现金盈余/赤字（占GDP的百分比）	..	*-2.4*	..
政府与市场			
创办企业的时间（天）	..	..	41
股票市场资本总额（占GDP的百分比）	..	..	..
军费支出（占GDP的百分比）	*2.4*	1.5	..
移动电话用户（每100人）	0	1	56
互联网用户（每100人）	0.0	0.1	0.9
铺敷道路（占总数的百分比）	15.2	16.5	..
高科技出口（占制成品出口的百分比）	..	0	*0*
全球联系			
商品贸易（占GDP的百分比）	52.3	41.1	58.7
净易货贸易条件指数（2000年=100）	122	100	143
外债总额（10亿美元）	2.5	3.1	2.9
债务还本付息总额（占出口的百分比）	20.0	20.7	*9.6*
净移民（千人）	70	-227	-300
获得的侨汇（百万美元）	18.0	1.2	63.7
外国直接投资，净流入额（百万美元）	17.9	9.9	49.8
获得的净官方发展援助（10亿美元）	292	153	215

几内亚比绍

撒哈拉以南非洲地区			低收入经济体
人口（百万）	1.6	人口增长率（百分比）	2.2
陆地面积（千平方公里）	36	国家贫困率（占人口的百分比）	*64.7*
GNI（百万美元）	825.9	人均 GNI（美元）	510
PPP 衡量的 GNI（百万美元）	1,704.0	PPP 衡量的人均 GNI（美元）	1,060

	1990	2000	2009
人口			
最贫困的 20% 人口占国家消费/收入的份额（百分比）	*2.1*	*7.2*	..
出生时的预期寿命（岁）	*44*	*46*	*48*
总生育率（每个女性生育数）	5.9	5.9	5.7
青年女性生育率（每千名 15—19 岁女性生育数）	..	129	125
避孕普及率（占 15—49 岁已婚女性的百分比）	..	8	*10*
在熟练医护人员护理下的分娩（占总数的百分比）	..	35	*39*
5 岁以下儿童死亡率（每千人）	240	218	193
儿童营养不良，体重不足（占 5 岁以下儿童的百分比）	..	21.9	*17.4*
儿童麻疹免疫接种率（占 12—23 个月年龄组的百分比）	53	71	76
小学毕业率，总数（占适龄年龄组的百分比）	*5*	31	..
中学总入学率，总数（占适龄年龄组的百分比）	*5*	20	*36*
小学和中学中女孩与男孩的比率（百分比）	*55*	65	..
HIV 感染率（占 15—49 岁人口的百分比）	0.3	1.8	2.5
环境			
森林（千平方公里）	22	21	20
森林采伐（1990—2010 年，平均年度百分比）			0.3
淡水使用量（占内陆水资源的百分比）	..	..	*1.1*
获得改善的水资源的人口（占总人口的百分比）	..	55	*61*
获得改善的卫生设施的人口（占总人口的百分比）	..	18	*21*
人均能源使用量（千克石油当量）	..	..	..
人均二氧化碳排放量（吨）	0.2	0.2	*0.2*
人均用电量（千瓦时）	..	..	..
经济			
GDP（百万美元）	244	215	837
GDP 增长率（年度百分比）	6.1	7.5	3.0
GDP 隐含价格平减指数（年度增长百分比）	30.2	3.3	1.1
农业增加值（占 GDP 的百分比）	61	56	..
工业增加值（占 GDP 的百分比）	19	13	..
服务业增加值（占 GDP 的百分比）	21	31	..
货物和服务出口（占 GDP 的百分比）	10	32	..
货物和服务进口（占 GDP 的百分比）	37	52	..
资本形成总额（占 GDP 的百分比）	30	11	..
中央政府收入（占 GDP 的百分比）	..	..	..
中央政府现金盈余/赤字（占 GDP 的百分比）	..	..	..
政府与市场			
创办企业的时间（天）	..	..	216
股票市场资本总额（占 GDP 的百分比）	..	..	..
军费支出（占 GDP 的百分比）	*2.1*	4.4	..
移动电话用户（每 100 人）	0	0	35
互联网用户（每 100 人）	0.0	0.2	2.3
铺敷道路（占总数的百分比）	8.3	*27.9*	..
高科技出口（占制成品出口的百分比）	..	..	..
全球联系			
商品贸易（占 GDP 的百分比）	43.0	56.2	41.2
净易货贸易条件指数（2000 年 = 100）	..	100	66
外债总额（10 亿美元）	0.7	0.9	1.1
债务还本付息总额（占出口的百分比）	32.3	*7.0*	5.5
净移民（千人）	2	-11	-12
获得的侨汇（百万美元）	1.0	8.0	46.7
外国直接投资，净流入额（百万美元）	2.0	0.7	14.0
获得的净官方发展援助（百万美元）	126	81	146

圭亚那

拉丁美洲和加勒比地区 **中低收入经济体**

人口（千人）	762	人口增长率（百分比）	-0.1
陆地面积（千平方公里）	215	国家贫困率（占人口的百分比）	..
GNI（百万美元）	2.0	人均 GNI（美元）	2,660
PPP 衡量的 GNI（10 亿美元）	2.5	PPP 衡量的人均 GNI（美元）	3,270

	1990	2000	2009
人口			
最贫困的 20% 人口占国家消费/收入的份额（百分比）	..	*4.3*	..
出生时的预期寿命（岁）	62	63	68
总生育率（每个女性生育数）	2.6	2.5	2.3
青年女性生育率（每千名 15—19 岁女性生育数）	..	74	60
避孕普及率（占 15—49 岁已婚女性的百分比）	31	37	43
在熟练医护人员护理下的分娩（占总数的百分比）	..	86	92
5 岁以下儿童死亡率（每千人）	61	45	35
儿童营养不良，体重不足（占 5 岁以下儿童的百分比）	..	11.9	*10.8*
儿童麻疹免疫接种率（占 12—23 个月年龄组的百分比）	73	86	97
小学毕业率，总数（占适龄年龄组的百分比）	*88*	111	109
中学总入学率，总数（占适龄年龄组的百分比）	..	87	103
小学和中学中女孩与男孩的比率（百分比）	..	99	100
HIV 感染率（占 15—49 岁人口的百分比）	2.8	1.5	1.2
环境			
森林（千平方公里）	152	152	152
森林采伐（1990—2010 年，平均年度百分比）			0.0
淡水使用量（占内陆水资源的百分比）	..	..	*0.7*
获得改善的水资源的人口（占总人口的百分比）	..	89	*94*
获得改善的卫生设施的人口（占总人口的百分比）	..	79	*81*
人均能源使用量（千克石油当量）	..	..	..
人均二氧化碳排放量（吨）	1.5	2.1	*2.0*
人均用电量（千瓦时）	..	..	..
经济			
GDP（百万美元）	397	713	2,026
GDP 增长率（年度百分比）	-3.0	-1.4	3.3
GDP 隐含价格平减指数（年度增长百分比）	56.4	6.6	1.3
农业增加值（占 GDP 的百分比）	38	31	21
工业增加值（占 GDP 的百分比）	25	29	34
服务业增加值（占 GDP 的百分比）	37	40	45
货物和服务出口（占 GDP 的百分比）	63	96	..
货物和服务进口（占 GDP 的百分比）	80	111	..
资本形成总额（占 GDP 的百分比）	31	24	27
中央政府收入（占 GDP 的百分比）	..	..	..
中央政府现金盈余/赤字（占 GDP 的百分比）	..	..	..
政府与市场			
创办企业的时间（天）	..	..	30
股票市场资本总额（占 GDP 的百分比）	..	..	14.2
军费支出（占 GDP 的百分比）	0.9	..	..
移动电话用户（每 100 人）	0	5	..
互联网用户（每 100 人）	0.0	6.6	28.9
铺敷道路（占总数的百分比）	6.6	7.4	..
高科技出口（占制成品出口的百分比）	..	2	0
全球联系			
商品贸易（占 GDP 的百分比）	143.2	150.3	95.0
净易货贸易条件指数（2000 年 =100）	..	100	124
外债总额（10 亿美元）	2.0	1.4	1.0
债务还本付息总额（占出口的百分比）	*20.7*	10.1	*2.6*
净移民（千人）	-85	-60	-40
获得的侨汇（百万美元）	*1.0*	27.3	253.0
外国直接投资，净流入额（10 亿美元）	7.9	67.1	144.3
获得的净官方发展援助（百万美元）	168	116	173

海地

拉丁美洲和加勒比地区 **低收入经济体**

人口（百万）	10.0	人口增长率（百分比）	1.6
陆地面积（千平方公里）	28	国家贫困率（占人口的百分比）	*77.0*
GNI（10亿美元）	..	人均GNI（美元）	..
PPP衡量的GNI（10亿美元）	..	PPP衡量的人均GNI（美元）	..

	1990	2000	2009
人口			
最贫困的20%人口占国家消费/收入的份额（百分比）	..	*2.5*	..
出生时的预期寿命（岁）	55	59	61
总生育率（每个女性生育数）	5.4	4.3	3.4
青年女性生育率（每千名15—19岁女性生育数）	..	57	45
避孕普及率（占15—49岁已婚女性的百分比）	*10*	28	*32*
在熟练医护人员护理下的分娩（占总数的百分比）	*23*	24	*26*
5岁以下儿童死亡率（每千人）	152	113	87
儿童营养不良，体重不足（占5岁以下儿童的百分比）	23.7	13.9	*18.9*
儿童麻疹免疫接种率（占12—23个月年龄组的百分比）	31	55	59
小学毕业率，总数（占适龄年龄组的百分比）	29	..	..
中学总入学率，总数（占适龄年龄组的百分比）	..	..	..
小学和中学中女孩与男孩的比率（百分比）	..	..	..
HIV感染率（占15—49岁人口的百分比）	1.3	2.8	1.9
环境			
森林（千平方公里）	1.2	1.1	1.0
森林采伐（1990—2010年，平均年度百分比）			0.5
淡水使用量（占内陆水资源的百分比）	..	..	*9.2*
获得改善的水资源的人口（占总人口的百分比）	47	55	*63*
获得改善的卫生设施的人口（占总人口的百分比）	26	22	*17*
人均能源使用量（千克石油当量）	219	232	*281*
人均二氧化碳排放量（吨）	0.1	0.2	*0.2*
人均用电量（千瓦时）	58	35	*23*
经济			
GDP（10亿美元）	*3.5*	3.7	6.5
GDP增长率（年度百分比）	*-5.3*	0.9	2.9
GDP隐含价格平减指数（年度增长百分比）	*20.9*	11.1	3.5
农业增加值（占GDP的百分比）	..	..	..
工业增加值（占GDP的百分比）	..	..	..
服务业增加值（占GDP的百分比）	..	..	..
货物和服务出口（占GDP的百分比）	*10*	13	14
货物和服务进口（占GDP的百分比）	*29*	33	44
资本形成总额（占GDP的百分比）	*24*	27	27
中央政府收入（占GDP的百分比）	..	..	..
中央政府现金盈余/赤字（占GDP的百分比）	..	..	..
政府与市场			
创办企业的时间（天）	..	..	105
股票市场资本总额（占GDP的百分比）	..	..	..
军费支出（占GDP的百分比）	*0.1*	..	..
移动电话用户（每100人）	0	1	36
互联网用户（每100人）	0.0	0.2	10.0
铺敷道路（占总数的百分比）	21.9	24.3	..
高科技出口（占制成品出口的百分比）	14	..	..
全球联系			
商品贸易（占GDP的百分比）	*16.3*	36.9	40.5
净易货贸易条件指数（2000年=100）	132	100	71
外债总额（10亿美元）	0.9	1.2	1.2
债务还本付息总额（占出口的百分比）	11.1	8.8	4.6
净移民（千人）	-131	-136	-140
获得的侨汇（10亿美元）	*0.1*	0.6	1.4
外国直接投资，净流入额（百万美元）	8.0	13.3	38.0
获得的净官方发展援助（百万美元）	0.2	0.2	1.1

洪都拉斯

拉丁美洲和加勒比地区			中低收入经济体
人口（百万）	7.5	人口增长率（百分比）	2.0
陆地面积（千平方公里）	112	国家贫困率（占人口的百分比）	60.0
GNI（10亿美元）	13.5	人均GNI（美元）	1,800
PPP衡量的GNI（10亿美元）	27.7	PPP衡量的人均GNI（美元）	3,710

	1990	**2000**	**2009**
人口			
最贫困的20%人口占国家消费/收入的份额（百分比）	2.8	*3.3*	*2.0*
出生时的预期寿命（岁）	66	70	72
总生育率（每个女性生育数）	5.1	4.0	3.2
青年女性生育率（每千名15—19岁女性生育数）	..	109	90
避孕普及率（占15—49岁已婚女性的百分比）	*47*	62	65
在熟练医护人员护理下的分娩（占总数的百分比）	*45*	*56*	67
5岁以下儿童死亡率（每千人）	55	40	30
儿童营养不良，体重不足（占5岁以下儿童的百分比）	*15.8*	*12.5*	*8.6*
儿童麻疹免疫接种率（占12—23个月年龄组的百分比）	90	98	99
小学毕业率，总数（占适龄年龄组的百分比）	*64*	..	*90*
中学总入学率，总数（占适龄年龄组的百分比）	*33*	..	*65*
小学和中学中女孩与男孩的比率（百分比）	*104*	..	*107*
HIV感染率（占15—49岁人口的百分比）	1.1	1.3	0.8
环境			
森林（千平方公里）	81	64	52
森林采伐（1990—2010年，平均年度百分比）			1.5
淡水使用量（占内陆水资源的百分比）	..	..	*1.2*
获得改善的水资源的人口（占总人口的百分比）	72	80	*86*
获得改善的卫生设施的人口（占总人口的百分比）	44	59	*71*
人均能源使用量（千克石油当量）	486	481	*632*
人均二氧化碳排放量（吨）	0.5	0.8	*1.2*
人均用电量（千瓦时）	372	515	*708*
经济			
GDP（10亿美元）	3.0	7.1	14.3
GDP增长率（年度百分比）	0.1	5.7	-1.9
GDP隐含价格平减指数（年度增长百分比）	21.2	30.8	4.4
农业增加值（占GDP的百分比）	22	16	12
工业增加值（占GDP的百分比）	26	32	27
服务业增加值（占GDP的百分比）	51	52	60
货物和服务出口（占GDP的百分比）	37	54	42
货物和服务进口（占GDP的百分比）	40	66	61
资本形成总额（占GDP的百分比）	23	28	20
中央政府收入（占GDP的百分比）	..	..	20.8
中央政府现金盈余/赤字（占GDP的百分比）	..	..	-4.5
政府与市场			
创办企业的时间（天）	..	..	14
股票市场资本总额（占GDP的百分比）	*1.3*	*8.8*	..
军费支出（占GDP的百分比）	..	0.5	0.8
移动电话用户（每100人）	0	2	103
互联网用户（每100人）	0.0	1.2	9.8
铺敷道路（占总数的百分比）	21.1	20.4	..
高科技出口（占制成品出口的百分比）	..	0	1
全球联系			
商品贸易（占GDP的百分比）	61.4	103.2	90.7
净易货贸易条件指数（2000年=100）	78	100	82
外债总额（10亿美元）	3.7	5.4	3.7
债务还本付息总额（占出口的百分比）	36.9	9.8	6.8
净移民（千人）	-70	-180	-100
获得的侨汇（10亿美元）	0.1	0.5	2.5
外国直接投资，净流入额（百万美元）	43.5	381.7	500.4
获得的净官方发展援助（10亿美元）	448	448	457

中国香港

高收入经济体

人口（百万）	7.0	人口增长率（百分比）	0.4
陆地面积（千平方公里）	1.1	国家贫困率（占人口的百分比）	..
GNI（10亿美元）	221.1	人均GNI（美元）	31,570
PPP衡量的GNI（10亿美元）	311.9	PPP衡量的人均GNI（美元）	44,540

	1990	2000	2009
人口			
最贫困的20%人口占国家消费/收入的份额（百分比）	..	..	..
出生时的预期寿命（岁）	77	81	83
总生育率（每个女性生育数）	1.3	1.0	1.0
青年女性生育率（每千名15—19岁女性生育数）	..	6	6
避孕普及率（占15—49岁已婚女性的百分比）	*86*	..	..
在熟练医护人员护理下的分娩（占总数的百分比）	..	*100*	..
5岁以下儿童死亡率（每千人）	..	..	..
儿童营养不良，体重不足（占5岁以下儿童的百分比）	..	..	..
儿童麻疹免疫接种率（占12—23个月年龄组的百分比）	..	..	..
小学毕业率，总数（占适龄年龄组的百分比）	102	*108*	93
中学总入学率，总数（占适龄年龄组的百分比）	*75*	*81*	82
小学和中学中女孩与男孩的比率（百分比）	*102*	96	102
HIV感染率（占15—49岁人口的百分比）	..	..	..
环境			
森林（千平方公里）	..	..	..
森林采伐（1990—2010年，平均年度百分比）			..
淡水使用量（占内陆水资源的百分比）	..	..	..
获得改善的水资源的人口（占总人口的百分比）	..	..	..
获得改善的卫生设施的人口（占总人口的百分比）	..	..	..
人均能源使用量（千克石油当量）	1,534	2,009	*2,026*
人均二氧化碳排放量（吨）	4.8	6.1	*5.8*
人均用电量（千瓦时）	4,178	5,447	*5,866*
经济			
GDP（10亿美元）	76.9	169.1	210.6
GDP增长率（年度百分比）	3.9	8.0	-2.8
GDP隐含价格平减指数（年度增长百分比）	7.5	-3.6	0.2
农业增加值（占GDP的百分比）	..	..	..
工业增加值（占GDP的百分比）	24	13	*8*
服务业增加值（占GDP的百分比）	75	87	*92*
货物和服务出口（占GDP的百分比）	131	143	194
货物和服务进口（占GDP的百分比）	122	139	187
资本形成总额（占GDP的百分比）	27	27	23
中央政府收入（占GDP的百分比）	..	*14.9*	*19.7*
中央政府现金盈余/赤字（占GDP的百分比）	..	*-6.8*	*0.6*
政府与市场			
创办企业的时间（天）	..	..	6
股票市场资本总额（占GDP的百分比）	108.5	368.6	1,088.3
军费支出（占GDP的百分比）	..	..	..
移动电话用户（每100人）	2	82	174
互联网用户（每100人）	0.0	27.8	61.4
铺敷道路（占总数的百分比）	100.0	*100.0*	*100.0*
高科技出口（占制成品出口的百分比）	*17*	23	31
全球联系			
商品贸易（占GDP的百分比）	217.4	246.4	323.7
净易货贸易条件指数（2000年=100）	100	100	98
外债总额（10亿美元）	..	..	..
债务还本付息总额（占出口的百分比）	..	..	..
净移民（千人）	26	300	113
获得的侨汇（百万美元）	..	135.5	347.8
外国直接投资，净流入额（10亿美元）	..	61.9	52.4
获得的净官方发展援助（百万美元）	38.2	..	..

匈牙利

高收入经济体

人口（百万）	10.0	人口增长率（百分比）	-0.2
陆地面积（千平方公里）	93	国家贫困率（占人口的百分比）	..
GNI（10亿美元）	130.1	人均GNI（美元）	12,980
PPP衡量的GNI（10亿美元）	191.3	PPP衡量的人均GNI（美元）	19,090

	1990	2000	2009
人口			
最贫困的20%人口占国家消费/收入的份额（百分比）	*10.3*	9.6	*8.4*
出生时的预期寿命（岁）	69	71	74
总生育率（每个女性生育数）	1.8	1.3	1.3
青年女性生育率（每千名15—19岁女性生育数）	..	26	19
避孕普及率（占15—49岁已婚女性的百分比）	..	..	..
在熟练医护人员护理下的分娩（占总数的百分比）	..	*100*	*100*
5岁以下儿童死亡率（每千人）	17	10	6
儿童营养不良，体重不足（占5岁以下儿童的百分比）	*2.3*	..	..
儿童麻疹免疫接种率（占12—23个月年龄组的百分比）	99	99	99
小学毕业率，总数（占适龄年龄组的百分比）	89	98	*95*
中学总入学率，总数（占适龄年龄组的百分比）	87	95	*97*
小学和中学中女孩与男孩的比率（百分比）	100	100	*98*
HIV感染率（占15—49岁人口的百分比）	0.1	0.1	0.1
环境			
森林（千平方公里）	18	19	20
森林采伐（1990—2010年，平均年度百分比）			-0.4
淡水使用量（占内陆水资源的百分比）	..	..	*89.6*
获得改善的水资源的人口（占总人口的百分比）	96	99	*100*
获得改善的卫生设施的人口（占总人口的百分比）	100	100	*100*
人均能源使用量（千克石油当量）	2,762	2,448	2,480
人均二氧化碳排放量（吨）	6.1	5.6	*5.6*
人均用电量（千瓦时）	3,427	3,309	*3,989*
经济			
GDP（10亿美元）	33.1	47.9	129.0
GDP增长率（年度百分比）	-3.5	6.2	-6.3
GDP隐含价格平减指数（年度增长百分比）	25.7	11.6	4.6
农业增加值（占GDP的百分比）	15	5	*4*
工业增加值（占GDP的百分比）	39	32	*29*
服务业增加值（占GDP的百分比）	46	62	*66*
货物和服务出口（占GDP的百分比）	31	72	*81*
货物和服务进口（占GDP的百分比）	29	76	*80*
资本形成总额（占GDP的百分比）	25	27	*22*
中央政府收入（占GDP的百分比）	..	37.3	40.5
中央政府现金盈余/赤字（占GDP的百分比）	..	-2.7	-4.0
政府与市场			
创办企业的时间（天）	..	..	4
股票市场资本总额（占GDP的百分比）	*1.5*	25.1	21.9
军费支出（占GDP的百分比）	2.8	1.7	1.3
移动电话用户（每100人）	0	30	118
互联网用户（每100人）	0.0	7.0	61.6
铺敷道路（占总数的百分比）	*44.1*	*43.7*	*37.7*
高科技出口（占制成品出口的百分比）	*4*	26	26
全球联系			
商品贸易（占GDP的百分比）	61.5	126.1	125.6
净易货贸易条件指数（2000年=100）	111	100	96
外债总额（10亿美元）	..	..	..
债务还本付息总额（占出口的百分比）	..	..	..
净移民（千人）	-123	98	75
获得的侨汇（10亿美元）	..	0.3	2.1
外国直接投资，净流入额（10亿美元）	0.6	2.8	2.8
获得的净官方发展援助（百万美元）	..	..	..

冰岛

高收入经济体

人口（千人）	319	人口增长率（百分比）	0.5
陆地面积（千平方公里）	103	国家贫困率（占人口的百分比）	..
GNI（10亿美元）	13.9	人均GNI（美元）	43,430
PPP衡量的GNI（10亿美元）	10.5	PPP衡量的人均GNI（美元）	32,840

	1990	2000	2008
人口			
最贫困的20%人口占国家消费/收入的份额（百分比）	..	..	..
出生时的预期寿命（岁）	77	79	81
总生育率（每个女性生育数）	2.3	2.1	2.2
青年女性生育率（每千名15—19岁女性生育数）	..	20	14
避孕普及率（占15—49岁已婚女性的百分比）	..	..	..
在熟练医护人员护理下的分娩（占总数的百分比）	..	..	..
5岁以下儿童死亡率（每千人）	7	4	3
儿童营养不良，体重不足（占5岁以下儿童的百分比）	..	..	..
儿童麻疹免疫接种率（占12—23个月年龄组的百分比）	99	91	92
小学毕业率，总数（占适龄年龄组的百分比）	..	98	*95*
中学总入学率，总数（占适龄年龄组的百分比）	98	108	*110*
小学和中学中女孩与男孩的比率（百分比）	*98*	102	*102*
HIV感染率（占15—49岁人口的百分比）	0.1	0.2	0.3
环境			
森林（平方公里）	90	180	300
森林采伐（1990—2010年，平均年度百分比）			-4.1
淡水使用量（占内陆水资源的百分比）	..	..	*0.1*
获得改善的水资源的人口（占总人口的百分比）	100	100	*100*
获得改善的卫生设施的人口（占总人口的百分比）	100	100	*100*
人均能源使用量（千克石油当量）	8,195	11,032	17,307
人均二氧化碳排放量（吨）	8.1	7.7	*7.5*
人均用电量（千瓦时）	16,150	26,221	*50,067*
经济			
GDP（10亿美元）	6.4	8.7	12.1
GDP增长率（年度百分比）	1.2	4.3	-6.5
GDP隐含价格平减指数（年度增长百分比）	15.2	3.6	8.6
农业增加值（占GDP的百分比）	12	9	6
工业增加值（占GDP的百分比）	31	26	*27*
服务业增加值（占GDP的百分比）	57	65	*66*
货物和服务出口（占GDP的百分比）	34	34	53
货物和服务进口（占GDP的百分比）	32	41	44
资本形成总额（占GDP的百分比）	19	23	14
中央政府收入（占GDP的百分比）	..	33.3	29.4
中央政府现金盈余/赤字（占GDP的百分比）	..	2.7	-8.9
政府与市场			
创办企业的时间（天）	..	..	5
股票市场资本总额（占GDP的百分比）	..	51.0	9.3
军费支出（占GDP的百分比）	..	..	0.1
移动电话用户（每100人）	4	76	109
互联网用户（每100人）	0.0	44.5	94.5
铺敷道路（占总数的百分比）	19.9	29.5	*36.6*
高科技出口（占制成品出口的百分比）	10	12	29
全球联系			
商品贸易（占GDP的百分比）	51.3	51.6	62.8
净易货贸易条件指数（2000年=100）	100	100	84
外债总额（10亿美元）	..	..	..
债务还本付息总额（占出口的百分比）	..	..	..
净移民（千人）	0	2	20
获得的侨汇（百万美元）	62	88	23
外国直接投资，净流入额（百万美元）	22.1	155.3	60.8
获得的净官方发展援助（10亿美元）	..	..	..

印 度

南亚			中低收入经济体
人口（百万）	1,155.3	人口增长率（百分比）	1.3
陆地面积（千平方公里）	3,287	国家贫困率（占人口的百分比）	*27.5*
GNI（10亿美元）	1,405.7	人均GNI（美元）	1,220
PPP衡量的GNI（10亿美元）	3,786.3	PPP衡量的人均GNI（美元）	3,280

	1990	2000	2009
人口			
最贫困的20%人口占国家消费/收入的份额（百分比）	..	..	..
出生时的预期寿命（岁）	58	61	64
总生育率（每个女性生育数）	4.0	3.3	2.7
青年女性生育率（每千名15—19岁女性生育数）	..	88	64
避孕普及率（占15—49岁已婚女性的百分比）	*43*	47	*54*
在熟练医护人员护理下的分娩（占总数的百分比）	..	43	*53*
5岁以下儿童死亡率（每千人）	118	93	66
儿童营养不良，体重不足（占5岁以下儿童的百分比）	59.5	*44.4*	*43.5*
儿童麻疹免疫接种率（占12—23个月年龄组的百分比）	56	50	71
小学毕业率，总数（占适龄年龄组的百分比）	*64*	72	*95*
中学总入学率，总数（占适龄年龄组的百分比）	37	46	*60*
小学和中学中女孩与男孩的比率（百分比）	*68*	79	*92*
HIV感染率（占15—49岁人口的百分比）	0.1	0.4	0.3
环境			
森林（千平方公里）	639	654	684
森林采伐（1990—2010年，平均年度百分比）			-0.2
淡水使用量（占内陆水资源的百分比）	..	..	*47.8*
获得改善的水资源的人口（占总人口的百分比）	72	81	*88*
获得改善的卫生设施的人口（占总人口的百分比）	18	25	*31*
人均能源使用量（千克石油当量）	375	452	*545*
人均二氧化碳排放量（吨）	0.8	1.2	*1.4*
人均用电量（千瓦时）	276	402	*566*
经济			
GDP（10亿美元）	317.5	460.2	1,377.3
GDP增长率（年度百分比）	5.5	4.0	9.1
GDP隐含价格平减指数（年度增长百分比）	10.7	3.5	7.5
农业增加值（占GDP的百分比）	29	23	18
工业增加值（占GDP的百分比）	27	26	27
服务业增加值（占GDP的百分比）	44	50	55
货物和服务出口（占GDP的百分比）	7	13	20
货物和服务进口（占GDP的百分比）	9	14	24
资本形成总额（占GDP的百分比）	24	24	36
中央政府收入（占GDP的百分比）	12.6	11.9	11.9
中央政府现金盈余/赤字（占GDP的百分比）	-3.4	-3.9	-4.9
政府与市场			
创办企业的时间（天）	..	..	29
股票市场资本总额（占GDP的百分比）	12.2	32.2	85.6
军费支出（占GDP的百分比）	3.2	3.1	2.7
移动电话用户（每100人）	0	0	45
互联网用户（每100人）	0.0	0.5	5.3
铺敷道路（占总数的百分比）	*47.3*	47.5	*49.3*
高科技出口（占制成品出口的百分比）	2	5	9
全球联系			
商品贸易（占GDP的百分比）	13.1	20.4	29.9
净易货贸易条件指数（2000年=100）	..	100	99
外债总额（10亿美元）	86	100	238
债务还本付息总额（占出口的百分比）	34.9	17.5	5.9
净移民（千人）	-374	-1,400	-1,000
获得的侨汇（10亿美元）	2.4	12.9	49.5
外国直接投资，净流入额（10亿美元）	0.2	3.6	34.6
获得的净官方发展援助（百万美元）	1.4	1.4	2.4

印度尼西亚

东亚和太平洋地区 **中低收入经济体**

人口（百万）	230.0	人口增长率（百分比）	1.1
陆地面积（千平方公里）	1,905	国家贫困率（占人口的百分比）	13.3
GNI（10亿美元）	471.0	人均GNI（美元）	2,050
PPP衡量的GNI（10亿美元）	855.0	PPP衡量的人均GNI（美元）	3,720

	1990	2000	2009
人口			
最贫困的20%人口占国家消费/收入的份额（百分比）	..	..	7.6
出生时的预期寿命（岁）	62	67	71
总生育率（每个女性生育数）	3.1	2.5	2.1
青年女性生育率（每千名15—19岁女性生育数）	..	50	37
避孕普及率（占15—49岁已婚女性的百分比）	*50*	..	*57*
在熟练医护人员护理下的分娩（占总数的百分比）	*32*	*64*	*75*
5岁以下儿童死亡率（每千人）	86	56	39
儿童营养不良，体重不足（占5岁以下儿童的百分比）	*29.8*	24.8	*19.6*
儿童麻疹免疫接种率（占12—23个月年龄组的百分比）	58	74	82
小学毕业率，总数（占适龄年龄组的百分比）	96	*98*	109
中学总入学率，总数（占适龄年龄组的百分比）	48	56	79
小学和中学中女孩与男孩的比率（百分比）	93	96	98
HIV感染率（占15—49岁人口的百分比）	0.1	0.1	0.2
环境			
森林（千平方公里）	1,185	994	944
森林采伐（1990—2010年，平均年度百分比）			0.8
淡水使用量（占内陆水资源的百分比）	..	..	*5.6*
获得改善的水资源的人口（占总人口的百分比）	71	77	*80*
获得改善的卫生设施的人口（占总人口的百分比）	33	44	*52*
人均能源使用量（千克石油当量）	586	757	*874*
人均二氧化碳排放量（吨）	0.8	1.3	*1.8*
人均用电量（千瓦时）	162	402	*591*
经济			
GDP（10亿美元）	114.4	165.0	540.3
GDP增长率（年度百分比）	9.0	4.9	4.5
GDP隐含价格平减指数（年度增长百分比）	7.7	20.4	8.4
农业增加值（占GDP的百分比）	19	16	16
工业增加值（占GDP的百分比）	39	46	49
服务业增加值（占GDP的百分比）	41	38	35
货物和服务出口（占GDP的百分比）	25	41	24
货物和服务进口（占GDP的百分比）	24	30	21
资本形成总额（占GDP的百分比）	31	22	31
中央政府收入（占GDP的百分比）	*16.6*	*18.3*	15.4
中央政府现金盈余/赤字（占GDP的百分比）	*0.7*	*-0.9*	-1.7
政府与市场			
创办企业的时间（天）	..	..	47
股票市场资本总额（占GDP的百分比）	7.1	16.3	33.0
军费支出（占GDP的百分比）	1.8	1.0	0.9
移动电话用户（每100人）	0	2	69
互联网用户（每100人）	0.0	0.9	8.7
铺敷道路（占总数的百分比）	45.1	57.1	*59.1*
高科技出口（占制成品出口的百分比）	1	16	13
全球联系			
商品贸易（占GDP的百分比）	41.5	66.1	39.1
净易货贸易条件指数（2000年=100）	95	100	63
外债总额（10亿美元）	70	143	158
债务还本付息总额（占出口的百分比）	33.5	22.7	18.4
净移民（千人）	-411	-900	-730
获得的侨汇（10亿美元）	0.2	1.2	6.8
外国直接投资，净流入额（10亿美元）	1.1	-4.6	4.9
获得的净官方发展援助（10亿美元）	1.7	1.7	1.0

伊朗

中东和北非			中高收入经济体
人口（百万）	72.9	人口增长率（百分比）	1.3
陆地面积（千平方公里）	1,745	国家贫困率（占人口的百分比）	..
GNI（10 亿美元）	330.6	人均 GNI（美元）	4,530
PPP 衡量的 GNI（10 亿美元）	836.5	PPP 衡量的人均 GNI（美元）	11,470

	1990	2000	2009
人口			
最贫困的 20% 人口占国家消费/收入的份额（百分比）	5.2	*5.1*	..
出生时的预期寿命（岁）	65	69	72
总生育率（每个女性生育数）	4.8	2.2	1.8
青年女性生育率（每千名 15—19 岁女性生育数）	..	35	17
避孕普及率（占 15—49 岁已婚女性的百分比）	*49*	*74*	..
在熟练医护人员护理下的分娩（占总数的百分比）	..	90	..
5 岁以下儿童死亡率（每千人）	73	48	31
儿童营养不良，体重不足（占 5 岁以下儿童的百分比）	..	*9.5*	..
儿童麻疹免疫接种率（占 12—23 个月年龄组的百分比）	85	99	99
小学毕业率，总数（占适龄年龄组的百分比）	84	102	101
中学总入学率，总数（占适龄年龄组的百分比）	52	82	83
小学和中学中女孩与男孩的比率（百分比）	83	93	97
HIV 感染率（占 15—49 岁人口的百分比）	0.1	0.1	0.2
环境			
森林（千平方公里）	111	111	111
森林采伐（1990—2010 年，平均年度百分比）			0.0
淡水使用量（占内陆水资源的百分比）	..	..	*72.5*
获得改善的水资源的人口（占总人口的百分比）	91	93	..
获得改善的卫生设施的人口（占总人口的百分比）	83	83	..
人均能源使用量（千克石油当量）	1,256	1,861	*2,808*
人均二氧化碳排放量（吨）	4.2	5.3	*7.0*
人均用电量（千瓦时）	975	1,586	*2,423*
经济			
GDP（10 亿美元）	116.0	101.3	331.0
GDP 增长率（年度百分比）	13.7	5.1	1.8
GDP 隐含价格平减指数（年度增长百分比）	20.6	26.4	0.6
农业增加值（占 GDP 的百分比）	19	14	*10*
工业增加值（占 GDP 的百分比）	29	37	*44*
服务业增加值（占 GDP 的百分比）	52	50	*45*
货物和服务出口（占 GDP 的百分比）	15	23	*32*
货物和服务进口（占 GDP 的百分比）	23	17	*22*
资本形成总额（占 GDP 的百分比）	37	33	*33*
中央政府收入（占 GDP 的百分比）	18.7	23.4	31.9
中央政府现金盈余/赤字（占 GDP 的百分比）	-1.9	1.8	0.6
政府与市场			
创办企业的时间（天）	..	..	8
股票市场资本总额（占 GDP 的百分比）	..	7.3	19.1
军费支出（占 GDP 的百分比）	2.0	3.8	*2.7*
移动电话用户（每 100 人）	0	2	72
互联网用户（每 100 人）	0.0	1.0	38.3
铺敷道路（占总数的百分比）	..	*64.8*	*73.3*
高科技出口（占制成品出口的百分比）	..	2	6
全球联系			
商品贸易（占 GDP 的百分比）	34.2	42.1	38.8
净易货贸易条件指数（2000 年 =100）	..	100	132
外债总额（10 亿美元）	9.0	7.7	13.4
债务还本付息总额（占出口的百分比）	3.2	9.7	..
净移民（千人）	276	-56	-500
获得的侨汇（10 亿美元）	*1.2*	0.5	1.0
外国直接投资，净流入额（10 亿美元）	-0.4	0.0	3.0
获得的净官方发展援助（百万美元）	105	130	93

伊拉克

中东和北非			中低收入经济体
人口（百万）	31.5	人口增长率（百分比）	2.5
陆地面积（千平方公里）	438	国家贫困率（占人口的百分比）	22.9
GNI（10亿美元）	69.7	人均GNI（美元）	2,210
PPP衡量的GNI（10亿美元）	105.0	PPP衡量的人均GNI（美元）	3,330

	1990	2000	2009
人口			
最贫困的20%人口占国家消费/收入的份额（百分比）	..	..	..
出生时的预期寿命（岁）	65	71	68
总生育率（每个女性生育数）	6.0	5.0	3.9
青年女性生育率（每千名15—19岁女性生育数）	..	62	80
避孕普及率（占15—49岁已婚女性的百分比）	*14*	44	*50*
在熟练医护人员护理下的分娩（占总数的百分比）	*54*	72	*80*
5岁以下儿童死亡率（每千人）	53	48	44
儿童营养不良，体重不足（占5岁以下儿童的百分比）	*10.4*	12.9	*7.1*
儿童麻疹免疫接种率（占12—23个月年龄组的百分比）	75	87	69
小学毕业率，总数（占适龄年龄组的百分比）	*58*	55	*64*
中学总入学率，总数（占适龄年龄组的百分比）	*45*	37	*51*
小学和中学中女孩与男孩的比率（百分比）	*77*	77	*81*
HIV感染率（占15—49岁人口的百分比）	..	..	..
环境			
森林（千平方公里）	8.0	8.2	8.3
森林采伐（1990—2010年，平均年度百分比）			-0.1
淡水使用量（占内陆水资源的百分比）	..	..	*187.5*
获得改善的水资源的人口（占总人口的百分比）	81	80	*79*
获得改善的卫生设施的人口（占总人口的百分比）	..	69	*73*
人均能源使用量（千克石油当量）	957	1,011	*1,107*
人均二氧化碳排放量（吨）	2.8	3.0	*3.3*
人均用电量（千瓦时）	1,206	1,161	*1,164*
经济			
GDP（10亿美元）	*48.4*	25.9	65.8
GDP增长率（年度百分比）	..	-4.3	4.2
GDP隐含价格平减指数（年度增长百分比）	..	47.4	-28.4
农业增加值（占GDP的百分比）	..	5	..
工业增加值（占GDP的百分比）	..	84	..
服务业增加值（占GDP的百分比）	..	10	..
货物和服务出口（占GDP的百分比）	..	..	..
货物和服务进口（占GDP的百分比）	..	..	..
资本形成总额（占GDP的百分比）	..	..	..
中央政府收入（占GDP的百分比）	..	..	..
中央政府现金盈余/赤字（占GDP的百分比）	..	..	..
政府与市场			
创办企业的时间（天）	..	..	77
股票市场资本总额（占GDP的百分比）	..	..	..
军费支出（占GDP的百分比）	..	..	6.3
移动电话用户（每100人）	0	0	63
互联网用户（每100人）	0.0	*0.0*	1.0
铺敷道路（占总数的百分比）	77.9	84.3	..
高科技出口（占制成品出口的百分比）	..	..	*0*
全球联系			
商品贸易（占GDP的百分比）	*55.4*	131.4	116.2
净易货贸易条件指数（2000年=100）	..	100	141
外债总额（10亿美元）	..	..	..
债务还本付息总额（占出口的百分比）	..	..	..
净移民（千人）	-630	-18	-577
获得的侨汇（百万美元）	..	..	*70.9*
外国直接投资，净流入额（10亿美元）	0.0	0.0	1.1
获得的净官方发展援助（10亿美元）	0.1	0.1	2.8

爱尔兰

高收入经济体

人口（百万）	4.5	人口增长率（百分比）	0.6
陆地面积（千平方公里）	70	国家贫困率（占人口的百分比）	..
GNI（10 亿美元）	197.1	人均 GNI（美元）	44,280
PPP 衡量的 GNI（10 亿美元）	147.0	PPP 衡量的人均 GNI（美元）	33,040

	1990	2000	2009
人口			
最贫困的 20% 人口占国家消费/收入的份额（百分比）	..	7.4	..
出生时的预期寿命（岁）	75	77	80
总生育率（每个女性生育数）	2.1	1.9	2.1
青年女性生育率（每千名 15—19 岁女性生育数）	..	18	15
避孕普及率（占 15—49 岁已婚女性的百分比）	60	..	..
在熟练医护人员护理下的分娩（占总数的百分比）	..	*100*	..
5 岁以下儿童死亡率（每千人）	9	7	4
儿童营养不良，体重不足（占 5 岁以下儿童的百分比）	..	..	..
儿童麻疹免疫接种率（占 12—23 个月年龄组的百分比）	78	79	89
小学毕业率，总数（占适龄年龄组的百分比）	*103*	97	*99*
中学总入学率，总数（占适龄年龄组的百分比）	99	108	*115*
小学和中学中女孩与男孩的比率（百分比）	105	103	*103*
HIV 感染率（占 15—49 岁人口的百分比）	0.1	0.2	0.2
环境			
森林（千平方公里）	4.7	6.4	7.4
森林采伐（1990—2010 年，平均年度百分比）			-1.6
淡水使用量（占内陆水资源的百分比）	..	..	..
获得改善的水资源的人口（占总人口的百分比）	100	100	*100*
获得改善的卫生设施的人口（占总人口的百分比）	99	99	*99*
人均能源使用量（千克石油当量）	2,849	3,600	3,148
人均二氧化碳排放量（吨）	8.6	10.7	*10.2*
人均用电量（千瓦时）	3,776	5,796	*6,301*
经济			
GDP（10 亿美元）	47.8	96.6	227.2
GDP 增长率（年度百分比）	8.5	9.4	-7.1
GDP 隐含价格平减指数（年度增长百分比）	-0.7	6.0	-3.2
农业增加值（占 GDP 的百分比）	9	3	1
工业增加值（占 GDP 的百分比）	35	42	31
服务业增加值（占 GDP 的百分比）	57	55	68
货物和服务出口（占 GDP 的百分比）	57	98	89
货物和服务进口（占 GDP 的百分比）	52	85	74
资本形成总额（占 GDP 的百分比）	21	24	14
中央政府收入（占 GDP 的百分比）	..	33.3	30.4
中央政府现金盈余/赤字（占 GDP 的百分比）	..	4.9	-13.9
政府与市场			
创办企业的时间（天）	..	..	13
股票市场资本总额（占 GDP 的百分比）	..	84.8	13.2
军费支出（占 GDP 的百分比）	1.3	0.7	0.6
移动电话用户（每 100 人）	1	65	109
互联网用户（每 100 人）	0.0	17.8	68.4
铺敷道路（占总数的百分比）	94.0	100.0	*100.0*
高科技出口（占制成品出口的百分比）	41	48	25
全球联系			
商品贸易（占 GDP 的百分比）	92.9	133.0	77.9
净易货贸易条件指数（2000 年 =100）	112	100	97
外债总额（10 亿美元）	..	..	..
债务还本付息总额（占出口的百分比）	..	..	..
净移民（千人）	-148	92	200
获得的侨汇（百万美元）	286	252	576
外国直接投资，净流入额（10 亿美元）	0.6	25.5	25.2
获得的净官方发展援助（百万美元）	..	..	..

马恩岛

高收入经济体

人口（千人）	80	人口增长率（百分比）	-0.1
陆地面积（平方公里）	570	国家贫困率（占人口的百分比）	..
GNI（10亿美元）	*4.0*	人均 GNI（美元）	*49,310*
PPP 衡量的 GNI（10亿美元）	..	PPP 衡量的人均 GNI（美元）	..

	1990	2000	2008
人口			
最贫困的20%人口占国家消费/收入的份额（百分比）	..	..	..
出生时的预期寿命（岁）	..	78	..
总生育率（每个女性生育数）	..	1.7	..
青年女性生育率（每千名15—19岁女性生育数）	..	..	..
避孕普及率（占15—49岁已婚女性的百分比）	..	..	..
在熟练医护人员护理下的分娩（占总数的百分比）	..	..	..
5岁以下儿童死亡率（每千人）	..	..	..
儿童营养不良，体重不足（占5岁以下儿童的百分比）	..	..	..
儿童麻疹免疫接种率（占12—23个月年龄组的百分比）	..	..	..
小学毕业率，总数（占适龄年龄组的百分比）	..	..	..
中学总入学率，总数（占适龄年龄组的百分比）	..	..	..
小学和中学中女孩与男孩的比率（百分比）	..	..	..
HIV 感染率（占15—49岁人口的百分比）	..	..	..
环境			
森林（平方公里）	30	30	30
森林采伐（1990—2007年，平均年度百分比）			0.0
淡水使用量（占内陆水资源的百分比）	..	..	..
获得改善的水资源的人口（占总人口的百分比）	..	..	..
获得改善的卫生设施的人口（占总人口的百分比）	..	..	..
人均能源使用量（千克石油当量）	..	..	..
人均二氧化碳排放量（吨）	..	..	..
人均用电量（千瓦时）	..	..	..
经济			
GDP（百万美元）	..	1,564	*4,076*
GDP 增长率（年度百分比）	4.2	5.3	7.5
GDP 隐含价格平减指数（年度增长百分比）	9.0	3.3	*3.9*
农业增加值（占 GDP 的百分比）	..	..	..
工业增加值（占 GDP 的百分比）	..	..	..
服务业增加值（占 GDP 的百分比）	..	..	..
货物和服务出口（占 GDP 的百分比）	..	..	..
货物和服务进口（占 GDP 的百分比）	..	..	..
资本形成总额（占 GDP 的百分比）	..	..	..
中央政府收入（占 GDP 的百分比）	..	..	..
中央政府现金盈余/赤字（占 GDP 的百分比）	..	..	..
政府与市场			
创办企业的时间（天）	..	..	..
股票市场资本总额（占 GDP 的百分比）	..	..	..
军费支出（占 GDP 的百分比）	..	..	..
移动电话用户（每100人）	..	..	..
互联网用户（每100人）	..	..	..
铺敷道路（占总数的百分比）	..	..	..
高科技出口（占制成品出口的百分比）	..	..	..
全球联系			
商品贸易（占 GDP 的百分比）	..	..	..
净易货贸易条件指数（2000年=100）	..	..	..
外债总额（10亿美元）	..	..	..
债务还本付息总额（占出口的百分比）	..	..	..
净移民（千人）	..	..	..
获得的侨汇（10亿美元）	..	..	..
外国直接投资，净流入额（百万美元）	..	..	..
获得的净官方发展援助（百万美元）	..	..	..

以色列

高收入经济体

人口（百万）	7.4	人口增长率（百分比）	1.8
陆地面积（千平方公里）	22	国家贫困率（占人口的百分比）	..
GNI（10亿美元）	192.0	人均GNI（美元）	25,790
PPP衡量的GNI（10亿美元）	201.0	PPP衡量的人均GNI（美元）	27,010

	1990	2000	2009
人口			
最贫困的20%人口占国家消费/收入的份额（百分比）	..	5.7	..
出生时的预期寿命（岁）	77	79	82
总生育率（每个女性生育数）	2.8	3.0	3.0
青年女性生育率（每千名15—19岁女性生育数）	..	17	14
避孕普及率（占15—49岁已婚女性的百分比）	*68*	..	..
在熟练医护人员护理下的分娩（占总数的百分比）	..	..	..
5岁以下儿童死亡率（每千人）	11	7	4
儿童营养不良，体重不足（占5岁以下儿童的百分比）	..	..	..
儿童麻疹免疫接种率（占12—23个月年龄组的百分比）	91	97	96
小学毕业率，总数（占适龄年龄组的百分比）	..	*101*	*99*
中学总入学率，总数（占适龄年龄组的百分比）	90	92	*90*
小学和中学中女孩与男孩的比率（百分比）	105	100	*101*
HIV感染率（占15—49岁人口的百分比）	0.1	0.1	0.2
环境			
森林（千平方公里）	1.3	1.5	1.5
森林采伐（1990—2010年，平均年度百分比）			-0.5
淡水使用量（占内陆水资源的百分比）	..	..	*241.9*
获得改善的水资源的人口（占总人口的百分比）	100	100	*100*
获得改善的卫生设施的人口（占总人口的百分比）	100	100	*100*
人均能源使用量（千克石油当量）	2,462	2,902	*3,011*
人均二氧化碳排放量（吨）	7.2	10.0	*9.3*
人均用电量（千瓦时）	4,176	6,323	*7,054*
经济			
GDP（10亿美元）	52.5	124.7	195.4
GDP增长率（年度百分比）	6.8	9.2	0.8
GDP隐含价格平减指数（年度增长百分比）	15.9	1.6	5.2
农业增加值（占GDP的百分比）	..	..	..
工业增加值（占GDP的百分比）	..	..	..
服务业增加值（占GDP的百分比）	..	..	..
货物和服务出口（占GDP的百分比）	35	37	35
货物和服务进口（占GDP的百分比）	45	37	32
资本形成总额（占GDP的百分比）	25	21	16
中央政府收入（占GDP的百分比）	..	39.6	34.6
中央政府现金盈余/赤字（占GDP的百分比）	..	-1.9	-4.3
政府与市场			
创办企业的时间（天）	..	..	34
股票市场资本总额（占GDP的百分比）	6.3	51.4	93.2
军费支出（占GDP的百分比）	12.6	7.8	6.9
移动电话用户（每100人）	0	70	121
互联网用户（每100人）	0.1	20.2	49.7
铺敷道路（占总数的百分比）	100.0	100.0	*100.0*
高科技出口（占制成品出口的百分比）	10	25	23
全球联系			
商品贸易（占GDP的百分比）	55.0	55.4	49.8
净易货贸易条件指数（2000年=100）	89	100	103
外债总额（10亿美元）	..	..	..
债务还本付息总额（占出口的百分比）	..	..	..
净移民（千人）	64	276	85
获得的侨汇（10亿美元）	0.8	0.4	1.3
外国直接投资，净流入额（10亿美元）	0.2	8.0	3.9
获得的净官方发展援助（10亿美元）	1.4	..	..

意大利

高收入经济体

人口（百万）	60.2	人口增长率（百分比）	0.6
陆地面积（千平方公里）	301	国家贫困率（占人口的百分比）	..
GNI（10亿美元）	2,114.5	人均GNI（美元）	35,110
PPP衡量的GNI（10亿美元）	1,919.2	PPP衡量的人均GNI（美元）	31,870

	1990	2000	2009
人口			
最贫困的20%人口占国家消费/收入的份额（百分比）	..	6.5	..
出生时的预期寿命（岁）	77	79	81
总生育率（每个女性生育数）	1.3	1.3	1.4
青年女性生育率（每千名15—19岁女性生育数）	..	7	5
避孕普及率（占15—49岁已婚女性的百分比）	..	..	..
在熟练医护人员护理下的分娩（占总数的百分比）	..	..	..
5岁以下儿童死亡率（每千人）	10	6	4
儿童营养不良，体重不足（占5岁以下儿童的百分比）	..	..	..
儿童麻疹免疫接种率（占12—23个月年龄组的百分比）	43	74	91
小学毕业率，总数（占适龄年龄组的百分比）	99	102	*104*
中学总入学率，总数（占适龄年龄组的百分比）	79	93	*101*
小学和中学中女孩与男孩的比率（百分比）	100	*98*	*99*
HIV感染率（占15—49岁人口的百分比）	0.3	0.3	0.3
环境			
森林（千平方公里）	76	84	91
森林采伐（1990—2010年，平均年度百分比）			-0.6
淡水使用量（占内陆水资源的百分比）	..	..	*24.8*
获得改善的水资源的人口（占总人口的百分比）	100	100	*100*
获得改善的卫生设施的人口（占总人口的百分比）	..	..	..
人均能源使用量（千克石油当量）	2,584	3,012	2,702
人均二氧化碳排放量（吨）	7.5	7.8	*7.7*
人均用电量（千瓦时）	4,145	5,299	*5,661*
经济			
GDP（10亿美元）	1,133.4	1,097.3	2,112.8
GDP增长率（年度百分比）	2.1	3.7	-5.0
GDP隐含价格平减指数（年度增长百分比）	8.4	1.9	2.1
农业增加值（占GDP的百分比）	3	3	2
工业增加值（占GDP的百分比）	32	28	25
服务业增加值（占GDP的百分比）	64	69	73
货物和服务出口（占GDP的百分比）	19	27	24
货物和服务进口（占GDP的百分比）	19	26	24
资本形成总额（占GDP的百分比）	22	21	19
中央政府收入（占GDP的百分比）	..	37.2	38.5
中央政府现金盈余/赤字（占GDP的百分比）	..	-0.7	-4.9
政府与市场			
创办企业的时间（天）	..	..	6
股票市场资本总额（占GDP的百分比）	13.1	70.0	15.0
军费支出（占GDP的百分比）	2.1	2.0	1.7
移动电话用户（每100人）	0	74	150
互联网用户（每100人）	0.0	23.2	48.5
铺敷道路（占总数的百分比）	100.0	100.0	..
高科技出口（占制成品出口的百分比）	8	9	8
全球联系			
商品贸易（占GDP的百分比）	31.1	43.7	38.7
净易货贸易条件指数（2000年=100）	95	100	103
外债总额（10亿美元）	..	..	..
债务还本付息总额（占出口的百分比）	..	..	..
净移民（千人）	88	213	1,650
获得的侨汇（10亿美元）	5.1	1.9	2.7
外国直接投资，净流入额（10亿美元）	6.4	13.2	29.0
获得的净官方发展援助（百万美元）	..	..	..

牙买加

拉丁美洲和加勒比地区			中高收入经济体
人口（百万）	2.7	人口增长率（百分比）	0.5
陆地面积（千平方公里）	11	国家贫困率（占人口的百分比）	*9.9*
GNI（10亿美元）	12.4	人均GNI（美元）	4,590
PPP衡量的GNI（10亿美元）	19.5	PPP衡量的人均GNI（美元）	7,230

	1990	2000	2009
人口			
最贫困的20%人口占国家消费/收入的份额（百分比）	5.8	*4.6*	..
出生时的预期寿命（岁）	71	71	72
总生育率（每个女性生育数）	2.9	2.6	2.4
青年女性生育率（每千名15—19岁女性生育数）	..	89	75
避孕普及率（占15—49岁已婚女性的百分比）	*55*	*69*	..
在熟练医护人员护理下的分娩（占总数的百分比）	*79*	96	*95*
5岁以下儿童死亡率（每千人）	33	32	31
儿童营养不良，体重不足（占5岁以下儿童的百分比）	*4.0*	3.8	*2.2*
儿童麻疹免疫接种率（占12—23个月年龄组的百分比）	74	88	88
小学毕业率，总数（占适龄年龄组的百分比）	95	87	*89*
中学总入学率，总数（占适龄年龄组的百分比）	*70*	87	*91*
小学和中学中女孩与男孩的比率（百分比）	*103*	101	*100*
HIV感染率（占15—49岁人口的百分比）	2.1	1.9	1.7
环境			
森林（千平方公里）	3.5	3.4	3.4
森林采伐（1990—2010年，平均年度百分比）			0.1
淡水使用量（占内陆水资源的百分比）	..	..	*6.2*
获得改善的水资源的人口（占总人口的百分比）	93	93	*94*
获得改善的卫生设施的人口（占总人口的百分比）	83	82	*83*
人均能源使用量（千克石油当量）	1,167	1,447	*1,633*
人均二氧化碳排放量（吨）	3.3	4.0	*5.2*
人均用电量（千瓦时）	879	2,321	*2,552*
经济			
GDP（10亿美元）	4.6	9.0	12.1
GDP增长率（年度百分比）	4.2	0.9	-3.0
GDP隐含价格平减指数（年度增长百分比）	25.1	10.6	6.5
农业增加值（占GDP的百分比）	..	7	6
工业增加值（占GDP的百分比）	..	26	22
服务业增加值（占GDP的百分比）	..	67	72
货物和服务出口（占GDP的百分比）	48	..	35
货物和服务进口（占GDP的百分比）	52	..	53
资本形成总额（占GDP的百分比）	26	..	21
中央政府收入（占GDP的百分比）	..	..	27.0
中央政府现金盈余/赤字（占GDP的百分比）	..	..	-15.9
政府与市场			
创办企业的时间（天）	..	..	8
股票市场资本总额（占GDP的百分比）	19.8	39.8	51.4
军费支出（占GDP的百分比）	0.6	0.5	*0.6*
移动电话用户（每100人）	0	14	110
互联网用户（每100人）	0.0	3.1	58.6
铺敷道路（占总数的百分比）	64.0	70.1	..
高科技出口（占制成品出口的百分比）	*0*	0	1
全球联系			
商品贸易（占GDP的百分比）	67.2	51.4	52.9
净易货贸易条件指数（2000年=100）	..	100	77
外债总额（10亿美元）	4.8	4.7	11.0
债务还本付息总额（占出口的百分比）	28.5	18.6	33.9
净移民（千人）	-161	-98	-100
获得的侨汇（10亿美元）	0.2	0.9	1.9
外国直接投资，净流入额（百万美元）	137.9	468.3	540.9
获得的净官方发展援助（百万美元）	270.6	8.6	149.6

日本

高收入经济体

人口（百万）	127.6	人口增长率（百分比）	-0.1
陆地面积（千平方公里）	378	国家贫困率（占人口的百分比）	..
GNI（10亿美元）	4,857.2	人均 GNI（美元）	38,080
PPP 衡量的 GNI（10亿美元）	4,265.3	PPP 衡量的人均 GNI（美元）	33,440

	1990	2000	2009
人口			
最贫困的20%人口占国家消费/收入的份额（百分比）	..	..	..
出生时的预期寿命（岁）	79	81	83
总生育率（每个女性生育数）	1.5	1.4	1.4
青年女性生育率（每千名15—19岁女性生育数）	..	5	5
避孕普及率（占15—49岁已婚女性的百分比）	58	56	..
在熟练医护人员护理下的分娩（占总数的百分比）	100	..	..
5岁以下儿童死亡率（每千人）	6	4	3
儿童营养不良，体重不足（占5岁以下儿童的百分比）	..	..	..
儿童麻疹免疫接种率（占12—23个月年龄组的百分比）	73	96	94
小学毕业率，总数（占适龄年龄组的百分比）	101	*102*	*101*
中学总入学率，总数（占适龄年龄组的百分比）	96	101	*101*
小学和中学中女孩与男孩的比率（百分比）	101	101	*100*
HIV 感染率（占15—49岁人口的百分比）	0.1	0.1	0.1
环境			
森林（千平方公里）	250	249	250
森林采伐（1990—2010年，平均年度百分比）			0.0
淡水使用量（占内陆水资源的百分比）	..	..	*20.6*
获得改善的水资源的人口（占总人口的百分比）	100	100	*100*
获得改善的卫生设施的人口（占总人口的百分比）	100	100	*100*
人均能源使用量（千克石油当量）	3,556	4,090	3,713
人均二氧化碳排放量（吨）	9.3	9.7	*9.8*
人均用电量（千瓦时）	6,486	7,974	*8,071*
经济			
GDP（10亿美元）	3,058.0	4,667.4	5,069.0
GDP 增长率（年度百分比）	5.6	2.9	-5.2
GDP 隐含价格平减指数（年度增长百分比）	2.3	-1.7	-0.9
农业增加值（占 GDP 的百分比）	2	2	*1*
工业增加值（占 GDP 的百分比）	39	32	*28*
服务业增加值（占 GDP 的百分比）	58	66	*71*
货物和服务出口（占 GDP 的百分比）	10	11	13
货物和服务进口（占 GDP 的百分比）	9	10	12
资本形成总额（占 GDP 的百分比）	33	25	20
中央政府收入（占 GDP 的百分比）	..	..	..
中央政府现金盈余/赤字（占 GDP 的百分比）	..	..	..
政府与市场			
创办企业的时间（天）	..	..	23
股票市场资本总额（占 GDP 的百分比）	95.5	67.6	66.6
军费支出（占 GDP 的百分比）	0.9	1.0	1.0
移动电话用户（每100人）	1	53	90
互联网用户（每100人）	0.0	30.0	77.7
铺敷道路（占总数的百分比）	69.2	76.6	*79.6*
高科技出口（占制成品出口的百分比）	24	28	20
全球联系			
商品贸易（占 GDP 的百分比）	17.1	18.4	22.3
净易货贸易条件指数（2000年=100）	105	100	74
外债总额（10亿美元）	..	..	..
债务还本付息总额（占出口的百分比）	..	..	..
净移民（千人）	-608	45	150
获得的侨汇（10亿美元）	*0.5*	1.4	1.8
外国直接投资，净流入额（10亿美元）	1.8	8.2	11.8
获得的净官方发展援助（百万美元）	..	..	..

约旦

中东和北非			中低收入经济体
人口（百万）	6.0	人口增长率（百分比）	2.4
陆地面积（千平方公里）	89	国家贫困率（占人口的百分比）	*13.3*
GNI（10亿美元）	23.7	人均GNI（美元）	3,980
PPP衡量的GNI（10亿美元）	34.1	PPP衡量的人均GNI（美元）	5,730

	1990	2000	2009
人口			
最贫困的20%人口占国家消费/收入的份额（百分比）	5.9	..	*7.2*
出生时的预期寿命（岁）	67	71	73
总生育率（每个女性生育数）	5.5	3.9	3.4
青年女性生育率（每千名15—19岁女性生育数）	..	33	24
避孕普及率（占15—49岁已婚女性的百分比）	40	*56*	59
在熟练医护人员护理下的分娩（占总数的百分比）	87	*100*	*99*
5岁以下儿童死亡率（每千人）	39	30	25
儿童营养不良，体重不足（占5岁以下儿童的百分比）	4.8	*3.6*	1.9
儿童麻疹免疫接种率（占12—23个月年龄组的百分比）	87	94	95
小学毕业率，总数（占适龄年龄组的百分比）	98	96	*100*
中学总入学率，总数（占适龄年龄组的百分比）	80	87	*88*
小学和中学中女孩与男孩的比率（百分比）	102	102	*102*
HIV感染率（占15—49岁人口的百分比）	..	..	..
环境			
森林（平方公里）	980	980	980
森林采伐（1990—2010年，平均年度百分比）			0.0
淡水使用量（占内陆水资源的百分比）	..	..	*136.5*
获得改善的水资源的人口（占总人口的百分比）	97	96	*96*
获得改善的卫生设施的人口（占总人口的百分比）	..	98	*98*
人均能源使用量（千克石油当量）	1,028	1,027	*1,215*
人均二氧化碳排放量（吨）	3.3	3.2	*3.8*
人均用电量（千瓦时）	1,050	1,377	*2,087*
经济			
GDP（10亿美元）	4.0	8.5	25.1
GDP增长率（年度百分比）	1.0	4.2	2.3
GDP隐含价格平减指数（年度增长百分比）	11.4	-0.4	8.1
农业增加值（占GDP的百分比）	8	2	3
工业增加值（占GDP的百分比）	28	26	32
服务业增加值（占GDP的百分比）	64	72	65
货物和服务出口（占GDP的百分比）	62	42	43
货物和服务进口（占GDP的百分比）	93	68	65
资本形成总额（占GDP的百分比）	32	22	15
中央政府收入（占GDP的百分比）	26.1	25.1	23.5
中央政府现金盈余/赤字（占GDP的百分比）	-3.5	-2.0	-8.5
政府与市场			
创办企业的时间（天）	..	..	13
股票市场资本总额（占GDP的百分比）	49.7	58.4	127.0
军费支出（占GDP的百分比）	8.0	6.2	5.5
移动电话用户（每100人）	0	8	101
互联网用户（每100人）	0.0	2.7	29.3
铺敷道路（占总数的百分比）	100.0	*100.0*	*100.0*
高科技出口（占制成品出口的百分比）	1	8	1
全球联系			
商品贸易（占GDP的百分比）	91.1	76.7	81.5
净易货贸易条件指数（2000年=100）	94	100	120
外债总额（10亿美元）	8.3	7.4	6.6
债务还本付息总额（占出口的百分比）	24.4	17.6	4.8
净移民（千人）	75	-86	250
获得的侨汇（10亿美元）	0.5	1.8	3.6
外国直接投资，净流入额（10亿美元）	0.0	0.9	2.4
获得的净官方发展援助（百万美元）	886	552	761

哈萨克斯坦

欧洲和中亚			中高收入经济体
人口（百万）	15.9	人口增长率（百分比）	1.4
陆地面积（千平方公里）	2,725	国家贫困率（占人口的百分比）	*15.4*
GNI（10 亿美元）	110.0	人均 GNI（美元）	6,920
PPP 衡量的 GNI（10 亿美元）	164.0	PPP 衡量的人均 GNI（美元）	10,320

	1990	**2000**	**2009**
人口			
最贫困的 20% 人口占国家消费/收入的份额（百分比）	*9.5*	*8.1*	*8.7*
出生时的预期寿命（岁）	68	66	68
总生育率（每个女性生育数）	2.7	1.8	2.6
青年女性生育率（每千名 15—19 岁女性生育数）	..	34	29
避孕普及率（占 15—49 岁已婚女性的百分比）	..	*66*	*51*
在熟练医护人员护理下的分娩（占总数的百分比）	..	*99*	*100*
5 岁以下儿童死亡率（每千人）	60	44	29
儿童营养不良，体重不足（占 5 岁以下儿童的百分比）	..	*3.8*	*4.9*
儿童麻疹免疫接种率（占 12—23 个月年龄组的百分比）	*89*	99	99
小学毕业率，总数（占适龄年龄组的百分比）	..	94	106
中学总入学率，总数（占适龄年龄组的百分比）	100	93	99
小学和中学中女孩与男孩的比率（百分比）	..	102	99
HIV 感染率（占 15—49 岁人口的百分比）	0.1	0.1	0.1
环境			
森林（千平方公里）	34	34	33
森林采伐（1990—2010 年，平均年度百分比）			0.1
淡水使用量（占内陆水资源的百分比）	..	..	*42.1*
获得改善的水资源的人口（占总人口的百分比）	96	96	95
获得改善的卫生设施的人口（占总人口的百分比）	96	97	97
人均能源使用量（千克石油当量）	4,450	2,709	*4,525*
人均二氧化碳排放量（吨）	*15.9*	8.6	*14.7*
人均用电量（千瓦时）	5,905	3,170	*4,689*
经济			
GDP（10 亿美元）	26.9	18.3	115.3
GDP 增长率（年度百分比）	*-11.0*	9.8	1.2
GDP 隐含价格平减指数（年度增长百分比）	*96.4*	17.4	4.7
农业增加值（占 GDP 的百分比）	*27*	9	6
工业增加值（占 GDP 的百分比）	*45*	40	40
服务业增加值（占 GDP 的百分比）	*29*	51	53
货物和服务出口（占 GDP 的百分比）	*74*	57	42
货物和服务进口（占 GDP 的百分比）	*75*	49	34
资本形成总额（占 GDP 的百分比）	*32*	19	30
中央政府收入（占 GDP 的百分比）	..	11.3	9.2
中央政府现金盈余/赤字（占 GDP 的百分比）	..	0.1	-2.0
政府与市场			
创办企业的时间（天）	..	..	19
股票市场资本总额（占 GDP 的百分比）	..	7.3	50.0
军费支出（占 GDP 的百分比）	..	0.8	1.2
移动电话用户（每 100 人）	0	1	94
互联网用户（每 100 人）	0.0	0.7	33.4
铺敷道路（占总数的百分比）	55.1	*86.5*	*89.9*
高科技出口（占制成品出口的百分比）	..	4	30
全球联系			
商品贸易（占 GDP 的百分比）	..	75.7	62.1
净易货贸易条件指数（2000 年 = 100）	..	..	..
外债总额（10 亿美元）	*0.0*	12.4	109.9
债务还本付息总额（占出口的百分比）	..	32.2	80.2
净移民（千人）	-595	-1,320	-100
获得的侨汇（百万美元）	..	121.8	123.7
外国直接投资，净流入额（10 亿美元）	*0.1*	1.3	13.6
获得的净官方发展援助（百万美元）	*112*	189	298

肯尼亚

撒哈拉以南非洲地区			低收入经济体
人口（百万）	39.8	人口增长率（百分比）	2.6
陆地面积（千平方公里）	580	国家贫困率（占人口的百分比）	*45.9*
GNI（10亿美元）	30.3	人均GNI（美元）	760
PPP衡量的GNI（10亿美元）	62.5	PPP衡量的人均GNI（美元）	1,570

	1990	2000	2009
人口			
最贫困的20%人口占国家消费/收入的份额（百分比）	*3.4*	..	..
出生时的预期寿命（岁）	60	53	55
总生育率（每个女性生育数）	6.0	5.0	4.9
青年女性生育率（每千名15—19岁女性生育数）	..	105	101
避孕普及率（占15—49岁已婚女性的百分比）	*27*	*39*	46
在熟练医护人员护理下的分娩（占总数的百分比）	*50*	*44*	44
5岁以下儿童死亡率（每千人）	99	105	84
儿童营养不良，体重不足（占5岁以下儿童的百分比）	..	17.5	16.4
儿童麻疹免疫接种率（占12—23个月年龄组的百分比）	78	78	*74*
小学毕业率，总数（占适龄年龄组的百分比）	..	..	..
中学总入学率，总数（占适龄年龄组的百分比）	*40*	39	59
小学和中学中女孩与男孩的比率（百分比）	*92*	98	95
HIV感染率（占15—49岁人口的百分比）	3.9	9.0	6.3
环境			
森林（千平方公里）	37	36	35
森林采伐（1990—2010年，平均年度百分比）			0.2
淡水使用量（占内陆水资源的百分比）	..	..	*13.2*
获得改善的水资源的人口（占总人口的百分比）	43	52	59
获得改善的卫生设施的人口（占总人口的百分比）	*26*	29	*31*
人均能源使用量（千克石油当量）	467	445	*465*
人均二氧化碳排放量（吨）	0.2	0.3	*0.3*
人均用电量（千瓦时）	125	109	*155*
经济			
GDP（10亿美元）	8.6	12.7	29.4
GDP增长率（年度百分比）	4.2	0.6	2.6
GDP隐含价格平减指数（年度增长百分比）	10.6	6.1	6.7
农业增加值（占GDP的百分比）	30	32	23
工业增加值（占GDP的百分比）	19	17	15
服务业增加值（占GDP的百分比）	51	51	62
货物和服务出口（占GDP的百分比）	26	22	25
货物和服务进口（占GDP的百分比）	31	32	38
资本形成总额（占GDP的百分比）	24	17	21
中央政府收入（占GDP的百分比）	*19.5*	19.7	20.5
中央政府现金盈余/赤字（占GDP的百分比）	*-2.8*	2.0	-5.5
政府与市场			
创办企业的时间（天）	..	..	33
股票市场资本总额（占GDP的百分比）	5.3	10.1	36.6
军费支出（占GDP的百分比）	2.9	1.3	1.9
移动电话用户（每100人）	0	0	49
互联网用户（每100人）	0.0	0.3	10.0
铺敷道路（占总数的百分比）	12.8	12.1	..
高科技出口（占制成品出口的百分比）	4	4	*5*
全球联系			
商品贸易（占GDP的百分比）	37.9	38.1	49.8
净易货贸易条件指数（2000年=100）	70	100	95
外债总额（10亿美元）	7.1	6.1	8.0
债务还本付息总额（占出口的百分比）	35.4	20.9	5.0
净移民（千人）	5	-21	-189
获得的侨汇（10亿美元）	0.1	0.5	1.7
外国直接投资，净流入额（百万美元）	57.1	110.9	140.5
获得的净官方发展援助（10亿美元）	1.2	0.5	1.8

基里巴斯

东亚和太平洋地区			中低收入经济体
人口（千人）	98	人口增长率（百分比）	1.5
陆地面积（平方公里）	810	国家贫困率（占人口的百分比）	..
GNI（百万美元）	179.7	人均 GNI（美元）	1,830
PPP 衡量的 GNI（百万美元）	324.2	PPP 衡量的人均 GNI（美元）	3,310

	1990	2000	2009
人口			
最贫困的 20% 人口占国家消费/收入的份额（百分比）	..	..	..
出生时的预期寿命（岁）	57	60	..
总生育率（每个女性生育数）	4.0	3.8	..
青年女性生育率（每千名 15—19 岁女性生育数）	..	..	..
避孕普及率（占 15—49 岁已婚女性的百分比）	..	*21*	..
在熟练医护人员护理下的分娩（占总数的百分比）	..	*89*	..
5 岁以下儿童死亡率（每千人）	89	63	46
儿童营养不良，体重不足（占 5 岁以下儿童的百分比）	..	..	..
儿童麻疹免疫接种率（占 12—23 个月年龄组的百分比）	75	80	82
小学毕业率，总数（占适龄年龄组的百分比）	101	99	..
中学总入学率，总数（占适龄年龄组的百分比）	38	100	*85*
小学和中学中女孩与男孩的比率（百分比）	99	122	*107*
HIV 感染率（占 15—49 岁人口的百分比）	..	..	..
环境			
森林（平方公里）	120	120	120
森林采伐（1990—2010 年，平均年度百分比）			0.0
淡水使用量（占内陆水资源的百分比）	..	..	..
获得改善的水资源的人口（占总人口的百分比）	48	62	..
获得改善的卫生设施的人口（占总人口的百分比）	26	33	..
人均能源使用量（千克石油当量）	..	..	..
人均二氧化碳排放量（吨）	0.3	0.4	*0.3*
人均用电量（千瓦时）	..	..	..
经济			
GDP（百万美元）	28	68	128
GDP 增长率（年度百分比）	2.1	7.2	-0.7
GDP 隐含价格平减指数（年度增长百分比）	-4.7	0.3	4.6
农业增加值（占 GDP 的百分比）	19	22	29
工业增加值（占 GDP 的百分比）	8	12	10
服务业增加值（占 GDP 的百分比）	74	66	62
货物和服务出口（占 GDP 的百分比）	12	7	..
货物和服务进口（占 GDP 的百分比）	147	47	..
资本形成总额（占 GDP 的百分比）	93	..	..
中央政府收入（占 GDP 的百分比）	..	..	..
中央政府现金盈余/赤字（占 GDP 的百分比）	..	..	..
政府与市场			
创办企业的时间（天）	..	..	21
股票市场资本总额（占 GDP 的百分比）	..	..	..
军费支出（占 GDP 的百分比）	..	..	..
移动电话用户（每 100 人）	0	0	1
互联网用户（每 100 人）	0.0	1.8	2.0
铺敷道路（占总数的百分比）	..	..	..
高科技出口（占制成品出口的百分比）	..	..	..
全球联系			
商品贸易（占 GDP 的百分比）	104.8	63.9	64.9
净易货贸易条件指数（2000 年 =100）	..	100	61
外债总额（百万美元）	..	..	..
债务还本付息总额（占出口的百分比）	..	..	..
净移民（千人）	..	..	..
获得的侨汇（百万美元）	5.1	7.0	8.2
外国直接投资，净流入额（百万美元）	0.3	17.6	2.2
获得的净官方发展援助（百万美元）	20	18	27

朝 鲜

东亚和太平洋地区			低收入经济体
人口（百万）	23.9	人口增长率（百分比）	0.4
陆地面积（千平方公里）	121	国家贫困率（占人口的百分比）	..
GNI（10亿美元）	..	人均GNI（美元）	..
PPP衡量的GNI（10亿美元）	..	PPP衡量的人均GNI（美元）	..

	1990	2000	2009
人口			
最贫困的20%人口占国家消费/收入的份额（百分比）	..	..	..
出生时的预期寿命（岁）	70	67	67
总生育率（每个女性生育数）	2.4	2.0	1.9
青年女性生育率（每千名15—19岁女性生育数）	..	0	0
避孕普及率（占15—49岁已婚女性的百分比）	62	*69*	..
在熟练医护人员护理下的分娩（占总数的百分比）	..	97	..
5岁以下儿童死亡率（每千人）	45	58	33
儿童营养不良，体重不足（占5岁以下儿童的百分比）	..	24.7	..
儿童麻疹免疫接种率（占12—23个月年龄组的百分比）	98	73	98
小学毕业率，总数（占适龄年龄组的百分比）	..	..	..
中学总入学率，总数（占适龄年龄组的百分比）	..	..	..
小学和中学中女孩与男孩的比率（百分比）	..	..	..
HIV感染率（占15—49岁人口的百分比）	..	..	..
环境			
森林（千平方公里）	82	69	57
森林采伐（1990—2010年，平均年度百分比）			1.2
淡水使用量（占内陆水资源的百分比）	..	..	*10.3*
获得改善的水资源的人口（占总人口的百分比）	100	100	*100*
获得改善的卫生设施的人口（占总人口的百分比）	..	59	..
人均能源使用量（千克石油当量）	1,649	866	*851*
人均二氧化碳排放量（吨）	12.1	3.4	*3.0*
人均用电量（千瓦时）	1,247	715	*820*
经济			
GDP（10亿美元）	..	..	..
GDP增长率（年度百分比）	..	..	..
GDP隐含价格平减指数（年度增长百分比）	..	..	..
农业增加值（占GDP的百分比）	..	..	..
工业增加值（占GDP的百分比）	..	..	..
服务业增加值（占GDP的百分比）	..	..	..
货物和服务出口（占GDP的百分比）	..	..	..
货物和服务进口（占GDP的百分比）	..	..	..
资本形成总额（占GDP的百分比）	..	..	..
中央政府收入（占GDP的百分比）	..	..	..
中央政府现金盈余/赤字（占GDP的百分比）	..	..	..
政府与市场			
创办企业的时间（天）	..	..	..
股票市场资本总额（占GDP的百分比）	..	..	..
军费支出（占GDP的百分比）	..	..	..
移动电话用户（每100人）	0	0	0
互联网用户（每100人）	0.0	0.0	0.0
铺敷道路（占总数的百分比）	5.7	6.4	*2.8*
高科技出口（占制成品出口的百分比）	..	..	..
全球联系			
商品贸易（占GDP的百分比）	..	..	..
净易货贸易条件指数（2000年=100）	..	100	84
外债总额（10亿美元）	..	..	..
债务还本付息总额（占出口的百分比）	..	..	..
净移民（千人）	0	0	0
获得的侨汇（10亿美元）	..	..	..
外国直接投资，净流入额（10亿美元）	..	..	..
获得的净官方发展援助（百万美元）	7.7	73.3	66.8

韩国

高收入经济体

人口（百万）	48.7	人口增长率（百分比）	0.3
陆地面积（千平方公里）	100	国家贫困率（占人口的百分比）	..
GNI（10亿美元）	966.6	人均GNI（美元）	19,830
PPP衡量的GNI（10亿美元）	1,328.0	PPP衡量的人均GNI（美元）	27,240

	1990	2000	2009
人口			
最贫困的20%人口占国家消费/收入的份额（百分比）	..	*7.9*	..
出生时的预期寿命（岁）	71	76	80
总生育率（每个女性生育数）	1.6	1.5	1.3
青年女性生育率（每千名15—19岁女性生育数）	..	3	6
避孕普及率（占15—49岁已婚女性的百分比）	*79*	..	*80*
在熟练医护人员护理下的分娩（占总数的百分比）	98	100	..
5岁以下儿童死亡率（每千人）	9	6	5
儿童营养不良，体重不足（占5岁以下儿童的百分比）	..	..	..
儿童麻疹免疫接种率（占12—23个月年龄组的百分比）	93	95	93
小学毕业率，总数（占适龄年龄组的百分比）	99	103	*99*
中学总入学率，总数（占适龄年龄组的百分比）	93	97	*97*
小学和中学中女孩与男孩的比率（百分比）	98	99	*97*
HIV感染率（占15—49岁人口的百分比）	0.1	0.1	0.1
环境			
森林（千平方公里）	64	63	62
森林采伐（1990—2010年，平均年度百分比）			0.1
淡水使用量（占内陆水资源的百分比）	..	..	*39.3*
获得改善的水资源的人口（占总人口的百分比）	..	93	*98*
获得改善的卫生设施的人口（占总人口的百分比）	100	100	*100*
人均能源使用量（千克石油当量）	2,171	3,949	4,693
人均二氧化碳排放量（吨）	5.6	9.4	*10.4*
人均用电量（千瓦时）	2,373	5,907	*8,853*
经济			
GDP（10亿美元）	263.8	533.4	832.5
GDP增长率（年度百分比）	9.2	8.5	0.2
GDP隐含价格平减指数（年度增长百分比）	10.5	5.0	3.4
农业增加值（占GDP的百分比）	9	5	3
工业增加值（占GDP的百分比）	42	38	37
服务业增加值（占GDP的百分比）	49	57	61
货物和服务出口（占GDP的百分比）	28	39	50
货物和服务进口（占GDP的百分比）	29	36	46
资本形成总额（占GDP的百分比）	38	31	26
中央政府收入（占GDP的百分比）	16.8	22.3	23.1
中央政府现金盈余/赤字（占GDP的百分比）	1.7	4.4	0.0
政府与市场			
创办企业的时间（天）	..	..	14
股票市场资本总额（占GDP的百分比）	42.1	32.2	100.5
军费支出（占GDP的百分比）	3.8	2.6	2.9
移动电话用户（每100人）	0	57	98
互联网用户（每100人）	0.0	40.5	80.9
铺敷道路（占总数的百分比）	71.5	74.5	*78.5*
高科技出口（占制成品出口的百分比）	18	35	32
全球联系			
商品贸易（占GDP的百分比）	51.1	62.4	82.5
净易货贸易条件指数（2000年=100）	133	100	69
外债总额（10亿美元）	..	..	..
债务还本付息总额（占出口的百分比）	..	..	..
净移民（千人）	484	-65	-30
获得的侨汇（10亿美元）	1.0	0.7	2.5
外国直接投资，净流入额（百万美元）	0.8	9.3	1.5
获得的净官方发展援助（百万美元）	52.0	*-55.1*	..

科索沃

欧洲和中亚			中低收入经济体
人口（百万）	1.8	人口增长率（百分比）	0.6
陆地面积（千平方公里）	11	国家贫困率（占人口的百分比）	*45.0*
GNI（10亿美元）	5.9	人均GNI（美元）	3,240
PPP衡量的GNI（10亿美元）	..	PPP衡量的人均GNI（美元）	..

	1990	2000	2009
人口			
最贫困的20%人口占国家消费/收入的份额（百分比）	..	..	..
出生时的预期寿命（岁）	68	68	70
总生育率（每个女性生育数）	3.9	3.0	2.3
青年女性生育率（每千名15—19岁女性生育数）	..	..	..
避孕普及率（占15—49岁已婚女性的百分比）	..	..	..
在熟练医护人员护理下的分娩（占总数的百分比）	..	..	..
5岁以下儿童死亡率（每千人）	..	..	..
儿童营养不良，体重不足（占5岁以下儿童的百分比）	..	..	..
儿童麻疹免疫接种率（占12—23个月年龄组的百分比）	..	..	..
小学毕业率，总数（占适龄年龄组的百分比）	..	..	..
中学总入学率，总数（占适龄年龄组的百分比）	..	..	..
小学和中学中女孩与男孩的比率（百分比）	..	..	..
HIV感染率（占15—49岁人口的百分比）	..	..	..
环境			
森林（千平方公里）	..	..	..
森林采伐（1990—2010年，平均年度百分比）			..
淡水使用量（占内陆水资源的百分比）	..	..	..
获得改善的水资源的人口（占总人口的百分比）	..	..	..
获得改善的卫生设施的人口（占总人口的百分比）	..	..	..
人均能源使用量（千克石油当量）	..	..	..
人均二氧化碳排放量（吨）	..	..	..
人均用电量（千瓦时）	..	..	..
经济			
GDP（10亿美元）	..	1,849	5,387
GDP增长率（年度百分比）	..	*27.0*	4.0
GDP隐含价格平减指数（年度增长百分比）	..	*11.4*	-3.4
农业增加值（占GDP的百分比）	..	..	12
工业增加值（占GDP的百分比）	..	..	20
服务业增加值（占GDP的百分比）	..	..	68
货物和服务出口（占GDP的百分比）	..	..	14
货物和服务进口（占GDP的百分比）	..	..	54
资本形成总额（占GDP的百分比）	..	..	28
中央政府收入（占GDP的百分比）	..	..	..
中央政府现金盈余/赤字（占GDP的百分比）	..	..	..
政府与市场			
创办企业的时间（天）	..	..	58
股票市场资本总额（占GDP的百分比）	..	..	..
军费支出（占GDP的百分比）	..	..	..
移动电话用户（每100人）	..	..	..
互联网用户（每100人）	..	..	..
铺敷道路（占总数的百分比）	..	..	..
高科技出口（占制成品出口的百分比）	..	..	..
全球联系			
商品贸易（占GDP的百分比）	..	..	..
净易货贸易条件指数（2000年=100）		..	..
外债总额（10亿美元）	..	..	358.5
债务还本付息总额（占出口的百分比）	..	..	20.8
净移民（千人）	..	..	..
获得的侨汇（10亿美元）	..	..	..
外国直接投资，净流入额（百万美元）	..	..	405.6
获得的净官方发展援助（百万美元）	..	1.0	788.0

科威特

高收入经济体

人口（百万）	2.8	人口增长率（百分比）	2.4
陆地面积（千平方公里）	18	国家贫困率（占人口的百分比）	..
GNI（10亿美元）	*117.0*	人均 GNI（美元）	*43,930*
PPP 衡量的 GNI（10亿美元）	*143.5*	PPP 衡量的人均 GNI（美元）	*53,890*

	1990	2000	2009
人口			
最贫困的20%人口占国家消费/收入的份额（百分比）	..	..	..
出生时的预期寿命（岁）	75	77	78
总生育率（每个女性生育数）	3.5	2.4	2.2
青年女性生育率（每千名15—19岁女性生育数）	..	18	13
避孕普及率（占15—49岁已婚女性的百分比）	..	..	..
在熟练医护人员护理下的分娩（占总数的百分比）	..	*100*	..
5岁以下儿童死亡率（每千人）	17	13	10
儿童营养不良，体重不足（占5岁以下儿童的百分比）	..	*2.2*	1.7
儿童麻疹免疫接种率（占12—23个月年龄组的百分比）	66	99	97
小学毕业率，总数（占适龄年龄组的百分比）	*57*	96	93
中学总入学率，总数（占适龄年龄组的百分比）	83	94	90
小学和中学中女孩与男孩的比率（百分比）	97	103	101
HIV 感染率（占15—49岁人口的百分比）	..	..	..
环境			
森林（平方公里）	30	50	60
森林采伐（1990—2010年，平均年度百分比）			-2.3
淡水使用量（占内陆水资源的百分比）	..	..	..
获得改善的水资源的人口（占总人口的百分比）	99	99	*99*
获得改善的卫生设施的人口（占总人口的百分比）	100	100	*100*
人均能源使用量（千克石油当量）	3,681	9,145	*9,637*
人均二氧化碳排放量（吨）	19.2	32.4	*32.3*
人均用电量（千瓦时）	8,108	13,378	*16,747*
经济			
GDP（10亿美元）	18.4	37.7	*148.0*
GDP 增长率（年度百分比）	*25.9*	4.7	*4.4*
GDP 隐含价格平减指数（年度增长百分比）	*-1.7*	20.5	*5.9*
农业增加值（占 GDP 的百分比）	1	0	..
工业增加值（占 GDP 的百分比）	52	59	..
服务业增加值（占 GDP 的百分比）	47	40	..
货物和服务出口（占 GDP 的百分比）	45	56	*66*
货物和服务进口（占 GDP 的百分比）	58	30	*26*
资本形成总额（占 GDP 的百分比）	18	11	*19*
中央政府收入（占 GDP 的百分比）	58.7	*44.6*	*47.1*
中央政府现金盈余/赤字（占 GDP 的百分比）	6.1	*4.5*	*20.0*
政府与市场			
创办企业的时间（天）	..	..	35
股票市场资本总额（占 GDP 的百分比）	*40.8*	55.1	*72.4*
军费支出（占 GDP 的百分比）	48.7	7.1	*3.2*
移动电话用户（每100人）	1	22	*107*
互联网用户（每100人）	0.0	6.8	39.4
铺敷道路（占总数的百分比）	72.9	80.6	..
高科技出口（占制成品出口的百分比）	3	0	*0*
全球联系			
商品贸易（占 GDP 的百分比）	59.8	70.5	*75.9*
净易货贸易条件指数（2000年=100）	..	100	156
外债总额（百万美元）	..	..	..
债务还本付息总额（占出口的百分比）	..	..	..
净移民（千人）	174	318	120
获得的侨汇（10亿美元）	..	..	..
外国直接投资，净流入额（百万美元）	5.6	16.3	144.9
获得的净官方发展援助（百万美元）	5.7	..	..

吉尔吉斯斯坦

欧洲和中亚			低收入经济体
人口（百万）	5.3	人口增长率（百分比）	0.8
陆地面积（千平方公里）	200	国家贫困率（占人口的百分比）	*43.1*
GNI（10亿美元）	4.6	人均GNI（美元）	870
PPP衡量的GNI（10亿美元）	11.7	PPP衡量的人均GNI（美元）	2,200

	1990	2000	2009
人口			
最贫困的20%人口占国家消费/收入的份额（百分比）	*10.6*	*8.4*	*8.8*
出生时的预期寿命（岁）	68	69	67
总生育率（每个女性生育数）	3.7	2.4	2.8
青年女性生育率（每千名15—19岁女性生育数）	..	35	32
避孕普及率（占15—49岁已婚女性的百分比）	..	..	*48*
在熟练医护人员护理下的分娩（占总数的百分比）	..	99	*98*
5岁以下儿童死亡率（每千人）	75	51	37
儿童营养不良，体重不足（占5岁以下儿童的百分比）	..	..	*2.7*
儿童麻疹免疫接种率（占12—23个月年龄组的百分比）	*94*	98	99
小学毕业率，总数（占适龄年龄组的百分比）	..	95	*94*
中学总入学率，总数（占适龄年龄组的百分比）	103	84	84
小学和中学中女孩与男孩的比率（百分比）	100	101	101
HIV感染率（占15—49岁人口的百分比）	0.1	0.1	0.3
环境			
森林（千平方公里）	8.4	8.6	9.5
森林采伐（1990—2010年，平均年度百分比）			-0.4
淡水使用量（占内陆水资源的百分比）	..	..	*20.6*
获得改善的水资源的人口（占总人口的百分比）	..	82	*90*
获得改善的卫生设施的人口（占总人口的百分比）	..	93	*93*
人均能源使用量（千克石油当量）	1,693	489	*542*
人均二氧化碳排放量（吨）	*2.4*	0.9	*1.2*
人均用电量（千瓦时）	2,314	1,904	*1,449*
经济			
GDP（10亿美元）	2.7	1.4	4.6
GDP增长率（年度百分比）	5.7	5.4	2.3
GDP隐含价格平减指数（年度增长百分比）	7.9	27.2	2.1
农业增加值（占GDP的百分比）	34	37	*29*
工业增加值（占GDP的百分比）	35	31	*19*
服务业增加值（占GDP的百分比）	31	32	*51*
货物和服务出口（占GDP的百分比）	29	42	50
货物和服务进口（占GDP的百分比）	50	48	81
资本形成总额（占GDP的百分比）	24	20	22
中央政府收入（占GDP的百分比）	..	14.2	19.2
中央政府现金盈余/赤字（占GDP的百分比）	..	-2.9	-1.4
政府与市场			
创办企业的时间（天）	..	..	10
股票市场资本总额（占GDP的百分比）	..	0.3	1.6
军费支出（占GDP的百分比）	*1.6*	2.9	*3.6*
移动电话用户（每100人）	0	0	84
互联网用户（每100人）	0.0	1.0	41.2
铺敷道路（占总数的百分比）	90.0	91.1	..
高科技出口（占制成品出口的百分比）	..	18	5
全球联系			
商品贸易（占GDP的百分比）	..	77.3	97.8
净易货贸易条件指数（2000年=100）	..	..	..
外债总额（10亿美元）	*0.0*	1.8	2.9
债务还本付息总额（占出口的百分比）	..	29.4	14.0
净移民（千人）	-155	-27	-75
获得的侨汇（百万美元）	..	8.8	991.8
外国直接投资，净流入额（百万美元）	..	-2.4	189.4
获得的净官方发展援助（百万美元）	*24*	215	315

老挝

东亚和太平洋地区			低收入经济体
人口（百万）	6.3	人口增长率（百分比）	1.8
陆地面积（千平方公里）	237	国家贫困率（占人口的百分比）	*276*
GNI（10亿美元）	5.6	人均GNI（美元）	880
PPP衡量的GNI（10亿美元）	13.9	PPP衡量的人均GNI（美元）	2,200

	1990	2000	2009
人口			
最贫困的20%人口占国家消费/收入的份额（百分比）	*9.3*	*8.5*	*7.6*
出生时的预期寿命（岁）	54	61	65
总生育率（每个女性生育数）	6.0	4.6	3.4
青年女性生育率（每千名15—19岁女性生育数）	..	52	34
避孕普及率（占15—49岁已婚女性的百分比）	..	32	..
在熟练医护人员护理下的分娩（占总数的百分比）	..	*19*	*20*
5岁以下儿童死亡率（每千人）	157	86	59
儿童营养不良，体重不足（占5岁以下儿童的百分比）	..	36.4	*31.6*
儿童麻疹免疫接种率（占12—23个月年龄组的百分比）	32	42	59
小学毕业率，总数（占适龄年龄组的百分比）	45	69	*75*
中学总入学率，总数（占适龄年龄组的百分比）	24	34	*44*
小学和中学中女孩与男孩的比率（百分比）	77	81	*87*
HIV感染率（占15—49岁人口的百分比）	0.1	0.1	0.2
环境			
森林（千平方公里）	173	165	158
森林采伐（1990—2010年，平均年度百分比）			0.3
淡水使用量（占内陆水资源的百分比）	..	..	*1.6*
获得改善的水资源的人口（占总人口的百分比）	..	48	*57*
获得改善的卫生设施的人口（占总人口的百分比）	..	26	*53*
人均能源使用量（千克石油当量）	..	..	..
人均二氧化碳排放量（吨）	0.1	0.2	*0.3*
人均用电量（千瓦时）	..	..	..
经济			
GDP（百万美元）	866	1,735	5,939
GDP增长率（年度百分比）	6.7	5.8	6.4
GDP隐含价格平减指数（年度增长百分比）	37.9	25.1	-0.7
农业增加值（占GDP的百分比）	61	53	*35*
工业增加值（占GDP的百分比）	15	23	*28*
服务业增加值（占GDP的百分比）	24	25	*37*
货物和服务出口（占GDP的百分比）	11	30	*33*
货物和服务进口（占GDP的百分比）	25	44	*44*
资本形成总额（占GDP的百分比）	*14*	28	*37*
中央政府收入（占GDP的百分比）	..	..	13.9
中央政府现金盈余/赤字（占GDP的百分比）	..	..	-1.6
政府与市场			
创办企业的时间（天）	..	..	100
股票市场资本总额（占GDP的百分比）	..	..	..
军费支出（占GDP的百分比）	*9.0*	0.8	*0.4*
移动电话用户（每100人）	0	0	51
互联网用户（每100人）	0.0	0.1	4.7
铺敷道路（占总数的百分比）	24.0	*14.1*	*13.5*
高科技出口（占制成品出口的百分比）	..	..	..
全球联系			
商品贸易（占GDP的百分比）	30.5	49.9	37.0
净易货贸易条件指数（2000年=100）	..	100	104
外债总额（10亿美元）	1.8	2.5	5.5
债务还本付息总额（占出口的百分比）	8.5	7.8	*15.2*
净移民（千人）	0	-88	-75
获得的侨汇（百万美元）	10.9	0.7	37.6
外国直接投资，净流入额（百万美元）	6.0	33.9	318.6
获得的净官方发展援助（百万美元）	148	281	420

拉脱维亚

高收入经济体

人口（百万）	2.3	人口增长率（百分比）	-0.5
陆地面积（千平方公里）	65	国家贫困率（占人口的百分比）	5.9
GNI（10亿美元）	27.9	人均GNI（美元）	12,390
PPP衡量的GNI（10亿美元）	39.7	PPP衡量的人均GNI（美元）	17,610

	1990	2000	2009
人口			
最贫困的20%人口占国家消费/收入的份额（百分比）	*10.4*	*7.0*	*6.8*
出生时的预期寿命（岁）	69	70	73
总生育率（每个女性生育数）	2.0	1.2	1.3
青年女性生育率（每千名15—19岁女性生育数）	..	19	14
避孕普及率（占15—49岁已婚女性的百分比）	..	..	..
在熟练医护人员护理下的分娩（占总数的百分比）	..	*100*	*100*
5岁以下儿童死亡率（每千人）	16	14	8
儿童营养不良，体重不足（占5岁以下儿童的百分比）	..	..	..
儿童麻疹免疫接种率（占12—23个月年龄组的百分比）	*95*	97	96
小学毕业率，总数（占适龄年龄组的百分比）	..	97	95
中学总入学率，总数（占适龄年龄组的百分比）	96	90	*98*
小学和中学中女孩与男孩的比率（百分比）	*101*	101	*100*
HIV感染率（占15—49岁人口的百分比）	0.1	0.3	0.7
环境			
森林（千平方公里）	32	32	34
森林采伐（1990—2010年，平均年度百分比）			-0.2
淡水使用量（占内陆水资源的百分比）	..	..	*2.4*
获得改善的水资源的人口（占总人口的百分比）	99	99	*99*
获得改善的卫生设施的人口（占总人口的百分比）	..	78	*78*
人均能源使用量（千克石油当量）	2,941	1,566	*1,979*
人均二氧化碳排放量（吨）	*5.1*	2.6	*3.4*
人均用电量（千瓦时）	3,387	2,078	*3,087*
经济			
GDP（10亿美元）	7.4	7.8	26.2
GDP增长率（年度百分比）	-7.9	6.9	-18.0
GDP隐含价格平减指数（年度增长百分比）	24.1	4.2	-0.7
农业增加值（占GDP的百分比）	22	5	3
工业增加值（占GDP的百分比）	46	24	20
服务业增加值（占GDP的百分比）	32	72	77
货物和服务出口（占GDP的百分比）	48	42	42
货物和服务进口（占GDP的百分比）	49	49	43
资本形成总额（占GDP的百分比）	40	24	19
中央政府收入（占GDP的百分比）	..	26.1	24.9
中央政府现金盈余/赤字（占GDP的百分比）	..	-2.2	-6.4
政府与市场			
创办企业的时间（天）	..	..	16
股票市场资本总额（占GDP的百分比）	..	7.2	7.0
军费支出（占GDP的百分比）	..	0.9	2.6
移动电话用户（每100人）	0	17	99
互联网用户（每100人）	0.0	6.3	66.7
铺敷道路（占总数的百分比）	..	*100.0*	*100.0*
高科技出口（占制成品出口的百分比）	..	4	8
全球联系			
商品贸易（占GDP的百分比）	..	64.7	66.6
净易货贸易条件指数（2000年=100）	..	..	..
外债总额（10亿美元）	..	..	..
债务还本付息总额（占出口的百分比）	..	..	..
净移民（千人）	44	-40	-10
获得的侨汇（百万美元）	..	72.3	591.1
外国直接投资，净流入额（10亿美元）	*29.4*	412.5	93.5
获得的净官方发展援助（百万美元）	..	..	..

黎巴嫩

中东和北非			中高收入经济体
人口（百万）	4.2	人口增长率（百分比）	0.7
陆地面积（千平方公里）	10	国家贫困率（占人口的百分比）	..
GNI（10亿美元）	34.1	人均GNI（美元）	8,060
PPP衡量的GNI（10亿美元）	56.6	PPP衡量的人均GNI（美元）	13,400

	1990	2000	2009
人口			
最贫困的20%人口占国家消费/收入的份额（百分比）	..	..	..
出生时的预期寿命（岁）	69	71	72
总生育率（每个女性生育数）	3.1	2.4	1.8
青年女性生育率（每千名15—19岁女性生育数）	..	26	16
避孕普及率（占15—49岁已婚女性的百分比）	..	63	..
在熟练医护人员护理下的分娩（占总数的百分比）	..	*93*	..
5岁以下儿童死亡率（每千人）	40	24	12
儿童营养不良，体重不足（占5岁以下儿童的百分比）	..	..	..
儿童麻疹免疫接种率（占12—23个月年龄组的百分比）	61	71	53
小学毕业率，总数（占适龄年龄组的百分比）	..	*100*	85
中学总入学率，总数（占适龄年龄组的百分比）	*61*	*77*	82
小学和中学中女孩与男孩的比率（百分比）	*101*	*102*	104
HIV感染率（占15—49岁人口的百分比）	0.1	0.2	0.1
环境			
森林（千平方公里）	1.3	1.3	1.4
森林采伐（1990—2010年，平均年度百分比）			-0.1
淡水使用量（占内陆水资源的百分比）	..	..	*26.3*
获得改善的水资源的人口（占总人口的百分比）	100	100	*100*
获得改善的卫生设施的人口（占总人口的百分比）	..	98	..
人均能源使用量（千克石油当量）	755	1,307	*1,250*
人均二氧化碳排放量（吨）	3.1	4.1	*3.2*
人均用电量（千瓦时）	471	2,081	*2,267*
经济			
GDP（10亿美元）	2.8	17.3	34.5
GDP增长率（年度百分比）	26.5	1.3	9.0
GDP隐含价格平减指数（年度增长百分比）	15.5	-2.1	5.8
农业增加值（占GDP的百分比）	..	7	5
工业增加值（占GDP的百分比）	..	23	17
服务业增加值（占GDP的百分比）	..	70	78
货物和服务出口（占GDP的百分比）	18	14	22
货物和服务进口（占GDP的百分比）	100	36	47
资本形成总额（占GDP的百分比）	18	20	30
中央政府收入（占GDP的百分比）	..	16.0	22.5
中央政府现金盈余/赤字（占GDP的百分比）	..	-18.4	-8.3
政府与市场			
创办企业的时间（天）	..	..	9
股票市场资本总额（占GDP的百分比）	..	9.2	37.3
军费支出（占GDP的百分比）	7.6	5.4	4.1
移动电话用户（每100人）	0	20	36
互联网用户（每100人）	0.0	8.0	23.7
铺敷道路（占总数的百分比）	95.0	*84.9*	..
高科技出口（占制成品出口的百分比）	..	2	7
全球联系			
商品贸易（占GDP的百分比）	106.5	40.2	60.1
净易货贸易条件指数（2000年=100）	..	100	109
外债总额（10亿美元）	1.8	10.2	24.9
债务还本付息总额（占出口的百分比）	..	*35.6*	18.0
净移民（千人）	-200	0	-13
获得的侨汇（10亿美元）	1.8	1.6	7.6
外国直接投资，净流入额（10亿美元）	..	*1.3*	4.8
获得的净官方发展援助（百万美元）	252	199	641

莱索托

撒哈拉以南非洲地区			中低收入经济体
人口（百万）	2.1	人口增长率（百分比）	0.8
陆地面积（千平方公里）	30	国家贫困率（占人口的百分比）	*56.6*
GNI（10亿美元）	2.0	人均GNI（美元）	980
PPP衡量的GNI（10亿美元）	3.7	PPP衡量的人均GNI（美元）	1,800

	1990	2000	2009
人口			
最贫困的20%人口占国家消费/收入的份额（百分比）	..	..	..
出生时的预期寿命（岁）	59	*50*	45
总生育率（每个女性生育数）	4.9	4.1	3.3
青年女性生育率（每千名15—19岁女性生育数）	..	92	69
避孕普及率（占15—49岁已婚女性的百分比）	*23*	30	47
在熟练医护人员护理下的分娩（占总数的百分比）	..	60	62
5岁以下儿童死亡率（每千人）	93	124	84
儿童营养不良，体重不足（占5岁以下儿童的百分比）	*13.8*	15.0	..
儿童麻疹免疫接种率（占12—23个月年龄组的百分比）	80	74	85
小学毕业率，总数（占适龄年龄组的百分比）	58	60	70
中学总入学率，总数（占适龄年龄组的百分比）	25	30	45
小学和中学中女孩与男孩的比率（百分比）	124	107	107
HIV感染率（占15—49岁人口的百分比）	0.8	24.5	23.6
环境			
森林（平方公里）	400	420	440
森林采伐（1990—2010年，平均年度百分比）			-0.3
淡水使用量（占内陆水资源的百分比）	..	..	*1.0*
获得改善的水资源的人口（占总人口的百分比）	61	74	*85*
获得改善的卫生设施的人口（占总人口的百分比）	32	29	*29*
人均能源使用量（千克石油当量）	..	..	..
人均二氧化碳排放量（吨）	..	..	..
人均用电量（千瓦时）	..	..	..
经济			
GDP（百万美元）	541	746	1,579
GDP增长率（年度百分比）	6.5	5.7	0.9
GDP隐含价格平减指数（年度增长百分比）	11.6	2.4	3.4
农业增加值（占GDP的百分比）	25	12	8
工业增加值（占GDP的百分比）	34	32	34
服务业增加值（占GDP的百分比）	41	56	58
货物和服务出口（占GDP的百分比）	18	34	51
货物和服务进口（占GDP的百分比）	123	103	112
资本形成总额（占GDP的百分比）	56	44	31
中央政府收入（占GDP的百分比）	44.9	50.7	*66.4*
中央政府现金盈余/赤字（占GDP的百分比）	-0.6	*-2.8*	5.8
政府与市场			
创办企业的时间（天）	..	..	40
股票市场资本总额（占GDP的百分比）	..	..	..
军费支出（占GDP的百分比）	5.1	4.1	2.8
移动电话用户（每100人）	0	1	32
互联网用户（每100人）	0.0	0.2	3.7
铺敷道路（占总数的百分比）	18.0	18.3	..
高科技出口（占制成品出口的百分比）	..	0	..
全球联系			
商品贸易（占GDP的百分比）	135.7	138.0	171.0
净易货贸易条件指数（2000年=100）	100	100	78
外债总额（10亿美元）	396	672	705
债务还本付息总额（占出口的百分比）	4.2	11.3	3.0
净移民（千人）	-73	-36	-36
获得的侨汇（10亿美元）	428	252	414
外国直接投资，净流入额（百万美元）	17.1	117.8	62.9
获得的净官方发展援助（百万美元）	139	37	123

利比里亚

撒哈拉以南非洲地区			低收入经济体
人口（百万）	4.0	人口增长率（百分比）	4.5
陆地面积（千平方公里）	111	国家贫困率（占人口的百分比）	*63.8*
GNI（百万美元）	651.2	人均 GNI（美元）	160
PPP 衡量的 GNI（百万美元）	1,152.1	PPP 衡量的人均 GNI（美元）	290

	1990	2000	2009
人口			
最贫困的 20% 人口占国家消费/收入的份额（百分比）	..	..	*6.4*
出生时的预期寿命（岁）	49	54	59
总生育率（每个女性生育数）	6.5	6.1	5.8
青年女性生育率（每千名 15—19 岁女性生育数）	..	148	136
避孕普及率（占 15—49 岁已婚女性的百分比）	..	10	*11*
在熟练医护人员护理下的分娩（占总数的百分比）	..	51	*46*
5 岁以下儿童死亡率（每千人）	247	198	112
儿童营养不良，体重不足（占 5 岁以下儿童的百分比）	..	22.8	*20.4*
儿童麻疹免疫接种率（占 12—23 个月年龄组的百分比）	..	63	64
小学毕业率，总数（占适龄年龄组的百分比）	..	..	*58*
中学总入学率，总数（占适龄年龄组的百分比）	..	37	..
小学和中学中女孩与男孩的比率（百分比）	..	72	..
HIV 感染率（占 15—49 岁人口的百分比）	0.3	3.3	1.5
环境			
森林（千平方公里）	49	46	43
森林采伐（1990—2010 年，平均年度百分比）			0.4
淡水使用量（占内陆水资源的百分比）	..	..	*0.1*
获得改善的水资源的人口（占总人口的百分比）	58	65	*68*
获得改善的卫生设施的人口（占总人口的百分比）	11	14	*17*
人均能源使用量（千克石油当量）	..	..	..
人均二氧化碳排放量（吨）	0.2	0.2	*0.2*
人均用电量（千瓦时）	..	..	..
经济			
GDP（百万美元）	384	561	876
GDP 增长率（年度百分比）	-51.0	25.7	4.6
GDP 隐含价格平减指数（年度增长百分比）	-0.2	-1.3	7.4
农业增加值（占 GDP 的百分比）	54	72	*61*
工业增加值（占 GDP 的百分比）	17	12	*17*
服务业增加值（占 GDP 的百分比）	29	16	*22*
货物和服务出口（占 GDP 的百分比）	..	21	*31*
货物和服务进口（占 GDP 的百分比）	..	26	*173*
资本形成总额（占 GDP 的百分比）	..	5	*20*
中央政府收入（占 GDP 的百分比）	..	..	*0.4*
中央政府现金盈余/赤字（占 GDP 的百分比）	..	..	*0.0*
政府与市场			
创办企业的时间（天）	..	..	20
股票市场资本总额（占 GDP 的百分比）	..	..	..
军费支出（占 GDP 的百分比）	*7.2*	..	0.8
移动电话用户（每 100 人）	0	0	21
互联网用户（每 100 人）	0.0	0.0	0.5
铺敷道路（占总数的百分比）	5.5	6.2	..
高科技出口（占制成品出口的百分比）	..	..	..
全球联系			
商品贸易（占 GDP 的百分比）	374.1	177.8	80.1
净易货贸易条件指数（2000 年 =100）	..	100	111
外债总额（10 亿美元）	2.1	2.8	1.7
债务还本付息总额（占出口的百分比）	..	..	*142.2*
净移民（千人）	-368	527	248
获得的侨汇（百万美元）	..	..	54.2
外国直接投资，净流入额（百万美元）	225.2	20.8	217.8
获得的净官方发展援助（百万美元）	114	67	505

利比亚

中东和北非			中高收入经济体
人口（百万）	6.4	人口增长率（百分比）	2.0
陆地面积（千平方公里）	1,760	国家贫困率（占人口的百分比）	..
GNI（10亿美元）	77.2	人均GNI（美元）	12,020
PPP衡量的GNI（10亿美元）	105.3	PPP衡量的人均GNI（美元）	16,400

	1990	2000	2009
人口			
最贫困的20%人口占国家消费/收入的份额（百分比）	..	..	..
出生时的预期寿命（岁）	68	73	75
总生育率（每个女性生育数）	4.8	3.2	2.6
青年女性生育率（每千名15—19岁女性生育数）	..	4	3
避孕普及率（占15—49岁已婚女性的百分比）	..	..	..
在熟练医护人员护理下的分娩（占总数的百分比）	..	*99*	..
5岁以下儿童死亡率（每千人）	36	25	19
儿童营养不良，体重不足（占5岁以下儿童的百分比）	..	..	5.6
儿童麻疹免疫接种率（占12—23个月年龄组的百分比）	89	93	98
小学毕业率，总数（占适龄年龄组的百分比）	..	..	..
中学总入学率，总数（占适龄年龄组的百分比）	..	*108*	*93*
小学和中学中女孩与男孩的比率（百分比）	..	*103*	*105*
HIV感染率（占15—49岁人口的百分比）	..	..	..
环境			
森林（千平方公里）	2.2	2.2	2.2
森林采伐（1990—2010年，平均年度百分比）			0.0
淡水使用量（占内陆水资源的百分比）	..	..	*718.0*
获得改善的水资源的人口（占总人口的百分比）	54	54	..
获得改善的卫生设施的人口（占总人口的百分比）	97	97	*97*
人均能源使用量（千克石油当量）	2,596	3,100	*2,895*
人均二氧化碳排放量（吨）	9.2	9.3	*9.3*
人均用电量（千瓦时）	1,603	2,227	*3,909*
经济			
GDP（10亿美元）	28.9	33.9	62.4
GDP增长率（年度百分比）	..	3.7	2.1
GDP隐含价格平减指数（年度增长百分比）	..	18.4	-32.8
农业增加值（占GDP的百分比）	..	5	*2*
工业增加值（占GDP的百分比）	..	*66*	*78*
服务业增加值（占GDP的百分比）	..	*29*	*20*
货物和服务出口（占GDP的百分比）	40	36	*67*
货物和服务进口（占GDP的百分比）	31	15	*27*
资本形成总额（占GDP的百分比）	19	13	*28*
中央政府收入（占GDP的百分比）	..	..	..
中央政府现金盈余/赤字（占GDP的百分比）	..	..	..
政府与市场			
创办企业的时间（天）	..	..	..
股票市场资本总额（占GDP的百分比）	..	..	..
军费支出（占GDP的百分比）	..	3.2	*1.2*
移动电话用户（每100人）	0	1	78
互联网用户（每100人）	0.0	0.2	5.5
铺敷道路（占总数的百分比）	51.7	57.2	..
高科技出口（占制成品出口的百分比）	..	..	..
全球联系			
商品贸易（占GDP的百分比）	64.2	50.5	73.4
净易货贸易条件指数（2000年=100）	..	100	140
外债总额（10亿美元）	..	..	..
债务还本付息总额（占出口的百分比）	..	..	..
净移民（千人）	10	10	20
获得的侨汇（百万美元）	..	9.0	14.4
外国直接投资，净流入额（10亿美元）	0.2	0.1	1.7
获得的净官方发展援助（百万美元）	8.3	*4.7*	39.2

列支敦士登

高收入经济体

人口（千人）	36	人口增长率（百分比）	0.8
陆地面积（平方公里）	160	国家贫困率（占人口的百分比）	..
GNI（10亿美元）	4.9	人均GNI（美元）	136,630
PPP衡量的GNI（10亿美元）	..	PPP衡量的人均GNI（美元）	..

	1990	2000	2009
人口			
最贫困的20%人口占国家消费/收入的份额（百分比）	..	..	..
出生时的预期寿命（岁）	..	..	83
总生育率（每个女性生育数）	..	1.6	1.7
青年女性生育率（每千名15—19岁女性生育数）	..	..	..
避孕普及率（占15—49岁已婚女性的百分比）	..	..	..
在熟练医护人员护理下的分娩（占总数的百分比）	..	..	..
5岁以下儿童死亡率（每千人）	10	6	2
儿童营养不良，体重不足（占5岁以下儿童的百分比）	..	..	..
儿童麻疹免疫接种率（占12—23个月年龄组的百分比）	..	..	..
小学毕业率，总数（占适龄年龄组的百分比）	..	..	*97*
中学总入学率，总数（占适龄年龄组的百分比）	..	..	*70*
小学和中学中女孩与男孩的比率（百分比）	..	..	*103*
HIV感染率（占15—49岁人口的百分比）	..	..	..
环境			
森林（平方公里）	70	70	70
森林采伐（1990—2010年，平均年度百分比）			0.0
淡水使用量（占内陆水资源的百分比）	..	..	..
获得改善的水资源的人口（占总人口的百分比）	..	..	..
获得改善的卫生设施的人口（占总人口的百分比）	..	..	..
人均能源使用量（千克石油当量）	..	..	..
人均二氧化碳排放量（吨）	..	..	..
人均用电量（千瓦时）	..	..	..
经济			
GDP（10亿美元）	1.4	2.5	4.8
GDP增长率（年度百分比）	2.3	3.2	-1.2
GDP隐含价格平减指数（年度增长百分比）	5.4	1.6	-0.5
农业增加值（占GDP的百分比）	..	..	..
工业增加值（占GDP的百分比）	..	..	..
服务业增加值（占GDP的百分比）	..	..	..
货物和服务出口（占GDP的百分比）	..	..	..
货物和服务进口（占GDP的百分比）	..	..	..
资本形成总额（占GDP的百分比）	..	..	..
中央政府收入（占GDP的百分比）	..	..	..
中央政府现金盈余/赤字（占GDP的百分比）	..	..	..
政府与市场			
创办企业的时间（天）	..	..	..
股票市场资本总额（占GDP的百分比）	..	..	..
军费支出（占GDP的百分比）	..	..	..
移动电话用户（每100人）	0	30	97
互联网用户（每100人）	0.0	36.5	64.0
铺敷道路（占总数的百分比）	..	..	..
高科技出口（占制成品出口的百分比）	..	..	..
全球联系			
商品贸易（占GDP的百分比）	..	..	..
净易货贸易条件指数（2000年=100）	..	..	..
外债总额（10亿美元）	..	..	..
债务还本付息总额（占出口的百分比）	..	..	..
净移民（千人）	..	..	..
获得的侨汇（10亿美元）	..	..	..
外国直接投资，净流入额（10亿美元）	..	..	..
获得的净官方发展援助（10亿美元）	..	..	..

立陶宛

欧洲和中亚			中高收入经济体
人口（百万）	3.4	人口增长率（百分比）	-0.6
陆地面积（千平方公里）	65	国家贫困率（占人口的百分比）	..
GNI（10亿美元）	38.1	人均GNI（美元）	11,410
PPP衡量的GNI（10亿美元）	57.8	PPP衡量的人均GNI（美元）	17,310

	1990	2000	2009
人口			
最贫困的20%人口占国家消费/收入的份额（百分比）	*10.6*	7.9	6.6
出生时的预期寿命（岁）	71	72	73
总生育率（每个女性生育数）	2.0	1.4	1.5
青年女性生育率（每千名15—19岁女性生育数）	..	29	20
避孕普及率（占15—49岁已婚女性的百分比）	..	..	..
在熟练医护人员护理下的分娩（占总数的百分比）	..	*100*	*100*
5岁以下儿童死亡率（每千人）	15	10	6
儿童营养不良，体重不足（占5岁以下儿童的百分比）	..	..	..
儿童麻疹免疫接种率（占12—23个月年龄组的百分比）	*89*	97	96
小学毕业率，总数（占适龄年龄组的百分比）	..	99	*92*
中学总入学率，总数（占适龄年龄组的百分比）	95	98	*99*
小学和中学中女孩与男孩的比率（百分比）	..	99	*100*
HIV感染率（占15—49岁人口的百分比）	0.1	0.1	0.1
环境			
森林（千平方公里）	19	20	22
森林采伐（1990—2010年，平均年度百分比）			-0.4
淡水使用量（占内陆水资源的百分比）	..	..	*17.7*
获得改善的水资源的人口（占总人口的百分比）	..	..	..
获得改善的卫生设施的人口（占总人口的百分比）	..	..	..
人均能源使用量（千克石油当量）	4,357	2,038	*2,733*
人均二氧化碳排放量（吨）	*6.0*	3.5	*4.5*
人均用电量（千瓦时）	4,023	2,517	*3,557*
经济			
GDP（10亿美元）	10.5	11.4	37.2
GDP增长率（年度百分比）	*-5.7*	3.3	-15.0
GDP隐含价格平减指数（年度增长百分比）	*228.3*	0.9	-2.1
农业增加值（占GDP的百分比）	27	6	*4*
工业增加值（占GDP的百分比）	31	30	*31*
服务业增加值（占GDP的百分比）	42	64	*64*
货物和服务出口（占GDP的百分比）	52	45	*60*
货物和服务进口（占GDP的百分比）	61	51	*72*
资本形成总额（占GDP的百分比）	33	19	*27*
中央政府收入（占GDP的百分比）	..	25.9	28.3
中央政府现金盈余/赤字（占GDP的百分比）	..	-2.8	-9.0
政府与市场			
创办企业的时间（天）	..	..	22
股票市场资本总额（占GDP的百分比）	..	13.9	12.0
军费支出（占GDP的百分比）	..	1.7	1.7
移动电话用户（每100人）	0	15	149
互联网用户（每100人）	0.0	6.4	58.8
铺敷道路（占总数的百分比）	..	..	*28.6*
高科技出口（占制成品出口的百分比）	*0*	4	10
全球联系			
商品贸易（占GDP的百分比）	..	81.0	93.2
净易货贸易条件指数（2000年=100）	..	..	..
外债总额（10亿美元）	*0.1*	4.7	31.7
债务还本付息总额（占出口的百分比）	..	20.9	31.0
净移民（千人）	52	-106	-100
获得的侨汇（10亿美元）	..	0.0	1.2
外国直接投资，净流入额（10亿美元）	..	378.9	230.1
获得的净官方发展援助（百万美元）	..	..	..

卢森堡

高收入经济体

人口（千人）	498	人口增长率（百分比）	1.9
陆地面积（千平方公里）	2.6	国家贫困率（占人口的百分比）	..
GNI（10亿美元）	38.2	人均GNI（美元）	76,710
PPP衡量的GNI（10亿美元）	29.7	PPP衡量的人均GNI（美元）	59,590

	1990	2000	2009
人口			
最贫困的20%人口占国家消费/收入的份额（百分比）	..	8.4	..
出生时的预期寿命（岁）	75	78	80
总生育率（每个女性生育数）	1.6	1.8	1.6
青年女性生育率（每千名15—19岁女性生育数）	..	13	11
避孕普及率（占15—49岁已婚女性的百分比）	..	..	..
在熟练医护人员护理下的分娩（占总数的百分比）	..	*100*	..
5岁以下儿童死亡率（每千人）	9	5	3
儿童营养不良，体重不足（占5岁以下儿童的百分比）	..	..	..
儿童麻疹免疫接种率（占12—23个月年龄组的百分比）	80	91	96
小学毕业率，总数（占适龄年龄组的百分比）	..	*84*	*84*
中学总入学率，总数（占适龄年龄组的百分比）	*69*	98	*96*
小学和中学中女孩与男孩的比率（百分比）	*102*	104	*102*
HIV感染率（占15—49岁人口的百分比）	0.1	0.2	0.3
环境			
森林（千平方公里）	860	870	870
森林采伐（1990—2010年，平均年度百分比）			-0.04
淡水使用量（占内陆水资源的百分比）	..	..	..
获得改善的水资源的人口（占总人口的百分比）	100	100	*100*
获得改善的卫生设施的人口（占总人口的百分比）	100	100	*100*
人均能源使用量（千克石油当量）	8,938	7,603	7,830
人均二氧化碳排放量（吨）	25.9	18.9	*22.6*
人均用电量（千瓦时）	13,668	15,485	*15,895*
经济			
GDP（10亿美元）	12.7	20.3	52.3
GDP增长率（年度百分比）	5.3	8.4	-4.1
GDP隐含价格平减指数（年度增长百分比）	2.5	2.0	-0.3
农业增加值（占GDP的百分比）	1	1	0
工业增加值（占GDP的百分比）	27	18	13
服务业增加值（占GDP的百分比）	71	81	86
货物和服务出口（占GDP的百分比）	102	150	169
货物和服务进口（占GDP的百分比）	88	129	136
资本形成总额（占GDP的百分比）	24	23	17
中央政府收入（占GDP的百分比）	..	39.8	38.9
中央政府现金盈余/赤字（占GDP的百分比）	..	5.5	-0.7
政府与市场			
创办企业的时间（天）	..	..	19
股票市场资本总额（占GDP的百分比）	82.9	167.8	201.8
军费支出（占GDP的百分比）	0.8	0.6	*0.7*
移动电话用户（每100人）	0	70	144
互联网用户（每100人）	0.0	22.9	85.3
铺敷道路（占总数的百分比）	99.1	100.0	..
高科技出口（占制成品出口的百分比）	..	17	9
全球联系			
商品贸易（占GDP的百分比）	..	97.0	86.4
净易货贸易条件指数（2000年=100）	..	..	..
外债总额（10亿美元）	..	..	..
债务还本付息总额（占出口的百分比）	..	..	..
净移民（千人）	13	20	20
获得的侨汇（10亿美元）	..	0.6	1.6
外国直接投资，净流入额（10亿美元）	8.0	88.7	194.8
获得的净官方发展援助（10亿美元）	..	..	..

中国澳门

高收入经济体

人口（千人）	538	人口增长率（百分比）	2.2
陆地面积（平方公里）	28	国家贫困率（占人口的百分比）	..
GNI（百万美元）	21.3	人均 GNI（美元）	39,550
PPP 衡量的 GNI（百万美元）	30.9	PPP 衡量的人均 GNI（美元）	57,390

	1990	2000	2009
人口			
最贫困的 20% 人口占国家消费/收入的份额（百分比）	..	..	..
出生时的预期寿命（岁）	77	79	81
总生育率（每个女性生育数）	1.8	0.9	1.0
青年女性生育率（每千名 15—19 岁女性生育数）	..	5	5
避孕普及率（占 15—49 岁已婚女性的百分比）	..	..	..
在熟练医护人员护理下的分娩（占总数的百分比）	..	..	..
5 岁以下儿童死亡率（每千人）	..	..	..
儿童营养不良，体重不足（占 5 岁以下儿童的百分比）	..	..	..
儿童麻疹免疫接种率（占 12—23 个月年龄组的百分比）	..	..	..
小学毕业率，总数（占适龄年龄组的百分比）	97	97	99
中学总入学率，总数（占适龄年龄组的百分比）	61	79	92
小学和中学中女孩与男孩的比率（百分比）	99	99	95
HIV 感染率（占 15—49 岁人口的百分比）	..	..	..
环境			
森林（千平方公里）	..	..	..
森林采伐（1990—2010 年，平均年度百分比）			..
淡水使用量（占内陆水资源的百分比）	..	..	..
获得改善的水资源的人口（占总人口的百分比）	..	..	..
获得改善的卫生设施的人口（占总人口的百分比）	..	..	..
人均能源使用量（千克石油当量）	..	..	..
人均二氧化碳排放量（吨）	2.8	3.7	*3.0*
人均用电量（千瓦时）	..	..	..
经济			
GDP（10 亿美元）	3.0	6.1	21.7
GDP 增长率（年度百分比）	9.8	5.7	1.3
GDP 隐含价格平减指数（年度增长百分比）	9.7	-2.1	-1.0
农业增加值（占 GDP 的百分比）	..	0	*0*
工业增加值（占 GDP 的百分比）	..	16	*16*
服务业增加值（占 GDP 的百分比）	..	90	*84*
货物和服务出口（占 GDP 的百分比）	110	100	90
货物和服务进口（占 GDP 的百分比）	84	65	42
资本形成总额（占 GDP 的百分比）	25	12	18
中央政府收入（占 GDP 的百分比）	..	19.9	32.7
中央政府现金盈余/赤字（占 GDP 的百分比）	..	1.6	13.3
政府与市场			
创办企业的时间（天）	..	..	..
股票市场资本总额（占 GDP 的百分比）	..	..	..
军费支出（占 GDP 的百分比）	..	..	..
移动电话用户（每 100 人）	1	32	193
互联网用户（每 100 人）	0.0	13.6	52.2
铺敷道路（占总数的百分比）	100.0	100.0	*100.0*
高科技出口（占制成品出口的百分比）	2	1	4
全球联系			
商品贸易（占 GDP 的百分比）	108.4	78.6	25.7
净易货贸易条件指数（2000 年＝100）	..	100	90
外债总额（10 亿美元）	..	..	..
债务还本付息总额（占出口的百分比）	..	..	..
净移民（千人）	38	15	50
获得的侨汇（百万美元）	..	*208.1*	724.8
外国直接投资，净流入额（10 亿美元）	0.0	0.0	1.6
获得的净官方发展援助（百万美元）	0.2	*0.3*	..

前南马其顿

欧洲和中亚 **中高收入经济体**

人口（百万）	2.0	人口增长率（百分比）	0.1
陆地面积（千平方公里）	26	国家贫困率（占人口的百分比）	*19.0*
GNI（10亿美元）	9.0	人均GNI（美元）	4,400
PPP衡量的GNI（10亿美元）	22.2	PPP衡量的人均GNI（美元）	10,880

	1990	2000	2009
人口			
最贫困的20%人口占国家消费/收入的份额（百分比）	..	6.7	*5.4*
出生时的预期寿命（岁）	71	73	74
总生育率（每个女性生育数）	2.1	1.7	1.4
青年女性生育率（每千名15—19岁女性生育数）	..	30	21
避孕普及率（占15—49岁已婚女性的百分比）	..	..	..
在熟练医护人员护理下的分娩（占总数的百分比）	..	..	*100*
5岁以下儿童死亡率（每千人）	36	19	11
儿童营养不良，体重不足（占5岁以下儿童的百分比）	..	*1.9*	..
儿童麻疹免疫接种率（占12—23个月年龄组的百分比）	..	97	96
小学毕业率，总数（占适龄年龄组的百分比）	..	100	*92*
中学总入学率，总数（占适龄年龄组的百分比）	..	84	*84*
小学和中学中女孩与男孩的比率（百分比）	..	98	*98*
HIV感染率（占15—49岁人口的百分比）	..	..	..
环境			
森林（千平方公里）	9.1	9.6	10.0
森林采伐（1990—2010年，平均年度百分比）			-0.3
淡水使用量（占内陆水资源的百分比）	..	..	*28.8*
获得改善的水资源的人口（占总人口的百分比）	..	100	*100*
获得改善的卫生设施的人口（占总人口的百分比）	..	88	*89*
人均能源使用量（千克石油当量）	1,298	1,329	*1,520*
人均二氧化碳排放量（吨）	5.6	6.0	5.5
人均用电量（千瓦时）	2,789	2,929	*3,723*
经济			
GDP（10亿美元）	4.5	3.6	9.2
GDP增长率（年度百分比）	-6.2	4.5	-0.7
GDP隐含价格平减指数（年度增长百分比）	*93.7*	8.2	2.8
农业增加值（占GDP的百分比）	9	12	11
工业增加值（占GDP的百分比）	44	34	36
服务业增加值（占GDP的百分比）	47	54	52
货物和服务出口（占GDP的百分比）	26	49	44
货物和服务进口（占GDP的百分比）	36	64	67
资本形成总额（占GDP的百分比）	19	22	24
中央政府收入（占GDP的百分比）	..	..	*34.0*
中央政府现金盈余/赤字（占GDP的百分比）	..	..	*-0.8*
政府与市场			
创办企业的时间（天）	..	..	3
股票市场资本总额（占GDP的百分比）	..	0.2	10.0
军费支出（占GDP的百分比）	..	1.9	2.1
移动电话用户（每100人）	0	6	95
互联网用户（每100人）	0.0	2.5	51.8
铺敷道路（占总数的百分比）	58.9	*63.8*	*56.5*
高科技出口（占制成品出口的百分比）	..	1	3
全球联系			
商品贸易（占GDP的百分比）	*103.8*	95.3	83.9
净易货贸易条件指数（2000年=100）	..	..	..
外债总额（10亿美元）	..	1.5	5.6
债务还本付息总额（占出口的百分比）	..	8.2	14.8
净移民（千人）	-15	-7	-10
获得的侨汇（百万美元）	..	80.9	381.1
外国直接投资，净流入额（百万美元）	..	215.1	247.9
获得的净官方发展援助（10亿美元）	..	250.1	193.4

马达加斯加

撒哈拉以南非洲地区			低收入经济体
人口（百万）	19	人口增长率（百分比）	2.7
陆地面积（千平方公里）	587	国家贫困率（占人口的百分比）	*68.7*
GNI（10亿美元）	7.9	人均GNI（美元）	420
PPP衡量的GNI（10亿美元）	20.0	PPP衡量的人均GNI（美元）	1,050

	1990	**2000**	**2009**
人口			
最贫困的20%人口占国家消费/收入的份额（百分比）	..	*4.9*	..
出生时的预期寿命（岁）	51	57	61
总生育率（每个女性生育数）	6.3	5.6	4.6
青年女性生育率（每千名15—19岁女性生育数）	..	152	127
避孕普及率（占15—49岁已婚女性的百分比）	*17*	19	40
在熟练医护人员护理下的分娩（占总数的百分比）	57	46	44
5岁以下儿童死亡率（每千人）	167	100	58
儿童营养不良，体重不足（占5岁以下儿童的百分比）	*35.5*	..	..
儿童麻疹免疫接种率（占12—23个月年龄组的百分比）	47	55	64
小学毕业率，总数（占适龄年龄组的百分比）	37	38	79
中学总入学率，总数（占适龄年龄组的百分比）	19	*16*	32
小学和中学中女孩与男孩的比率（百分比）	96	*96*	97
HIV感染率（占15—49岁人口的百分比）	0.2	0.2	0.2
环境			
森林（千平方公里）	137	131	126
森林采伐（1990—2010年，平均年度百分比）			0.3
淡水使用量（占内陆水资源的百分比）	..	..	*4.4*
获得改善的水资源的人口（占总人口的百分比）	31	37	*41*
获得改善的卫生设施的人口（占总人口的百分比）	8	10	*11*
人均能源使用量（千克石油当量）	..	..	..
人均二氧化碳排放量（吨）	0.1	0.2	*0.1*
人均用电量（千瓦时）	..	..	..
经济			
GDP（10亿美元）	3.1	3.9	8.6
GDP增长率（年度百分比）	3.1	4.8	-3.7
GDP隐含价格平减指数（年度增长百分比）	11.5	7.2	8.3
农业增加值（占GDP的百分比）	29	29	29
工业增加值（占GDP的百分比）	13	14	16
服务业增加值（占GDP的百分比）	59	57	55
货物和服务出口（占GDP的百分比）	17	31	28
货物和服务进口（占GDP的百分比）	28	38	52
资本形成总额（占GDP的百分比）	17	15	33
中央政府收入（占GDP的百分比）	..	11.7	*14.1*
中央政府现金盈余/赤字（占GDP的百分比）	..	-2.0	*-1.9*
政府与市场			
创办企业的时间（天）	..	..	7
股票市场资本总额（占GDP的百分比）	..	..	..
军费支出（占GDP的百分比）	1.2	1.2	*1.1*
移动电话用户（每100人）	0	0	31
互联网用户（每100人）	0.0	0.2	1.6
铺敷道路（占总数的百分比）	15.4	11.6	..
高科技出口（占制成品出口的百分比）	8	1	2
全球联系			
商品贸易（占GDP的百分比）	31.5	49.5	51.1
净易货贸易条件指数（2000年=100）	81	100	76
外债总额（10亿美元）	3.7	4.7	2.2
债务还本付息总额（占出口的百分比）	45.9	9.6	2.3
净移民（千人）	-8	-6	-5
获得的侨汇（百万美元）	7.9	11.3	10.3
外国直接投资，净流入额（百万美元）	22.4	83.0	543.5
获得的净官方发展援助（百万美元）	397	320	445

马拉维

撒哈拉以南非洲地区			低收入经济体
人口（百万）	15.3	人口增长率（百分比）	2.8
陆地面积（千平方公里）	118	国家贫困率（占人口的百分比）	*52.4*
GNI（10 亿美元）	4.4	人均 GNI（美元）	290
PPP 衡量的 GNI（10 亿美元）	11.9	PPP 衡量的人均 GNI（美元）	780

	1990	2000	2009
人口			
最贫困的 20% 人口占国家消费/收入的份额（百分比）	..	*4.8*	..
出生时的预期寿命（岁）	49	51	54
总生育率（每个女性生育数）	7.0	6.2	5.5
青年女性生育率（每千名 15—19 岁女性生育数）	..	161	127
避孕普及率（占 15—49 岁已婚女性的百分比）	*13*	31	*41*
在熟练医护人员护理下的分娩（占总数的百分比）	*55*	56	*54*
5 岁以下儿童死亡率（每千人）	218	164	110
儿童营养不良，体重不足（占 5 岁以下儿童的百分比）	*24.4*	21.5	*15.5*
儿童麻疹免疫接种率（占 12—23 个月年龄组的百分比）	81	73	92
小学毕业率，总数（占适龄年龄组的百分比）	28	65	59
中学总入学率，总数（占适龄年龄组的百分比）	17	31	30
小学和中学中女孩与男孩的比率（百分比）	81	93	100
HIV 感染率（占 15—49 岁人口的百分比）	7.2	14.2	11.0
环境			
森林（千平方公里）	39	36	32
森林采伐（1990—2010 年，平均年度百分比）			0.6
淡水使用量（占内陆水资源的百分比）	..	..	*6.0*
获得改善的水资源的人口（占总人口的百分比）	40	63	*80*
获得改善的卫生设施的人口（占总人口的百分比）	42	50	*56*
人均能源使用量（千克石油当量）	..	..	..
人均二氧化碳排放量（吨）	0.1	0.1	*0.1*
人均用电量（千瓦时）	..	..	..
经济			
GDP（10 亿美元）	1.9	1.7	4.7
GDP 增长率（年度百分比）	5.7	1.6	7.6
GDP 隐含价格平减指数（年度增长百分比）	10.7	30.5	8.4
农业增加值（占 GDP 的百分比）	45	40	31
工业增加值（占 GDP 的百分比）	29	18	16
服务业增加值（占 GDP 的百分比）	26	43	53
货物和服务出口（占 GDP 的百分比）	24	26	30
货物和服务进口（占 GDP 的百分比）	33	35	38
资本形成总额（占 GDP 的百分比）	23	14	25
中央政府收入（占 GDP 的百分比）	..	..	..
中央政府现金盈余/赤字（占 GDP 的百分比）	..	..	..
政府与市场			
创办企业的时间（天）	..	..	39
股票市场资本总额（占 GDP 的百分比）	..	..	29.3
军费支出（占 GDP 的百分比）	1.3	0.7	*1.2*
移动电话用户（每 100 人）	0	0	16
互联网用户（每 100 人）	0.0	0.1	4.7
铺敷道路（占总数的百分比）	..	..	..
高科技出口（占制成品出口的百分比）	0	2	3
全球联系			
商品贸易（占 GDP 的百分比）	52.7	52.3	55.4
净易货贸易条件指数（2000 年 =100）	148	100	94
外债总额（10 亿美元）	1.6	2.7	1.1
债务还本付息总额（占出口的百分比）	29.3	13.4	..
净移民（千人）	835	-85	-20
获得的侨汇（百万美元）	..	0.7	0.9
外国直接投资，净流入额（百万美元）	23.3	26.0	60.4
获得的净官方发展援助（百万美元）	500	446	772

马来西亚

东亚和太平洋地区 **中高收入经济体**

人口（百万）	27.5	人口增长率（百分比）	1.7
陆地面积（千平方公里）	331	国家贫困率（占人口的百分比）	3.8
GNI（10 亿美元）	201.8	人均 GNI（美元）	7,350
PPP 衡量的 GNI（10 亿美元）	376.6	PPP 衡量的人均 GNI（美元）	13,710

	1990	2000	2009
人口			
最贫困的 20% 人口占国家消费/收入的份额（百分比）	*4.6*	..	4.5
出生时的预期寿命（岁）	70	73	75
总生育率（每个女性生育数）	3.7	3.0	2.5
青年女性生育率（每千名 15—19 岁女性生育数）	..	15	12
避孕普及率（占 15—49 岁已婚女性的百分比）	*50*	..	..
在熟练医护人员护理下的分娩（占总数的百分比）	..	*97*	*99*
5 岁以下儿童死亡率（每千人）	18	10	6
儿童营养不良，体重不足（占 5 岁以下儿童的百分比）	22.1	*16.7*	..
儿童麻疹免疫接种率（占 12—23 个月年龄组的百分比）	70	88	95
小学毕业率，总数（占适龄年龄组的百分比）	90	*92*	*97*
中学总入学率，总数（占适龄年龄组的百分比）	56	65	*69*
小学和中学中女孩与男孩的比率（百分比）	102	103	*103*
HIV 感染率（占 15—49 岁人口的百分比）	0.1	0.4	0.5
环境			
森林（千平方公里）	224	216	205
森林采伐（1990—2010 年，平均年度百分比）			0.3
淡水使用量（占内陆水资源的百分比）	..	..	*2.1*
获得改善的水资源的人口（占总人口的百分比）	88	97	*100*
获得改善的卫生设施的人口（占总人口的百分比）	84	92	96
人均能源使用量（千克石油当量）	1,215	2,031	*2,693*
人均二氧化碳排放量（吨）	3.1	5.4	*7.3*
人均用电量（千瓦时）	1,178	2,742	*3,490*
经济			
GDP（10 亿美元）	44.0	93.8	193.1
GDP 增长率（年度百分比）	9.0	8.9	-1.7
GDP 隐含价格平减指数（年度增长百分比）	3.8	8.9	-6.7
农业增加值（占 GDP 的百分比）	15	9	10
工业增加值（占 GDP 的百分比）	42	48	44
服务业增加值（占 GDP 的百分比）	43	43	46
货物和服务出口（占 GDP 的百分比）	75	120	96
货物和服务进口（占 GDP 的百分比）	72	101	75
资本形成总额（占 GDP 的百分比）	32	27	14
中央政府收入（占 GDP 的百分比）	..	17.5	23.3
中央政府现金盈余/赤字（占 GDP 的百分比）	..	-4.1	-6.4
政府与市场			
创办企业的时间（天）	..	..	17
股票市场资本总额（占 GDP 的百分比）	110.4	124.7	132.6
军费支出（占 GDP 的百分比）	2.6	1.6	2.0
移动电话用户（每 100 人）	0	22	111
互联网用户（每 100 人）	0.0	21.4	57.6
铺敷道路（占总数的百分比）	70.0	76.2	*82.8*
高科技出口（占制成品出口的百分比）	38	60	47
全球联系			
商品贸易（占 GDP 的百分比）	133.4	192.1	145.7
净易货贸易条件指数（2000 年 =100）	103	100	100
外债总额（10 亿美元）	15	42	66
债务还本付息总额（占出口的百分比）	12.6	5.6	5.2
净移民（千人）	155	498	130
获得的侨汇（10 亿美元）	0.2	0.3	1.1
外国直接投资，净流入额（10 亿美元）	2.3	3.8	1.4
获得的净官方发展援助（百万美元）	468	45	144

马尔代夫

南亚			中低收入经济体
人口（千人）	309	人口增长率（百分比）	1.4
陆地面积（平方公里）	300	国家贫困率（占人口的百分比）	..
GNI（百万美元）	1.2	人均 GNI（美元）	3,970
PPP 衡量的 GNI（百万美元）	1.6	PPP 衡量的人均 GNI（美元）	5,250

	1990	2000	2009
人口			
最贫困的 20% 人口占国家消费/收入的份额（百分比）	..	..	..
出生时的预期寿命（岁）	60	66	72
总生育率（每个女性生育数）	6.1	2.8	2.0
青年女性生育率（每千名 15—19 岁女性生育数）	..	28	13
避孕普及率（占 15—49 岁已婚女性的百分比）	..	*42*	35
在熟练医护人员护理下的分娩（占总数的百分比）	..	*70*	97
5 岁以下儿童死亡率（每千人）	113	53	13
儿童营养不良，体重不足（占 5 岁以下儿童的百分比）	..	*25.7*	..
儿童麻疹免疫接种率（占 12—23 个月年龄组的百分比）	96	99	98
小学毕业率，总数（占适龄年龄组的百分比）	..	..	119
中学总入学率，总数（占适龄年龄组的百分比）	..	54	*84*
小学和中学中女孩与男孩的比率（百分比）	..	101	*98*
HIV 感染率（占 15—49 岁人口的百分比）	0.1	0.1	0.1
环境			
森林（平方公里）	10	10	10
森林采伐（1990—2007 年，平均年度百分比）			0.0
淡水使用量（占内陆水资源的百分比）	..	..	..
获得改善的水资源的人口（占总人口的百分比）	90	91	*91*
获得改善的卫生设施的人口（占总人口的百分比）	69	81	*98*
人均能源使用量（千克石油当量）	..	..	..
人均二氧化碳排放量（吨）	0.7	1.8	*3.0*
人均用电量（千瓦时）	..	..	..
经济			
GDP（百万美元）	215	624	1,473
GDP 增长率（年度百分比）	..	4.8	-3.0
GDP 隐含价格平减指数（年度增长百分比）	..	1.1	20.5
农业增加值（占 GDP 的百分比）	..	9	5
工业增加值（占 GDP 的百分比）	..	15	17
服务业增加值（占 GDP 的百分比）	..	76	78
货物和服务出口（占 GDP 的百分比）	85	89	67
货物和服务进口（占 GDP 的百分比）	83	72	94
资本形成总额（占 GDP 的百分比）	..	26	..
中央政府收入（占 GDP 的百分比）	22.1	30.0	28.3
中央政府现金盈余/赤字（占 GDP 的百分比）	-7.5	-5.0	-26.5
政府与市场			
创办企业的时间（天）	..	..	9
股票市场资本总额（占 GDP 的百分比）	..	..	..
军费支出（占 GDP 的百分比）	..	..	..
移动电话用户（每 100 人）	0	3	148
互联网用户（每 100 人）	0.0	2.2	28.4
铺敷道路（占总数的百分比）	..	..	..
高科技出口（占制成品出口的百分比）	..	..	..
全球联系			
商品贸易（占 GDP 的百分比）	100.4	79.7	77.1
净易货贸易条件指数（2000 年 =100）	..	100	128
外债总额（百万美元）	78	206	780
债务还本付息总额（占出口的百分比）	4.8	4.2	8.3
净移民（千人）	0	0	0
获得的侨汇（百万美元）	1.7	2.2	3.7
外国直接投资，净流入额（百万美元）	5.6	13.0	112.3
获得的净官方发展援助（百万美元）	21	19	33

马里

撒哈拉以南非洲地区		低收入经济体	
人口（百万）	13.0	人口增长率（百分比）	2.4
陆地面积（千平方公里）	1,240	国家贫困率（占人口的百分比）	*47.7.*
GNI（10亿美元）	8.9	人均GNI（美元）	680
PPP衡量的GNI（10亿美元）	15.4	PPP衡量的人均GNI（美元）	1,190

	1990	2000	2009
人口			
最贫困的20%人口占国家消费/收入的份额（百分比）	*7.0*	*6.1*	6.5
出生时的预期寿命（岁）	43	46	49
总生育率（每个女性生育数）	6.7	6.8	6.5
青年女性生育率（每千名15—19岁女性生育数）	..	167	155
避孕普及率（占15—49岁已婚女性的百分比）	..	*8*	*8*
在熟练医护人员护理下的分娩（占总数的百分比）	..	*41*	*49*
5岁以下儿童死亡率（每千人）	250	217	191
儿童营养不良，体重不足（占5岁以下儿童的百分比）	..	*30.1*	*27.9*
儿童麻疹免疫接种率（占12—23个月年龄组的百分比）	43	55	71
小学毕业率，总数（占适龄年龄组的百分比）	*9*	31	59
中学总入学率，总数（占适龄年龄组的百分比）	7	18	38
小学和中学中女孩与男孩的比率（百分比）	58	69	78
HIV感染率（占15—49岁人口的百分比）	0.4	1.7	1.0
环境			
森林（千平方公里）	141	133	125
森林采伐（1990—2010年，平均年度百分比）			0.4
淡水使用量（占内陆水资源的百分比）	..	..	*10.9*
获得改善的水资源的人口（占总人口的百分比）	29	44	56
获得改善的卫生设施的人口（占总人口的百分比）	26	32	*36*
人均能源使用量（千克石油当量）	..	..	..
人均二氧化碳排放量（吨）	0.05	0.05	*0.05*
人均用电量（千瓦时）	..	..	..
经济			
GDP（10亿美元）	2.4	2.4	9.0
GDP增长率（年度百分比）	-1.9	3.2	4.3
GDP隐含价格平减指数（年度增长百分比）	4.9	5.6	4.3
农业增加值（占GDP的百分比）	46	42	*37*
工业增加值（占GDP的百分比）	16	21	*24*
服务业增加值（占GDP的百分比）	39	38	*39*
货物和服务出口（占GDP的百分比）	17	27	*26*
货物和服务进口（占GDP的百分比）	34	39	*36*
资本形成总额（占GDP的百分比）	23	25	*22*
中央政府收入（占GDP的百分比）	..	13.4	17.1
中央政府现金盈余/赤字（占GDP的百分比）	..	-3.4	-2.1
政府与市场			
创办企业的时间（天）	..	..	8
股票市场资本总额（占GDP的百分比）	..	..	..
军费支出（占GDP的百分比）	2.2	2.4	2.0
移动电话用户（每100人）	0	0	29
互联网用户（每100人）	0.0	0.1	1.9
铺敷道路（占总数的百分比）	10.9	12.1	..
高科技出口（占制成品出口的百分比）	..	15	*3*
全球联系			
商品贸易（占GDP的百分比）	39.7	55.8	52.7
净易货贸易条件指数（2000年=100）	135	100	165
外债总额（10亿美元）	2.5	3.0	2.7
债务还本付息总额（占出口的百分比）	15.3	14.0	*2.6*
净移民（千人）	*-240*	-284	-202
获得的侨汇（百万美元）	107	73	405
外国直接投资，净流入额（百万美元）	5.7	82.4	109.1
获得的净官方发展援助（百万美元）	479	288	985

马耳他

高收入经济体

人口（千人）	415	人口增长率（百分比）	0.7
陆地面积（平方公里）	320	国家贫困率（占人口的百分比）	..
GNI（10亿美元）	7.6	人均GNI（美元）	18,360
PPP衡量的GNI（10亿美元）	9.6	PPP衡量的人均GNI（美元）	23,170

	1990	2000	2009
人口			
最贫困的20%人口占国家消费/收入的份额（百分比）	..	..	..
出生时的预期寿命（岁）	75	78	80
总生育率（每个女性生育数）	2.1	1.7	1.4
青年女性生育率（每千名15—19岁女性生育数）	..	16	11
避孕普及率（占15—49岁已婚女性的百分比）	..	..	..
在熟练医护人员护理下的分娩（占总数的百分比）	..	..	*100*
5岁以下儿童死亡率（每千人）	11	7	7
儿童营养不良，体重不足（占5岁以下儿童的百分比）	..	..	..
儿童麻疹免疫接种率（占12—23个月年龄组的百分比）	80	74	82
小学毕业率，总数（占适龄年龄组的百分比）	102	107	*100*
中学总入学率，总数（占适龄年龄组的百分比）	82	89	*100*
小学和中学中女孩与男孩的比率（百分比）	95	100	*99*
HIV感染率（占15—49岁人口的百分比）	0.1	0.1	0.1
环境			
森林（平方公里）	3.0	3.0	3.0
森林采伐（1990—2010年，平均年度百分比）			0.0
淡水使用量（占内陆水资源的百分比）	..	..	*53.5*
获得改善的水资源的人口（占总人口的百分比）	100	100	*100*
获得改善的卫生设施的人口（占总人口的百分比）	100	100	*100*
人均能源使用量（千克石油当量）	1,931	1,733	*1,988*
人均二氧化碳排放量（吨）	6.0	5.3	*6.7*
人均用电量（千瓦时）	2,778	4,313	*4,806*
经济			
GDP（10亿美元）	2.5	3.9	8.0
GDP增长率（年度百分比）	6.3	5.0	-2.1
GDP隐含价格平减指数（年度增长百分比）	3.2	4.2	2.3
农业增加值（占GDP的百分比）	3	2	2
工业增加值（占GDP的百分比）	55	51	33
服务业增加值（占GDP的百分比）	41	47	65
货物和服务出口（占GDP的百分比）	76	92	74
货物和服务进口（占GDP的百分比）	89	103	74
资本形成总额（占GDP的百分比）	31	26	15
中央政府收入（占GDP的百分比）	..	..	38.9
中央政府现金盈余/赤字（占GDP的百分比）	..	..	-3.8
政府与市场			
创办企业的时间（天）	..	..	..
股票市场资本总额（占GDP的百分比）	..	52.5	24.8
军费支出（占GDP的百分比）	0.8	0.7	0.6
移动电话用户（每100人）	0	29	102
互联网用户（每100人）	0.0	13.1	58.0
铺敷道路（占总数的百分比）	..	88.0	*87.5*
高科技出口（占制成品出口的百分比）	45	72	47
全球联系			
商品贸易（占GDP的百分比）	121.6	150.7	71.4
净易货贸易条件指数（2000年=100）	*123*	100	..
外债总额（百万美元）	..	..	..
债务还本付息总额（占出口的百分比）	..	..	..
净移民（千人）	2	3	5
获得的侨汇（百万美元）	58	20	46
外国直接投资，净流入额（百万美元）	45.8	601.0	895.5
获得的净官方发展援助（百万美元）	5.3	21.2	..

马绍尔群岛

东亚和太平洋地区			中低收入经济体
人口（千人）	61	人口增长率（百分比）	2.3
陆地面积（平方公里）	180	国家贫困率（占人口的百分比）	..
GNI（百万美元）	186.5	人均 GNI（美元）	3,060
PPP 衡量的 GNI（百万美元）	..	PPP 衡量的人均 GNI（美元）	..

	1990	2000	2008
人口			
最贫困的 20% 人口占国家消费/收入的份额（百分比）	..	..	..
出生时的预期寿命（岁）	..	65	..
总生育率（每个女性生育数）	..	5.5	*4.5*
青年女性生育率（每千名 15—19 岁女性生育数）	..	..	..
避孕普及率（占 15—49 岁已婚女性的百分比）	..	*34*	*45*
在熟练医护人员护理下的分娩（占总数的百分比）	..	*95*	*86*
5 岁以下儿童死亡率（每千人）	49	39	35
儿童营养不良，体重不足（占 5 岁以下儿童的百分比）	..	..	..
儿童麻疹免疫接种率（占 12—23 个月年龄组的百分比）	52	94	94
小学毕业率，总数（占适龄年龄组的百分比）	..	*107*	94
中学总入学率，总数（占适龄年龄组的百分比）	..	*70*	78
小学和中学中女孩与男孩的比率（百分比）	..	*98*	101
HIV 感染率（占 15—49 岁人口的百分比）	..	..	..
环境			
森林（平方公里）	130	130	130
森林采伐（1990—2007 年，平均年度百分比）			0.0
淡水使用量（占内陆水资源的百分比）	..	..	..
获得改善的水资源的人口（占总人口的百分比）	95	95	*94*
获得改善的卫生设施的人口（占总人口的百分比）	64	69	*73*
人均能源使用量（千克石油当量）	..	..	..
人均二氧化碳排放量（吨）	1.0	1.5	*1.7*
人均用电量（千瓦时）	..	..	..
经济			
GDP（百万美元）	69	108	153
GDP 增长率（年度百分比）	7.0	0.9	0.0
GDP 隐含价格平减指数（年度增长百分比）	0.7	11.8	0.5
农业增加值（占 GDP 的百分比）	*15*	*9*	..
工业增加值（占 GDP 的百分比）	*14*	*19*	..
服务业增加值（占 GDP 的百分比）	*71*	*72*	..
货物和服务出口（占 GDP 的百分比）	..	..	..
货物和服务进口（占 GDP 的百分比）	..	..	..
资本形成总额（占 GDP 的百分比）	..	..	..
中央政府收入（占 GDP 的百分比）	..	..	..
中央政府现金盈余/赤字（占 GDP 的百分比）	..	..	..
政府与市场			
创办企业的时间（天）	..	..	17
股票市场资本总额（占 GDP 的百分比）	..	..	..
军费支出（占 GDP 的百分比）	..	..	..
移动电话用户（每 100 人）	0	1	2
互联网用户（每 100 人）	0.0	1.6	3.6
铺敷道路（占总数的百分比）	..	..	..
高科技出口（占制成品出口的百分比）	..	..	..
全球联系			
商品贸易（占 GDP 的百分比）	..	59.4	72.6
净易货贸易条件指数（2000 年=100）	..	100	108
外债总额（10 亿美元）	..	..	..
债务还本付息总额（占出口的百分比）	..	..	..
净移民（千人）	..	..	..
获得的侨汇（10 亿美元）	..	..	..
外国直接投资，净流入额（百万美元）	..	..	..
获得的净官方发展援助（百万美元）	*0.3*	57.2	58.8

毛里塔尼亚

撒哈拉以南非洲地区		低收入经济体	
人口（百万）	3.3	人口增长率（百分比）	2.3
陆地面积（千平方公里）	1,031	国家贫困率（占人口的百分比）	..
GNI（10亿美元）	3.3	人均GNI（美元）	990
PPP衡量的GNI（10亿美元）	6.4	PPP衡量的人均GNI（美元）	1,940

	1990	2000	2009
人口			
最贫困的20%人口占国家消费/收入的份额（百分比）	..	6.2	..
出生时的预期寿命（岁）	56	56	57
总生育率（每个女性生育数）	5.9	5.1	4.4
青年女性生育率（每千名15—19岁女性生育数）	..	97	82
避孕普及率（占15—49岁已婚女性的百分比）	*3*	*8*	*9*
在熟练医护人员护理下的分娩（占总数的百分比）	*40*	*57*	*61*
5岁以下儿童死亡率（每千人）	129	122	117
儿童营养不良，体重不足（占5岁以下儿童的百分比）	43.3	*30.4*	*16.7*
儿童麻疹免疫接种率（占12—23个月年龄组的百分比）	38	62	59
小学毕业率，总数（占适龄年龄组的百分比）	29	*47*	*64*
中学总入学率，总数（占适龄年龄组的百分比）	14	18	*24*
小学和中学中女孩与男孩的比率（百分比）	69	95	*103*
HIV感染率（占15—49岁人口的百分比）	0.2	0.6	0.7
环境			
森林（千平方公里）	4.2	3.2	2.4
森林采伐（1990—2010年，平均年度百分比）			1.8
淡水使用量（占内陆水资源的百分比）	..	..	*399.8*
获得改善的水资源的人口（占总人口的百分比）	30	40	*49*
获得改善的卫生设施的人口（占总人口的百分比）	16	21	*26*
人均能源使用量（千克石油当量）	..	..	..
人均二氧化碳排放量（吨）	1.3	0.5	*0.6*
人均用电量（千瓦时）	..	..	..
经济			
GDP（10亿美元）	1.0	1.1	3.0
GDP增长率（年度百分比）	-1.8	1.9	-1.1
GDP隐含价格平减指数（年度增长百分比）	2.6	1.3	-6.2
农业增加值（占GDP的百分比）	30	28	21
工业增加值（占GDP的百分比）	29	30	35
服务业增加值（占GDP的百分比）	42	43	45
货物和服务出口（占GDP的百分比）	46	46	50
货物和服务进口（占GDP的百分比）	61	74	68
资本形成总额（占GDP的百分比）	20	19	25
中央政府收入（占GDP的百分比）	..	..	..
中央政府现金盈余/赤字（占GDP的百分比）	..	..	..
政府与市场			
创办企业的时间（天）	..	..	19
股票市场资本总额（占GDP的百分比）	..	..	..
军费支出（占GDP的百分比）	3.9	3.5	3.8
移动电话用户（每100人）	0	1	66
互联网用户（每100人）	0.0	0.2	2.3
铺敷道路（占总数的百分比）	..	..	*26.8*
高科技出口（占制成品出口的百分比）	..	..	..
全球联系			
商品贸易（占GDP的百分比）	84.1	74.8	92.6
净易货贸易条件指数（2000年=100）	97	100	151
外债总额（10亿美元）	2.1	2.4	2.0
债务还本付息总额（占出口的百分比）	30.7	*27.8*	..
净移民（千人）	-30	10	10
获得的侨汇（百万美元）	13.7	2.0	1.9
外国直接投资，净流入额（百万美元）	6.7	40.1	-38.3
获得的净官方发展援助（百万美元）	236	221	287

毛里求斯

撒哈拉以南非洲地区			中高收入经济体
人口（百万）	1.3	人口增长率（百分比）	0.5
陆地面积（千平方公里）	2.0	国家贫困率（占人口的百分比）	..
GNI（10 亿美元）	9.2	人均 GNI（美元）	7,250
PPP 衡量的 GNI（10 亿美元）	16.9	PPP 衡量的人均 GNI（美元）	13,270

	1990	**2000**	**2009**
人口			
最贫困的 20% 人口占国家消费/收入的份额（百分比）	..	..	..
出生时的预期寿命（岁）	69	72	73
总生育率（每个女性生育数）	2.3	2.0	1.5
青年女性生育率（每千名 15—19 岁女性生育数）	..	39	41
避孕普及率（占 15—49 岁已婚女性的百分比）	*75*	*76*	..
在熟练医护人员护理下的分娩（占总数的百分比）	91	100	..
5 岁以下儿童死亡率（每千人）	24	19	17
儿童营养不良，体重不足（占 5 岁以下儿童的百分比）	..	..	..
儿童麻疹免疫接种率（占 12—23 个月年龄组的百分比）	76	84	99
小学毕业率，总数（占适龄年龄组的百分比）	114	103	89
中学总入学率，总数（占适龄年龄组的百分比）	52	77	87
小学和中学中女孩与男孩的比率（百分比）	100	99	101
HIV 感染率（占 15—49 岁人口的百分比）	0.1	0.3	1.0
环境			
森林（平方公里）	390	390	350
森林采伐（1990—2010 年，平均年度百分比）			0.4
淡水使用量（占内陆水资源的百分比）	..	..	*26.4*
获得改善的水资源的人口（占总人口的百分比）	99	99	*99*
获得改善的卫生设施的人口（占总人口的百分比）	91	91	*91*
人均能源使用量（千克石油当量）	..	..	..
人均二氧化碳排放量（吨）	1.4	2.3	*3.1*
人均用电量（千瓦时）	..	..	..
经济			
GDP（10 亿美元）	2.7	4.6	8.6
GDP 增长率（年度百分比）	7.2	9.0	2.1
GDP 隐含价格平减指数（年度增长百分比）	10.1	2.1	1.5
农业增加值（占 GDP 的百分比）	13	7	4
工业增加值（占 GDP 的百分比）	33	31	29
服务业增加值（占 GDP 的百分比）	54	62	67
货物和服务出口（占 GDP 的百分比）	65	61	48
货物和服务进口（占 GDP 的百分比）	72	62	59
资本形成总额（占 GDP 的百分比）	30	26	21
中央政府收入（占 GDP 的百分比）	..	..	23.5
中央政府现金盈余/赤字（占 GDP 的百分比）	..	..	0.6
政府与市场			
创办企业的时间（天）	..	..	6
股票市场资本总额（占 GDP 的百分比）	10.1	29.0	55.2
军费支出（占 GDP 的百分比）	0.3	0.2	*0.2*
移动电话用户（每 100 人）	0	15	85
互联网用户（每 100 人）	0.0	7.3	22.7
铺敷道路（占总数的百分比）	93.0	97.0	*98.0*
高科技出口（占制成品出口的百分比）	1	1	1
全球联系			
商品贸易（占 GDP 的百分比）	106.0	79.6	66.0
净易货贸易条件指数（2000 年 =100）	93	100	81
外债总额（百万美元）	934	946	742
债务还本付息总额（占出口的百分比）	8.5	16.9	2.7
净移民（千人）	-30	-2	0
获得的侨汇（百万美元）	..	177.0	211.2
外国直接投资，净流入额（百万美元）	41.0	265.6	256.7
获得的净官方发展援助（百万美元）	88	20	156

马约特

撒哈拉以南非洲地区			中高收入经济体
人口（千人）	197	人口增长率（百分比）	2.8
陆地面积（平方公里）	370	国家贫困率（占人口的百分比）	..
GNI（百万美元）	..	人均 GNI（美元）	..
PPP 衡量的 GNI（百万美元）	..	PPP 衡量的人均 GNI（美元）	..

	1990	2000	2009
人口			
最贫困的 20% 人口占国家消费/收入的份额（百分比）	..	..	..
出生时的预期寿命（岁）	..	75	76
总生育率（每个女性生育数）	..	4.5	3.0
青年女性生育率（每千名 15—19 岁女性生育数）	..	65	41
避孕普及率（占 15—49 岁已婚女性的百分比）	..	..	..
在熟练医护人员护理下的分娩（占总数的百分比）	..	..	..
5 岁以下儿童死亡率（每千人）	..	..	..
儿童营养不良，体重不足（占 5 岁以下儿童的百分比）	..	..	..
儿童麻疹免疫接种率（占 12—23 个月年龄组的百分比）	..	..	..
小学毕业率，总数（占适龄年龄组的百分比）	..	..	..
中学总入学率，总数（占适龄年龄组的百分比）	..	..	..
小学和中学中女孩与男孩的比率（百分比）	..	..	..
HIV 感染率（占 15—49 岁人口的百分比）	..	..	..
环境			
森林（平方公里）	180	160	140
森林采伐（1990—2007 年，平均年度百分比）			0.8
淡水使用量（占内陆水资源的百分比）	..	..	..
获得改善的水资源的人口（占总人口的百分比）	..	..	..
获得改善的卫生设施的人口（占总人口的百分比）	..	..	..
人均能源使用量（千克石油当量）	..	..	..
人均二氧化碳排放量（吨）	..	..	..
人均用电量（千瓦时）	..	..	..
经济			
GDP（10 亿美元）	..	..	..
GDP 增长率（年度百分比）	..	..	..
GDP 隐含价格平减指数（年度增长百分比）	..	..	..
农业增加值（占 GDP 的百分比）	..	..	..
工业增加值（占 GDP 的百分比）	..	..	..
服务业增加值（占 GDP 的百分比）	..	..	..
货物和服务出口（占 GDP 的百分比）	..	..	..
货物和服务进口（占 GDP 的百分比）	..	..	..
资本形成总额（占 GDP 的百分比）	..	..	..
中央政府收入（占 GDP 的百分比）	..	..	..
中央政府现金盈余/赤字（占 GDP 的百分比）	..	..	..
政府与市场			
创办企业的时间（天）	..	..	..
股票市场资本总额（占 GDP 的百分比）	..	..	..
军费支出（占 GDP 的百分比）	..	..	..
移动电话用户（每 100 人）	..	*13*	..
互联网用户（每 100 人）	..	..	..
铺敷道路（占总数的百分比）	..	..	..
高科技出口（占制成品出口的百分比）	..	..	..
全球联系			
商品贸易（占 GDP 的百分比）	..	..	..
净易货贸易条件指数（2000 年 = 100）	..	..	..
外债总额（10 亿美元）	..	..	..
债务还本付息总额（占出口的百分比）	..	..	..
净移民（千人）	6	4	4
获得的侨汇（百万美元）	82.0	..	..
外国直接投资，净流入额（百万美元）	..	..	..
获得的净官方发展援助（百万美元）	61	103	544

墨西哥

拉丁美洲和加勒比地区		中高收入经济体	
人口（百万）	107.4	人口增长率（百分比）	1.0
陆地面积（千平方公里）	1,964	国家贫困率（占人口的百分比）	*47.4*
GNI（10亿美元）	962.1	人均 GNI（美元）	8,960
PPP 衡量的 GNI（10亿美元）	1,506.3	PPP 衡量的人均 GNI（美元）	14,020

	1990	2000	2009
人口			
最贫困的20%人口占国家消费/收入的份额（百分比）	*3.9*	3.9	*3.9*
出生时的预期寿命（岁）	71	74	75
总生育率（每个女性生育数）	3.4	2.7	2.1
青年女性生育率（每千名15—19岁女性生育数）	..	74	63
避孕普及率（占15—49岁已婚女性的百分比）	..	70	73
在熟练医护人员护理下的分娩（占总数的百分比）	..	..	*93*
5岁以下儿童死亡率（每千人）	45	26	17
儿童营养不良，体重不足（占5岁以下儿童的百分比）	*13.9*	*6.0*	*3.4*
儿童麻疹免疫接种率（占12—23个月年龄组的百分比）	75	96	95
小学毕业率，总数（占适龄年龄组的百分比）	88	100	*104*
中学总入学率，总数（占适龄年龄组的百分比）	55	73	*90*
小学和中学中女孩与男孩的比率（百分比）	97	100	*102*
HIV 感染率（占15—49岁人口的百分比）	0.4	0.3	0.3
环境			
森林（千平方公里）	703	668	648
森林采伐（1990—2010年，平均年度百分比）			0.3
淡水使用量（占内陆水资源的百分比）	..	..	*19.3*
获得改善的水资源的人口（占总人口的百分比）	85	90	*94*
获得改善的卫生设施的人口（占总人口的百分比）	66	76	*85*
人均能源使用量（千克石油当量）	1,457	1,478	1,646
人均二氧化碳排放量（吨）	4.3	4.0	*4.5*
人均用电量（千瓦时）	1,195	1,722	*2,020*
经济			
GDP（10亿美元）	262.7	581.4	874.8
GDP 增长率（年度百分比）	5.1	6.6	-6.5
GDP 隐含价格平减指数（年度增长百分比）	28.1	12.1	4.3
农业增加值（占 GDP 的百分比）	8	4	4
工业增加值（占 GDP 的百分比）	28	28	35
服务业增加值（占 GDP 的百分比）	64	68	61
货物和服务出口（占 GDP 的百分比）	19	31	28
货物和服务进口（占 GDP 的百分比）	20	33	29
资本形成总额（占 GDP 的百分比）	23	24	22
中央政府收入（占 GDP 的百分比）	15.3	14.7	..
中央政府现金盈余/赤字（占 GDP 的百分比）	-2.5	-1.2	..
政府与市场			
创办企业的时间（天）	..	..	9
股票市场资本总额（占 GDP 的百分比）	12.4	21.5	38.9
军费支出（占 GDP 的百分比）	0.5	0.6	0.5
移动电话用户（每100人）	0	14	78
互联网用户（每100人）	0.0	5.2	26.5
铺敷道路（占总数的百分比）	35.1	32.8	*35.3*
高科技出口（占制成品出口的百分比）	8	22	22
全球联系			
商品贸易（占 GDP 的百分比）	32.1	59.5	53.9
净易货贸易条件指数（2000年=100）	102	100	104
外债总额（10亿美元）	104	151	192
债务还本付息总额（占出口的百分比）	21.7	31.5	16.0
净移民（千人）	-1,615	-1,176	-2,430
获得的侨汇（10亿美元）	3.1	7.5	22.0
外国直接投资，净流入额（10亿美元）	2.5	18.1	14.5
获得的净官方发展援助（百万美元）	156	-58	185

密克罗尼西亚联邦

东亚和太平洋地区 **中低收入经济体**

人口（千人）	111	人口增长率（百分比）	0.3
陆地面积（平方公里）	700	国家贫困率（占人口的百分比）	..
GNI（百万美元）	277.1	人均 GNI（美元）	2,500
PPP 衡量的 GNI（百万美元）	359.0	PPP 衡量的人均 GNI（美元）	3,240

	1990	2000	2009
人口			
最贫困的 20% 人口占国家消费/收入的份额（百分比）	..	1.6	..
出生时的预期寿命（岁）	66	67	69
总生育率（每个女性生育数）	5.0	4.3	3.5
青年女性生育率（每千名 15—19 岁女性生育数）	..	40	23
避孕普及率（占 15—49 岁已婚女性的百分比）	..	*45*	..
在熟练医护人员护理下的分娩（占总数的百分比）	..	*88*	..
5 岁以下儿童死亡率（每千人）	58	47	39
儿童营养不良，体重不足（占 5 岁以下儿童的百分比）	..	..	..
儿童麻疹免疫接种率（占 12—23 个月年龄组的百分比）	81	85	86
小学毕业率，总数（占适龄年龄组的百分比）	..	..	..
中学总入学率，总数（占适龄年龄组的百分比）	..	..	*91*
小学和中学中女孩与男孩的比率（百分比）	..	..	..
HIV 感染率（占 15—49 岁人口的百分比）	..	..	..
环境			
森林（千平方公里）	640	640	640
森林采伐（1990—2007 年，平均年度百分比）			0.0
淡水使用量（占内陆水资源的百分比）	..	..	..
获得改善的水资源的人口（占总人口的百分比）	89	92	..
获得改善的卫生设施的人口（占总人口的百分比）	29	26	..
人均能源使用量（千克石油当量）	..	..	..
人均二氧化碳排放量（吨）	..	0.5	*0.6*
人均用电量（千瓦时）	..	..	..
经济			
GDP（百万美元）	147	226	274
GDP 增长率（年度百分比）	3.7	4.8	-1.5
GDP 隐含价格平减指数（年度增长百分比）	4.9	1.1	8.0
农业增加值（占 GDP 的百分比）	..	..	..
工业增加值（占 GDP 的百分比）	..	..	..
服务业增加值（占 GDP 的百分比）	..	..	..
货物和服务出口（占 GDP 的百分比）	..	..	..
货物和服务进口（占 GDP 的百分比）	..	..	..
资本形成总额（占 GDP 的百分比）	..	..	..
中央政府收入（占 GDP 的百分比）	..	..	..
中央政府现金盈余/赤字（占 GDP 的百分比）	..	..	..
政府与市场			
创办企业的时间（天）	..	..	16
股票市场资本总额（占 GDP 的百分比）	..	..	..
军费支出（占 GDP 的百分比）	..	..	..
移动电话用户（每 100 人）	0	0	34
互联网用户（每 100 人）	0.0	3.7	15.4
铺敷道路（占总数的百分比）	15.9	17.5	..
高科技出口（占制成品出口的百分比）	..	..	..
全球联系			
商品贸易（占 GDP 的百分比）	..	56.8	66.4
净易货贸易条件指数（2000 年 =100）	..	100	106
外债总额（10 亿美元）	..	..	..
债务还本付息总额（占出口的百分比）	..	..	..
净移民（千人）	-2	-14	-9
获得的侨汇（10 亿美元）	..	..	..
外国直接投资，净流入额（百万美元）	..	..	..
获得的净官方发展援助（百万美元）	*0.5*	101.5	121.0

摩尔多瓦

欧洲和中亚 **中低收入经济体**

人口（百万）	3.6	人口增长率（百分比）	-0.8
陆地面积（千平方公里）	34	国家贫困率（占人口的百分比）	*29.0*
GNI（10 亿美元）	5.6	人均 GNI（美元）	1,560
PPP 衡量的 GNI（10 亿美元）	10.7	PPP 衡量的人均 GNI（美元）	3,010

	1990	2000	2009
人口			
最贫困的 20% 人口占国家消费/收入的份额（百分比）	*6.9*	*7.1*	*6.8*
出生时的预期寿命（岁）	67	67	69
总生育率（每个女性生育数）	2.4	1.6	1.5
青年女性生育率（每千名 15—19 岁女性生育数）	..	48	33
避孕普及率（占 15—49 岁已婚女性的百分比）	..	62	..
在熟练医护人员护理下的分娩（占总数的百分比）	..	..	..
5 岁以下儿童死亡率（每千人）	37	24	17
儿童营养不良，体重不足（占 5 岁以下儿童的百分比）	..	..	..
儿童麻疹免疫接种率（占 12—23 个月年龄组的百分比）	*73*	89	90
小学毕业率，总数（占适龄年龄组的百分比）	..	98	93
中学总入学率，总数（占适龄年龄组的百分比）	94	82	88
小学和中学中女孩与男孩的比率（百分比）	105	101	101
HIV 感染率（占 15—49 岁人口的百分比）	0.1	0.4	0.4
环境			
森林（千平方公里）	3.2	3.2	3.9
森林采伐（1990—2010 年，平均年度百分比）			-0.6
淡水使用量（占内陆水资源的百分比）	..	..	*191.5*
获得改善的水资源的人口（占总人口的百分比）	..	92	*90*
获得改善的卫生设施的人口（占总人口的百分比）	..	79	*79*
人均能源使用量（千克石油当量）	2,261	694	*867*
人均二氧化碳排放量（吨）	*4.8*	0.9	*1.3*
人均用电量（千瓦时）	2,740	892	*1,287*
经济			
GDP（10 亿美元）	3.6	1.3	5.4
GDP 增长率（年度百分比）	-2.4	2.1	-6.5
GDP 隐含价格平减指数（年度增长百分比）	13.5	27.3	2.0
农业增加值（占 GDP 的百分比）	36	29	10
工业增加值（占 GDP 的百分比）	37	22	13
服务业增加值（占 GDP 的百分比）	27	49	77
货物和服务出口（占 GDP 的百分比）	48	50	37
货物和服务进口（占 GDP 的百分比）	51	75	73
资本形成总额（占 GDP 的百分比）	25	24	27
中央政府收入（占 GDP 的百分比）	..	24.5	33.1
中央政府现金盈余/赤字（占 GDP 的百分比）	..	-1.5	-5.7
政府与市场			
创办企业的时间（天）	..	..	10
股票市场资本总额（占 GDP 的百分比）	..	*3.2*	..
军费支出（占 GDP 的百分比）	..	0.4	0.5
移动电话用户（每 100 人）	0	3	77
互联网用户（每 100 人）	0.0	1.3	35.9
铺敷道路（占总数的百分比）	87.1	86.1	*85.8*
高科技出口（占制成品出口的百分比）	..	3	5
全球联系			
商品贸易（占 GDP 的百分比）	..	96.9	84.5
净易货贸易条件指数（2000 年 = 100）	..	..	..
外债总额（10 亿美元）	*0.0*	1.7	3.5
债务还本付息总额（占出口的百分比）	..	19.2	14.9
净移民（千人）	-89	-253	-172
获得的侨汇（10 亿美元）	..	0.2	1.2
外国直接投资，净流入额（百万美元）	*17.0*	127.5	127.8
获得的净官方发展援助（百万美元）	..	122.5	245.1

摩纳哥

高收入经济体

人口（千人）	33	人口增长率（百分比）	0.3
陆地面积（平方公里）	2.0	国家贫困率（占人口的百分比）	..
GNI（百万美元）	6.5	人均 GNI（美元）	197,590
PPP 衡量的 GNI（百万美元）	..	PPP 衡量的人均 GNI（美元）	..

	1990	2000	2009
人口			
最贫困的 20% 人口占国家消费/收入的份额（百分比）	..	..	..
出生时的预期寿命（岁）	..	..	..
总生育率（每个女性生育数）	..	..	..
青年女性生育率（每千名 15—19 岁女性生育数）	..	..	..
避孕普及率（占 15—49 岁已婚女性的百分比）	..	..	..
在熟练医护人员护理下的分娩（占总数的百分比）	..	..	..
5 岁以下儿童死亡率（每千人）	8	5	4
儿童营养不良，体重不足（占 5 岁以下儿童的百分比）	..	..	..
儿童麻疹免疫接种率（占 12—23 个月年龄组的百分比）	99	99	99
小学毕业率，总数（占适龄年龄组的百分比）	..	..	..
中学总入学率，总数（占适龄年龄组的百分比）	..	*154*	153
小学和中学中女孩与男孩的比率（百分比）	..	*104*	98
HIV 感染率（占 15—49 岁人口的百分比）	..	..	..
环境			
森林（千平方公里）	0.0	0.0	0.0
森林采伐（1990—2010 年，平均年度百分比）			..
淡水使用量（占内陆水资源的百分比）	..	..	..
获得改善的水资源的人口（占总人口的百分比）	100	100	*100*
获得改善的卫生设施的人口（占总人口的百分比）	100	100	*100*
人均能源使用量（千克石油当量）	..	..	..
人均二氧化碳排放量（吨）	..	..	..
人均用电量（千瓦时）	..	..	..
经济			
GDP（10 亿美元）	2.5	2.6	6.1
GDP 增长率（年度百分比）	2.6	3.9	-2.6
GDP 隐含价格平减指数（年度增长百分比）	2.6	1.4	0.5
农业增加值（占 GDP 的百分比）	..	..	..
工业增加值（占 GDP 的百分比）	..	..	..
服务业增加值（占 GDP 的百分比）	..	..	..
货物和服务出口（占 GDP 的百分比）	..	..	..
货物和服务进口（占 GDP 的百分比）	..	..	..
资本形成总额（占 GDP 的百分比）	..	..	..
中央政府收入（占 GDP 的百分比）	..	..	..
中央政府现金盈余/赤字（占 GDP 的百分比）	..	..	..
政府与市场			
创办企业的时间（天）	..	..	..
股票市场资本总额（占 GDP 的百分比）	..	..	..
军费支出（占 GDP 的百分比）	..	..	..
移动电话用户（每 100 人）	..	..	..
互联网用户（每 100 人）	..	..	..
铺敷道路（占总数的百分比）	100.0	100.0	*100.0*
高科技出口（占制成品出口的百分比）	..	..	..
全球联系			
商品贸易（占 GDP 的百分比）	..	..	..
净易货贸易条件指数（2000 年 =100）	..	..	..
外债总额（10 亿美元）	..	..	..
债务还本付息总额（占出口的百分比）	..	..	..
净移民（千人）	..	..	..
获得的侨汇（10 亿美元）	..	..	..
外国直接投资，净流入额（百万美元）	..	..	..
获得的净官方发展援助（百万美元）	..	..	..

蒙古

东亚和太平洋地区		中低收入经济体	
人口（百万）	2.7	人口增长率（百分比）	1.1
陆地面积（千平方公里）	1,564	国家贫困率（占人口的百分比）	*35.2*
GNI（10亿美元）	4.4	人均GNI（美元）	1,630
PPP衡量的GNI（10亿美元）	8.9	PPP衡量的人均GNI（美元）	3,330

	1990	2000	2009
人口			
最贫困的20%人口占国家消费/收入的份额（百分比）	..	*7.4*	*7.1*
出生时的预期寿命（岁）	61	64	67
总生育率（每个女性生育数）	4.2	2.2	2.0
青年女性生育率（每千名15—19岁女性生育数）	..	10	15
避孕普及率（占15—49岁已婚女性的百分比）	..	67	*55*
在熟练医护人员护理下的分娩（占总数的百分比）	..	97	*99*
5岁以下儿童死亡率（每千人）	101	63	29
儿童营养不良，体重不足（占5岁以下儿童的百分比）	*10.8*	11.6	..
儿童麻疹免疫接种率（占12—23个月年龄组的百分比）	92	92	94
小学毕业率，总数（占适龄年龄组的百分比）	..	90	*93*
中学总入学率，总数（占适龄年龄组的百分比）	87	65	92
小学和中学中女孩与男孩的比率（百分比）	*109*	111	103
HIV感染率（占15—49岁人口的百分比）	0.1	0.1	0.1
环境			
森林（千平方公里）	125	117	109
森林采伐（1990—2010年，平均年度百分比）			0.5
淡水使用量（占内陆水资源的百分比）	..	..	*1.4*
获得改善的水资源的人口（占总人口的百分比）	58	66	*76*
获得改善的卫生设施的人口（占总人口的百分比）	..	49	*50*
人均能源使用量（千克石油当量）	1,541	989	*1,193*
人均二氧化碳排放量（吨）	4.5	3.1	*4.0*
人均用电量（千瓦时）	1,523	1,080	*1,473*
经济			
GDP（10亿美元）	2.1	1.1	4.2
GDP增长率（年度百分比）	-2.5	0.5	-1.6
GDP隐含价格平减指数（年度增长百分比）	0.0	26.1	0.3
农业增加值（占GDP的百分比）	15	33	24
工业增加值（占GDP的百分比）	41	20	33
服务业增加值（占GDP的百分比）	44	47	44
货物和服务出口（占GDP的百分比）	22	56	56
货物和服务进口（占GDP的百分比）	49	71	63
资本形成总额（占GDP的百分比）	36	29	50
中央政府收入（占GDP的百分比）	*18.3*	25.4	29.2
中央政府现金盈余/赤字（占GDP的百分比）	*-0.6*	0.2	-4.5
政府与市场			
创办企业的时间（天）	..	..	13
股票市场资本总额（占GDP的百分比）	..	3.4	10.2
军费支出（占GDP的百分比）	5.7	2.2	*1.4*
移动电话用户（每100人）	0	6	84
互联网用户（每100人）	0.0	1.3	13.1
铺敷道路（占总数的百分比）	..	3.5	..
高科技出口（占制成品出口的百分比）	..	0	*8*
全球联系			
商品贸易（占GDP的百分比）	75.7	105.7	96.0
净易货贸易条件指数（2000年=100）	..	100	170
外债总额（10亿美元）	*0.4*	0.9	2.2
债务还本付息总额（占出口的百分比）	*17.3*	6.2	4.8
净移民（千人）	33	-50	-10
获得的侨汇（百万美元）	..	12.0	199.6
外国直接投资，净流入额（百万美元）	*11.1*	53.7	623.6
获得的净官方发展援助（百万美元）	13	217	372

黑山

欧洲和中亚 | **中高收入经济体**

人口（千人）	624	人口增长率（百分比）	0.3
陆地面积（千平方公里）	14	国家贫困率（占人口的百分比）	*4.9*
GNI（10亿美元）	4.1	人均 GNI（美元）	6,650
PPP 衡量的 GNI（10亿美元）	8.2	PPP 衡量的人均 GNI（美元）	13,110

	1990	**2000**	**2009**
人口			
最贫困的20%人口占国家消费/收入的份额（百分比）	..	..	*8.5*
出生时的预期寿命（岁）	75	75	74
总生育率（每个女性生育数）	1.9	1.8	1.6
青年女性生育率（每千名15—19岁女性生育数）	..	21	14
避孕普及率（占15—49岁已婚女性的百分比）	..	..	..
在熟练医护人员护理下的分娩（占总数的百分比）	..	..	..
5岁以下儿童死亡率（每千人）	17	14	9
儿童营养不良，体重不足（占5岁以下儿童的百分比）	..	..	*2.2*
儿童麻疹免疫接种率（占12—23个月年龄组的百分比）	..	..	86
小学毕业率，总数（占适龄年龄组的百分比）	..	..	..
中学总入学率，总数（占适龄年龄组的百分比）	..	..	..
小学和中学中女孩与男孩的比率（百分比）	..	..	..
HIV 感染率（占15—49岁人口的百分比）	..	..	..
环境			
森林（千平方公里）	5.4	5.4	5.4
森林采伐（1990—2007年，平均年度百分比）			0.0
淡水使用量（占内陆水资源的百分比）	..	..	..
获得改善的水资源的人口（占总人口的百分比）	..	98	*98*
获得改善的卫生设施的人口（占总人口的百分比）	..	92	*92*
人均能源使用量（千克石油当量）	..	..	..
人均二氧化碳排放量（吨）	..	..	..
人均用电量（千瓦时）	..	..	..
经济			
GDP（百万美元）	..	984	4,141
GDP 增长率（年度百分比）	..	3.1	-5.7
GDP 隐含价格平减指数（年度增长百分比）	..	*20.2*	2.4
农业增加值（占 GDP 的百分比）	..	12	10
工业增加值（占 GDP 的百分比）	..	23	20
服务业增加值（占 GDP 的百分比）	..	64	70
货物和服务出口（占 GDP 的百分比）	..	37	33
货物和服务进口（占 GDP 的百分比）	..	51	66
资本形成总额（占 GDP 的百分比）	..	22	27
中央政府收入（占 GDP 的百分比）	..	..	..
中央政府现金盈余/赤字（占 GDP 的百分比）	..	..	..
政府与市场			
创办企业的时间（天）	..	..	10
股票市场资本总额（占 GDP 的百分比）	..	..	103.6
军费支出（占 GDP 的百分比）	..	..	1.4
移动电话用户（每100人）	..	..	120
互联网用户（每100人）	..	..	44.9
铺敷道路（占总数的百分比）	..	..	..
高科技出口（占制成品出口的百分比）	..	..	..
全球联系			
商品贸易（占 GDP 的百分比）	..	..	59.3
净易货贸易条件指数（2000年=100）	..	..	..
外债总额（10亿美元）	..	..	2.3
债务还本付息总额（占出口的百分比）	..	..	4.4
净移民（千人）	-4	15	-5
获得的侨汇（10亿美元）	..	..	..
外国直接投资，净流入额（10亿美元）	..	..	1.3
获得的净官方发展援助（百万美元）	..	..	75.4

摩洛哥

中东和北非		中低收入经济体	
人口（百万）	32.0	人口增长率（百分比）	1.2
陆地面积（千平方公里）	447	国家贫困率（占人口的百分比）	*9.0.*
GNI（10 亿美元）	89.9	人均 GNI（美元）	2,770
PPP 衡量的 GNI（10 亿美元）	143.1	PPP 衡量的人均 GNI（美元）	4,400

	1990	2000	2009
人口			
最贫困的 20% 人口占国家消费/收入的份额（百分比）	*6.6*	*6.3*	*6.5*
出生时的预期寿命（岁）	64	69	72
总生育率（每个女性生育数）	4.0	2.7	2.3
青年女性生育率（每千名 15—19 岁女性生育数）	..	26	19
避孕普及率（占 15—49 岁已婚女性的百分比）	*42*	..	..
在熟练医护人员护理下的分娩（占总数的百分比）	*31*	..	..
5 岁以下儿童死亡率（每千人）	89	55	38
儿童营养不良，体重不足（占 5 岁以下儿童的百分比）	*8.1*	..	..
儿童麻疹免疫接种率（占 12—23 个月年龄组的百分比）	79	93	98
小学毕业率，总数（占适龄年龄组的百分比）	51	57	80
中学总入学率，总数（占适龄年龄组的百分比）	38	38	*56*
小学和中学中女孩与男孩的比率（百分比）	69	82	*88*
HIV 感染率（占 15—49 岁人口的百分比）	0.1	0.1	0.1
环境			
森林（千平方公里）	50	50	51
森林采伐（1990—2010 年，平均年度百分比）			-0.1
淡水使用量（占内陆水资源的百分比）	..	..	*43.4*
获得改善的水资源的人口（占总人口的百分比）	74	78	*81*
获得改善的卫生设施的人口（占总人口的百分比）	53	64	*69*
人均能源使用量（千克石油当量）	280	355	*474*
人均二氧化碳排放量（吨）	0.9	1.2	*1.5*
人均用电量（千瓦时）	359	489	*736*
经济			
GDP（10 亿美元）	25.8	37.0	91.4
GDP 增长率（年度百分比）	4.0	1.6	4.9
GDP 隐含价格平减指数（年度增长百分比）	5.5	-0.6	1.8
农业增加值（占 GDP 的百分比）	18	15	16
工业增加值（占 GDP 的百分比）	33	29	29
服务业增加值（占 GDP 的百分比）	48	56	55
货物和服务出口（占 GDP 的百分比）	26	28	29
货物和服务进口（占 GDP 的百分比）	32	33	39
资本形成总额（占 GDP 的百分比）	25	26	36
中央政府收入（占 GDP 的百分比）	..	*30.0*	33.1
中央政府现金盈余/赤字（占 GDP 的百分比）	..	*-3.1*	1.0
政府与市场			
创办企业的时间（天）	..	..	12
股票市场资本总额（占 GDP 的百分比）	3.7	29.4	68.8
军费支出（占 GDP 的百分比）	4.1	2.3	3.3
移动电话用户（每 100 人）	0	8	79
互联网用户（每 100 人）	0.0	0.7	32.2
铺敷道路（占总数的百分比）	49.1	56.4	*67.8*
高科技出口（占制成品出口的百分比）	..	11	7
全球联系			
商品贸易（占 GDP 的百分比）	43.3	51.2	51.2
净易货贸易条件指数（2000 年 =100）	85	100	137
外债总额（10 亿美元）	25	21	24
债务还本付息总额（占出口的百分比）	28.4	25.2	12.5
净移民（千人）	-250	-500	-425
获得的侨汇（10 亿美元）	2.0	2.2	6.3
外国直接投资，净流入额（百万美元）	0.2	0.2	2.0
获得的净官方发展援助（百万美元）	1.0	0.4	0.9

莫桑比克

撒哈拉以南非洲地区 **低收入经济体**

人口（百万）	22.9	人口增长率（百分比）	2.3
陆地面积（千平方公里）	799	国家贫困率（占人口的百分比）	*54.7*
GNI（10亿美元）	10.0	人均GNI（美元）	440
PPP衡量的GNI（10亿美元）	20.1	PPP衡量的人均GNI（美元）	880

	1990	2000	2009
人口			
最贫困的20%人口占国家消费/收入的份额（百分比）	..	..	*5.2*
出生时的预期寿命（岁）	43	48	48
总生育率（每个女性生育数）	6.2	5.7	5.0
青年女性生育率（每千名15—19岁女性生育数）	..	147	139
避孕普及率（占15—49岁已婚女性的百分比）	..	..	*16*
在熟练医护人员护理下的分娩（占总数的百分比）	..	..	55
5岁以下儿童死亡率（每千人）	232	183	142
儿童营养不良，体重不足（占5岁以下儿童的百分比）	..	..	..
儿童麻疹免疫接种率（占12—23个月年龄组的百分比）	59	71	77
小学毕业率，总数（占适龄年龄组的百分比）	26	16	57
中学总入学率，总数（占适龄年龄组的百分比）	7	6	23
小学和中学中女孩与男孩的比率（百分比）	73	75	88
HIV感染率（占15—49岁人口的百分比）	1.2	8.6	11.5
环境			
森林（千平方公里）	434	412	390
森林采伐（1990—2010年，平均年度百分比）			0.4
淡水使用量（占内陆水资源的百分比）	..	..	*0.7*
获得改善的水资源的人口（占总人口的百分比）	36	42	*47*
获得改善的卫生设施的人口（占总人口的百分比）	11	14	*17*
人均能源使用量（千克石油当量）	437	393	*416*
人均二氧化碳排放量（吨）	0.1	0.1	*0.1*
人均用电量（千瓦时）	40	122	*461*
经济			
GDP（10亿美元）	2.5	4.2	9.8
GDP增长率（年度百分比）	1.0	1.1	6.3
GDP隐含价格平减指数（年度增长百分比）	34.1	12.0	3.3
农业增加值（占GDP的百分比）	37	24	31
工业增加值（占GDP的百分比）	18	25	24
服务业增加值（占GDP的百分比）	44	51	45
货物和服务出口（占GDP的百分比）	8	16	25
货物和服务进口（占GDP的百分比）	36	37	44
资本形成总额（占GDP的百分比）	22	31	21
中央政府收入（占GDP的百分比）	..	..	..
中央政府现金盈余/赤字（占GDP的百分比）	..	..	..
政府与市场			
创办企业的时间（天）	..	..	13
股票市场资本总额（占GDP的百分比）	..	..	..
军费支出（占GDP的百分比）	3.4	1.3	0.9
移动电话用户（每100人）	0	0	26
互联网用户（每100人）	0.0	0.1	2.7
铺敷道路（占总数的百分比）	16.8	18.7	*20.8*
高科技出口（占制成品出口的百分比）	..	9	10
全球联系			
商品贸易（占GDP的百分比）	40.8	35.8	60.4
净易货贸易条件指数（2000年=100）	175	100	98
外债总额（10亿美元）	4.6	7.3	4.2
债务还本付息总额（占出口的百分比）	26.2	12.5	1.6
净移民（千人）	-1,300	75	-20
获得的侨汇（百万美元）	70	37	111
外国直接投资，净流入额（百万美元）	9.2	139.2	881.2
获得的净官方发展援助（10亿美元）	1.0	0.9	2.0

缅甸

东亚和太平洋地区		低收入经济体	
人口（百万）	50	人口增长率（百分比）	0.9
陆地面积（千平方公里）	677	国家贫困率（占人口的百分比）	..
GNI（10亿美元）	..	人均GNI（美元）	..
PPP衡量的GNI（10亿美元）	..	PPP衡量的人均GNI（美元）	..

	1990	2000	2009
人口			
最贫困的20%人口占国家消费/收入的份额（百分比）	..	..	..
出生时的预期寿命（岁）	59	60	62
总生育率（每个女性生育数）	3.4	2.5	2.3
青年女性生育率（每千名15—19岁女性生育数）	..	22	18
避孕普及率（占15—49岁已婚女性的百分比）	*17*	*37*	*41*
在熟练医护人员护理下的分娩（占总数的百分比）	..	*57*	*64*
5岁以下儿童死亡率（每千人）	118	85	71
儿童营养不良，体重不足（占5岁以下儿童的百分比）	28.8	30.1	..
儿童麻疹免疫接种率（占12—23个月年龄组的百分比）	68	84	87
小学毕业率，总数（占适龄年龄组的百分比）	..	80	99
中学总入学率，总数（占适龄年龄组的百分比）	20	38	53
小学和中学中女孩与男孩的比率（百分比）	93	100	100
HIV感染率（占15—49岁人口的百分比）	0.2	0.8	0.6
环境			
森林（千平方公里）	392	349	318
森林采伐（1990—2010年，平均年度百分比）			0.7
淡水使用量（占内陆水资源的百分比）	..	..	*3.3*
获得改善的水资源的人口（占总人口的百分比）	57	66	*71*
获得改善的卫生设施的人口（占总人口的百分比）	..	65	*81*
人均能源使用量（千克石油当量）	261	268	*316*
人均二氧化碳排放量（吨）	0.1	0.2	*0.3*
人均用电量（千瓦时）	45	75	*97*
经济			
GDP（10亿美元）	..	..	..
GDP增长率（年度百分比）	2.8	13.7	*12.7*
GDP隐含价格平减指数（年度增长百分比）	18.5	2.5	..
农业增加值（占GDP的百分比）	57	57	..
工业增加值（占GDP的百分比）	11	10	..
服务业增加值（占GDP的百分比）	32	33	..
货物和服务出口（占GDP的百分比）	2	0	..
货物和服务进口（占GDP的百分比）	4	1	..
资本形成总额（占GDP的百分比）	13	12	..
中央政府收入（占GDP的百分比）	10.5	5.3	..
中央政府现金盈余/赤字（占GDP的百分比）	..	..	..
政府与市场			
创办企业的时间（天）	..	..	..
股票市场资本总额（占GDP的百分比）	..	..	..
军费支出（占GDP的百分比）	3.4	2.3	..
移动电话用户（每100人）	0	0	1
互联网用户（每100人）	0.0	*0.0*	0.2
铺敷道路（占总数的百分比）	10.9	11.4	..
高科技出口（占制成品出口的百分比）	*0*	..	..
全球联系			
商品贸易（占GDP的百分比）	..	..	..
净易货贸易条件指数（2000年=100）	252	100	117
外债总额（10亿美元）	4.7	6.0	8.2
债务还本付息总额（占出口的百分比）	18.8	1.7	*1.3*
净移民（千人）	-137	4	-500
获得的侨汇（百万美元）	6.0	103.6	137.3
外国直接投资，净流入额（百万美元）	162.8	258.3	323.0
获得的净官方发展援助（百万美元）	161	106	357

纳米比亚

撒哈拉以南非洲地区 **中高收入经济体**

人口（百万）	2.2	人口增长率（百分比）	1.9
陆地面积（千平方公里）	824	国家贫困率（占人口的百分比）	*38.0*
GNI（10亿美元）	9.3	人均GNI（美元）	4,270
PPP衡量的GNI（10亿美元）	13.8	PPP衡量的人均GNI（美元）	6,350

	1990	2000	2009
人口			
最贫困的20%人口占国家消费/收入的份额（百分比）	..	..	..
出生时的预期寿命（岁）	62	59	62
总生育率（每个女性生育数）	5.2	4.0	3.3
青年女性生育率（每千名15—19岁女性生育数）	..	86	67
避孕普及率（占15—49岁已婚女性的百分比）	*29*	44	*55*
在熟练医护人员护理下的分娩（占总数的百分比）	*68*	76	*81*
5岁以下儿童死亡率（每千人）	73	76	48
儿童营养不良，体重不足（占5岁以下儿童的百分比）	*21.5*	20.3	*17.5*
儿童麻疹免疫接种率（占12—23个月年龄组的百分比）	*76*	69	76
小学毕业率，总数（占适龄年龄组的百分比）	*74*	92	87
中学总入学率，总数（占适龄年龄组的百分比）	38	61	*66*
小学和中学中女孩与男孩的比率（百分比）	111	103	*104*
HIV感染率（占15—49岁人口的百分比）	1.6	15.3	13.1
环境			
森林（千平方公里）	88	80	73
森林采伐（1990—2010年，平均年度百分比）			0.6
淡水使用量（占内陆水资源的百分比）	..	..	*4.9*
获得改善的水资源的人口（占总人口的百分比）	64	81	*92*
获得改善的卫生设施的人口（占总人口的百分比）	25	29	*33*
人均能源使用量（千克石油当量）	*446*	559	*823*
人均二氧化碳排放量（吨）	0.01	0.97	*1.45*
人均用电量（千瓦时）	*1,052*	1,226	*1,797*
经济			
GDP（10亿美元）	2.4	3.9	9.3
GDP增长率（年度百分比）	2.5	3.5	-0.8
GDP隐含价格平减指数（年度增长百分比）	4.3	26.7	6.5
农业增加值（占GDP的百分比）	12	12	9
工业增加值（占GDP的百分比）	38	28	33
服务业增加值（占GDP的百分比）	50	60	58
货物和服务出口（占GDP的百分比）	52	41	47
货物和服务进口（占GDP的百分比）	67	45	60
资本形成总额（占GDP的百分比）	34	17	27
中央政府收入（占GDP的百分比）	31.3	30.1	*29.2*
中央政府现金盈余/赤字（占GDP的百分比）	*-2.6*	-1.6	*2.0*
政府与市场			
创办企业的时间（天）	..	..	66
股票市场资本总额（占GDP的百分比）	*0.7*	8.0	9.1
军费支出（占GDP的百分比）	*5.8*	2.4	3.3
移动电话用户（每100人）	0	4	56
互联网用户（每100人）	0.0	1.6	5.9
铺敷道路（占总数的百分比）	10.8	*12.8*	..
高科技出口（占制成品出口的百分比）	..	2	*1*
全球联系			
商品贸易（占GDP的百分比）	95.6	73.4	93.6
净易货贸易条件指数（2000年=100）	93	100	114
外债总额（10亿美元）	..	..	..
债务还本付息总额（占出口的百分比）	..	..	..
净移民（千人）	73	-6	-1
获得的侨汇（百万美元）	13.5	9.5	13.6
外国直接投资，净流入额（百万美元）	29.6	118.9	490.2
获得的净官方发展援助（百万美元）	120	152	326

尼泊尔

南亚			低收入经济体
人口（百万）	29.3	人口增长率（百分比）	1.8
陆地面积（千平方公里）	147	国家贫困率（占人口的百分比）	*30.9*
GNI（10亿美元）	13.0	人均GNI（美元）	440
PPP衡量的GNI（10亿美元）	34.7	PPP衡量的人均GNI（美元）	1,180

	1990	2000	2009
人口			
最贫困的20%人口占国家消费/收入的份额（百分比）	..	..	..
出生时的预期寿命（岁）	54	62	67
总生育率（每个女性生育数）	5.2	4.0	2.8
青年女性生育率（每千名15—19岁女性生育数）	..	121	91
避孕普及率（占15—49岁已婚女性的百分比）	*23*	37	*48*
在熟练医护人员护理下的分娩（占总数的百分比）	7	12	*19*
5岁以下儿童死亡率（每千人）	142	85	48
儿童营养不良，体重不足（占5岁以下儿童的百分比）	..	*43.0*	*38.8*
儿童麻疹免疫接种率（占12—23个月年龄组的百分比）	57	77	79
小学毕业率，总数（占适龄年龄组的百分比）	*51*	66	..
中学总入学率，总数（占适龄年龄组的百分比）	32	35	*43*
小学和中学中女孩与男孩的比率（百分比）	57	77	..
HIV感染率（占15—49岁人口的百分比）	0.2	0.5	0.4
环境			
森林（千平方公里）	48	39	36
森林采伐（1990—2010年，平均年度百分比）			0.9
淡水使用量（占内陆水资源的百分比）	..	..	*5.1*
获得改善的水资源的人口（占总人口的百分比）	76	83	*88*
获得改善的卫生设施的人口（占总人口的百分比）	11	23	*31*
人均能源使用量（千克石油当量）	303	332	*340*
人均二氧化碳排放量（吨）	0.03	0.13	*0.12*
人均用电量（千瓦时）	35	58	*89*
经济			
GDP（10亿美元）	3.6	5.5	12.5
GDP增长率（年度百分比）	4.6	6.2	4.7
GDP隐含价格平减指数（年度增长百分比）	10.7	4.5	12.1
农业增加值（占GDP的百分比）	52	41	34
工业增加值（占GDP的百分比）	16	22	16
服务业增加值（占GDP的百分比）	32	37	50
货物和服务出口（占GDP的百分比）	11	23	16
货物和服务进口（占GDP的百分比）	22	32	37
资本形成总额（占GDP的百分比）	18	24	30
中央政府收入（占GDP的百分比）	8.4	10.6	14.5
中央政府现金盈余/赤字（占GDP的百分比）	..	..	..
政府与市场			
创办企业的时间（天）	..	..	31
股票市场资本总额（占GDP的百分比）	..	14.4	43.8
军费支出（占GDP的百分比）	1.1	1.0	1.6
移动电话用户（每100人）	0	0	26
互联网用户（每100人）	0.0	0.2	2.1
铺敷道路（占总数的百分比）	37.5	..	*55.9*
高科技出口（占制成品出口的百分比）	..	0	0
全球联系			
商品贸易（占GDP的百分比）	24.1	43.3	41.5
净易货贸易条件指数（2000年=100）	..	100	81
外债总额（10亿美元）	1.6	2.9	3.7
债务还本付息总额（占出口的百分比）	15.2	7.5	10.4
净移民（千人）	-145	-99	-100
获得的侨汇（10亿美元）	..	0.1	3.0
外国直接投资，净流入额（百万美元）	5.9	-0.5	38.2
获得的净官方发展援助（百万美元）	423	386	855

荷兰

高收入经济体

人口（百万）	16.5	人口增长率（百分比）	0.5
陆地面积（千平方公里）	42	国家贫困率（占人口的百分比）	..
GNI（10亿美元）	801.1	人均GNI（美元）	48,460
PPP衡量的GNI（10亿美元）	657.0	PPP衡量的人均GNI（美元）	39,740

	1990	2000	2009
人口			
最贫困的20%人口占国家消费/收入的份额（百分比）	..	*7.6*	..
出生时的预期寿命（岁）	77	78	81
总生育率（每个女性生育数）	1.6	1.7	1.8
青年女性生育率（每千名15—19岁女性生育数）	..	5	4
避孕普及率（占15—49岁已婚女性的百分比）	*76*	*75*	*69*
在熟练医护人员护理下的分娩（占总数的百分比）	..	*100*	..
5岁以下儿童死亡率（每千人）	8	6	4
儿童营养不良，体重不足（占5岁以下儿童的百分比）	..	..	..
儿童麻疹免疫接种率（占12—23个月年龄组的百分比）	94	96	96
小学毕业率，总数（占适龄年龄组的百分比）	..	97	..
中学总入学率，总数（占适龄年龄组的百分比）	119	123	*121*
小学和中学中女孩与男孩的比率（百分比）	97	97	*98*
HIV感染率（占15—49岁人口的百分比）	0.1	0.2	0.2
环境			
森林（千平方公里）	3.5	3.6	3.7
森林采伐（1990—2010年，平均年度百分比）			-0.2
淡水使用量（占内陆水资源的百分比）	..	..	*105.1*
获得改善的水资源的人口（占总人口的百分比）	100	100	*100*
获得改善的卫生设施的人口（占总人口的百分比）	100	100	*100*
人均能源使用量（千克石油当量）	4,392	4,598	4,672
人均二氧化碳排放量（吨）	11.0	10.4	*10.6*
人均用电量（千瓦时）	5,218	6,560	*7,226*
经济			
GDP（10亿美元）	294.9	385.1	792.1
GDP增长率（年度百分比）	4.2	3.9	-4.0
GDP隐含价格平减指数（年度增长百分比）	1.6	4.1	-0.3
农业增加值（占GDP的百分比）	4	3	2
工业增加值（占GDP的百分比）	29	25	24
服务业增加值（占GDP的百分比）	66	72	74
货物和服务出口（占GDP的百分比）	56	70	69
货物和服务进口（占GDP的百分比）	53	65	62
资本形成总额（占GDP的百分比）	23	22	18
中央政府收入（占GDP的百分比）	..	40.7	41.0
中央政府现金盈余/赤字（占GDP的百分比）	..	2.0	-4.8
政府与市场			
创办企业的时间（天）	..	..	8
股票市场资本总额（占GDP的百分比）	40.7	166.3	68.5
军费支出（占GDP的百分比）	2.5	1.6	1.5
移动电话用户（每100人）	1	68	128
互联网用户（每100人）	0.3	44.0	90.0
铺敷道路（占总数的百分比）	88.0	90.0	..
高科技出口（占制成品出口的百分比）	16	35	24
全球联系			
商品贸易（占GDP的百分比）	87.5	117.2	119.2
净易货贸易条件指数（2000年=100）	96	100	103
外债总额（10亿美元）	..	..	..
债务还本付息总额（占出口的百分比）	..	..	..
净移民（千人）	165	184	100
获得的侨汇（10亿美元）	0.7	1.2	3.7
外国直接投资，净流入额（10亿美元）	10.7	63.1	33.3
获得的净官方发展援助（百万美元）	..	..	..

荷属安的列斯

高收入经济体

人口（千人）	198	人口增长率（百分比）	1.5
陆地面积（平方公里）	800	国家贫困率（占人口的百分比）	..
GNI（百万美元）	..	人均 GNI（美元）	..
PPP 衡量的 GNI（百万美元）	..	PPP 衡量的人均 GNI（美元）	..

	1990	2000	2009
人口			
最贫困的 20% 人口占国家消费/收入的份额（百分比）	..	..	..
出生时的预期寿命（岁）	75	75	76
总生育率（每个女性生育数）	2.3	2.1	2.0
青年女性生育率（每千名 15—19 岁女性生育数）	..	40	30
避孕普及率（占 15—49 岁已婚女性的百分比）	..	..	..
在熟练医护人员护理下的分娩（占总数的百分比）	..	..	..
5 岁以下儿童死亡率（每千人）	..	..	..
儿童营养不良，体重不足（占 5 岁以下儿童的百分比）	..	..	..
儿童麻疹免疫接种率（占 12—23 个月年龄组的百分比）	..	..	..
小学毕业率，总数（占适龄年龄组的百分比）	..	108	..
中学总入学率，总数（占适龄年龄组的百分比）	*93*	87	..
小学和中学中女孩与男孩的比率（百分比）	..	101	..
HIV 感染率（占 15—49 岁人口的百分比）	..	..	..
环境			
森林（平方公里）	10	10	10
森林采伐（1990—2010 年，平均年度百分比）			0.0
淡水使用量（占内陆水资源的百分比）	..	..	..
获得改善的水资源的人口（占总人口的百分比）	..	..	..
获得改善的卫生设施的人口（占总人口的百分比）	..	..	..
人均能源使用量（千克石油当量）	7,648	10,943	*11,078*
人均二氧化碳排放量（吨）	32.6	31.6	*32.4*
人均用电量（千瓦时）	3,557	5,402	*5,342*
经济			
GDP（10 亿美元）	..	..	..
GDP 增长率（年度百分比）	..	..	..
GDP 隐含价格平减指数（年度增长百分比）	..	..	..
农业增加值（占 GDP 的百分比）	..	..	..
工业增加值（占 GDP 的百分比）	..	..	..
服务业增加值（占 GDP 的百分比）	..	..	..
货物和服务出口（占 GDP 的百分比）	..	..	..
货物和服务进口（占 GDP 的百分比）	..	..	..
资本形成总额（占 GDP 的百分比）	..	..	..
中央政府收入（占 GDP 的百分比）	..	..	..
中央政府现金盈余/赤字（占 GDP 的百分比）	..	..	..
政府与市场			
创办企业的时间（天）	..	..	..
股票市场资本总额（占 GDP 的百分比）	..	..	..
军费支出（占 GDP 的百分比）	..	..	..
移动电话用户（每 100 人）	0	*16*	..
互联网用户（每 100 人）	0.0	*1.1*	..
铺敷道路（占总数的百分比）	..	..	..
高科技出口（占制成品出口的百分比）	..	*12*	*7*
全球联系			
商品贸易（占 GDP 的百分比）	..	..	..
净易货贸易条件指数（2000 年 = 100）	..	100	103
外债总额（百万美元）	..	..	..
债务还本付息总额（占出口的百分比）	..	..	..
净移民（千人）	-3	-19	8
获得的侨汇（百万美元）	4.5	12.5	37.5
外国直接投资，净流入额（百万美元）	8.1	-0.6	116.9
获得的净官方发展援助（百万美元）	58.0	*127.0*	..

新喀里多尼亚

高收入经济体

人口（千人）	250	人口增长率（百分比）	1.5
陆地面积（千平方公里）	19	国家贫困率（占人口的百分比）	..
GNI（10亿美元）	..	人均GNI（美元）	..
PPP衡量的GNI（10亿美元）	..	PPP衡量的人均GNI（美元）	..

	1990	2000	2009
人口			
最贫困的20%人口占国家消费/收入的份额（百分比）	..	..	..
出生时的预期寿命（岁）	70	75	77
总生育率（每个女性生育数）	3.2	2.6	2.2
青年女性生育率（每千名15—19岁女性生育数）	..	31	26
避孕普及率（占15—49岁已婚女性的百分比）	..	..	..
在熟练医护人员护理下的分娩（占总数的百分比）	..	..	..
5岁以下儿童死亡率（每千人）	..	..	..
儿童营养不良，体重不足（占5岁以下儿童的百分比）	..	..	..
儿童麻疹免疫接种率（占12—23个月年龄组的百分比）	..	..	..
小学毕业率，总数（占适龄年龄组的百分比）	..	..	..
中学总入学率，总数（占适龄年龄组的百分比）	..	..	..
小学和中学中女孩与男孩的比率（百分比）	..	..	..
HIV感染率（占15—49岁人口的百分比）	..	..	..
环境			
森林（千平方公里）	8.4	8.4	8.4
森林采伐（1990—2010年，平均年度百分比）			0.0
淡水使用量（占内陆水资源的百分比）	..	..	..
获得改善的水资源的人口（占总人口的百分比）	..	..	..
获得改善的卫生设施的人口（占总人口的百分比）	..	..	..
人均能源使用量（千克石油当量）	..	..	..
人均二氧化碳排放量（吨）	9.7	10.8	*11.7*
人均用电量（千瓦时）	..	..	..
经济			
GDP（10亿美元）	2.5	2.7	..
GDP增长率（年度百分比）	3.6	2.1	..
GDP隐含价格平减指数（年度增长百分比）	-4.6	-0.6	..
农业增加值（占GDP的百分比）	4	..	..
工业增加值（占GDP的百分比）	23	..	..
服务业增加值（占GDP的百分比）	73	..	..
货物和服务出口（占GDP的百分比）	18	*13*	..
货物和服务进口（占GDP的百分比）	35	*33*	..
资本形成总额（占GDP的百分比）	31	..	..
中央政府收入（占GDP的百分比）	..	..	..
中央政府现金盈余/赤字（占GDP的百分比）	..	..	..
政府与市场			
创办企业的时间（天）	..	..	..
股票市场资本总额（占GDP的百分比）	..	..	..
军费支出（占GDP的百分比）	..	..	..
移动电话用户（每100人）	0	23	83
互联网用户（每100人）	0.0	14.1	34.0
铺敷道路（占总数的百分比）	..	..	..
高科技出口（占制成品出口的百分比）	..	1	*1*
全球联系			
商品贸易（占GDP的百分比）	52.7	57.0	..
净易货贸易条件指数（2000年=100）	..	100	192
外债总额（10亿美元）	..	..	..
债务还本付息总额（占出口的百分比）	..	..	..
净移民（千人）	0	6	6
获得的侨汇（百万美元）	..	*332.7*	509.4
外国直接投资，净流入额（10亿美元）	0.0	0.0	1.1
获得的净官方发展援助（百万美元）	302.4	*314.5*	..

新西兰

高收入经济体

人口（百万）	4.3	人口增长率（百分比）	1.1
陆地面积（千平方公里）	268	国家贫困率（占人口的百分比）	..
GNI（10亿美元）	124.3	人均GNI（美元）	28,810
PPP衡量的GNI（10亿美元）	120.0	PPP衡量的人均GNI（美元）	27,790

	1990	2000	2009
人口			
最贫困的20%人口占国家消费/收入的份额（百分比）	..	..	..
出生时的预期寿命（岁）	75	79	80
总生育率（每个女性生育数）	2.2	2.0	2.1
青年女性生育率（每千名15—19岁女性生育数）	..	29	21
避孕普及率（占15—49岁已婚女性的百分比）	..	..	..
在熟练医护人员护理下的分娩（占总数的百分比）	..	*97*	..
5岁以下儿童死亡率（每千人）	11	7	6
儿童营养不良，体重不足（占5岁以下儿童的百分比）	..	..	..
儿童麻疹免疫接种率（占12—23个月年龄组的百分比）	90	85	89
小学毕业率，总数（占适龄年龄组的百分比）	..	..	..
中学总入学率，总数（占适龄年龄组的百分比）	90	110	*119*
小学和中学中女孩与男孩的比率（百分比）	99	103	*103*
HIV感染率（占15—49岁人口的百分比）	0.1	0.1	0.1
环境			
森林（千平方公里）	77	83	83
森林采伐（1990—2010年，平均年度百分比）			-0.2
淡水使用量（占内陆水资源的百分比）	..	..	*0.6*
获得改善的水资源的人口（占总人口的百分比）	100	100	*100*
获得改善的卫生设施的人口（占总人口的百分比）	..	..	..
人均能源使用量（千克石油当量）	3,682	4,325	4,190
人均二氧化碳排放量（吨）	6.9	8.5	*7.7*
人均用电量（千瓦时）	8,301	9,413	*9,492*
经济			
GDP（10亿美元）	44.5	51.4	126.7
GDP增长率（年度百分比）	0.0	2.4	-0.4
GDP隐含价格平减指数（年度增长百分比）	2.5	3.2	1.7
农业增加值（占GDP的百分比）	7	9	6
工业增加值（占GDP的百分比）	28	25	*25*
服务业增加值（占GDP的百分比）	65	66	*69*
货物和服务出口（占GDP的百分比）	27	35	28
货物和服务进口（占GDP的百分比）	26	33	27
资本形成总额（占GDP的百分比）	20	21	18
中央政府收入（占GDP的百分比）	..	*33.8*	*36.1*
中央政府现金盈余/赤字（占GDP的百分比）	..	*1.7*	*3.1*
政府与市场			
创办企业的时间（天）	..	..	1
股票市场资本总额（占GDP的百分比）	19.9	36.7	52.9
军费支出（占GDP的百分比）	1.8	1.2	1.1
移动电话用户（每100人）	2	40	109
互联网用户（每100人）	0.0	47.5	83.4
铺敷道路（占总数的百分比）	57.0	62.8	*65.9*
高科技出口（占制成品出口的百分比）	4	10	10
全球联系			
商品贸易（占GDP的百分比）	42.5	52.8	39.8
净易货贸易条件指数（2000年=100）	102	100	111
外债总额（10亿美元）	..	..	..
债务还本付息总额（占出口的百分比）	..	..	..
净移民（千人）	-30	42	50
获得的侨汇（百万美元）	762	236	628
外国直接投资，净流入额（10亿美元）	1.7	1.5	-1.3
获得的净官方发展援助（百万美元）	..	..	..

尼加拉瓜

拉丁美洲和加勒比地区 **中低收入经济体**

人口（百万）	5.7	人口增长率（百分比）	1.3
陆地面积（千平方公里）	130	国家贫困率（占人口的百分比）	*46.2*
GNI（10亿美元）	5.7	人均GNI（美元）	1,000
PPP衡量的GNI（10亿美元）	14.6	PPP衡量的人均GNI（美元）	2,540

	1990	2000	2009
人口			
最贫困的20%人口占国家消费/收入的份额（百分比）	..	*4.0*	..
出生时的预期寿命（岁）	64	70	73
总生育率（每个女性生育数）	4.8	3.3	2.7
青年女性生育率（每千名15—19岁女性生育数）	..	126	111
避孕普及率（占15—49岁已婚女性的百分比）	..	*69*	*72*
在熟练医护人员护理下的分娩（占总数的百分比）	..	*67*	*74*
5岁以下儿童死亡率（每千人）	68	42	26
儿童营养不良，体重不足（占5岁以下儿童的百分比）	..	*7.8*	..
儿童麻疹免疫接种率（占12—23个月年龄组的百分比）	82	86	99
小学毕业率，总数（占适龄年龄组的百分比）	39	66	*75*
中学总入学率，总数（占适龄年龄组的百分比）	37	53	*68*
小学和中学中女孩与男孩的比率（百分比）	*119*	105	*102*
HIV感染率（占15—49岁人口的百分比）	0.1	0.1	0.2
环境			
森林（千平方公里）	45	38	31
森林采伐（1990—2010年，平均年度百分比）			1.2
淡水使用量（占内陆水资源的百分比）	..	..	*0.7*
获得改善的水资源的人口（占总人口的百分比）	74	80	*85*
获得改善的卫生设施的人口（占总人口的百分比）	43	48	*52*
人均能源使用量（千克石油当量）	506	533	*621*
人均二氧化碳排放量（吨）	0.6	0.8	*0.8*
人均用电量（千瓦时）	295	337	*457*
经济			
GDP（10亿美元）	1.0	3.9	6.1
GDP增长率（年度百分比）	-0.1	4.1	-5.6
GDP隐含价格平减指数（年度增长百分比）	5,018.1	8.6	16.4
农业增加值（占GDP的百分比）	..	21	19
工业增加值（占GDP的百分比）	..	28	30
服务业增加值（占GDP的百分比）	..	51	51
货物和服务出口（占GDP的百分比）	25	24	35
货物和服务进口（占GDP的百分比）	46	51	61
资本形成总额（占GDP的百分比）	19	30	23
中央政府收入（占GDP的百分比）	30.0	15.1	19.1
中央政府现金盈余/赤字（占GDP的百分比）	-34.2	-3.6	-2.3
政府与市场			
创办企业的时间（天）	..	..	39
股票市场资本总额（占GDP的百分比）	..	..	..
军费支出（占GDP的百分比）	10.3	0.8	0.7
移动电话用户（每100人）	0	2	56
互联网用户（每100人）	0.0	1.0	3.5
铺敷道路（占总数的百分比）	10.5	11.1	*12.0*
高科技出口（占制成品出口的百分比）	..	5	6
全球联系			
商品贸易（占GDP的百分比）	95.9	62.2	79.3
净易货贸易条件指数（2000年=100）	155	100	84
外债总额（10亿美元）	10.8	6.7	4.4
债务还本付息总额（占出口的百分比）	3.9	25.3	17.2
净移民（千人）	-156	-158	-200
获得的侨汇（百万美元）	*10*	320	768
外国直接投资，净流入额（百万美元）	0.7	266.5	434.2
获得的净官方发展援助（百万美元）	330	560	774

尼日尔

撒哈拉以南非洲地区 **低收入经济体**

人口（百万）	15.3	人口增长率（百分比）	3.9
陆地面积（千平方公里）	1,267	国家贫困率（占人口的百分比）	59.5
GNI（10 亿美元）	5.2	人均 GNI（美元）	340
PPP 衡量的 GNI（10 亿美元）	10.3	PPP 衡量的人均 GNI（美元）	680

	1990	2000	2009
人口			
最贫困的 20% 人口占国家消费/收入的份额（百分比）	7.5	..	*8.3*
出生时的预期寿命（岁）	42	46	52
总生育率（每个女性生育数）	7.9	*7.5*	*7.1*
青年女性生育率（每千名 15—19 岁女性生育数）	..	219	152
避孕普及率（占 15—49 岁已婚女性的百分比）	*4*	14	*11*
在熟练医护人员护理下的分娩（占总数的百分比）	*15*	16	*33*
5 岁以下儿童死亡率（每千人）	305	227	160
儿童营养不良，体重不足（占 5 岁以下儿童的百分比）	*41.0*	43.6	*39.9*
儿童麻疹免疫接种率（占 12—23 个月年龄组的百分比）	25	37	73
小学毕业率，总数（占适龄年龄组的百分比）	16	18	40
中学总入学率，总数（占适龄年龄组的百分比）	6	7	12
小学和中学中女孩与男孩的比率（百分比）	53	65	75
HIV 感染率（占 15—49 岁人口的百分比）	0.1	1.0	0.8
环境			
森林（千平方公里）	19	13	12
森林采伐（1990—2010 年，平均年度百分比）			1.6
淡水使用量（占内陆水资源的百分比）	..	..	*67.5*
获得改善的水资源的人口（占总人口的百分比）	35	42	*48*
获得改善的卫生设施的人口（占总人口的百分比）	5	7	9
人均能源使用量（千克石油当量）	..	..	..
人均二氧化碳排放量（吨）	0.1	0.1	*0.1*
人均用电量（千瓦时）	..	..	..
经济			
GDP（10 亿美元）	2.5	1.8	5.4
GDP 增长率（年度百分比）	-1.3	-1.4	1.0
GDP 隐含价格平减指数（年度增长百分比）	-1.6	4.5	4.9
农业增加值（占 GDP 的百分比）	35	38	..
工业增加值（占 GDP 的百分比）	16	18	..
服务业增加值（占 GDP 的百分比）	49	44	..
货物和服务出口（占 GDP 的百分比）	15	18	..
货物和服务进口（占 GDP 的百分比）	22	26	..
资本形成总额（占 GDP 的百分比）	8	11	..
中央政府收入（占 GDP 的百分比）	..	..	*13.6*
中央政府现金盈余/赤字（占 GDP 的百分比）	..	..	*-0.9*
政府与市场			
创办企业的时间（天）	..	..	17
股票市场资本总额（占 GDP 的百分比）	..	..	..
军费支出（占 GDP 的百分比）	..	1.1	..
移动电话用户（每 100 人）	0	0	17
互联网用户（每 100 人）	0.0	0.0	0.8
铺敷道路（占总数的百分比）	29.0	*25.7*	*20.7*
高科技出口（占制成品出口的百分比）	..	6	*8*
全球联系			
商品贸易（占 GDP 的百分比）	27.0	37.7	44.6
净易货贸易条件指数（2000 年 =100）	165	100	185
外债总额（10 亿美元）	1.8	1.7	1.0
债务还本付息总额（占出口的百分比）	17.8	7.8	4.5
净移民（千人）	-92	24	-28
获得的侨汇（百万美元）	14	14	89
外国直接投资，净流入额（百万美元）	40.8	8.4	738.9
获得的净官方发展援助（百万美元）	388	208	470

尼日利亚

撒哈拉以南非洲地区			中低收入经济体
人口（百万）	154.7	人口增长率（百分比）	2.3
陆地面积（千平方公里）	924	国家贫困率（占人口的百分比）	*54.7*
GNI（10亿美元）	184.7	人均GNI（美元）	1,190
PPP衡量的GNI（10亿美元）	321.0	PPP衡量的人均GNI（美元）	2,070

	1990	2000	2009
人口			
最贫困的20%人口占国家消费/收入的份额（百分比）	..	..	..
出生时的预期寿命（岁）	45	46	48
总生育率（每个女性生育数）	6.6	*5.9*	*5.6*
青年女性生育率（每千名15—19岁女性生育数）	..	135	118
避孕普及率（占15—49岁已婚女性的百分比）	6	*15*	*15*
在熟练医护人员护理下的分娩（占总数的百分比）	33	*42*	*39*
5岁以下儿童死亡率（每千人）	212	190	138
儿童营养不良，体重不足（占5岁以下儿童的百分比）	35.1	*27.3*	*26.7*
儿童麻疹免疫接种率（占12—23个月年龄组的百分比）	54	33	41
小学毕业率，总数（占适龄年龄组的百分比）	..	..	*79*
中学总入学率，总数（占适龄年龄组的百分比）	24	25	*30*
小学和中学中女孩与男孩的比率（百分比）	77	80	*85*
HIV感染率（占15—49岁人口的百分比）	1.3	3.9	3.6
环境			
森林（千平方公里）	172	131	90
森林采伐（1990—2010年，平均年度百分比）			2.1
淡水使用量（占内陆水资源的百分比）	..	..	*4.7*
获得改善的水资源的人口（占总人口的百分比）	47	53	*58*
获得改善的卫生设施的人口（占总人口的百分比）	37	34	*32*
人均能源使用量（千克石油当量）	725	728	*735*
人均二氧化碳排放量（吨）	0.5	0.6	*0.6*
人均用电量（千瓦时）	85	73	*126*
经济			
GDP（10亿美元）	28.5	46.0	173.0
GDP增长率（年度百分比）	8.2	5.4	5.6
GDP隐含价格平减指数（年度增长百分比）	7.2	38.2	-0.6
农业增加值（占GDP的百分比）	..	*49*	*33*
工业增加值（占GDP的百分比）	..	*31*	*41*
服务业增加值（占GDP的百分比）	..	*21*	*27*
货物和服务出口（占GDP的百分比）	43	54	36
货物和服务进口（占GDP的百分比）	29	32	27
资本形成总额（占GDP的百分比）	..	..	..
中央政府收入（占GDP的百分比）	..	..	*9.7*
中央政府现金盈余/赤字（占GDP的百分比）	..	..	*-1.7*
政府与市场			
创办企业的时间（天）	..	..	31
股票市场资本总额（占GDP的百分比）	4.8	9.2	19.3
军费支出（占GDP的百分比）	0.9	0.8	0.9
移动电话用户（每100人）	0	0	47
互联网用户（每100人）	0.0	0.1	28.4
铺敷道路（占总数的百分比）	..	..	..
高科技出口（占制成品出口的百分比）	..	0	3
全球联系			
商品贸易（占GDP的百分比）	67.5	64.6	52.9
净易货贸易条件指数（2000年=100）	89	100	145
外债总额（百万美元）	33.4	31.4	7.8
债务还本付息总额（占出口的百分比）	22.6	8.7	0.8
净移民（千人）	-91	-95	-300
获得的侨汇（百万美元）	0.0	1.4	9.6
外国直接投资，净流入额（10亿美元）	0.6	1.1	5.8
获得的净官方发展援助（10亿美元）	0.3	0.2	1.7

北马里亚纳群岛

高收入经济体

人口（千人）	87	人口增长率（百分比）	1.8
陆地面积（平方公里）	460	国家贫困率（占人口的百分比）	..
GNI（10亿美元）	..	人均GNI（美元）	..
PPP衡量的GNI（10亿美元）	..	PPP衡量的人均GNI（美元）	..

	1990	2000	2009
人口			
最贫困的20%人口占国家消费/收入的份额（百分比）	..	..	..
出生时的预期寿命（岁）	..	..	..
总生育率（每个女性生育数）	..	..	..
青年女性生育率（每千名15—19岁女性生育数）	..	..	..
避孕普及率（占15—49岁已婚女性的百分比）	..	..	..
在熟练医护人员护理下的分娩（占总数的百分比）	..	100	..
5岁以下儿童死亡率（每千人）	..	..	..
儿童营养不良，体重不足（占5岁以下儿童的百分比）	..	..	..
儿童麻疹免疫接种率（占12—23个月年龄组的百分比）	..	..	..
小学毕业率，总数（占适龄年龄组的百分比）	..	..	..
中学总入学率，总数（占适龄年龄组的百分比）	..	..	..
小学和中学中女孩与男孩的比率（百分比）	..	..	..
HIV感染率（占15—49岁人口的百分比）	..	..	..
环境			
森林（千平方公里）	340	320	300
森林采伐（1990—2010年，平均年度百分比）			0.4
淡水使用量（占内陆水资源的百分比）	..	..	..
获得改善的水资源的人口（占总人口的百分比）	98	98	*98*
获得改善的卫生设施的人口（占总人口的百分比）	84	92	..
人均能源使用量（千克石油当量）	..	..	..
人均二氧化碳排放量（吨）	..	..	..
人均用电量（千瓦时）	..	..	..
经济			
GDP（10亿美元）	..	..	..
GDP增长率（年度百分比）	..	..	..
GDP隐含价格平减指数（年度增长百分比）	..	..	..
农业增加值（占GDP的百分比）	..	..	..
工业增加值（占GDP的百分比）	..	..	..
服务业增加值（占GDP的百分比）	..	..	..
货物和服务出口（占GDP的百分比）	..	..	..
货物和服务进口（占GDP的百分比）	..	..	..
资本形成总额（占GDP的百分比）	..	..	..
中央政府收入（占GDP的百分比）	..	..	..
中央政府现金盈余/赤字（占GDP的百分比）	..	..	..
政府与市场			
创办企业的时间（天）	..	..	..
股票市场资本总额（占GDP的百分比）	..	..	..
军费支出（占GDP的百分比）	..	..	..
移动电话用户（每100人）	0	4	..
互联网用户（每100人）	0.0	..	..
铺敷道路（占总数的百分比）	..	..	..
高科技出口（占制成品出口的百分比）	..	..	..
全球联系			
商品贸易（占GDP的百分比）	..	..	..
净易货贸易条件指数（2000年=100）	..	100	..
外债总额（10亿美元）	..	..	..
债务还本付息总额（占出口的百分比）	..	..	..
净移民（千人）	..	..	..
获得的侨汇（10亿美元）	..	..	..
外国直接投资，净流入额（百万美元）	..	..	..
获得的净官方发展援助（百万美元）	63.1	*0.1*	..

挪威

高收入经济体

人口（百万）	4.8	人口增长率（百分比）	1.2
陆地面积（千平方公里）	324	国家贫困率（占人口的百分比）	..
GNI（10亿美元）	408.5	人均GNI（美元）	84,640
PPP衡量的GNI（10亿美元）	267.5	PPP衡量的人均GNI（美元）	55,420

	1990	2000	2009
人口			
最贫困的20%人口占国家消费/收入的份额（百分比）	..	9.6	..
出生时的预期寿命（岁）	77	79	81
总生育率（每个女性生育数）	1.9	1.9	2.0
青年女性生育率（每千名15—19岁女性生育数）	..	11	8
避孕普及率（占15—49岁已婚女性的百分比）	*74*	..	..
在熟练医护人员护理下的分娩（占总数的百分比）	*100*	..	..
5岁以下儿童死亡率（每千人）	9	5	3
儿童营养不良，体重不足（占5岁以下儿童的百分比）	..	..	..
儿童麻疹免疫接种率（占12—23个月年龄组的百分比）	87	88	92
小学毕业率，总数（占适龄年龄组的百分比）	96	98	*98*
中学总入学率，总数（占适龄年龄组的百分比）	101	116	*112*
小学和中学中女孩与男孩的比率（百分比）	102	101	*99*
HIV感染率（占15—49岁人口的百分比）	0.1	0.1	0.1
环境			
森林（千平方公里）	91	93	101
森林采伐（1990—2010年，平均年度百分比）			-0.3
淡水使用量（占内陆水资源的百分比）	..	..	*0.5*
获得改善的水资源的人口（占总人口的百分比）	100	100	*100*
获得改善的卫生设施的人口（占总人口的百分比）	100	100	*100*
人均能源使用量（千克石油当量）	4,952	5,760	5,492
人均二氧化碳排放量（吨）	7.4	8.6	*9.1*
人均用电量（千瓦时）	23,354	24,994	*24,867*
经济			
GDP（10亿美元）	117.6	168.3	381.8
GDP增长率（年度百分比）	1.9	3.3	-1.6
GDP隐含价格平减指数（年度增长百分比）	3.8	15.7	-4.0
农业增加值（占GDP的百分比）	3	2	1
工业增加值（占GDP的百分比）	34	42	40
服务业增加值（占GDP的百分比）	63	56	59
货物和服务出口（占GDP的百分比）	40	47	42
货物和服务进口（占GDP的百分比）	34	29	27
资本形成总额（占GDP的百分比）	23	20	20
中央政府收入（占GDP的百分比）	..	48.4	47.2
中央政府现金盈余/赤字（占GDP的百分比）	..	15.7	10.7
政府与市场			
创办企业的时间（天）	..	..	7
股票市场资本总额（占GDP的百分比）	22.2	38.6	59.5
军费支出（占GDP的百分比）	2.9	1.7	1.5
移动电话用户（每100人）	5	72	111
互联网用户（每100人）	0.7	26.7	91.8
铺数道路（占总数的百分比）	69.0	76.0	*80.5*
高科技出口（占制成品出口的百分比）	12	17	20
全球联系			
商品贸易（占GDP的百分比）	52.1	56.1	49.8
净易货贸易条件指数（2000年=100）	67	100	129
外债总额（10亿美元）	..	..	..
债务还本付息总额（占出口的百分比）	..	..	..
净移民（千人）	34	53	135
获得的侨汇（百万美元）	158	270	631
外国直接投资，净流入额（10亿美元）	1.0	7.0	11.3
获得的净官方发展援助（百万美元）	..	..	..

阿曼

高收入经济体

人口（百万）	2.8	人口增长率（百分比）	2.1
陆地面积（千平方公里）	310	国家贫困率（占人口的百分比）	..
GNI（10亿美元）	*49.8*	人均GNI（美元）	*17,890*
PPP衡量的GNI（10亿美元）	*68.3*	PPP衡量的人均GNI（美元）	*24,530*

	1990	2000	2009
人口			
最贫困的20%人口占国家消费/收入的份额（百分比）	..	..	..
出生时的预期寿命（岁）	70	74	76
总生育率（每个女性生育数）	6.6	4.4	3.0
青年女性生育率（每千名15—19岁女性生育数）	..	30	10
避孕普及率（占15—49岁已婚女性的百分比）	*9*	32	..
在熟练医护人员护理下的分娩（占总数的百分比）	..	95	*99*
5岁以下儿童死亡率（每千人）	48	22	12
儿童营养不良，体重不足（占5岁以下儿童的百分比）	*21.4*	*11.3*	..
儿童麻疹免疫接种率（占12—23个月年龄组的百分比）	98	99	97
小学毕业率，总数（占适龄年龄组的百分比）	65	82	80
中学总入学率，总数（占适龄年龄组的百分比）	39	78	91
小学和中学中女孩与男孩的比率（百分比）	86	98	97
HIV感染率（占15—49岁人口的百分比）	0.1	0.1	0.1
环境			
森林（平方公里）	20	20	20
森林采伐（1990—2010年，平均年度百分比）			0.0
淡水使用量（占内陆水资源的百分比）	..	..	*94.7*
获得改善的水资源的人口（占总人口的百分比）	80	83	*88*
获得改善的卫生设施的人口（占总人口的百分比）	85	87	..
人均能源使用量（千克石油当量）	2,105	3,366	*5,903*
人均二氧化碳排放量（吨）	5.6	9.2	*13.7*
人均用电量（千瓦时）	2,150	3,153	*4,894*
经济			
GDP（10亿美元）	11.7	19.9	46.1
GDP增长率（年度百分比）	-0.1	5.4	*12.8*
GDP隐含价格平减指数（年度增长百分比）	24.8	20.0	*27.6*
农业增加值（占GDP的百分比）	3	2	..
工业增加值（占GDP的百分比）	54	57	..
服务业增加值（占GDP的百分比）	43	41	..
货物和服务出口（占GDP的百分比）	47	59	*59*
货物和服务进口（占GDP的百分比）	28	31	*38*
资本形成总额（占GDP的百分比）	12	12	*30*
中央政府收入（占GDP的百分比）	35.0	23.9	..
中央政府现金盈余/赤字（占GDP的百分比）	-0.3	-4.4	..
政府与市场			
创办企业的时间（天）	..	..	12
股票市场资本总额（占GDP的百分比）	*8.5*	17.4	37.5
军费支出（占GDP的百分比）	16.5	10.6	8.7
移动电话用户（每100人）	0	7	140
互联网用户（每100人）	0.0	3.5	43.5
铺敷道路（占总数的百分比）	21.0	30.0	*43.5*
高科技出口（占制成品出口的百分比）	2	3	0
全球联系			
商品贸易（占GDP的百分比）	71.1	82.8	99.0
净易货贸易条件指数（2000年=100）	..	100	150
外债总额（10亿美元）	..	..	..
债务还本付息总额（占出口的百分比）	..	..	..
净移民（千人）	9	-70	20
获得的侨汇（百万美元）	39	39	39
外国直接投资，净流入额（10亿美元）	0.1	0.1	2.2
获得的净官方发展援助（百万美元）	61	45	212

巴基斯坦

南亚			中低收入经济体
人口（百万）	169.7	人口增长率（百分比）	2.1
陆地面积（千平方公里）	796	国家贫困率（占人口的百分比）	*22.3*
GNI（10亿美元）	169.8	人均GNI（美元）	1,000
PPP衡量的GNI（10亿美元）	454.7	PPP衡量的人均GNI（美元）	2,680

	1990	2000	2009
人口			
最贫困的20%人口占国家消费/收入的份额（百分比）	*8.1*	*9.4*	*9.0*
出生时的预期寿命（岁）	61	64	67
总生育率（每个女性生育数）	6.1	4.7	3.9
青年女性生育率（每千名15—19岁女性生育数）	..	53	42
避孕普及率（占15—49岁已婚女性的百分比）	15	*28*	*30*
在熟练医护人员护理下的分娩（占总数的百分比）	*19*	*23*	*39*
5岁以下儿童死亡率（每千人）	130	108	87
儿童营养不良，体重不足（占5岁以下儿童的百分比）	*39.0*	*31.3*	..
儿童麻疹免疫接种率（占12—23个月年龄组的百分比）	50	59	80
小学毕业率，总数（占适龄年龄组的百分比）	..	..	61
中学总入学率，总数（占适龄年龄组的百分比）	20	..	33
小学和中学中女孩与男孩的比率（百分比）	48	..	82
HIV感染率（占15—49岁人口的百分比）	0.1	0.1	0.1
环境			
森林（千平方公里）	25	21	17
森林采伐（1990—2010年，平均年度百分比）			1.3
淡水使用量（占内陆水资源的百分比）	..	..	*313.8*
获得改善的水资源的人口（占总人口的百分比）	86	88	*90*
获得改善的卫生设施的人口（占总人口的百分比）	28	37	*45*
人均能源使用量（千克石油当量）	398	461	*499*
人均二氧化碳排放量（吨）	0.6	0.8	*1.0*
人均用电量（千瓦时）	277	374	*436*
经济			
GDP（10亿美元）	40.0	74.0	162.0
GDP增长率（年度百分比）	4.5	4.3	3.6
GDP隐含价格平减指数（年度增长百分比）	6.5	24.9	20.0
农业增加值（占GDP的百分比）	26	26	22
工业增加值（占GDP的百分比）	25	23	24
服务业增加值（占GDP的百分比）	49	51	54
货物和服务出口（占GDP的百分比）	16	13	13
货物和服务进口（占GDP的百分比）	23	15	20
资本形成总额（占GDP的百分比）	19	17	19
中央政府收入（占GDP的百分比）	19.1	13.9	14.0
中央政府现金盈余/赤字（占GDP的百分比）	-2.5	-4.1	-4.8
政府与市场			
创办企业的时间（天）	..	..	21
股票市场资本总额（占GDP的百分比）	7.1	8.9	20.5
军费支出（占GDP的百分比）	6.9	4.0	3.0
移动电话用户（每100人）	0	0	61
互联网用户（每100人）	0.0	*1.4*	12.0
铺敷道路（占总数的百分比）	54.0	56.0	*65.4*
高科技出口（占制成品出口的百分比）	0	0	2
全球联系			
商品贸易（占GDP的百分比）	32.6	26.9	30.5
净易货贸易条件指数（2000年=100）	109	100	63
外债总额（10亿美元）	21	33	54
债务还本付息总额（占出口的百分比）	27.4	27.9	15.0
净移民（千人）	740	-41	-1,416
获得的侨汇（10亿美元）	2.0	1.1	8.7
外国直接投资，净流入额（10亿美元）	0.2	0.3	2.4
获得的净官方发展援助（10亿美元）	1.1	0.7	2.8

帕劳

东亚和太平洋地区			中高收入经济体
人口（千人）	20	人口增长率（百分比）	0.6
陆地面积（平方公里）	460	国家贫困率（占人口的百分比）	..
GNI（百万美元）	126.9	人均 GNI（美元）	6,220
PPP 衡量的 GNI（百万美元）	..	PPP 衡量的人均 GNI（美元）	..

	1990	2000	2009
人口			
最贫困的 20% 人口占国家消费/收入的份额（百分比）	..	..	..
出生时的预期寿命（岁）	69	70	..
总生育率（每个女性生育数）	2.8	1.5	..
青年女性生育率（每千名 15—19 岁女性生育数）	..	..	..
避孕普及率（占 15—49 岁已婚女性的百分比）	47	17	*21*
在熟练医护人员护理下的分娩（占总数的百分比）	99	*100*	*100*
5 岁以下儿童死亡率（每千人）	21	16	15
儿童营养不良，体重不足（占 5 岁以下儿童的百分比）	..	..	..
儿童麻疹免疫接种率（占 12—23 个月年龄组的百分比）	98	83	75
小学毕业率，总数（占适龄年龄组的百分比）	..	99	..
中学总入学率，总数（占适龄年龄组的百分比）	..	86	*96*
小学和中学中女孩与男孩的比率（百分比）	..	100	*100*
HIV 感染率（占 15—49 岁人口的百分比）	..	..	..
环境			
森林（千平方公里）	380	400	400
森林采伐（1990—2010 年，平均年度百分比）			-0.2
淡水使用量（占内陆水资源的百分比）	..	..	..
获得改善的水资源的人口（占总人口的百分比）	81	83	..
获得改善的卫生设施的人口（占总人口的百分比）	69	80	..
人均能源使用量（千克石油当量）	..	..	..
人均二氧化碳排放量（吨）	*7.1*	6.1	*10.5*
人均用电量（千瓦时）	..	..	..
经济			
GDP（10 亿美元）	77	120	165
GDP 增长率（年度百分比）	*-6.4*	0.3	-2.1
GDP 隐含价格平减指数（年度增长百分比）	*5.0*	5.3	1.1
农业增加值（占 GDP 的百分比）	*19*	4	*3*
工业增加值（占 GDP 的百分比）	*13*	15	*21*
服务业增加值（占 GDP 的百分比）	69	81	*76*
货物和服务出口（占 GDP 的百分比）	*20*	10	*81*
货物和服务进口（占 GDP 的百分比）	*39*	106	*100*
资本形成总额（占 GDP 的百分比）	..	..	..
中央政府收入（占 GDP 的百分比）	..	..	..
中央政府现金盈余/赤字（占 GDP 的百分比）	..	..	..
政府与市场			
创办企业的时间（天）	..	..	28
股票市场资本总额（占 GDP 的百分比）	..	..	..
军费支出（占 GDP 的百分比）	..	..	..
移动电话用户（每 100 人）	..	*12*	64
互联网用户（每 100 人）	0.0	*20.0*	..
铺敷道路（占总数的百分比）	..	..	..
高科技出口（占制成品出口的百分比）	..	..	..
全球联系			
商品贸易（占 GDP 的百分比）	..	112.8	76.5
净易货贸易条件指数（2000 年 =100）	..	100	78
外债总额（10 亿美元）	..	..	..
债务还本付息总额（占出口的百分比）	..	..	..
净移民（千人）	..	..	..
获得的侨汇（10 亿美元）	..	..	..
外国直接投资，净流入额（百万美元）	..	..	..
获得的净官方发展援助（百万美元）	*0.0*	39.1	35.4

巴拿马

拉丁美洲和加勒比地区			中高收入经济体
人口（百万）	3.5	人口增长率（百分比）	1.6
陆地面积（千平方公里）	75	国家贫困率（占人口的百分比）	*32.7*
GNI（10亿美元）	22.7	人均GNI（美元）	6,570
PPP衡量的GNI（10亿美元）	42.1	PPP衡量的人均GNI（美元）	12,180

	1990	2000	2009
人口			
最贫困的20%人口占国家消费/收入的份额（百分比）	*1.9*	2.4	3.6
出生时的预期寿命（岁）	72	74	76
总生育率（每个女性生育数）	3.0	2.7	2.5
青年女性生育率（每千名15—19岁女性生育数）	..	91	80
避孕普及率（占15—49岁已婚女性的百分比）	..	..	..
在熟练医护人员护理下的分娩（占总数的百分比）	..	*90*	*92*
5岁以下儿童死亡率（每千人）	31	26	23
儿童营养不良，体重不足（占5岁以下儿童的百分比）	..	..	..
儿童麻疹免疫接种率（占12—23个月年龄组的百分比）	73	97	85
小学毕业率，总数（占适龄年龄组的百分比）	*86*	94	102
中学总入学率，总数（占适龄年龄组的百分比）	61	67	73
小学和中学中女孩与男孩的比率（百分比）	99	100	101
HIV感染率（占15—49岁人口的百分比）	0.2	1.4	0.9
环境			
森林（千平方公里）	38	34	33
森林采伐（1990—2010年，平均年度百分比）			0.5
淡水使用量（占内陆水资源的百分比）	..	..	*0.3*
获得改善的水资源的人口（占总人口的百分比）	84	90	*93*
获得改善的卫生设施的人口（占总人口的百分比）	58	65	*69*
人均能源使用量（千克石油当量）	618	874	*853*
人均二氧化碳排放量（吨）	1.3	2.0	*2.2*
人均用电量（千瓦时）	853	1,301	*1,646*
经济			
GDP（10亿美元）	5.3	11.6	24.7
GDP增长率（年度百分比）	8.1	2.7	2.4
GDP隐含价格平减指数（年度增长百分比）	0.6	-1.2	4.1
农业增加值（占GDP的百分比）	10	7	6
工业增加值（占GDP的百分比）	15	19	17
服务业增加值（占GDP的百分比）	75	74	77
货物和服务出口（占GDP的百分比）	87	73	77
货物和服务进口（占GDP的百分比）	79	70	61
资本形成总额（占GDP的百分比）	17	24	25
中央政府收入（占GDP的百分比）	25.6	23.1	..
中央政府现金盈余/赤字（占GDP的百分比）	2.0	-0.8	..
政府与市场			
创办企业的时间（天）	..	..	9
股票市场资本总额（占GDP的百分比）	*3.4*	24.0	32.6
军费支出（占GDP的百分比）	1.4	*1.0*	..
移动电话用户（每100人）	0	14	164
互联网用户（每100人）	0.0	6.6	27.8
铺敷道路（占总数的百分比）	32.0	34.6	*38.1*
高科技出口（占制成品出口的百分比）	..	0	0
全球联系			
商品贸易（占GDP的百分比）	35.4	36.5	35.4
净易货贸易条件指数（2000年=100）	69	100	92
外债总额（10亿美元）	6.5	6.6	12.4
债务还本付息总额（占出口的百分比）	6.2	9.4	5.5
净移民（千人）	-15	11	11
获得的侨汇（百万美元）	110	16	175
外国直接投资，净流入额（10亿美元）	0.1	0.6	1.8
获得的净官方发展援助（百万美元）	99	15	66

巴布亚新几内亚

东亚和太平洋地区			中低收入经济体
人口（百万）	6.7	人口增长率（百分比）	2.3
陆地面积（千平方公里）	463	国家贫困率（占人口的百分比）	..
GNI（10 亿美元）	7.9	人均 GNI（美元）	1,080
PPP 衡量的 GNI（10 亿美元）	15.2	PPP 衡量的人均 GNI（美元）	2,260

	1990	2000	2009
人口			
最贫困的 20% 人口占国家消费/收入的份额（百分比）	..	..	..
出生时的预期寿命（岁）	55	*58*	*61*
总生育率（每个女性生育数）	4.8	4.5	4.0
青年女性生育率（每千名 15—19 岁女性生育数）	..	80	50
避孕普及率（占 15—49 岁已婚女性的百分比）	..	..	*32*
在熟练医护人员护理下的分娩（占总数的百分比）	..	41	*53*
5 岁以下儿童死亡率（每千人）	91	77	68
儿童营养不良，体重不足（占 5 岁以下儿童的百分比）	..	..	..
儿童麻疹免疫接种率（占 12—23 个月年龄组的百分比）	67	62	58
小学毕业率，总数（占适龄年龄组的百分比）	48	53	..
中学总入学率，总数（占适龄年龄组的百分比）	11	*20*	..
小学和中学中女孩与男孩的比率（百分比）	78	*84*	..
HIV 感染率（占 15—49 岁人口的百分比）	0.1	0.4	0.9
环境			
森林（千平方公里）	315	301	287
森林采伐（1990—2010 年，平均年度百分比）			0.3
淡水使用量（占内陆水资源的百分比）	..	..	*0.0*
获得改善的水资源的人口（占总人口的百分比）	41	39	*40*
获得改善的卫生设施的人口（占总人口的百分比）	47	46	*45*
人均能源使用量（千克石油当量）	..	..	..
人均二氧化碳排放量（吨）	0.5	0.5	*0.5*
人均用电量（千瓦时）	..	..	..
经济			
GDP（10 亿美元）	3.2	3.5	7.9
GDP 增长率（年度百分比）	-3.0	-2.5	4.5
GDP 隐含价格平减指数（年度增长百分比）	4.1	13.1	-3.6
农业增加值（占 GDP 的百分比）	31	36	36
工业增加值（占 GDP 的百分比）	32	41	45
服务业增加值（占 GDP 的百分比）	37	23	20
货物和服务出口（占 GDP 的百分比）	41	66	58
货物和服务进口（占 GDP 的百分比）	49	49	57
资本形成总额（占 GDP 的百分比）	24	22	20
中央政府收入（占 GDP 的百分比）	25.2	24.2	..
中央政府现金盈余/赤字（占 GDP 的百分比）	-2.2	-1.9	..
政府与市场			
创办企业的时间（天）	..	..	51
股票市场资本总额（占 GDP 的百分比）	..	*49.3*	*118.5*
军费支出（占 GDP 的百分比）	2.1	0.9	0.5
移动电话用户（每 100 人）	0	0	13
互联网用户（每 100 人）	0.0	0.8	1.9
铺敷道路（占总数的百分比）	3.2	3.5	..
高科技出口（占制成品出口的百分比）	..	19	..
全球联系			
商品贸易（占 GDP 的百分比）	73.6	92.2	95.4
净易货贸易条件指数（2000 年＝100）	..	100	164
外债总额（10 亿美元）	2.6	2.3	1.6
债务还本付息总额（占出口的百分比）	37.2	12.9	11.7
净移民（千人）	0	0	0
获得的侨汇（百万美元）	5.4	7.2	12.0
外国直接投资，净流入额（百万美元）	155.4	95.9	423.2
获得的净官方发展援助（百万美元）	412	275	414

巴拉圭

拉丁美洲和加勒比地区		中低收入经济体	
人口（百万）	6.3	人口增长率（百分比）	1.8
陆地面积（千平方公里）	407	国家贫困率（占人口的百分比）	35.1
GNI（10 亿美元）	14.3	人均 GNI（美元）	2,250
PPP 衡量的 GNI（10 亿美元）	28.1	PPP 衡量的人均 GNI（美元）	4,430

	1990	2000	2009
人口			
最贫困的 20% 人口占国家消费/收入的份额（百分比）	5.8	*2.2*	*3.8*
出生时的预期寿命（岁）	68	70	72
总生育率（每个女性生育数）	4.5	3.7	3.0
青年女性生育率（每千名 15—19 岁女性生育数）	..	87	69
避孕普及率（占 15—49 岁已婚女性的百分比）	48	*57*	*79*
在熟练医护人员护理下的分娩（占总数的百分比）	66	*61*	*82*
5 岁以下儿童死亡率（每千人）	42	30	23
儿童营养不良，体重不足（占 5 岁以下儿童的百分比）	2.8	..	..
儿童麻疹免疫接种率（占 12—23 个月年龄组的百分比）	69	92	91
小学毕业率，总数（占适龄年龄组的百分比）	65	92	*94*
中学总入学率，总数（占适龄年龄组的百分比）	31	61	67
小学和中学中女孩与男孩的比率（百分比）	98	98	*100*
HIV 感染率（占 15—49 岁人口的百分比）	0.1	0.3	0.3
环境			
森林（千平方公里）	212	194	176
森林采伐（1990—2010 年，平均年度百分比）			0.6
淡水使用量（占内陆水资源的百分比）	..	..	*0.5*
获得改善的水资源的人口（占总人口的百分比）	52	74	*86*
获得改善的卫生设施的人口（占总人口的百分比）	37	58	*70*
人均能源使用量（千克石油当量）	723	720	*699*
人均二氧化碳排放量（吨）	0.5	0.7	*0.7*
人均用电量（千瓦时）	501	880	*1,002*
经济			
GDP（10 亿美元）	5.3	7.1	14.2
GDP 增长率（年度百分比）	3.1	-3.3	-3.8
GDP 隐含价格平减指数（年度增长百分比）	36.3	12.1	-0.1
农业增加值（占 GDP 的百分比）	28	17	19
工业增加值（占 GDP 的百分比）	25	22	21
服务业增加值（占 GDP 的百分比）	47	61	59
货物和服务出口（占 GDP 的百分比）	33	38	47
货物和服务进口（占 GDP 的百分比）	39	49	52
资本形成总额（占 GDP 的百分比）	23	19	16
中央政府收入（占 GDP 的百分比）	12.3	17.0	19.0
中央政府现金盈余/赤字（占 GDP 的百分比）	2.9	-3.9	0.1
政府与市场			
创办企业的时间（天）	..	..	35
股票市场资本总额（占 GDP 的百分比）	..	*3.5*	*4.4*
军费支出（占 GDP 的百分比）	1.2	1.1	0.9
移动电话用户（每 100 人）	0	15	88
互联网用户（每 100 人）	0.0	0.7	15.8
铺敷道路（占总数的百分比）	..	50.8	..
高科技出口（占制成品出口的百分比）	0	3	11
全球联系			
商品贸易（占 GDP 的百分比）	43.9	43.3	71.0
净易货贸易条件指数（2000 年 = 100）	103	100	105
外债总额（10 亿美元）	2.1	3.1	4.3
债务还本付息总额（占出口的百分比）	12.4	11.1	6.1
净移民（千人）	-17	-43	-40
获得的侨汇（百万美元）	34	278	609
外国直接投资，净流入额（百万美元）	76.9	104.1	204.7
获得的净官方发展援助（百万美元）	57	82	148

秘 鲁

拉丁美洲和加勒比地区			中高收入经济体
人口（百万）	29.2	人口增长率（百分比）	1.1
陆地面积（千平方公里）	1,285	国家贫困率（占人口的百分比）	34.8
GNI（10亿美元）	122.4	人均GNI（美元）	4,200
PPP衡量的GNI（10亿美元）	236.7	PPP衡量的人均GNI（美元）	8,120

	1990	**2000**	**2009**
人口			
最贫困的20%人口占国家消费/收入的份额（百分比）	5.6	*3.2*	3.9
出生时的预期寿命（岁）	66	71	73
总生育率（每个女性生育数）	3.8	2.9	2.5
青年女性生育率（每千名15—19岁女性生育数）	..	66	52
避孕普及率（占15—49岁已婚女性的百分比）	*59*	69	73
在熟练医护人员护理下的分娩（占总数的百分比）	*80*	59	83
5岁以下儿童死亡率（每千人）	78	40	21
儿童营养不良，体重不足（占5岁以下儿童的百分比）	*8.8*	5.2	..
儿童麻疹免疫接种率（占12—23个月年龄组的百分比）	64	97	91
小学毕业率，总数（占适龄年龄组的百分比）	..	102	*101*
中学总入学率，总数（占适龄年龄组的百分比）	67	85	*89*
小学和中学中女孩与男孩的比率（百分比）	*96*	97	*99*
HIV感染率（占15—49岁人口的百分比）	0.4	0.5	0.4
环境			
森林（千平方公里）	702	692	680
森林采伐（1990—2010年，平均年度百分比）			0.1
淡水使用量（占内陆水资源的百分比）	..	..	*1.2*
获得改善的水资源的人口（占总人口的百分比）	75	79	*82*
获得改善的卫生设施的人口（占总人口的百分比）	*54*	62	*68*
人均能源使用量（千克石油当量）	447	468	*510*
人均二氧化碳排放量（吨）	1.0	1.2	*1.5*
人均用电量（千瓦时）	548	678	*1,032*
经济			
GDP（10亿美元）	26.3	53.3	130.3
GDP增长率（年度百分比）	-5.1	3.0	0.9
GDP隐含价格平减指数（年度增长百分比）	6,836.9	3.7	3.0
农业增加值（占GDP的百分比）	9	8	7
工业增加值（占GDP的百分比）	27	30	34
服务业增加值（占GDP的百分比）	64	62	59
货物和服务出口（占GDP的百分比）	16	16	24
货物和服务进口（占GDP的百分比）	14	18	20
资本形成总额（占GDP的百分比）	16	20	22
中央政府收入（占GDP的百分比）	12.5	17.4	17.2
中央政府现金盈余/赤字（占GDP的百分比）	-8.1	-2.1	-1.5
政府与市场			
创办企业的时间（天）	..	..	27
股票市场资本总额（占GDP的百分比）	3.1	19.8	53.5
军费支出（占GDP的百分比）	0.1	2.0	1.2
移动电话用户（每100人）	0	5	85
互联网用户（每100人）	0.0	3.1	27.7
铺敷道路（占总数的百分比）	9.9	13.4	*13.9*
高科技出口（占制成品出口的百分比）	2	4	3
全球联系			
商品贸易（占GDP的百分比）	22.3	27.1	37.3
净易货贸易条件指数（2000年=100）	114	100	129
外债总额（10亿美元）	20	29	30
债务还本付息总额（占出口的百分比）	11.0	27.8	11.8
净移民（千人）	-180	-350	-625
获得的侨汇（10亿美元）	0.1	0.7	2.4
外国直接投资，净流入额（10亿美元）	0.0	0.8	4.8
获得的净官方发展援助（百万美元）	397	397	442

菲律宾

东亚和太平洋地区			中低收入经济体
人口（百万）	92.0	人口增长率（百分比）	1.8
陆地面积（千平方公里）	300	国家贫困率（占人口的百分比）	26.5
GNI（10亿美元）	164.6	人均GNI（美元）	1,790
PPP衡量的GNI（10亿美元）	325.6	PPP衡量的人均GNI（美元）	3,540

	1990	2000	2009
人口			
最贫困的20%人口占国家消费/收入的份额（百分比）	*5.9*	5.4	*5.6*
出生时的预期寿命（岁）	*65*	69	*72*
总生育率（每个女性生育数）	4.3	3.5	3.0
青年女性生育率（每千名15—19岁女性生育数）	..	48	*43*
避孕普及率（占15—49岁已婚女性的百分比）	*36*	47	*51*
在熟练医护人员护理下的分娩（占总数的百分比）	..	58	*62*
5岁以下儿童死亡率（每千人）	59	38	33
儿童营养不良，体重不足（占5岁以下儿童的百分比）	*29.8*	*28.3*	..
儿童麻疹免疫接种率（占12—23个月年龄组的百分比）	85	81	88
小学毕业率，总数（占适龄年龄组的百分比）	88	*101*	*94*
中学总入学率，总数（占适龄年龄组的百分比）	71	*75*	*82*
小学和中学中女孩与男孩的比率（百分比）	99	*103*	*102*
HIV感染率（占15—49岁人口的百分比）	0.1	0.1	0.1
环境			
森林（千平方公里）	66	71	77
森林采伐（1990—2010年，平均年度百分比）			-0.5
淡水使用量（占内陆水资源的百分比）	..	..	*16.5*
获得改善的水资源的人口（占总人口的百分比）	84	88	*91*
获得改善的卫生设施的人口（占总人口的百分比）	58	69	*76*
人均能源使用量（千克石油当量）	440	527	*455*
人均二氧化碳排放量（吨）	0.7	1.0	*0.8*
人均用电量（千瓦时）	376	501	*588*
经济			
GDP（10亿美元）	44.3	75.9	161.2
GDP增长率（年度百分比）	3.0	6.0	1.1
GDP隐含价格平减指数（年度增长百分比）	13.0	6.3	2.6
农业增加值（占GDP的百分比）	22	16	15
工业增加值（占GDP的百分比）	34	32	30
服务业增加值（占GDP的百分比）	44	52	55
货物和服务出口（占GDP的百分比）	28	55	32
货物和服务进口（占GDP的百分比）	33	53	31
资本形成总额（占GDP的百分比）	24	21	15
中央政府收入（占GDP的百分比）	16.2	15.2	14.6
中央政府现金盈余/赤字（占GDP的百分比）	-2.8	-3.9	-3.9
政府与市场			
创办企业的时间（天）	..	..	38
股票市场资本总额（占GDP的百分比）	13.4	34.2	49.7
军费支出（占GDP的百分比）	1.4	1.1	0.8
移动电话用户（每100人）	0	8	81
互联网用户（每100人）	0.0	2.0	6.5
铺敷道路（占总数的百分比）	..	*9.5*	..
高科技出口（占制成品出口的百分比）	*32*	73	66
全球联系			
商品贸易（占GDP的百分比）	47.8	101.2	52.3
净易货贸易条件指数（2000年=100）	87	100	72
外债总额（10亿美元）	31	58	63
债务还本付息总额（占出口的百分比）	27.6	16.0	18.5
净移民（千人）	-465	-900	-900
获得的侨汇（10亿美元）	1.5	7.0	19.8
外国直接投资，净流入额（10亿美元）	0.5	2.2	1.9
获得的净官方发展援助（10亿美元）	1.3	0.6	0.3

波兰

高收入经济体

人口（百万）	38.1	人口增长率（百分比）	0.1
陆地面积（千平方公里）	313	国家贫困率（占人口的百分比）	*16.6*
GNI（10亿美元）	467.5	人均GNI（美元）	12,260
PPP衡量的GNI（10亿美元）	697.9	PPP衡量的人均GNI（美元）	18,290

	1990	**2000**	**2009**
人口			
最贫困的20%人口占国家消费/收入的份额（百分比）	*9.1*	7.9	7.6
出生时的预期寿命（岁）	71	74	76
总生育率（每个女性生育数）	2.0	1.4	1.4
青年女性生育率（每千名15—19岁女性生育数）	..	17	13
避孕普及率（占15—49岁已婚女性的百分比）	*49*	..	..
在熟练医护人员护理下的分娩（占总数的百分比）	..	*100*	..
5岁以下儿童死亡率（每千人）	17	9	7
儿童营养不良，体重不足（占5岁以下儿童的百分比）	..	..	..
儿童麻疹免疫接种率（占12—23个月年龄组的百分比）	95	97	98
小学毕业率，总数（占适龄年龄组的百分比）	98	95	*96*
中学总入学率，总数（占适龄年龄组的百分比）	88	100	*100*
小学和中学中女孩与男孩的比率（百分比）	101	98	*99*
HIV感染率（占15—49岁人口的百分比）	0.1	0.1	0.1
环境			
森林（千平方公里）	89	91	93
森林采伐（1990—2010年，平均年度百分比）			-0.2
淡水使用量（占内陆水资源的百分比）	..	..	*24.5*
获得改善的水资源的人口（占总人口的百分比）	100	100	*100*
获得改善的卫生设施的人口（占总人口的百分比）	..	90	*90*
人均能源使用量（千克石油当量）	2,705	2,317	2,453
人均二氧化碳排放量（吨）	9.1	7.8	*8.3*
人均用电量（千瓦时）	3,272	3,240	*3,732*
经济			
GDP（10亿美元）	59.0	171.3	430.1
GDP增长率（年度百分比）	*-7.0*	4.3	1.7
GDP隐含价格平减指数（年度增长百分比）	*55.2*	7.2	3.7
农业增加值（占GDP的百分比）	8	5	4
工业增加值（占GDP的百分比）	50	32	30
服务业增加值（占GDP的百分比）	42	63	66
货物和服务出口（占GDP的百分比）	29	27	39
货物和服务进口（占GDP的百分比）	22	34	39
资本形成总额（占GDP的百分比）	26	25	20
中央政府收入（占GDP的百分比）	..	*31.5*	30.1
中央政府现金盈余/赤字（占GDP的百分比）	..	*-2.8*	-6.1
政府与市场			
创办企业的时间（天）	..	..	32
股票市场资本总额（占GDP的百分比）	*0.2*	18.3	31.5
军费支出（占GDP的百分比）	2.6	1.8	2.0
移动电话用户（每100人）	0	18	117
互联网用户（每100人）	0.0	7.3	58.8
铺敷道路（占总数的百分比）	61.6	68.3	*68.2*
高科技出口（占制成品出口的百分比）	*4*	3	5
全球联系			
商品贸易（占GDP的百分比）	43.9	47.2	65.4
净易货贸易条件指数（2000年=100）	95	100	107
外债总额（10亿美元）	..	..	..
债务还本付息总额（占出口的百分比）	..	..	..
净移民（千人）	-202	-300	-120
获得的侨汇（10亿美元）	..	1.5	8.1
外国直接投资，净流入额（10亿美元）	0.1	9.3	13.8
获得的净官方发展援助（百万美元）	..	..	..

葡萄牙

高收入经济体

人口（百万）	10.6	人口增长率（百分比）	0.1
陆地面积（千平方公里）	92	国家贫困率（占人口的百分比）	..
GNI（10亿美元）	232.9	人均GNI（美元）	21,910
PPP衡量的GNI（10亿美元）	256.1	PPP衡量的人均GNI（美元）	24,080

	1990	2000	2009
人口			
最贫困的20%人口占国家消费/收入的份额（百分比）	..	..	..
出生时的预期寿命（岁）	74	76	79
总生育率（每个女性生育数）	1.4	1.6	1.3
青年女性生育率（每千名15—19岁女性生育数）	..	20	15
避孕普及率（占15—49岁已婚女性的百分比）	..	..	*67*
在熟练医护人员护理下的分娩（占总数的百分比）	*98*	100	..
5岁以下儿童死亡率（每千人）	15	7	4
儿童营养不良，体重不足（占5岁以下儿童的百分比）	..	..	..
儿童麻疹免疫接种率（占12—23个月年龄组的百分比）	85	87	95
小学毕业率，总数（占适龄年龄组的百分比）	..	..	..
中学总入学率，总数（占适龄年龄组的百分比）	59	107	*104*
小学和中学中女孩与男孩的比率（百分比）	97	101	*100*
HIV感染率（占15—49岁人口的百分比）	0.1	0.4	0.6
环境			
森林（千平方公里）	33	34	35
森林采伐（1990—2010年，平均年度百分比）			-0.1
淡水使用量（占内陆水资源的百分比）	..	..	*31.3*
获得改善的水资源的人口（占总人口的百分比）	96	99	*99*
获得改善的卫生设施的人口（占总人口的百分比）	92	98	*100*
人均能源使用量（千克石油当量）	1,691	2,413	2,243
人均二氧化碳排放量（吨）	4.5	6.2	*5.5*
人均用电量（千瓦时）	2,564	4,014	*4,822*
经济			
GDP（10亿美元）	77.6	117.0	232.9
GDP增长率（年度百分比）	4.0	3.9	-2.6
GDP隐含价格平减指数（年度增长百分比）	13.1	3.2	0.1
农业增加值（占GDP的百分比）	9	4	2
工业增加值（占GDP的百分比）	29	28	23
服务业增加值（占GDP的百分比）	63	68	75
货物和服务出口（占GDP的百分比）	30	29	28
货物和服务进口（占GDP的百分比）	37	40	36
资本形成总额（占GDP的百分比）	28	28	20
中央政府收入（占GDP的百分比）	..	34.7	34.7
中央政府现金盈余/赤字（占GDP的百分比）	..	-2.6	-8.7
政府与市场			
创办企业的时间（天）	..	..	6
股票市场资本总额（占GDP的百分比）	11.9	51.9	42.4
军费支出（占GDP的百分比）	2.4	1.9	2.0
移动电话用户（每100人）	0	65	143
互联网用户（每100人）	0.0	16.4	48.6
铺敷道路（占总数的百分比）	..	86.0	..
高科技出口（占制成品出口的百分比）	4	6	4
全球联系			
商品贸易（占GDP的百分比）	53.7	55.0	48.6
净易货贸易条件指数（2000年=100）	104	100	108
外债总额（10亿美元）	..	..	..
债务还本付息总额（占出口的百分比）	..	..	..
净移民（千人）	-187	150	200
获得的侨汇（10亿美元）	4.5	3.5	3.6
外国直接投资，净流入额（10亿美元）	2.6	6.7	2.8
获得的净官方发展援助（10亿美元）	..	..	..

波多黎各

高收入经济体

人口（百万）	4.0	人口增长率（百分比）	0.3
陆地面积（千平方公里）	8.9	国家贫困率（占人口的百分比）	..
GNI（百万美元）	..	人均 GNI（美元）	..
PPP 衡量的 GNI（百万美元）	..	PPP 衡量的人均 GNI（美元）	..

	1990	2000	2009
人口			
最贫困的 20% 人口占国家消费/收入的份额（百分比）	..	..	..
出生时的预期寿命（岁）	75	77	79
总生育率（每个女性生育数）	2.2	2.0	1.7
青年女性生育率（每千名 15—19 岁女性生育数）	..	71	50
避孕普及率（占 15—49 岁已婚女性的百分比）	..	..	..
在熟练医护人员护理下的分娩（占总数的百分比）	..	..	..
5 岁以下儿童死亡率（每千人）	..	..	..
儿童营养不良，体重不足（占 5 岁以下儿童的百分比）	..	..	..
儿童麻疹免疫接种率（占 12—23 个月年龄组的百分比）	..	..	..
小学毕业率，总数（占适龄年龄组的百分比）	..	..	..
中学总入学率，总数（占适龄年龄组的百分比）	..	..	84
小学和中学中女孩与男孩的比率（百分比）	..	..	102
HIV 感染率（占 15—49 岁人口的百分比）	..	..	..
环境			
森林（千平方公里）	2.9	4.6	5.5
森林采伐（1990—2010 年，平均年度百分比）			-2.2
淡水使用量（占内陆水资源的百分比）	..	..	*14.0*
获得改善的水资源的人口（占总人口的百分比）	..	..	..
获得改善的卫生设施的人口（占总人口的百分比）	..	..	..
人均能源使用量（千克石油当量）	..	..	..
人均二氧化碳排放量（吨）	..	..	..
人均用电量（千瓦时）	..	..	..
经济			
GDP（10 亿美元）	30.6	61.0	..
GDP 增长率（年度百分比）	3.8	2.4	..
GDP 隐含价格平减指数（年度增长百分比）	4.3	3.1	..
农业增加值（占 GDP 的百分比）	1	1	..
工业增加值（占 GDP 的百分比）	42	41	..
服务业增加值（占 GDP 的百分比）	57	58	..
货物和服务出口（占 GDP 的百分比）	*77*	75	..
货物和服务进口（占 GDP 的百分比）	*101*	98	..
资本形成总额（占 GDP 的百分比）	17	..	..
中央政府收入（占 GDP 的百分比）	..	..	..
中央政府现金盈余/赤字（占 GDP 的百分比）	..	..	..
政府与市场			
创办企业的时间（天）	..	..	7
股票市场资本总额（占 GDP 的百分比）	..	..	..
军费支出（占 GDP 的百分比）	..	..	..
移动电话用户（每 100 人）	1	35	68
互联网用户（每 100 人）	0.0	10.5	25.2
铺敷道路（占总数的百分比）	..	94.0	..
高科技出口（占制成品出口的百分比）	..	..	..
全球联系			
商品贸易（占 GDP 的百分比）	..	..	..
净易货贸易条件指数（2000 年＝100）	..	..	..
外债总额（10 亿美元）	..	..	..
债务还本付息总额（占出口的百分比）	..	..	..
净移民（千人）	-51	-25	-21
获得的侨汇（10 亿美元）	..	..	..
外国直接投资，净流入额（百万美元）	..	..	..
获得的净官方发展援助（百万美元）	..	..	..

卡塔尔

高收入经济体

人口（百万）	1.4	人口增长率（百分比）	9.6
陆地面积（千平方公里）	12	国家贫困率（占人口的百分比）	..
GNI（百万美元）	..	人均 GNI（美元）	..
PPP 衡量的 GNI（百万美元）	..	PPP 衡量的人均 GNI（美元）	..

	1990	2000	2009
人口			
最贫困的 20% 人口占国家消费/收入的份额（百分比）	..	..	*3.9*
出生时的预期寿命（岁）	70	74	76
总生育率（每个女性生育数）	4.4	3.1	2.4
青年女性生育率（每千名 15—19 岁女性生育数）	..	22	15
避孕普及率（占 15—49 岁已婚女性的百分比）	..	*43*	..
在熟练医护人员护理下的分娩（占总数的百分比）	..	*100*	..
5 岁以下儿童死亡率（每千人）	19	14	11
儿童营养不良，体重不足（占 5 岁以下儿童的百分比）	..	..	..
儿童麻疹免疫接种率（占 12—23 个月年龄组的百分比）	79	91	99
小学毕业率，总数（占适龄年龄组的百分比）	70	*87*	108
中学总入学率，总数（占适龄年龄组的百分比）	83	87	85
小学和中学中女孩与男孩的比率（百分比）	98	100	120
HIV 感染率（占 15—49 岁人口的百分比）	0.1	0.1	0.1
环境			
森林（千平方公里）	0.0	0.0	0.0
森林采伐（1990—2010 年，平均年度百分比）			0.0
淡水使用量（占内陆水资源的百分比）	..	..	*471.4*
获得改善的水资源的人口（占总人口的百分比）	100	100	*100*
获得改善的卫生设施的人口（占总人口的百分比）	100	100	*100*
人均能源使用量（千克石油当量）	14,732	18,586	*18,830*
人均二氧化碳排放量（吨）	25.2	56.3	*55.4*
人均用电量（千瓦时）	9,773	13,782	*15,682*
经济			
GDP（10 亿美元）	7.4	17.8	98.3
GDP 增长率（年度百分比）	..	*3.3*	8.6
GDP 隐含价格平减指数（年度增长百分比）	..	*-4.4*	-18.3
农业增加值（占 GDP 的百分比）	..	..	..
工业增加值（占 GDP 的百分比）	..	..	..
服务业增加值（占 GDP 的百分比）	..	..	..
货物和服务出口（占 GDP 的百分比）	..	67	47
货物和服务进口（占 GDP 的百分比）	..	22	31
资本形成总额（占 GDP 的百分比）	..	20	39
中央政府收入（占 GDP 的百分比）	..	..	47.2
中央政府现金盈余/赤字（占 GDP 的百分比）	..	..	15.2
政府与市场			
创办企业的时间（天）	..	..	12
股票市场资本总额（占 GDP 的百分比）	..	29.0	89.4
军费支出（占 GDP 的百分比）	..	*4.7*	*2.2*
移动电话用户（每 100 人）	1	20	175
互联网用户（每 100 人）	0.0	4.9	28.3
铺敷道路（占总数的百分比）	85.6	90.0	..
高科技出口（占制成品出口的百分比）	*0*	0	*0*
全球联系			
商品贸易（占 GDP 的百分比）	75.9	83.6	64.6
净易货贸易条件指数（2000 年 =100）	..	100	173
外债总额（10 亿美元）	..	..	..
债务还本付息总额（占出口的百分比）	..	..	..
净移民（千人）	61	43	562
获得的侨汇（10 亿美元）	..	..	..
外国直接投资，净流入额（百万美元）	..	..	..
获得的净官方发展援助（百万美元）	1.5	..	..

罗马尼亚

欧洲和中亚			中高收入经济体
人口（百万）	21.5	人口增长率（百分比）	-0.1
陆地面积（千平方公里）	238	国家贫困率（占人口的百分比）	*13.8*
GNI（10亿美元）	178.9	人均GNI（美元）	8,330
PPP衡量的GNI（10亿美元）	312.4	PPP衡量的人均GNI（美元）	14,540

	1990	2000	2009
人口			
最贫困的20%人口占国家消费/收入的份额（百分比）	*9.3*	8.2	*8.1*
出生时的预期寿命（岁）	70	71	73
总生育率（每个女性生育数）	1.8	1.3	1.4
青年女性生育率（每千名15—19岁女性生育数）	..	39	29
避孕普及率（占15—49岁已婚女性的百分比）	..	*64*	..
在熟练医护人员护理下的分娩（占总数的百分比）	..	*99*	*99*
5岁以下儿童死亡率（每千人）	32	22	12
儿童营养不良，体重不足（占5岁以下儿童的百分比）	*5.0*	3.7	..
儿童麻疹免疫接种率（占12—23个月年龄组的百分比）	92	98	97
小学毕业率，总数（占适龄年龄组的百分比）	96	102	*96*
中学总入学率，总数（占适龄年龄组的百分比）	102	81	*92*
小学和中学中女孩与男孩的比率（百分比）	98	100	*99*
HIV感染率（占15—49岁人口的百分比）	0.1	0.1	0.1
环境			
森林（千平方公里）	64	64	66
森林采伐（1990—2010年，平均年度百分比）			-0.1
淡水使用量（占内陆水资源的百分比）	..	..	*21.7*
获得改善的水资源的人口（占总人口的百分比）	..	..	..
获得改善的卫生设施的人口（占总人口的百分比）	71	72	*72*
人均能源使用量（千克石油当量）	2,683	1,612	*1,830*
人均二氧化碳排放量（吨）	6.8	3.9	*4.4*
人均用电量（千瓦时）	2,924	1,988	*2,488*
经济			
GDP（10亿美元）	38.3	37.1	161.1
GDP增长率（年度百分比）	-5.6	2.1	-8.5
GDP隐含价格平减指数（年度增长百分比）	13.6	44.3	6.5
农业增加值（占GDP的百分比）	24	13	7
工业增加值（占GDP的百分比）	50	36	26
服务业增加值（占GDP的百分比）	26	51	67
货物和服务出口（占GDP的百分比）	17	33	33
货物和服务进口（占GDP的百分比）	26	38	40
资本形成总额（占GDP的百分比）	30	20	31
中央政府收入（占GDP的百分比）	..	*25.8*	*30.9*
中央政府现金盈余/赤字（占GDP的百分比）	..	*-2.0*	*-4.6*
政府与市场			
创办企业的时间（天）	..	..	10
股票市场资本总额（占GDP的百分比）	..	2.9	18.8
军费支出（占GDP的百分比）	4.5	2.5	1.4
移动电话用户（每100人）	0	11	118
互联网用户（每100人）	0.0	3.6	36.2
铺敷道路（占总数的百分比）	*51.0*	49.5	..
高科技出口（占制成品出口的百分比）	2	6	10
全球联系			
商品贸易（占GDP的百分比）	32.8	63.6	58.9
净易货贸易条件指数（2000年=100）	..	..	..
外债总额（10亿美元）	1.1	11.2	117.5
债务还本付息总额（占出口的百分比）	0.3	20.1	31.4
净移民（千人）	-121	-350	-200
获得的侨汇（10亿美元）	..	0.1	4.9
外国直接投资，净流入额（10亿美元）	0.0	1.0	6.3
获得的净官方发展援助（百万美元）	..	..	..

俄罗斯联邦

欧洲和中亚 | 中高收入经济体

人口（百万）	141.9	人口增长率（百分比）	-0.1
陆地面积（千平方公里）	17,098	国家贫困率（占人口的百分比）	*11.1*
GNI（10亿美元）	1,324.4	人均GNI（美元）	9,340
PPP衡量的GNI（10亿美元）	2,599.4	PPP衡量的人均GNI（美元）	18,330

	1990	2000	2009
人口			
最贫困的20%人口占国家消费/收入的份额（百分比）	*10.0*	*6.0*	*6.0*
出生时的预期寿命（岁）	69	65	69
总生育率（每个女性生育数）	1.9	1.2	1.6
青年女性生育率（每千名15—19岁女性生育数）	..	32	24
避孕普及率（占15—49岁已婚女性的百分比）	*34*	*73*	*80*
在熟练医护人员护理下的分娩（占总数的百分比）	..	*99*	*100*
5岁以下儿童死亡率（每千人）	27	24	12
儿童营养不良，体重不足（占5岁以下儿童的百分比）	..	..	..
儿童麻疹免疫接种率（占12—23个月年龄组的百分比）	*83*	97	98
小学毕业率，总数（占适龄年龄组的百分比）	..	94	*95*
中学总入学率，总数（占适龄年龄组的百分比）	95	..	*85*
小学和中学中女孩与男孩的比率（百分比）	101	..	*98*
HIV感染率（占15—49岁人口的百分比）	0.1	0.3	1.0
环境			
森林（千平方公里）	8,090	8,093	8,091
森林采伐（1990—2010年，平均年度百分比）			0.0
淡水使用量（占内陆水资源的百分比）	..	..	*1.5*
获得改善的水资源的人口（占总人口的百分比）	93	95	*96*
获得改善的卫生设施的人口（占总人口的百分比）	87	87	*87*
人均能源使用量（千克石油当量）	5,929	4,233	*4,838*
人均二氧化碳排放量（吨）	*13.9*	9.9	*10.8*
人均用电量（千瓦时）	6,673	5,209	*6,435*
经济			
GDP（10亿美元）	516.8	259.7	1,231.9
GDP增长率（年度百分比）	-3.0	10.0	-7.9
GDP隐含价格平减指数（年度增长百分比）	15.9	37.7	2.5
农业增加值（占GDP的百分比）	17	6	5
工业增加值（占GDP的百分比）	48	38	33
服务业增加值（占GDP的百分比）	35	56	62
货物和服务出口（占GDP的百分比）	18	44	28
货物和服务进口（占GDP的百分比）	18	24	20
资本形成总额（占GDP的百分比）	30	19	19
中央政府收入（占GDP的百分比）	..	*31.8*	35.4
中央政府现金盈余/赤字（占GDP的百分比）	..	*7.0*	5.3
政府与市场			
创办企业的时间（天）	..	..	30
股票市场资本总额（占GDP的百分比）	*0.0*	15.0	69.9
军费支出（占GDP的百分比）	19.1	3.7	4.3
移动电话用户（每100人）	0	2	162
互联网用户（每100人）	0.0	2.0	42.1
铺敷道路（占总数的百分比）	74.2	*67.4*	*80.1*
高科技出口（占制成品出口的百分比）	..	17	9
全球联系			
商品贸易（占GDP的百分比）	..	57.8	40.2
净易货贸易条件指数（2000年=100）	..	..	..
外债总额（10亿美元）	*78*	160	381
债务还本付息总额（占出口的百分比）	..	9.9	17.7
净移民（千人）	907	2,208	250
获得的侨汇（10亿美元）	..	1.3	5.4
外国直接投资，净流入额（10亿美元）	*1.2*	2.7	36.8
获得的净官方发展援助（百万美元）	..	..	..

卢旺达

撒哈拉以南非洲地区			低收入经济体
人口（百万）	10.0	人口增长率（百分比）	2.8
陆地面积（千平方公里）	26	国家贫困率（占人口的百分比）	*58.5*
GNI（10亿美元）	4.9	人均GNI（美元）	490
PPP衡量的GNI（10亿美元）	11.3	PPP衡量的人均GNI（美元）	1,130

	1990	2000	2009
人口			
最贫困的20%人口占国家消费/收入的份额（百分比）	..	5.4	*4.2*
出生时的预期寿命（岁）	33	43	51
总生育率（每个女性生育数）	6.8	5.9	5.3
青年女性生育率（每千名15—19岁女性生育数）	..	50	35
避孕普及率（占15—49岁已婚女性的百分比）	*21*	13	*36*
在熟练医护人员护理下的分娩（占总数的百分比）	*26*	31	*52*
5岁以下儿童死亡率（每千人）	171	180	111
儿童营养不良，体重不足（占5岁以下儿童的百分比）	*24.3*	20.3	..
儿童麻疹免疫接种率（占12—23个月年龄组的百分比）	83	74	92
小学毕业率，总数（占适龄年龄组的百分比）	49	22	*54*
中学总入学率，总数（占适龄年龄组的百分比）	17	11	27
小学和中学中女孩与男孩的比率（百分比）	95	96	100
HIV感染率（占15—49岁人口的百分比）	5.2	3.8	2.9
环境			
森林（千平方公里）	3.2	3.4	4.4
森林采伐（1990—2010年，平均年度百分比）			-1.0
淡水使用量（占内陆水资源的百分比）	..	..	*1.6*
获得改善的水资源的人口（占总人口的百分比）	68	67	65
获得改善的卫生设施的人口（占总人口的百分比）	23	40	54
人均能源使用量（千克石油当量）	..	..	..
人均二氧化碳排放量（吨）	0.1	0.1	*0.1*
人均用电量（千瓦时）	..	..	..
经济			
GDP（10亿美元）	2.6	1.7	5.2
GDP增长率（年度百分比）	-2.4	8.1	4.1
GDP隐含价格平减指数（年度增长百分比）	13.5	-3.0	11.0
农业增加值（占GDP的百分比）	33	37	34
工业增加值（占GDP的百分比）	25	14	15
服务业增加值（占GDP的百分比）	43	49	51
货物和服务出口（占GDP的百分比）	6	9	12
货物和服务进口（占GDP的百分比）	14	26	29
资本形成总额（占GDP的百分比）	15	18	22
中央政府收入（占GDP的百分比）	10.8	..	..
中央政府现金盈余/赤字（占GDP的百分比）	-5.4	..	..
政府与市场			
创办企业的时间（天）	..	..	3
股票市场资本总额（占GDP的百分比）	..	..	..
军费支出（占GDP的百分比）	3.7	3.5	1.4
移动电话用户（每100人）	0	0	24
互联网用户（每100人）	0.0	0.1	4.5
铺敷道路（占总数的百分比）	9.0	..	..
高科技出口（占制成品出口的百分比）	..	*1*	31
全球联系			
商品贸易（占GDP的百分比）	15.4	15.2	27.2
净易货贸易条件指数（2000年=100）	40	100	155
外债总额（10亿美元）	0.7	1.3	0.7
债务还本付息总额（占出口的百分比）	13.4	25.2	4.7
净移民（千人）	15	1,912	15
获得的侨汇（百万美元）	2.6	6.6	92.6
外国直接投资，净流入额（百万美元）	7.6	8.3	118.7
获得的净官方发展援助（百万美元）	288	321	934

萨摩亚

东亚和太平洋地区		中低收入经济体	
人口（千人）	179	人口增长率（百分比）	0.0
陆地面积（千平方公里）	2.8	国家贫困率（占人口的百分比）	..
GNI（百万美元）	508.1	人均 GNI（美元）	2,840
PPP 衡量的 GNI（百万美元）	763.0	PPP 衡量的人均 GNI（美元）	4,270

	1990	2000	2009
人口			
最贫困的 20% 人口占国家消费/收入的份额（百分比）	..	..	..
出生时的预期寿命（岁）	65	69	72
总生育率（每个女性生育数）	4.8	4.5	3.9
青年女性生育率（每千名 15—19 岁女性生育数）	..	41	25
避孕普及率（占 15—49 岁已婚女性的百分比）	..	..	..
在熟练医护人员护理下的分娩（占总数的百分比）	76	*100*	..
5 岁以下儿童死亡率（每千人）	50	34	25
儿童营养不良，体重不足（占 5 岁以下儿童的百分比）	..	*1.7*	..
儿童麻疹免疫接种率（占 12—23 个月年龄组的百分比）	89	93	49
小学毕业率，总数（占适龄年龄组的百分比）	..	94	93
中学总入学率，总数（占适龄年龄组的百分比）	..	78	76
小学和中学中女孩与男孩的比率（百分比）	..	106	105
HIV 感染率（占 15—49 岁人口的百分比）	..	..	..
环境			
森林（千平方公里）	1.3	1.7	1.7
森林采伐（1990—2010 年，平均年度百分比）			-0.9
淡水使用量（占内陆水资源的百分比）	..	..	..
获得改善的水资源的人口（占总人口的百分比）	91	89	..
获得改善的卫生设施的人口（占总人口的百分比）	98	100	*100*
人均能源使用量（千克石油当量）	..	..	..
人均二氧化碳排放量（吨）	0.8	0.8	*0.9*
人均用电量（千瓦时）	..	..	..
经济			
GDP（百万美元）	112	246	496
GDP 增长率（年度百分比）	-4.4	7.0	-5.5
GDP 隐含价格平减指数（年度增长百分比）	9.0	2.8	1.7
农业增加值（占 GDP 的百分比）	..	17	12
工业增加值（占 GDP 的百分比）	..	26	27
服务业增加值（占 GDP 的百分比）	..	57	61
货物和服务出口（占 GDP 的百分比）	..	34	33
货物和服务进口（占 GDP 的百分比）	..	57	59
资本形成总额（占 GDP 的百分比）	..	..	..
中央政府收入（占 GDP 的百分比）	..	..	..
中央政府现金盈余/赤字（占 GDP 的百分比）	..	..	..
政府与市场			
创办企业的时间（天）	..	..	9
股票市场资本总额（占 GDP 的百分比）	..	..	..
军费支出（占 GDP 的百分比）	..	..	..
移动电话用户（每 100 人）	0	1	84
互联网用户（每 100 人）	0.0	0.6	5.0
铺敷道路（占总数的百分比）	..	*14.2*	..
高科技出口（占制成品出口的百分比）	..	*1*	0
全球联系			
商品贸易（占 GDP 的百分比）	80.3	48.9	43.5
净易货贸易条件指数（2000 年 =100）	..	100	80
外债总额（10 亿美元）	92	138	235
债务还本付息总额（占出口的百分比）	10.6	*5.7*	*4.3*
净移民（千人）	-20	-14	-17
获得的侨汇（百万美元）	43	45	124
外国直接投资，净流入额（百万美元）	6.6	-1.5	3.0
获得的净官方发展援助（百万美元）	48	27	77

圣马力诺

高收入经济体

人口（千人）	31	人口增长率（百分比）	1.3
陆地面积（平方公里）	60	国家贫困率（占人口的百分比）	..
GNI（百万美元）	*1.6*	人均 GNI（美元）	*50,670*
PPP 衡量的 GNI（百万美元）	..	PPP 衡量的人均 GNI（美元）	..

	1990	2000	2009
人口			
最贫困的 20% 人口占国家消费/收入的份额（百分比）	..	..	..
出生时的预期寿命（岁）	..	81	83
总生育率（每个女性生育数）	..	..	*1.5*
青年女性生育率（每千名 15—19 岁女性生育数）	..	..	..
避孕普及率（占 15—49 岁已婚女性的百分比）	..	..	..
在熟练医护人员护理下的分娩（占总数的百分比）	..	..	..
5 岁以下儿童死亡率（每千人）	15	6	2
儿童营养不良，体重不足（占 5 岁以下儿童的百分比）	..	..	..
儿童麻疹免疫接种率（占 12—23 个月年龄组的百分比）	*99*	74	92
小学毕业率，总数（占适龄年龄组的百分比）	..	..	92
中学总入学率，总数（占适龄年龄组的百分比）	..	..	96
小学和中学中女孩与男孩的比率（百分比）	..	..	103
HIV 感染率（占 15—49 岁人口的百分比）	..	..	..
环境			
森林（平方公里）	0.0	0.0	0.0
森林采伐（1990—2010 年，平均年度百分比）			0.0
淡水使用量（占内陆水资源的百分比）	..	..	..
获得改善的水资源的人口（占总人口的百分比）	..	..	..
获得改善的卫生设施的人口（占总人口的百分比）	..	..	..
人均能源使用量（千克石油当量）	..	..	..
人均二氧化碳排放量（吨）	..	..	..
人均用电量（千瓦时）	..	..	..
经济			
GDP（百万美元）	..	774	*1,900*
GDP 增长率（年度百分比）	2.1	2.2	*1.9*
GDP 隐含价格平减指数（年度增长百分比）	8.4	2.6	*3.2*
农业增加值（占 GDP 的百分比）	..	..	..
工业增加值（占 GDP 的百分比）	..	..	..
服务业增加值（占 GDP 的百分比）	..	..	..
货物和服务出口（占 GDP 的百分比）	..	..	..
货物和服务进口（占 GDP 的百分比）	..	..	..
资本形成总额（占 GDP 的百分比）	..	..	..
中央政府收入（占 GDP 的百分比）	..	*46.4*	*45.5*
中央政府现金盈余/赤字（占 GDP 的百分比）	..	*1.3*	*6.2*
政府与市场			
创办企业的时间（天）	..	..	..
股票市场资本总额（占 GDP 的百分比）	..	..	..
军费支出（占 GDP 的百分比）	..	..	..
移动电话用户（每 100 人）	..	..	76
互联网用户（每 100 人）	..	..	54.1
铺敷道路（占总数的百分比）	..	..	..
高科技出口（占制成品出口的百分比）	..	..	..
全球联系			
商品贸易（占 GDP 的百分比）	..	..	..
净易货贸易条件指数（2000 年 =100）	..	..	..
外债总额（10 亿美元）	..	..	..
债务还本付息总额（占出口的百分比）	..	..	..
净移民（千人）	..	..	..
获得的侨汇（百万美元）	..	..	..
外国直接投资，净流入额（百万美元）	..	..	..
获得的净官方发展援助（百万美元）	..	..	..

圣多美和普林西比

撒哈拉以南非洲地区 **中低收入经济体**

人口（千人）	163	人口增长率（百分比）	1.6
陆地面积（平方公里）	960	国家贫困率（占人口的百分比）	*53.8*
GNI（百万美元）	184.6	人均 GNI（美元）	1,130
PPP 衡量的 GNI（百万美元）	301.4	PPP 衡量的人均 GNI（美元）	1,850

	1990	2000	2009
人口			
最贫困的 20% 人口占国家消费/收入的份额（百分比）	..	5.2	..
出生时的预期寿命（岁）	62	64	66
总生育率（每个女性生育数）	5.4	4.6	3.7
青年女性生育率（每千名 15—19 岁女性生育数）	..	87	62
避孕普及率（占 15—49 岁已婚女性的百分比）	..	29	38
在熟练医护人员护理下的分娩（占总数的百分比）	..	79	82
5 岁以下儿童死亡率（每千人）	95	86	78
儿童营养不良，体重不足（占 5 岁以下儿童的百分比）	..	10.1	13.1
儿童麻疹免疫接种率（占 12—23 个月年龄组的百分比）	71	69	90
小学毕业率，总数（占适龄年龄组的百分比）	78	*62*	83
中学总入学率，总数（占适龄年龄组的百分比）	*35*	..	50
小学和中学中女孩与男孩的比率（百分比）	*95*	..	103
HIV 感染率（占 15—49 岁人口的百分比）	..	..	..
环境			
森林（平方公里）	270	270	270
森林采伐（1990—2007 年，平均年度百分比）			0.0
淡水使用量（占内陆水资源的百分比）	..	..	*0.3*
获得改善的水资源的人口（占总人口的百分比）	..	79	*89*
获得改善的卫生设施的人口（占总人口的百分比）	..	21	*26*
人均能源使用量（千克石油当量）	..	..	..
人均二氧化碳排放量（吨）	0.6	0.6	*0.8*
人均用电量（千瓦时）	..	..	..
经济			
GDP（百万美元）	..	*76*	191
GDP 增长率（年度百分比）	..	*11.6*	4.0
GDP 隐含价格平减指数（年度增长百分比）	..	*9.3*	15.6
农业增加值（占 GDP 的百分比）	..	*20*	..
工业增加值（占 GDP 的百分比）	..	*17*	..
服务业增加值（占 GDP 的百分比）	..	*63*	..
货物和服务出口（占 GDP 的百分比）	..	..	..
货物和服务进口（占 GDP 的百分比）	..	..	..
资本形成总额（占 GDP 的百分比）	..	..	..
中央政府收入（占 GDP 的百分比）	..	..	..
中央政府现金盈余/赤字（占 GDP 的百分比）	..	..	..
政府与市场			
创办企业的时间（天）	..	..	144
股票市场资本总额（占 GDP 的百分比）	..	..	..
军费支出（占 GDP 的百分比）	..	..	..
移动电话用户（每 100 人）	0	0	39
互联网用户（每 100 人）	0.0	4.6	16.4
铺敷道路（占总数的百分比）	61.6	68.1	..
高科技出口（占制成品出口的百分比）	..	*1*	16
全球联系			
商品贸易（占 GDP 的百分比）	..	*40.7*	64.4
净易货贸易条件指数（2000 年 =100）	..	100	165
外债总额（百万美元）	150	310	186
债务还本付息总额（占出口的百分比）	34.8	25.6	15.7
净移民（千人）	-3	-6	-7
获得的侨汇（百万美元）	0.3	0.5	2.0
外国直接投资，净流入额（百万美元）	*-0.1*	3.8	7.5
获得的净官方发展援助（百万美元）	54	35	31

沙特阿拉伯

高收入经济体

人口（百万）	25.4	人口增长率（百分比）	2.3
陆地面积（千平方公里）	2,000	国家贫困率（占人口的百分比）	..
GNI（10亿美元）	436.9	人均GNI（美元）	17,210
PPP衡量的GNI（10亿美元）	609.8	PPP衡量的人均GNI（美元）	24,020

	1990	2000	2009
人口			
最贫困的20%人口占国家消费/收入的份额（百分比）	..	..	..
出生时的预期寿命（岁）	68	71	73
总生育率（每个女性生育数）	5.8	4.2	3.0
青年女性生育率（每千名15—19岁女性生育数）	..	36	25
避孕普及率（占15—49岁已婚女性的百分比）	..	..	*24*
在熟练医护人员护理下的分娩（占总数的百分比）	..	*93*	..
5岁以下儿童死亡率（每千人）	43	23	21
儿童营养不良，体重不足（占5岁以下儿童的百分比）	..	..	..
儿童麻疹免疫接种率（占12—23个月年龄组的百分比）	88	94	98
小学毕业率，总数（占适龄年龄组的百分比）	..	..	93
中学总入学率，总数（占适龄年龄组的百分比）	..	..	97
小学和中学中女孩与男孩的比率（百分比）	..	..	91
HIV感染率（占15—49岁人口的百分比）	..	..	..
环境			
森林（千平方公里）	9.8	9.8	9.8
森林采伐（1990—2010年，平均年度百分比）			0.0
淡水使用量（占内陆水资源的百分比）	..	..	*943.3*
获得改善的水资源的人口（占总人口的百分比）	89	..	..
获得改善的卫生设施的人口（占总人口的百分比）	..	..	..
人均能源使用量（千克石油当量）	3,631	5,072	*6,514*
人均二氧化碳排放量（吨）	13.2	14.4	*16.6*
人均用电量（千瓦时）	4,012	5,670	*7,527*
经济			
GDP（10亿美元）	116.8	188.4	375.8
GDP增长率（年度百分比）	8.3	4.9	0.6
GDP隐含价格平减指数（年度增长百分比）	13.1	11.6	-21.6
农业增加值（占GDP的百分比）	6	5	3
工业增加值（占GDP的百分比）	49	54	51
服务业增加值（占GDP的百分比）	45	41	46
货物和服务出口（占GDP的百分比）	41	44	54
货物和服务进口（占GDP的百分比）	32	25	43
资本形成总额（占GDP的百分比）	15	19	26
中央政府收入（占GDP的百分比）	..	..	..
中央政府现金盈余/赤字（占GDP的百分比）	..	..	..
政府与市场			
创办企业的时间（天）	..	..	5
股票市场资本总额（占GDP的百分比）	*36.7*	35.6	84.8
军费支出（占GDP的百分比）	14.0	10.6	11.0
移动电话用户（每100人）	0	7	177
互联网用户（每100人）	0.0	2.2	38.6
铺敷道路（占总数的百分比）	40.6	29.9	..
高科技出口（占制成品出口的百分比）	*0*	0	0
全球联系			
商品贸易（占GDP的百分比）	58.6	57.2	76.6
净易货贸易条件指数（2000年=100）	..	100	176
外债总额（10亿美元）	..	..	..
债务还本付息总额（占出口的百分比）	..	..	..
净移民（千人）	1,050	70	150
获得的侨汇（百万美元）	..	..	217.4
外国直接投资，净流入额（10亿美元）	1.9	-1.9	10.5
获得的净官方发展援助（百万美元）	15	22	*-131*

塞内加尔

撒哈拉以南非洲地区		中低收入经济体	
人口（百万）	12.5	人口增长率（百分比）	2.6
陆地面积（千平方公里）	197	国家贫困率（占人口的百分比）	*50.8*
GNI（10亿美元）	13.1	人均GNI（美元）	1,040
PPP衡量的GNI（10亿美元）	22.7	PPP衡量的人均GNI（美元）	1,810

	1990	2000	2009
人口			
最贫困的20%人口占国家消费/收入的份额（百分比）	*3.5*	*6.5*	..
出生时的预期寿命（岁）	52	54	56
总生育率（每个女性生育数）	6.7	5.6	4.7
青年女性生育率（每千名15—19岁女性生育数）	..	110	97
避孕普及率（占15—49岁已婚女性的百分比）	..	11	..
在熟练医护人员护理下的分娩（占总数的百分比）	..	60	..
5岁以下儿童死亡率（每千人）	151	120	93
儿童营养不良，体重不足（占5岁以下儿童的百分比）	*19.0*	20.3	..
儿童麻疹免疫接种率（占12—23个月年龄组的百分比）	51	48	79
小学毕业率，总数（占适龄年龄组的百分比）	42	39	57
中学总入学率，总数（占适龄年龄组的百分比）	15	16	*30*
小学和中学中女孩与男孩的比率（百分比）	67	82	*95*
HIV感染率（占15—49岁人口的百分比）	0.2	0.6	0.9
环境			
森林（千平方公里）	93	89	85
森林采伐（1990—2010年，平均年度百分比）			0.3
淡水使用量（占内陆水资源的百分比）	..	..	*8.6*
获得改善的水资源的人口（占总人口的百分比）	61	65	*69*
获得改善的卫生设施的人口（占总人口的百分比）	38	45	*51*
人均能源使用量（千克石油当量）	224	242	*234*
人均二氧化碳排放量（吨）	0.4	0.4	*0.5*
人均用电量（千瓦时）	103	101	*158*
经济			
GDP（10亿美元）	5.7	4.7	12.8
GDP增长率（年度百分比）	-0.7	3.2	2.2
GDP隐含价格平减指数（年度增长百分比）	0.0	1.9	-0.5
农业增加值（占GDP的百分比）	20	19	17
工业增加值（占GDP的百分比）	22	23	22
服务业增加值（占GDP的百分比）	58	58	62
货物和服务出口（占GDP的百分比）	25	28	24
货物和服务进口（占GDP的百分比）	32	37	44
资本形成总额（占GDP的百分比）	9	20	28
中央政府收入（占GDP的百分比）	..	16.9	..
中央政府现金盈余/赤字（占GDP的百分比）	..	-0.9	..
政府与市场			
创办企业的时间（天）	..	..	8
股票市场资本总额（占GDP的百分比）	..	..	..
军费支出（占GDP的百分比）	2.0	1.3	*1.6*
移动电话用户（每100人）	0	3	55
互联网用户（每100人）	0.0	0.4	7.4
铺敷道路（占总数的百分比）	27.2	29.3	..
高科技出口（占制成品出口的百分比）	..	8	14
全球联系			
商品贸易（占GDP的百分比）	34.6	52.0	53.8
净易货贸易条件指数（2000年=100）	172	100	99
外债总额（10亿美元）	3.8	3.6	3.5
债务还本付息总额（占出口的百分比）	21.1	16.2	*6.2*
净移民（千人）	-40	-100	-100
获得的侨汇（10亿美元）	0.1	0.2	1.4
外国直接投资，净流入额（百万美元）	56.9	62.9	207.5
获得的净官方发展援助（10亿美元）	0.8	0.4	1.0

塞尔维亚

欧洲和中亚			中高收入经济体
人口（百万）	7.3	人口增长率（百分比）	-0.4
陆地面积（千平方公里）	88	国家贫困率（占人口的百分比）	6.6
GNI（10亿美元）	43.9	人均GNI（美元）	6,000
PPP衡量的GNI（10亿美元）	85.6	PPP衡量的人均GNI（美元）	11,700

	1990	2000	2009
人口			
最贫困的20%人口占国家消费/收入的份额（百分比）	..	..	*9.1*
出生时的预期寿命（岁）	*71*	72	74
总生育率（每个女性生育数）	*1.8*	1.5	1.4
青年女性生育率（每千名15—19岁女性生育数）	..	27	21
避孕普及率（占15—49岁已婚女性的百分比）	..	..	*41*
在熟练医护人员护理下的分娩（占总数的百分比）	..	..	..
5岁以下儿童死亡率（每千人）	29	12	7
儿童营养不良，体重不足（占5岁以下儿童的百分比）	..	..	*1.8*
儿童麻疹免疫接种率（占12—23个月年龄组的百分比）	*82*	89	95
小学毕业率，总数（占适龄年龄组的百分比）	..	..	96
中学总入学率，总数（占适龄年龄组的百分比）	..	90	91
小学和中学中女孩与男孩的比率（百分比）	..	101	101
HIV感染率（占15—49岁人口的百分比）	0.1	0.1	0.1
环境			
森林（千平方公里）	23	25	27
森林采伐（1990—2010年，平均年度百分比）			-0.5
淡水使用量（占内陆水资源的百分比）	..	..	..
获得改善的水资源的人口（占总人口的百分比）	..	99	*99*
获得改善的卫生设施的人口（占总人口的百分比）	..	92	92
人均能源使用量（千克石油当量）	2,550	1,771	*2,181*
人均二氧化碳排放量（吨）	..	..	..
人均用电量（千瓦时）	4,629	4,199	*4,284*
经济			
GDP（百万美元）	..	6,083	42,984
GDP增长率（年度百分比）	-8.0	5.3	-3.0
GDP隐含价格平减指数（年度增长百分比）	..	77.5	10.0
农业增加值（占GDP的百分比）	..	21	13
工业增加值（占GDP的百分比）	..	33	28
服务业增加值（占GDP的百分比）	..	46	59
货物和服务出口（占GDP的百分比）	..	24	27
货物和服务进口（占GDP的百分比）	..	40	44
资本形成总额（占GDP的百分比）	..	9	24
中央政府收入（占GDP的百分比）	..	..	36.3
中央政府现金盈余/赤字（占GDP的百分比）	..	..	-2.6
政府与市场			
创办企业的时间（天）	..	..	13
股票市场资本总额（占GDP的百分比）	..	*4.9*	26.8
军费支出（占GDP的百分比）	..	5.5	2.2
移动电话用户（每100人）	..	..	135
互联网用户（每100人）	..	..	56.1
铺敷道路（占总数的百分比）	..	62.7	*47.7*
高科技出口（占制成品出口的百分比）	..	..	..
全球联系			
商品贸易（占GDP的百分比）	..	..	55.7
净易货贸易条件指数（2000年=100）	..	..	..
外债总额（10亿美元）	18[f]	11[f]	33
债务还本付息总额（占出口的百分比）	..	..	37.1
净移民（千人）	27	-148	0
获得的侨汇（10亿美元）	..	1.1[f]	5.4
外国直接投资，净流入额（10亿美元）	*0.1*[f]	0.1[f]	1.9
获得的净官方发展援助（10亿美元）	..	1.1[f]	0.6

塞舌尔

撒哈拉以南非洲地区			中高收入经济体
人口（千人）	88	人口增长率（百分比）	1.2
陆地面积（平方公里）	460	国家贫困率（占人口的百分比）	..
GNI（百万美元）	745.9	人均 GNI（美元）	8,480
PPP 衡量的 GNI（百万美元）	1,477.4	PPP 衡量的人均 GNI（美元）	16,790

	1990	2000	2009
人口			
最贫困的 20% 人口占国家消费/收入的份额（百分比）	..	..	*10.8*
出生时的预期寿命（岁）	70	72	74
总生育率（每个女性生育数）	2.8	2.1	2.3
青年女性生育率（每千名 15—19 岁女性生育数）	..	..	..
避孕普及率（占 15—49 岁已婚女性的百分比）	..	..	..
在熟练医护人员护理下的分娩（占总数的百分比）	..	..	..
5 岁以下儿童死亡率（每千人）	15	14	12
儿童营养不良，体重不足（占 5 岁以下儿童的百分比）	*5.0*	..	..
儿童麻疹免疫接种率（占 12—23 个月年龄组的百分比）	86	97	97
小学毕业率，总数（占适龄年龄组的百分比）	..	107	105
中学总入学率，总数（占适龄年龄组的百分比）	..	104	105
小学和中学中女孩与男孩的比率（百分比）	..	104	103
HIV 感染率（占 15—49 岁人口的百分比）	..	..	..
环境			
森林（平方公里）	410	410	410
森林采伐（1990—2010 年，平均年度百分比）			0.0
淡水使用量（占内陆水资源的百分比）	..	..	..
获得改善的水资源的人口（占总人口的百分比）	..	..	..
获得改善的卫生设施的人口（占总人口的百分比）	..	..	..
人均能源使用量（千克石油当量）	..	..	..
人均二氧化碳排放量（吨）	1.6	7.0	*7.3*
人均用电量（千瓦时）	..	..	..
经济			
GDP（百万美元）	369	615	764
GDP 增长率（年度百分比）	7.0	4.3	-7.6
GDP 隐含价格平减指数（年度增长百分比）	5.6	1.3	28.6
农业增加值（占 GDP 的百分比）	5	3	2
工业增加值（占 GDP 的百分比）	16	29	20
服务业增加值（占 GDP 的百分比）	79	68	78
货物和服务出口（占 GDP 的百分比）	62	78	119
货物和服务进口（占 GDP 的百分比）	67	81	128
资本形成总额（占 GDP 的百分比）	25	25	24
中央政府收入（占 GDP 的百分比）	..	38.7	36.6
中央政府现金盈余/赤字（占 GDP 的百分比）	..	-13.9	4.3
政府与市场			
创办企业的时间（天）	..	..	39
股票市场资本总额（占 GDP 的百分比）	..	..	..
军费支出（占 GDP 的百分比）	4.0	1.7	0.8
移动电话用户（每 100 人）	0	32	105
互联网用户（每 100 人）	0.0	7.4	38.6
铺敷道路（占总数的百分比）	56.9	..	*96.5*
高科技出口（占制成品出口的百分比）	*1*	3	*3*
全球联系			
商品贸易（占 GDP 的百分比）	65.7	87.2	162.6
净易货贸易条件指数（2000 年＝100）	78	100	77
外债总额（百万美元）	0.2	0.3	1.6
债务还本付息总额（占出口的百分比）	9.1	4.2	7.4
净移民（千人）	..	..	..
获得的侨汇（百万美元）	7.5	3.2	12.5
外国直接投资，净流入额（百万美元）	20.2	24.3	248.6
获得的净官方发展援助（百万美元）	36	18	23

塞拉利昂

撒哈拉以南非洲地区			低收入经济体
人口（百万）	5.7	人口增长率（百分比）	2.4
陆地面积（千平方公里）	72	国家贫困率（占人口的百分比）	*66.4*
GNI（10亿美元）	1.9	人均GNI（美元）	340
PPP衡量的GNI（10亿美元）	4.5	PPP衡量的人均GNI（美元）	790

	1990	2000	2009
人口			
最贫困的20%人口占国家消费/收入的份额（百分比）	1.1	..	..
出生时的预期寿命（岁）	40	42	48
总生育率（每个女性生育数）	5.5	5.4	5.2
青年女性生育率（每千名15—19岁女性生育数）	..	140	124
避孕普及率（占15—49岁已婚女性的百分比）	..	4	*8*
在熟练医护人员护理下的分娩（占总数的百分比）	..	42	*42*
5岁以下儿童死亡率（每千人）	285	250	192
儿童营养不良，体重不足（占5岁以下儿童的百分比）	25.4	24.7	*21.3*
儿童麻疹免疫接种率（占12—23个月年龄组的百分比）	..	37	71
小学毕业率，总数（占适龄年龄组的百分比）	..	..	*88*
中学总入学率，总数（占适龄年龄组的百分比）	16	*27*	*35*
小学和中学中女孩与男孩的比率（百分比）	62	*68*	*84*
HIV感染率（占15—49岁人口的百分比）	0.1	0.9	1.6
环境			
森林（千平方公里）	31	29	27
森林采伐（1990—2010年，平均年度百分比）			0.4
淡水使用量（占内陆水资源的百分比）	..	..	*0.3*
获得改善的水资源的人口（占总人口的百分比）	..	55	*49*
获得改善的卫生设施的人口（占总人口的百分比）	..	11	*13*
人均能源使用量（千克石油当量）	..	..	..
人均二氧化碳排放量（吨）	0.1	0.1	*0.2*
人均用电量（千瓦时）	..	..	..
经济			
GDP（百万美元）	650	636	1,942
GDP增长率（年度百分比）	3.4	3.8	4.0
GDP隐含价格平减指数（年度增长百分比）	70.6	6.1	6.3
农业增加值（占GDP的百分比）	47	58	51
工业增加值（占GDP的百分比）	19	28	22
服务业增加值（占GDP的百分比）	34	13	27
货物和服务出口（占GDP的百分比）	22	18	16
货物和服务进口（占GDP的百分比）	24	39	29
资本形成总额（占GDP的百分比）	10	7	15
中央政府收入（占GDP的百分比）	5.6	11.4	11.6
中央政府现金盈余/赤字（占GDP的百分比）	..	-9.3	-3.1
政府与市场			
创办企业的时间（天）	..	..	12
股票市场资本总额（占GDP的百分比）	..	..	..
军费支出（占GDP的百分比）	1.4	3.7	*2.3*
移动电话用户（每100人）	0	0	20
互联网用户（每100人）	0.0	0.1	0.3
铺敷道路（占总数的百分比）	10.6	7.9	..
高科技出口（占制成品出口的百分比）	..	29	..
全球联系			
商品贸易（占GDP的百分比）	44.2	25.5	38.7
净易货贸易条件指数（2000年=100）	..	100	65
外债总额（10亿美元）	1.2	1.2	0.4
债务还本付息总额（占出口的百分比）	10.0	74.8	2.2
净移民（千人）	63	-150	60
获得的侨汇（百万美元）	0.0	7.1	46.7
外国直接投资，净流入额（百万美元）	32.4	39.0	74.3
获得的净官方发展援助（百万美元）	59	181	437

新加坡

高收入经济体

人口（百万）	5.0	人口增长率（百分比）	3.0
陆地面积（平方公里）	710	国家贫困率（占人口的百分比）	..
GNI（10亿美元）	185.72	人均GNI（美元）	37,220
PPP衡量的GNI（10亿美元）	248.3	PPP衡量的人均GNI（美元）	49,780

	1990	2000	2009
人口			
最贫困的20%人口占国家消费/收入的份额（百分比）	..	*5.0*	..
出生时的预期寿命（岁）	74	78	81
总生育率（每个女性生育数）	1.9	1.4	1.2
青年女性生育率（每千名15—19岁女性生育数）	..	7	4
避孕普及率（占15—49岁已婚女性的百分比）	*65*	..	..
在熟练医护人员护理下的分娩（占总数的百分比）	..	*100*	..
5岁以下儿童死亡率（每千人）	8	4	3
儿童营养不良，体重不足（占5岁以下儿童的百分比）	..	3.3	..
儿童麻疹免疫接种率（占12—23个月年龄组的百分比）	84	96	95
小学毕业率，总数（占适龄年龄组的百分比）	..	..	..
中学总入学率，总数（占适龄年龄组的百分比）	..	..	..
小学和中学中女孩与男孩的比率（百分比）	..	..	..
HIV感染率（占15—49岁人口的百分比）	0.1	0.1	0.1
环境			
森林（平方公里）	20	20	20
森林采伐（1990—2010年，平均年度百分比）			0.0
淡水使用量（占内陆水资源的百分比）	..	..	..
获得改善的水资源的人口（占总人口的百分比）	100	100	*100*
获得改善的卫生设施的人口（占总人口的百分比）	99	100	*100*
人均能源使用量（千克石油当量）	3,760	4,486	*3,828*
人均二氧化碳排放量（吨）	15.4	13.0	*11.8*
人均用电量（千瓦时）	4,983	7,575	*8,185*
经济			
GDP（10亿美元）	36.8	92.7	182.2
GDP增长率（年度百分比）	9.2	10.1	-1.3
GDP隐含价格平减指数（年度增长百分比）	4.1	3.7	-1.8
农业增加值（占GDP的百分比）	..	..	..
工业增加值（占GDP的百分比）	35	36	26
服务业增加值（占GDP的百分比）	65	64	*74*
货物和服务出口（占GDP的百分比）	..	*191*	*221*
货物和服务进口（占GDP的百分比）	..	*176*	*203*
资本形成总额（占GDP的百分比）	37	33	*29*
中央政府收入（占GDP的百分比）	26.8	26.6	18.2
中央政府现金盈余/赤字（占GDP的百分比）	11.1	11.4	1.7
政府与市场			
创办企业的时间（天）	..	..	3
股票市场资本总额（占GDP的百分比）	93.1	164.8	170.5
军费支出（占GDP的百分比）	4.9	4.7	4.3
移动电话用户（每100人）	2	68	133
互联网用户（每100人）	0.0	32.3	73.3
铺敷道路（占总数的百分比）	97.1	100.0	*100.0*
高科技出口（占制成品出口的百分比）	40	63	49
全球联系			
商品贸易（占GDP的百分比）	308.1	293.7	282.9
净易货贸易条件指数（2000年=100）	116	100	83
外债总额（10亿美元）	..	..	..
债务还本付息总额（占出口的百分比）	..	..	..
净移民（千人）	139	368	500
获得的侨汇（百万美元）	..	..	..
外国直接投资，净流入额（10亿美元）	5.6	16.5	16.8
获得的净官方发展援助（百万美元）	-3.1	..	..

斯洛伐克

高收入经济体

人口（百万）	5.4	人口增长率（百分比）	0.2
陆地面积（千平方公里）	49	国家贫困率（占人口的百分比）	..
GNI（10亿美元）	87.4	人均GNI（美元）	16,130
PPP衡量的GNI（10亿美元）	119.8	PPP衡量的人均GNI（美元）	22,110

	1990	2000	2009
人口			
最贫困的20%人口占国家消费/收入的份额（百分比）	*11.6*	..	..
出生时的预期寿命（岁）	71	73	75
总生育率（每个女性生育数）	2.1	1.3	1.4
青年女性生育率（每千名15—19岁女性生育数）	..	25	20
避孕普及率（占15—49岁已婚女性的百分比）	*74*	..	..
在熟练医护人员护理下的分娩（占总数的百分比）	..	99	*100*
5岁以下儿童死亡率（每千人）	15	10	7
儿童营养不良，体重不足（占5岁以下儿童的百分比）	..	..	..
儿童麻疹免疫接种率（占12—23个月年龄组的百分比）	..	98	99
小学毕业率，总数（占适龄年龄组的百分比）	..	97	*96*
中学总入学率，总数（占适龄年龄组的百分比）	..	86	*92*
小学和中学中女孩与男孩的比率（百分比）	..	101	*100*
HIV感染率（占15—49岁人口的百分比）	0.1	0.1	0.1
环境			
森林（千平方公里）	19	19	19
森林采伐（1990—2010年，平均年度百分比）			-0.02
淡水使用量（占内陆水资源的百分比）	..	..	..
获得改善的水资源的人口（占总人口的百分比）	..	100	*100*
获得改善的卫生设施的人口（占总人口的百分比）	100	100	*100*
人均能源使用量（千克石油当量）	4,037	3,293	3,147
人均二氧化碳排放量（吨）	*8.4*	6.8	*6.8*
人均用电量（千瓦时）	5,559	4,956	*5,268*
经济			
GDP（10亿美元）	11.7	28.7	87.6
GDP增长率（年度百分比）	-2.7	1.4	-6.2
GDP隐含价格平减指数（年度增长百分比）	6.9	9.4	0.0
农业增加值（占GDP的百分比）	7	4	3
工业增加值（占GDP的百分比）	59	36	35
服务业增加值（占GDP的百分比）	33	59	63
货物和服务出口（占GDP的百分比）	27	71	99
货物和服务进口（占GDP的百分比）	36	73	104
资本形成总额（占GDP的百分比）	33	26	38
中央政府收入（占GDP的百分比）	..	..	28.5
中央政府现金盈余/赤字（占GDP的百分比）	..	..	-7.3
政府与市场			
创办企业的时间（天）	..	..	16
股票市场资本总额（占GDP的百分比）	..	4.2	5.3
军费支出（占GDP的百分比）	..	1.7	1.5
移动电话用户（每100人）	0	23	101
互联网用户（每100人）	0.0	9.4	75.0
铺敷道路（占总数的百分比）	..	87.0	*87.0*
高科技出口（占制成品出口的百分比）	..	4	5
全球联系			
商品贸易（占GDP的百分比）	*91.3*	85.7	127.0
净易货贸易条件指数（2000年=100）	..	..	..
外债总额（10亿美元）	..	..	..
债务还本付息总额（占出口的百分比）	..	..	..
净移民（千人）	-35	0	20
获得的侨汇（10亿美元）	..	0.0	1.7
外国直接投资，净流入额（10亿美元）	..	2.1	0.0
获得的净官方发展援助（百万美元）	..	..	..

斯洛文尼亚

高收入经济体

人口（百万）	2.0	人口增长率（百分比）	1.1
陆地面积（千平方公里）	20	国家贫困率（占人口的百分比）	..
GNI（10亿美元）	48.1	人均GNI（美元）	23,520
PPP衡量的GNI（10亿美元）	54.1	PPP衡量的人均GNI（美元）	26,470

	1990	2000	2009
人口			
最贫困的20%人口占国家消费/收入的份额（百分比）	..	*8.7*	..
出生时的预期寿命（岁）	73	75	79
总生育率（每个女性生育数）	1.5	1.3	1.5
青年女性生育率（每千名15—19岁女性生育数）	..	11	5
避孕普及率（占15—49岁已婚女性的百分比）	..	..	..
在熟练医护人员护理下的分娩（占总数的百分比）	*100*	*100*	*100*
5岁以下儿童死亡率（每千人）	10	5	3
儿童营养不良，体重不足（占5岁以下儿童的百分比）	..	..	..
儿童麻疹免疫接种率（占12—23个月年龄组的百分比）	*90*	95	95
小学毕业率，总数（占适龄年龄组的百分比）	..	97	*96*
中学总入学率，总数（占适龄年龄组的百分比）	88	100	*97*
小学和中学中女孩与男孩的比率（百分比）	..	103	*99*
HIV感染率（占15—49岁人口的百分比）	0.1	0.1	0.1
环境			
森林（千平方公里）	12	12	13
森林采伐（1990—2010年，平均年度百分比）			-0.2
淡水使用量（占内陆水资源的百分比）	..	..	..
获得改善的水资源的人口（占总人口的百分比）	100	100	*99*
获得改善的卫生设施的人口（占总人口的百分比）	100	100	*100*
人均能源使用量（千克石油当量）	2,858	3,224	*3,827*
人均二氧化碳排放量（吨）	*6.2*	7.3	*7.5*
人均用电量（千瓦时）	5,335	5,778	*6,920*
经济			
GDP（10亿美元）	17.4	19.9	48.5
GDP增长率（年度百分比）	*-8.9*	4.4	-7.8
GDP隐含价格平减指数（年度增长百分比）	*94.9*	5.3	1.9
农业增加值（占GDP的百分比）	6	3	*2*
工业增加值（占GDP的百分比）	42	36	*34*
服务业增加值（占GDP的百分比）	52	61	*64*
货物和服务出口（占GDP的百分比）	91	54	59
货物和服务进口（占GDP的百分比）	79	57	57
资本形成总额（占GDP的百分比）	17	27	23
中央政府收入（占GDP的百分比）	*39.8*	39.1	37.5
中央政府现金盈余/赤字（占GDP的百分比）	*3.2*	-1.1	-5.5
政府与市场			
创办企业的时间（天）	..	..	6
股票市场资本总额（占GDP的百分比）	..	12.8	24.3
军费支出（占GDP的百分比）	*2.2*	1.1	1.8
移动电话用户（每100人）	0	61	103
互联网用户（每100人）	0.0	15.1	63.6
铺敷道路（占总数的百分比）	72.0	100.0	*100.0*
高科技出口（占制成品出口的百分比）	*3*	5	7
全球联系			
商品贸易（占GDP的百分比）	*102.4*	95.1	109.0
净易货贸易条件指数（2000年=100）	..	..	..
外债总额（10亿美元）	..	..	..
债务还本付息总额（占出口的百分比）	..	..	..
净移民（千人）	21	24	22
获得的侨汇（百万美元）	*38*	205	279
外国直接投资，净流入额（百万美元）	*111.0*	135.8	-578.8
获得的净官方发展援助（百万美元）	..	60.8	..

所罗门群岛

东亚和太平洋地区			低收入经济体
人口（千人）	523	人口增长率（百分比）	2.4
陆地面积（千平方公里）	29	国家贫困率（占人口的百分比）	..
GNI（百万美元）	477.4	人均 GNI（美元）	910
PPP 衡量的 GNI（百万美元）	973.9	PPP 衡量的人均 GNI（美元）	1,860

	1990	2000	2009
人口			
最贫困的 20% 人口占国家消费/收入的份额（百分比）	..	..	..
出生时的预期寿命（岁）	57	62	67
总生育率（每个女性生育数）	5.9	4.6	3.8
青年女性生育率（每千名 15—19 岁女性生育数）	..	57	39
避孕普及率（占 15—49 岁已婚女性的百分比）	..	7	*27*
在熟练医护人员护理下的分娩（占总数的百分比）	..	*85*	*70*
5 岁以下儿童死亡率（每千人）	38	37	36
儿童营养不良，体重不足（占 5 岁以下儿童的百分比）	*16.3*	..	*11.5*
儿童麻疹免疫接种率（占 12—23 个月年龄组的百分比）	70	87	60
小学毕业率，总数（占适龄年龄组的百分比）	61	..	..
中学总入学率，总数（占适龄年龄组的百分比）	14	20	*35*
小学和中学中女孩与男孩的比率（百分比）	84	90	*94*
HIV 感染率（占 15—49 岁人口的百分比）	..	..	..
环境			
森林（千平方公里）	23	23	22
森林采伐（1990—2010 年，平均年度百分比）			0.2
淡水使用量（占内陆水资源的百分比）	..	..	..
获得改善的水资源的人口（占总人口的百分比）	..	70	..
获得改善的卫生设施的人口（占总人口的百分比）	..	31	..
人均能源使用量（千克石油当量）	..	..	..
人均二氧化碳排放量（吨）	0.5	0.4	*0.4*
人均用电量（千瓦时）	..	..	..
经济			
GDP（百万美元）	303	435	657
GDP 增长率（年度百分比）	*6.0*	-14.3	-2.2
GDP 隐含价格平减指数（年度增长百分比）	*7.2*	10.7	8.1
农业增加值（占 GDP 的百分比）	29	35	39
工业增加值（占 GDP 的百分比）	5	13	6
服务业增加值（占 GDP 的百分比）	66	53	55
货物和服务出口（占 GDP 的百分比）	30	24	34
货物和服务进口（占 GDP 的百分比）	65	39	47
资本形成总额（占 GDP 的百分比）	20	7	*15*
中央政府收入（占 GDP 的百分比）	..	..	..
中央政府现金盈余/赤字（占 GDP 的百分比）	..	..	..
政府与市场			
创办企业的时间（天）	..	..	57
股票市场资本总额（占 GDP 的百分比）	..	..	..
军费支出（占 GDP 的百分比）	..	..	..
移动电话用户（每 100 人）	0	0	6
互联网用户（每 100 人）	0.0	0.5	1.9
铺敷道路（占总数的百分比）	2.1	2.4	..
高科技出口（占制成品出口的百分比）	..	..	..
全球联系			
商品贸易（占 GDP 的百分比）	53.2	37.0	66.0
净易货贸易条件指数（2000 年 =100）	*85*	100	87
外债总额（百万美元）	120	155	156
债务还本付息总额（占出口的百分比）	11.8	7.1	4.0
净移民（千人）	0	0	0
获得的侨汇（百万美元）	..	4.3	2.4
外国直接投资，净流入额（百万美元）	10.4	13.0	117.6
获得的净官方发展援助（百万美元）	46	68	206

索马里

撒哈拉以南非洲地区		低收入经济体	
人口（百万）	9.1	人口增长率（百分比）	2.3
陆地面积（千平方公里）	638	国家贫困率（占人口的百分比）	..
GNI（10 亿美元）	..	人均 GNI（美元）	..
PPP 衡量的 GNI（10 亿美元）	..	PPP 衡量的人均 GNI（美元）	..

	1990	2000	2008
人口			
最贫困的 20% 人口占国家消费/收入的份额（百分比）	..	..	..
出生时的预期寿命（岁）	45	48	50
总生育率（每个女性生育数）	6.6	6.5	6.4
青年女性生育率（每千名 15—19 岁女性生育数）	..	72	69
避孕普及率（占 15—49 岁已婚女性的百分比）	*1*	*8*	*15*
在熟练医护人员护理下的分娩（占总数的百分比）	..	*25*	*33*
5 岁以下儿童死亡率（每千人）	180	180	180
儿童营养不良，体重不足（占 5 岁以下儿童的百分比）	..	22.8	*32.8*
儿童麻疹免疫接种率（占 12—23 个月年龄组的百分比）	30	35	24
小学毕业率，总数（占适龄年龄组的百分比）	..	..	..
中学总入学率，总数（占适龄年龄组的百分比）	..	..	*8*
小学和中学中女孩与男孩的比率（百分比）	..	..	*53*
HIV 感染率（占 15—49 岁人口的百分比）	0.1	0.2	0.7
环境			
森林（千平方公里）	83	75	67
森林采伐（1990—2010 年，平均年度百分比）			0.7
淡水使用量（占内陆水资源的百分比）	..	..	*55.0*
获得改善的水资源的人口（占总人口的百分比）	..	23	*30*
获得改善的卫生设施的人口（占总人口的百分比）	..	22	*23*
人均能源使用量（千克石油当量）	..	..	..
人均二氧化碳排放量（吨）	0.00	0.07	*0.07*
人均用电量（千瓦时）	..	..	..
经济			
GDP（百万美元）	917.0	..	..
GDP 增长率（年度百分比）	-1.5	..	..
GDP 隐含价格平减指数（年度增长百分比）	215.5	..	..
农业增加值（占 GDP 的百分比）	65	..	..
工业增加值（占 GDP 的百分比）	..	..	..
服务业增加值（占 GDP 的百分比）	..	..	..
货物和服务出口（占 GDP 的百分比）	10	..	..
货物和服务进口（占 GDP 的百分比）	38	..	..
资本形成总额（占 GDP 的百分比）	16	..	..
中央政府收入（占 GDP 的百分比）	..	..	..
中央政府现金盈余/赤字（占 GDP 的百分比）	..	..	..
政府与市场	..	..	..
创办企业的时间（天）	..	..	..
股票市场资本总额（占 GDP 的百分比）	*0.8*	..	..
军费支出（占 GDP 的百分比）	0	1	7
移动电话用户（每 100 人）	0.0	0.2	1.2
互联网用户（每 100 人）	11.1	11.8	..
铺敷道路（占总数的百分比）	..	..	..
高科技出口（占制成品出口的百分比）			
全球联系			
商品贸易（占 GDP 的百分比）	..	..	..
净易货贸易条件指数（2000 年 =100）	..	100	101
外债总额（10 亿美元）	2.4	2.6	3.0
债务还本付息总额（占出口的百分比）	*47.6*	..	..
净移民（千人）	-632	-100	-250
获得的侨汇（百万美元）	..	..	..
外国直接投资，净流入额（百万美元）	5.6	0.3	108.0
获得的净官方发展援助（百万美元）	491	101	662

南非

撒哈拉以南非洲地区 **中高收入经济体**

人口（百万）	49.3	人口增长率（百分比）	1.1
陆地面积（千平方公里）	1,219	国家贫困率（占人口的百分比）	*23.0*
GNI（10亿美元）	284.3	人均GNI（美元）	5,760
PPP衡量的GNI（10亿美元）	495.6	PPP衡量的人均GNI（美元）	10,050

	1990	2000	2009
人口			
最贫困的20%人口占国家消费/收入的份额（百分比）	..	3.1	..
出生时的预期寿命（岁）	61	56	52
总生育率（每个女性生育数）	3.7	2.9	2.5
青年女性生育率（每千名15—19岁女性生育数）	..	76	56
避孕普及率（占15—49岁已婚女性的百分比）	57	56	..
在熟练医护人员护理下的分娩（占总数的百分比）	..	*84*	..
5岁以下儿童死亡率（每千人）	62	77	62
儿童营养不良，体重不足（占5岁以下儿童的百分比）	..	*10.1*	..
儿童麻疹免疫接种率（占12—23个月年龄组的百分比）	79	72	62
小学毕业率，总数（占适龄年龄组的百分比）	76	87	93
中学总入学率，总数（占适龄年龄组的百分比）	66	86	94
小学和中学中女孩与男孩的比率（百分比）	103	100	99
HIV感染率（占15—49岁人口的百分比）	0.7	16.1	17.8
环境			
森林（千平方公里）	82	69	57
森林采伐（1990—2010年，平均年度百分比）			1.2
淡水使用量（占内陆水资源的百分比）	..	..	*27.9*
获得改善的水资源的人口（占总人口的百分比）	83	86	*91*
获得改善的卫生设施的人口（占总人口的百分比）	69	73	*77*
人均能源使用量（千克石油当量）	2,581	2,507	*2,756*
人均二氧化碳排放量（吨）	9.5	8.4	*9.0*
人均用电量（千瓦时）	4,431	4,417	*4,759*
经济			
GDP（10亿美元）	112.0	132.9	285.4
GDP增长率（年度百分比）	-0.3	4.2	-1.8
GDP隐含价格平减指数（年度增长百分比）	15.5	8.8	7.3
农业增加值（占GDP的百分比）	5	3	3
工业增加值（占GDP的百分比）	40	32	31
服务业增加值（占GDP的百分比）	55	65	66
货物和服务出口（占GDP的百分比）	24	28	27
货物和服务进口（占GDP的百分比）	19	25	28
资本形成总额（占GDP的百分比）	18	16	19
中央政府收入（占GDP的百分比）	..	26.3	28.2
中央政府现金盈余/赤字（占GDP的百分比）	..	-2.0	-4.9
政府与市场			
创办企业的时间（天）	..	..	22
股票市场资本总额（占GDP的百分比）	123.2	154.2	247.0
军费支出（占GDP的百分比）	3.9	1.6	1.4
移动电话用户（每100人）	0	19	94
互联网用户（每100人）	0.0	5.5	9.0
铺敷道路（占总数的百分比）	..	20.3	..
高科技出口（占制成品出口的百分比）	7	7	6
全球联系			
商品贸易（占GDP的百分比）	37.4	44.9	47.6
净易货贸易条件指数（2000年=100）	104	100	135
外债总额（10亿美元）	..	24.9	42.1
债务还本付息总额（占出口的百分比）	..	9.8	9.3
净移民（千人）	-123	200	700
获得的侨汇（百万美元）	136	344	902
外国直接投资，净流入额（10亿美元）	-0.1	1.0	5.4
获得的净官方发展援助（10亿美元）	..	0.5	1.1

西班牙

高收入经济体

人口（百万）	46.0	人口增长率（百分比）	0.9
陆地面积（千平方公里）	505	国家贫困率（占人口的百分比）	..
GNI（10亿美元）	1,476.2	人均GNI（美元）	32,120
PPP衡量的GNI（10亿美元）	1,447.2	PPP衡量的人均GNI（美元）	31,490

	1990	2000	2009
人口			
最贫困的20%人口占国家消费/收入的份额（百分比）	..	7.0	..
出生时的预期寿命（岁）	77	79	82
总生育率（每个女性生育数）	1.3	1.2	1.4
青年女性生育率（每千名15—19岁女性生育数）	..	9	12
避孕普及率（占15—49岁已婚女性的百分比）	..	..	*66*
在熟练医护人员护理下的分娩（占总数的百分比）	..	..	..
5岁以下儿童死亡率（每千人）	9	5	4
儿童营养不良，体重不足（占5岁以下儿童的百分比）	..	..	..
儿童麻疹免疫接种率（占12—23个月年龄组的百分比）	99	94	98
小学毕业率，总数（占适龄年龄组的百分比）	104	..	*100*
中学总入学率，总数（占适龄年龄组的百分比）	102	111	*120*
小学和中学中女孩与男孩的比率（百分比）	103	103	*103*
HIV感染率（占15—49岁人口的百分比）	0.4	0.4	0.4
环境			
森林（千平方公里）	138	170	182
森林采伐（1990—2010年，平均年度百分比）			-0.9
淡水使用量（占内陆水资源的百分比）	..	..	*33.4*
获得改善的水资源的人口（占总人口的百分比）	100	100	*100*
获得改善的卫生设施的人口（占总人口的百分比）	100	100	*100*
人均能源使用量（千克石油当量）	2,320	3,029	2,789
人均二氧化碳排放量（吨）	5.9	7.3	*8.0*
人均用电量（千瓦时）	3,540	5,207	*6,315*
经济			
GDP（10亿美元）	521.0	580.7	1,460.3
GDP增长率（年度百分比）	3.8	5.0	-3.6
GDP隐含价格平减指数（年度增长百分比）	7.3	3.5	0.2
农业增加值（占GDP的百分比）	6	4	3
工业增加值（占GDP的百分比）	34	29	26
服务业增加值（占GDP的百分比）	61	66	71
货物和服务出口（占GDP的百分比）	16	29	23
货物和服务进口（占GDP的百分比）	19	32	26
资本形成总额（占GDP的百分比）	26	26	24
中央政府收入（占GDP的百分比）	..	31.1	22.4
中央政府现金盈余/赤字（占GDP的百分比）	..	-0.5	-8.6
政府与市场			
创办企业的时间（天）	..	..	47
股票市场资本总额（占GDP的百分比）	21.3	86.8	88.8
军费支出（占GDP的百分比）	1.7	1.2	1.3
移动电话用户（每100人）	0	60	111
互联网用户（每100人）	0.0	13.6	61.2
铺敷道路（占总数的百分比）	*99.0*	99.0	..
高科技出口（占制成品出口的百分比）	6	8	5
全球联系			
商品贸易（占GDP的百分比）	27.5	46.7	34.7
净易货贸易条件指数（2000年=100）	100	100	107
外债总额（10亿美元）	..	..	..
债务还本付息总额（占出口的百分比）	..	..	..
净移民（千人）	-74	793	1,750
获得的侨汇（10亿美元）	2.2	4.9	9.9
外国直接投资，净流入额（10亿美元）	14.0	38.8	6.5
获得的净官方发展援助（百万美元）	..	..	..

斯里兰卡

南亚			中低收入经济体
人口（百万）	20.3	人口增长率（百分比）	0.7
陆地面积（千平方公里）	66	国家贫困率（占人口的百分比）	*15.2*
GNI（10亿美元）	40.4	人均GNI（美元）	1,990
PPP衡量的GNI（10亿美元）	95.8	PPP衡量的人均GNI（美元）	4,720

	1990	2000	2009
人口			
最贫困的20%人口占国家消费/收入的份额（百分比）	*8.7*	*6.8*	*6.9*
出生时的预期寿命（岁）	70	71	74
总生育率（每个女性生育数）	2.5	2.2	2.3
青年女性生育率（每千名15—19岁女性生育数）	..	29	29
避孕普及率（占15—49岁已婚女性的百分比）	..	70	*68*
在熟练医护人员护理下的分娩（占总数的百分比）	..	96	*99*
5岁以下儿童死亡率（每千人）	28	21	15
儿童营养不良，体重不足（占5岁以下儿童的百分比）	..	22.8	21.6
儿童麻疹免疫接种率（占12—23个月年龄组的百分比）	80	98	96
小学毕业率，总数（占适龄年龄组的百分比）	98	*107*	97
中学总入学率，总数（占适龄年龄组的百分比）	72	*85*	..
小学和中学中女孩与男孩的比率（百分比）	102	*103*	..
HIV感染率（占15—49岁人口的百分比）	0.1	0.1	0.1
环境			
森林（千平方公里）	24	21	19
森林采伐（1990—2010年，平均年度百分比）			0.8
淡水使用量（占内陆水资源的百分比）	..	..	*24.5*
获得改善的水资源的人口（占总人口的百分比）	67	80	*90*
获得改善的卫生设施的人口（占总人口的百分比）	70	82	*91*
人均能源使用量（千克石油当量）	322	445	*443*
人均二氧化碳排放量（吨）	0.2	0.5	*0.6*
人均用电量（千瓦时）	153	296	*409*
经济			
GDP（10亿美元）	8.0	16.3	42.0
GDP增长率（年度百分比）	6.4	6.0	3.5
GDP隐含价格平减指数（年度增长百分比）	20.1	7.3	5.7
农业增加值（占GDP的百分比）	26	20	13
工业增加值（占GDP的百分比）	26	27	30
服务业增加值（占GDP的百分比）	48	53	58
货物和服务出口（占GDP的百分比）	30	39	21
货物和服务进口（占GDP的百分比）	38	50	28
资本形成总额（占GDP的百分比）	22	28	25
中央政府收入（占GDP的百分比）	21.0	16.8	*14.9*
中央政府现金盈余/赤字（占GDP的百分比）	-5.2	-8.4	*-6.6*
政府与市场			
创办企业的时间（天）	..	..	35
股票市场资本总额（占GDP的百分比）	11.4	6.6	19.4
军费支出（占GDP的百分比）	2.3	5.0	3.5
移动电话用户（每100人）	0	2	69
互联网用户（每100人）	0.0	0.6	8.7
铺敷道路（占总数的百分比）	..	*85.8*	..
高科技出口（占制成品出口的百分比）	1	*2*	1
全球联系			
商品贸易（占GDP的百分比）	57.3	77.2	41.8
净易货贸易条件指数（2000年=100）	82	100	78
外债总额（10亿美元）	5.9	9.1	17.2
债务还本付息总额（占出口的百分比）	16.1	12.1	15.6
净移民（千人）	-137	-400	-300
获得的侨汇（10亿美元）	0.4	1.2	3.4
外国直接投资，净流入额（百万美元）	43.4	172.9	404.0
获得的净官方发展援助（百万美元）	728	275	704

圣基茨和尼维斯

拉丁美洲和加勒比地区 **中高收入经济体**

人口（千人）	50	人口增长率（百分比）	0.8
陆地面积（平方公里）	260	国家贫困率（占人口的百分比）	..
GNI（百万美元）	503.3	人均 GNI（美元）	10,150
PPP 衡量的 GNI（百万美元）	676.5	PPP 衡量的人均 GNI（美元）	13,640

	1990	2000	2009
人口			
最贫困的 20% 人口占国家消费/收入的份额（百分比）	..	..	..
出生时的预期寿命（岁）	67	71	..
总生育率（每个女性生育数）	2.7	2.2	..
青年女性生育率（每千名 15—19 岁女性生育数）	..	..	..
避孕普及率（占 15—49 岁已婚女性的百分比）	..	..	*54*
在熟练医护人员护理下的分娩（占总数的百分比）	..	99	*100*
5 岁以下儿童死亡率（每千人）	26	21	15
儿童营养不良，体重不足（占 5 岁以下儿童的百分比）	..	..	..
儿童麻疹免疫接种率（占 12—23 个月年龄组的百分比）	99	99	99
小学毕业率，总数（占适龄年龄组的百分比）	*118*	101	96
中学总入学率，总数（占适龄年龄组的百分比）	*86*	75	96
小学和中学中女孩与男孩的比率（百分比）	*99*	100	104
HIV 感染率（占 15—49 岁人口的百分比）	..	..	..
环境			
森林（平方公里）	110	110	110
森林采伐（1990—2007 年，平均年度百分比）			0.0
淡水使用量（占内陆水资源的百分比）	..	..	..
获得改善的水资源的人口（占总人口的百分比）	99	99	*99*
获得改善的卫生设施的人口（占总人口的百分比）	96	96	*96*
人均能源使用量（千克石油当量）	..	..	..
人均二氧化碳排放量（吨）	1.6	2.3	*5.1*
人均用电量（千瓦时）	..	..	..
经济			
GDP（百万美元）	159	326	545
GDP 增长率（年度百分比）	2.3	2.8	-8.0
GDP 隐含价格平减指数（年度增长百分比）	8.7	4.1	3.9
农业增加值（占 GDP 的百分比）	6	3	3
工业增加值（占 GDP 的百分比）	29	29	22
服务业增加值（占 GDP 的百分比）	65	68	75
货物和服务出口（占 GDP 的百分比）	52	46	35
货物和服务进口（占 GDP 的百分比）	83	76	69
资本形成总额（占 GDP 的百分比）	55	50	40
中央政府收入（占 GDP 的百分比）	28.3	..	*29.9*
中央政府现金盈余/赤字（占 GDP 的百分比）	0.6	..	*-3.4*
政府与市场			
创办企业的时间（天）	..	..	19
股票市场资本总额（占 GDP 的百分比）	..	..	118.9
军费支出（占 GDP 的百分比）	..	..	..
移动电话用户（每 100 人）	0	3	167
互联网用户（每 100 人）	0.0	6.1	34.3
铺敷道路（占总数的百分比）	38.5	*42.5*	..
高科技出口（占制成品出口的百分比）	..	1	*41*
全球联系			
商品贸易（占 GDP 的百分比）	86.7	70.2	58.7
净易货贸易条件指数（2000 年 = 100）	..	100	75
外债总额（百万美元）	44	156	227
债务还本付息总额（占出口的百分比）	3.4	12.6	20.8
净移民（千人）	..	..	..
获得的侨汇（百万美元）	19	27	41
外国直接投资，净流入额（百万美元）	48.8	96.2	133.6
获得的净官方发展援助（百万美元）	8.1	3.9	5.5

圣卢西亚

拉丁美洲和加勒比地区			中高收入经济体
人口（千人）	172	人口增长率（百分比）	1.1
陆地面积（平方公里）	620	国家贫困率（占人口的百分比）	..
GNI（百万美元）	893.8	人均 GNI（美元）	5,190
PPP 衡量的 GNI（百万美元）	1,525.3	PPP 衡量的人均 GNI（美元）	8,860

	1990	2000	2009
人口			
最贫困的 20% 人口占国家消费/收入的份额（百分比）	..	..	..
出生时的预期寿命（岁）	71	71	..
总生育率（每个女性生育数）	3.3	2.0	2.0
青年女性生育率（每千名 15—19 岁女性生育数）	..	67	60
避孕普及率（占 15—49 岁已婚女性的百分比）	*47*	*47*	..
在熟练医护人员护理下的分娩（占总数的百分比）	..	100	*100*
5 岁以下儿童死亡率（每千人）	20	17	20
儿童营养不良，体重不足（占 5 岁以下儿童的百分比）	..	..	..
儿童麻疹免疫接种率（占 12—23 个月年龄组的百分比）	82	88	99
小学毕业率，总数（占适龄年龄组的百分比）	124	96	96
中学总入学率，总数（占适龄年龄组的百分比）	50	74	96
小学和中学中女孩与男孩的比率（百分比）	103	107	99
HIV 感染率（占 15—49 岁人口的百分比）	..	..	..
环境			
森林（平方公里）	440	470	470
森林采伐（1990—2010 年，平均年度百分比）			-0.2
淡水使用量（占内陆水资源的百分比）	..	..	..
获得改善的水资源的人口（占总人口的百分比）	98	98	*98*
获得改善的卫生设施的人口（占总人口的百分比）	..	89	..
人均能源使用量（千克石油当量）	..	..	..
人均二氧化碳排放量（吨）	1.2	2.1	*2.3*
人均用电量（千瓦时）	..	..	..
经济			
GDP（百万美元）	397	708	946
GDP 增长率（年度百分比）	23.5	0.0	-3.8
GDP 隐含价格平减指数（年度增长百分比）	3.2	2.2	-0.3
农业增加值（占 GDP 的百分比）	15	7	5
工业增加值（占 GDP 的百分比）	18	19	18
服务业增加值（占 GDP 的百分比）	67	74	77
货物和服务出口（占 GDP 的百分比）	73	53	49
货物和服务进口（占 GDP 的百分比）	84	63	69
资本形成总额（占 GDP 的百分比）	26	26	24
中央政府收入（占 GDP 的百分比）	..	..	..
中央政府现金盈余/赤字（占 GDP 的百分比）	..	..	..
政府与市场			
创办企业的时间（天）	..	..	14
股票市场资本总额（占 GDP 的百分比）	..	..	..
军费支出（占 GDP 的百分比）	..	..	..
移动电话用户（每 100 人）	0	2	102
互联网用户（每 100 人）	0.0	5.1	83.0
铺敷道路（占总数的百分比）	..	..	..
高科技出口（占制成品出口的百分比）	*1*	8	*20*
全球联系			
商品贸易（占 GDP 的百分比）	100.2	56.3	73.1
净易货贸易条件指数（2000 年 =100）	..	100	116
外债总额（百万美元）	79	221	416
债务还本付息总额（占出口的百分比）	2.2	7.9	8.2
净移民（千人）	-1	-1	-1
获得的侨汇（百万美元）	16	26	28
外国直接投资，净流入额（百万美元）	44.8	53.7	156.5
获得的净官方发展援助（百万美元）	12	11	41

圣文森特和格林纳丁斯

拉丁美洲和加勒比地区		中高收入经济体	
人口（千人）	109	人口增长率（百分比）	0.1
陆地面积（平方公里）	390	国家贫困率（占人口的百分比）	..
GNI（百万美元）	560.1	人均 GNI（美元）	5,130
PPP 衡量的 GNI（百万美元）	963.8	PPP 衡量的人均 GNI（美元）	8,830

	1990	2000	2009
人口			
最贫困的 20% 人口占国家消费/收入的份额（百分比）	..	..	..
出生时的预期寿命（岁）	69	70	72
总生育率（每个女性生育数）	3.0	2.4	2.1
青年女性生育率（每千名 15—19 岁女性生育数）	..	70	57
避孕普及率（占 15—49 岁已婚女性的百分比）	*58*	*58*	*48*
在熟练医护人员护理下的分娩（占总数的百分比）	..	100	*99*
5 岁以下儿童死亡率（每千人）	24	23	12
儿童营养不良，体重不足（占 5 岁以下儿童的百分比）	..	..	..
儿童麻疹免疫接种率（占 12—23 个月年龄组的百分比）	96	96	99
小学毕业率，总数（占适龄年龄组的百分比）	..	*90*	*109*
中学总入学率，总数（占适龄年龄组的百分比）	*60*	82	109
小学和中学中女孩与男孩的比率（百分比）	*107*	106	98
HIV 感染率（占 15—49 岁人口的百分比）	..	..	..
环境			
森林（平方公里）	250	260	270
森林采伐（1990—2010 年，平均年度百分比）			-0.3
淡水使用量（占内陆水资源的百分比）	..	..	..
获得改善的水资源的人口（占总人口的百分比）	..	..	..
获得改善的卫生设施的人口（占总人口的百分比）	..	..	..
人均能源使用量（千克石油当量）	..	..	..
人均二氧化碳排放量（吨）	0.8	1.5	*1.8*
人均用电量（千瓦时）	..	..	..
经济			
GDP（百万美元）	198	339	583
GDP 增长率（年度百分比）	5.0	1.8	-2.8
GDP 隐含价格平减指数（年度增长百分比）	6.4	0.4	3.0
农业增加值（占 GDP 的百分比）	21	11	7
工业增加值（占 GDP 的百分比）	23	24	25
服务业增加值（占 GDP 的百分比）	56	65	68
货物和服务出口（占 GDP 的百分比）	66	53	34
货物和服务进口（占 GDP 的百分比）	77	59	72
资本形成总额（占 GDP 的百分比）	30	27	35
中央政府收入（占 GDP 的百分比）	25.6	..	..
中央政府现金盈余/赤字（占 GDP 的百分比）	..	..	..
政府与市场			
创办企业的时间（天）	..	..	10
股票市场资本总额（占 GDP 的百分比）	..	..	..
军费支出（占 GDP 的百分比）	..	..	..
移动电话用户（每 100 人）	0	2	111
互联网用户（每 100 人）	0.0	3.2	69.6
铺敷道路（占总数的百分比）	..	68.0	..
高科技出口（占制成品出口的百分比）	..	0	1
全球联系			
商品贸易（占 GDP 的百分比）	110.5	61.9	65.7
净易货贸易条件指数（2000 年 = 100）	..	100	107
外债总额（百万美元）	62	195	209
债务还本付息总额（占出口的百分比）	3.2	7.2	14.8
净移民（千人）	-7	-8	-5
获得的侨汇（百万美元）	16	22	30
外国直接投资，净流入额（百万美元）	7.7	37.7	110.3
获得的净官方发展援助（百万美元）	15.4	6.2	31.1

苏丹

撒哈拉以南非洲地区			中低收入经济体
人口（百万）	42.3	人口增长率（百分比）	2.2
陆地面积（千平方公里）	2,506	国家贫困率（占人口的百分比）	..
GNI（10亿美元）	51.5	人均GNI（美元）	1,220
PPP衡量的GNI（10亿美元）	84.1	PPP衡量的人均GNI（美元）	1,990

	1990	2000	2009
人口			
最贫困的20%人口占国家消费/收入的份额（百分比）	..	..	..
出生时的预期寿命（岁）	53	56	58
总生育率（每个女性生育数）	6.0	5.1	4.1
青年女性生育率（每千名15—19岁女性生育数）	..	77	53
避孕普及率（占15—49岁已婚女性的百分比）	9	7	*8*
在熟练医护人员护理下的分娩（占总数的百分比）	69	87	*49*
5岁以下儿童死亡率（每千人）	124	115	108
儿童营养不良，体重不足（占5岁以下儿童的百分比）	..	38.4	*31.7*
儿童麻疹免疫接种率（占12—23个月年龄组的百分比）	57	58	82
小学毕业率，总数（占适龄年龄组的百分比）	..	36	57
中学总入学率，总数（占适龄年龄组的百分比）	*20*	25	38
小学和中学中女孩与男孩的比率（百分比）	*78*	*88*	89
HIV感染率（占15—49岁人口的百分比）	0.1	0.3	1.1
环境			
森林（千平方公里）	764	705	699
森林采伐（1990—2010年，平均年度百分比）			0.3
淡水使用量（占内陆水资源的百分比）	..	..	*123.8*
获得改善的水资源的人口（占总人口的百分比）	65	61	*57*
获得改善的卫生设施的人口（占总人口的百分比）	34	34	*34*
人均能源使用量（千克石油当量）	392	388	*372*
人均二氧化碳排放量（吨）	0.2	0.2	*0.3*
人均用电量（千瓦时）	47	62	*96*
经济			
GDP（10亿美元）	12.4	12.4	54.7
GDP增长率（年度百分比）	-5.5	8.4	4.5
GDP隐含价格平减指数（年度增长百分比）	66.2	8.7	-0.8
农业增加值（占GDP的百分比）	41	42	30
工业增加值（占GDP的百分比）	15	22	26
服务业增加值（占GDP的百分比）	44	37	44
货物和服务出口（占GDP的百分比）	4	15	15
货物和服务进口（占GDP的百分比）	7	18	21
资本形成总额（占GDP的百分比）	11	18	25
中央政府收入（占GDP的百分比）	..	*8.0*	..
中央政府现金盈余/赤字（占GDP的百分比）	..	*-0.4*	..
政府与市场			
创办企业的时间（天）	..	..	36
股票市场资本总额（占GDP的百分比）	..	..	..
军费支出（占GDP的百分比）	2.6	4.7	*4.2*
移动电话用户（每100人）	0	0	36
互联网用户（每100人）	0.0	0.0	9.9
铺敷道路（占总数的百分比）	33.8	36.3	..
高科技出口（占制成品出口的百分比）	..	4	34
全球联系			
商品贸易（占GDP的百分比）	8.0	27.2	32.1
净易货贸易条件指数（2000年=100）	100	100	152
外债总额（10亿美元）	15	16	20
债务还本付息总额（占出口的百分比）	9.7	13.3	5.8
净移民（千人）	-459	-227	135
获得的侨汇（10亿美元）	0.1	0.6	3.0
外国直接投资，净流入额（10亿美元）	0.0	0.4	2.7
获得的净官方发展援助（10亿美元）	0.8	0.2	2.3

苏里南

拉丁美洲和加勒比地区 **中高收入经济体**

人口（千人）	520	人口增长率（百分比）	0.9
陆地面积（千平方公里）	164	国家贫困率（占人口的百分比）	..
GNI（10亿美元）	*2.5*	人均 GNI（美元）	*4,760*
PPP 衡量的 GNI（10亿美元）	*3.5*	PPP 衡量的人均 GNI（美元）	*6,730*

	1990	2000	2009
人口			
最贫困的 20% 人口占国家消费/收入的份额（百分比）	..	*3.1*	..
出生时的预期寿命（岁）	67	68	69
总生育率（每个女性生育数）	2.7	2.7	2.4
青年女性生育率（每千名 15—19 岁女性生育数）	..	48	38
避孕普及率（占 15—49 岁已婚女性的百分比）	..	42	*46*
在熟练医护人员护理下的分娩（占总数的百分比）	..	85	*90*
5 岁以下儿童死亡率（每千人）	51	38	26
儿童营养不良，体重不足（占 5 岁以下儿童的百分比）	..	11.4	*7.5*
儿童麻疹免疫接种率（占 12—23 个月年龄组的百分比）	65	84	88
小学毕业率，总数（占适龄年龄组的百分比）	*86*	*97*	*88*
中学总入学率，总数（占适龄年龄组的百分比）	57	*73*	*75*
小学和中学中女孩与男孩的比率（百分比）	116	*107*	*107*
HIV 感染率（占 15—49 岁人口的百分比）	0.1	1.0	1.0
环境			
森林（千平方公里）	148	148	148
森林采伐（1990—2010 年，平均年度百分比）			0.0
淡水使用量（占内陆水资源的百分比）	..	..	*0.8*
获得改善的水资源的人口（占总人口的百分比）	..	91	*93*
获得改善的卫生设施的人口（占总人口的百分比）	..	83	*84*
人均能源使用量（千克石油当量）	..	..	..
人均二氧化碳排放量（吨）	4.5	4.5	*4.8*
人均用电量（千瓦时）	..	..	..
经济			
GDP（百万美元）	399	892	*3,033*
GDP 增长率（年度百分比）	-0.5	-0.1	*5.1*
GDP 隐含价格平减指数（年度增长百分比）	43.9	54.8	*19.0*
农业增加值（占 GDP 的百分比）	9	11	*5*
工业增加值（占 GDP 的百分比）	24	25	*40*
服务业增加值（占 GDP 的百分比）	67	64	*55*
货物和服务出口（占 GDP 的百分比）	42	20	..
货物和服务进口（占 GDP 的百分比）	44	33	..
资本形成总额（占 GDP 的百分比）	11	12	..
中央政府收入（占 GDP 的百分比）	..	..	..
中央政府现金盈余/赤字（占 GDP 的百分比）	..	..	..
政府与市场			
创办企业的时间（天）	..	..	694
股票市场资本总额（占 GDP 的百分比）	..	..	..
军费支出（占 GDP 的百分比）	..	..	..
移动电话用户（每 100 人）	0	9	147
互联网用户（每 100 人）	0.0	2.5	31.4
铺敷道路（占总数的百分比）	24.0	26.0	..
高科技出口（占制成品出口的百分比）	..	7	*14*
全球联系			
商品贸易（占 GDP 的百分比）	236.5	103.7	*100.5*
净易货贸易条件指数（2000 年 = 100）	..	100	151
外债总额（10 亿美元）	..	..	..
债务还本付息总额（占出口的百分比）	..	..	..
净移民（千人）	-5	-6	-5
获得的侨汇（百万美元）	0.5	1.3	4.8
外国直接投资，净流入额（百万美元）	-76.8	-148.0	-93.4
获得的净官方发展援助（百万美元）	61	34	157

斯威士兰

撒哈拉以南非洲地区		中低收入经济体	
人口（百万）	1.2	人口增长率（百分比）	1.4
陆地面积（千平方公里）	17	国家贫困率（占人口的百分比）	*69.2*
GNI（10亿美元）	2.9	人均GNI（美元）	2,470
PPP衡量的GNI（10亿美元）	5.7	PPP衡量的人均GNI（美元）	4,790

	1990	2000	2009
人口			
最贫困的20%人口占国家消费/收入的份额（百分比）	..	*4.5*	..
出生时的预期寿命（岁）	60	51	46
总生育率（每个女性生育数）	5.7	4.2	3.5
青年女性生育率（每千名15—19岁女性生育数）	..	106	78
避孕普及率（占15—49岁已婚女性的百分比）	*20*	28	51
在熟练医护人员护理下的分娩（占总数的百分比）	..	70	69
5岁以下儿童死亡率（每千人）	92	105	73
儿童营养不良，体重不足（占5岁以下儿童的百分比）	..	9.1	*6.1*
儿童麻疹免疫接种率（占12—23个月年龄组的百分比）	85	92	95
小学毕业率，总数（占适龄年龄组的百分比）	63	60	72
中学总入学率，总数（占适龄年龄组的百分比）	*49*	42	53
小学和中学中女孩与男孩的比率（百分比）	..	95	92
HIV感染率（占15—49岁人口的百分比）	2.3	22.3	25.9
环境			
森林（千平方公里）	4.7	5.2	5.6
森林采伐（1990—2010年，平均年度百分比）			-0.6
淡水使用量（占内陆水资源的百分比）	..	..	*39.5*
获得改善的水资源的人口（占总人口的百分比）	..	55	69
获得改善的卫生设施的人口（占总人口的百分比）	..	49	55
人均能源使用量（千克石油当量）	..	..	..
人均二氧化碳排放量（吨）	0.5	1.1	*0.9*
人均用电量（千瓦时）	..	..	..
经济			
GDP（10亿美元）	1.1	1.5	3.0
GDP增长率（年度百分比）	9.8	10.1	1.2
GDP隐含价格平减指数（年度增长百分比）	43.8	0.2	5.5
农业增加值（占GDP的百分比）	10	12	7
工业增加值（占GDP的百分比）	43	45	49
服务业增加值（占GDP的百分比）	46	43	43
货物和服务出口（占GDP的百分比）	59	76	60
货物和服务进口（占GDP的百分比）	69	90	76
资本形成总额（占GDP的百分比）	15	17	17
中央政府收入（占GDP的百分比）	..	26.2	..
中央政府现金盈余/赤字（占GDP的百分比）	..	-0.8	..
政府与市场			
创办企业的时间（天）	..	..	56
股票市场资本总额（占GDP的百分比）	1.5	4.9	*6.9*
军费支出（占GDP的百分比）	1.3	1.6	*2.1*
移动电话用户（每100人）	0	3	55
互联网用户（每100人）	0.0	0.9	7.6
铺敷道路（占总数的百分比）	..	*30.0*	..
高科技出口（占制成品出口的百分比）	..	0	*0*
全球联系			
商品贸易（占GDP的百分比）	109.3	131.3	103.3
净易货贸易条件指数（2000年=100）	100	100	113
外债总额（百万美元）	257	265	418
债务还本付息总额（占出口的百分比）	5.4	2.2	2.1
净移民（千人）	17	-12	-6
获得的侨汇（百万美元）	113	57	93
外国直接投资，净流入额（百万美元）	30.1	90.7	65.7
获得的净官方发展援助（百万美元）	54	13	58

瑞 典

高收入经济体

人口（百万）	9.3	人口增长率（百分比）	0.9
陆地面积（千平方公里）	450	国家贫困率（占人口的百分比）	..
GNI（10亿美元）	454.4	人均GNI（美元）	48,840
PPP衡量的GNI（10亿美元）	353.9	PPP衡量的人均GNI（美元）	38,050

	1990	2000	2009
人口			
最贫困的20%人口占国家消费/收入的份额（百分比）	..	9.1	..
出生时的预期寿命（岁）	78	80	81
总生育率（每个女性生育数）	2.1	1.5	1.9
青年女性生育率（每千名15—19岁女性生育数）	..	9	7
避孕普及率（占15—49岁已婚女性的百分比）	..	..	..
在熟练医护人员护理下的分娩（占总数的百分比）	..	..	..
5岁以下儿童死亡率（每千人）	7	4	3
儿童营养不良，体重不足（占5岁以下儿童的百分比）	..	..	..
儿童麻疹免疫接种率（占12—23个月年龄组的百分比）	96	91	97
小学毕业率，总数（占适龄年龄组的百分比）	97	100	*94*
中学总入学率，总数（占适龄年龄组的百分比）	90	152	*103*
小学和中学中女孩与男孩的比率（百分比）	102	115	*99*
HIV感染率（占15—49岁人口的百分比）	0.1	0.1	0.1
环境			
森林（千平方公里）	273	274	282
森林采伐（1990—2010年，平均年度百分比）			-0.1
淡水使用量（占内陆水资源的百分比）	..	..	*1.6*
获得改善的水资源的人口（占总人口的百分比）	100	100	*100*
获得改善的卫生设施的人口（占总人口的百分比）	100	100	*100*
人均能源使用量（千克石油当量）	5,514	5,362	4,676
人均二氧化碳排放量（吨）	6.0	5.6	*5.4*
人均用电量（千瓦时）	15,836	15,687	*14,869*
经济			
GDP（10亿美元）	244.5	247.3	406.1
GDP增长率（年度百分比）	1.0	4.5	-5.1
GDP隐含价格平减指数（年度增长百分比）	8.7	1.4	2.0
农业增加值（占GDP的百分比）	4	2	2
工业增加值（占GDP的百分比）	31	29	25
服务业增加值（占GDP的百分比）	65	69	73
货物和服务出口（占GDP的百分比）	30	47	49
货物和服务进口（占GDP的百分比）	30	40	42
资本形成总额（占GDP的百分比）	24	19	17
中央政府收入（占GDP的百分比）	..	42.2	*34.7*
中央政府现金盈余/赤字（占GDP的百分比）	..	..	..
政府与市场			
创办企业的时间（天）	..	..	15
股票市场资本总额（占GDP的百分比）	40.0	132.8	106.5
军费支出（占GDP的百分比）	2.5	2.0	1.3
移动电话用户（每100人）	5	72	123
互联网用户（每100人）	0.6	45.6	90.3
铺敷道路（占总数的百分比）	..	..	*23.6*
高科技出口（占制成品出口的百分比）	13	25	17
全球联系			
商品贸易（占GDP的百分比）	45.7	64.7	61.8
净易货贸易条件指数（2000年=100）	109	100	90
外债总额（10亿美元）	..	..	..
债务还本付息总额（占出口的百分比）	..	..	..
净移民（千人）	132	49	150
获得的侨汇（百万美元）	153	510	652
外国直接投资，净流入额（10亿美元）	2.0	22.1	11.5
获得的净官方发展援助（百万美元）	..	..	..

瑞士

高收入经济体

人口（百万）	7.7	人口增长率（百分比）	1.1
陆地面积（千平方公里）	41	国家贫困率（占人口的百分比）	..
GNI（10 亿美元）	505.8	人均 GNI（美元）	65,430
PPP 衡量的 GNI（10 亿美元）	364.1	PPP 衡量的人均 GNI（美元）	47,100

	1990	2000	2009
人口			
最贫困的 20% 人口占国家消费/收入的份额（百分比）	..	7.6	..
出生时的预期寿命（岁）	77	80	82
总生育率（每个女性生育数）	1.6	1.5	1.5
青年女性生育率（每千名 15—19 岁女性生育数）	..	6	5
避孕普及率（占 15—49 岁已婚女性的百分比）	..	..	..
在熟练医护人员护理下的分娩（占总数的百分比）	..	..	*100*
5 岁以下儿童死亡率（每千人）	8	6	4
儿童营养不良，体重不足（占 5 岁以下儿童的百分比）	..	..	..
儿童麻疹免疫接种率（占 12—23 个月年龄组的百分比）	90	81	90
小学毕业率，总数（占适龄年龄组的百分比）	52	96	*94*
中学总入学率，总数（占适龄年龄组的百分比）	98	95	*96*
小学和中学中女孩与男孩的比率（百分比）	97	97	*97*
HIV 感染率（占 15—49 岁人口的百分比）	0.2	0.3	0.4
环境			
森林（千平方公里）	12	12	12
森林采伐（1990—2010 年，平均年度百分比）			-0.2
淡水使用量（占内陆水资源的百分比）	..	..	*6.5*
获得改善的水资源的人口（占总人口的百分比）	100	100	*100*
获得改善的卫生设施的人口（占总人口的百分比）	100	100	*100*
人均能源使用量（千克石油当量）	3,581	3,428	3,482
人均二氧化碳排放量（吨）	6.4	5.4	*5.0*
人均用电量（千瓦时）	7,507	7,847	*8,307*
经济			
GDP（10 亿美元）	238.2	249.9	491.9
GDP 增长率（年度百分比）	3.8	3.6	-1.9
GDP 隐含价格平减指数（年度增长百分比）	4.2	1.1	0.3
农业增加值（占 GDP 的百分比）	3	2	1
工业增加值（占 GDP 的百分比）	32	27	27
服务业增加值（占 GDP 的百分比）	65	71	72
货物和服务出口（占 GDP 的百分比）	36	46	52
货物和服务进口（占 GDP 的百分比）	35	41	41
资本形成总额（占 GDP 的百分比）	30	23	20
中央政府收入（占 GDP 的百分比）	*20.1*	24.3	*18.4*
中央政府现金盈余/赤字（占 GDP 的百分比）	*0.0*	2.2	*1.3*
政府与市场			
创办企业的时间（天）	..	..	20
股票市场资本总额（占 GDP 的百分比）	67.2	317.0	217.7
军费支出（占 GDP 的百分比）	1.8	1.1	0.8
移动电话用户（每 100 人）	2	65	120
互联网用户（每 100 人）	0.6	47.9	70.9
铺敷道路（占总数的百分比）	..	..	*100.0*
高科技出口（占制成品出口的百分比）	12	19	25
全球联系			
商品贸易（占 GDP 的百分比）	56.0	65.2	66.8
净易货贸易条件指数（2000 年 =100）	90	100	107
外债总额（10 亿美元）	..	..	..
债务还本付息总额（占出口的百分比）	..	..	..
净移民（千人）	155	69	100
获得的侨汇（10 亿美元）	0.9	1.1	2.5
外国直接投资，净流入额（10 亿美元）	5.5	19.8	27.6
获得的净官方发展援助（百万美元）	..	..	..

叙利亚

中东和北非			中低收入经济体
人口（百万）	21.1	人口增长率（百分比）	2.5
陆地面积（千平方公里）	185	国家贫困率（占人口的百分比）	..
GNI（10亿美元）	50.9	人均GNI（美元）	2,410
PPP衡量的GNI（10亿美元）	97.3	PPP衡量的人均GNI（美元）	4,620

	1990	2000	2009
人口			
最贫困的20%人口占国家消费/收入的份额（百分比）	..	..	..
出生时的预期寿命（岁）	68	72	74
总生育率（每个女性生育数）	5.5	3.8	3.1
青年女性生育率（每千名15—19岁女性生育数）	..	69	55
避孕普及率（占15—49岁已婚女性的百分比）	..	45	*58*
在熟练医护人员护理下的分娩（占总数的百分比）	..	*70*	*93*
5岁以下儿童死亡率（每千人）	36	22	16
儿童营养不良，体重不足（占5岁以下儿童的百分比）	..	6.0	*10.0*
儿童麻疹免疫接种率（占12—23个月年龄组的百分比）	87	83	81
小学毕业率，总数（占适龄年龄组的百分比）	89	86	112
中学总入学率，总数（占适龄年龄组的百分比）	51	41	75
小学和中学中女孩与男孩的比率（百分比）	85	92	97
HIV感染率（占15—49岁人口的百分比）	..	..	..
环境			
森林（千平方公里）	3.7	4.3	4.9
森林采伐（1990—2010年，平均年度百分比）			-0.9
淡水使用量（占内陆水资源的百分比）	..	..	*235.0*
获得改善的水资源的人口（占总人口的百分比）	85	87	*89*
获得改善的卫生设施的人口（占总人口的百分比）	83	89	*96*
人均能源使用量（千克石油当量）	895	1,055	*957*
人均二氧化碳排放量（吨）	2.9	3.8	*3.5*
人均用电量（千瓦时）	674	1,058	*1,521*
经济			
GDP（10亿美元）	12.3	19.3	52.2
GDP增长率（年度百分比）	7.6	2.7	4.0
GDP隐含价格平减指数（年度增长百分比）	19.3	9.7	-7.6
农业增加值（占GDP的百分比）	30	24	21
工业增加值（占GDP的百分比）	25	38	34
服务业增加值（占GDP的百分比）	45	38	45
货物和服务出口（占GDP的百分比）	28	35	34
货物和服务进口（占GDP的百分比）	28	29	36
资本形成总额（占GDP的百分比）	17	17	16
中央政府收入（占GDP的百分比）	21.9	..	..
中央政府现金盈余/赤字（占GDP的百分比）	..	..	..
政府与市场			
创办企业的时间（天）	..	..	13
股票市场资本总额（占GDP的百分比）	..	..	..
军费支出（占GDP的百分比）	6.4	5.3	4.2
移动电话用户（每100人）	0	0	46
互联网用户（每100人）	0.0	0.2	18.7
铺敷道路（占总数的百分比）	..	..	*91.0*
高科技出口（占制成品出口的百分比）	..	1	*2*
全球联系			
商品贸易（占GDP的百分比）	53.7	43.7	51.2
净易货贸易条件指数（2000年=100）	..	100	148
外债总额（10亿美元）	17.4	22.2	5.2
债务还本付息总额（占出口的百分比）	..	6.8	*3.5*
净移民（千人）	-140	-130	800
获得的侨汇（10亿美元）	0.4	0.2	1.3
外国直接投资，净流入额（10亿美元）	0.0	0.3	1.4
获得的净官方发展援助（百万美元）	683	158	245

塔吉克斯坦

欧洲和中亚 **低收入经济体**

人口（百万）	7.0	人口增长率（百分比）	1.7
陆地面积（千平方公里）	143	国家贫困率（占人口的百分比）	42.7
GNI（10亿美元）	4.8	人均GNI（美元）	700
PPP衡量的GNI（10亿美元）	13.5	PPP衡量的人均GNI（美元）	1,950

	1990	2000	2009
人口			
最贫困的20%人口占国家消费/收入的份额（百分比）	..	*8.1*	..
出生时的预期寿命（岁）	63	64	67
总生育率（每个女性生育数）	5.2	4.0	3.4
青年女性生育率（每千名15—19岁女性生育数）	..	34	27
避孕普及率（占15—49岁已婚女性的百分比）	..	34	*37*
在熟练医护人员护理下的分娩（占总数的百分比）	..	71	*88*
5岁以下儿童死亡率（每千人）	117	94	61
儿童营养不良，体重不足（占5岁以下儿童的百分比）	..	..	..
儿童麻疹免疫接种率（占12—23个月年龄组的百分比）	*68*	88	89
小学毕业率，总数（占适龄年龄组的百分比）	..	95	*98*
中学总入学率，总数（占适龄年龄组的百分比）	*102*	74	*84*
小学和中学中女孩与男孩的比率（百分比）	..	89	*91*
HIV感染率（占15—49岁人口的百分比）	0.1	0.1	0.2
环境			
森林（千平方公里）	4.1	4.1	4.1
森林采伐（1990—2010年，平均年度百分比）			-0.02
淡水使用量（占内陆水资源的百分比）	..	..	*18.0*
获得改善的水资源的人口（占总人口的百分比）	..	60	*70*
获得改善的卫生设施的人口（占总人口的百分比）	..	90	*94*
人均能源使用量（千克石油当量）	1,001	348	*365*
人均二氧化碳排放量（吨）	*3.9*	0.7	*1.1*
人均用电量（千瓦时）	3,346	2,177	*2,072*
经济			
GDP（10亿美元）	2.6	0.9	5.0
GDP增长率（年度百分比）	-0.6	8.3	3.4
GDP隐含价格平减指数（年度增长百分比）	6.2	22.7	13.3
农业增加值（占GDP的百分比）	33	27	22
工业增加值（占GDP的百分比）	38	39	24
服务业增加值（占GDP的百分比）	29	34	54
货物和服务出口（占GDP的百分比）	28	99	13
货物和服务进口（占GDP的百分比）	35	101	56
资本形成总额（占GDP的百分比）	25	9	22
中央政府收入（占GDP的百分比）	..	10.6	..
中央政府现金盈余/赤字（占GDP的百分比）	..	-0.8	..
政府与市场			
创办企业的时间（天）	..	..	27
股票市场资本总额（占GDP的百分比）	..	..	..
军费支出（占GDP的百分比）	..	1.2	..
移动电话用户（每100人）	0	0	70
互联网用户（每100人）	0.0	0.0	10.1
铺敷道路（占总数的百分比）	71.6	..	..
高科技出口（占制成品出口的百分比）	..	42	..
全球联系			
商品贸易（占GDP的百分比）	..	169.7	71.9
净易货贸易条件指数（2000年=100）	..	..	..
外债总额（10亿美元）	*0.0*	1.0	2.5
债务还本付息总额（占出口的百分比）	..	*12.4*	38.4
净移民（千人）	-83	-333	-200
获得的侨汇（10亿美元）	..	*0.1*	1.7
外国直接投资，净流入额（百万美元）	*9.0*	23.5	15.8
获得的净官方发展援助（百万美元）	*12*	124	409

坦桑尼亚

撒哈拉以南非洲地区 **低收入经济体**

人口（百万）	43.7	人口增长率（百分比）	2.9
陆地面积（千平方公里）	947	国家贫困率（占人口的百分比）	*33.4*
GNI（10亿美元）	21.4	人均GNI（美元）	500
PPP衡量的GNI（10亿美元）	57.9	PPP衡量的人均GNI（美元）	1,360

	1990	2000	2009
人口			
最贫困的20%人口占国家消费/收入的份额（百分比）	*7.4*	7.3	*6.8*
出生时的预期寿命（岁）	51	51	56
总生育率（每个女性生育数）	6.2	5.7	*5.5*
青年女性生育率（每千名15—19岁女性生育数）	..	133	128
避孕普及率（占15—49岁已婚女性的百分比）	*10*	*25*	..
在熟练医护人员护理下的分娩（占总数的百分比）	*53*	*44*	..
5岁以下儿童死亡率（每千人）	162	139	108
儿童营养不良，体重不足（占5岁以下儿童的百分比）	*25.1*	*25.3*	..
儿童麻疹免疫接种率（占12—23个月年龄组的百分比）	80	78	91
小学毕业率，总数（占适龄年龄组的百分比）	*55*	*55*	102
中学总入学率，总数（占适龄年龄组的百分比）	5	6	27
小学和中学中女孩与男孩的比率（百分比）	97	97	96
HIV感染率（占15—49岁人口的百分比）	4.8	7.3	5.6
环境			
森林（千平方公里）	415	375	334
森林采伐（1990—2010年，平均年度百分比）		.	0.7
淡水使用量（占内陆水资源的百分比）	..	..	*6.2*
获得改善的水资源的人口（占总人口的百分比）	55	54	*54*
获得改善的卫生设施的人口（占总人口的百分比）	24	24	*24*
人均能源使用量（千克石油当量）	382	392	*446*
人均二氧化碳排放量（吨）	0.1	0.1	*0.1*
人均用电量（千瓦时）	51	58	*84*
经济[g]			
GDP（10亿美元）	4.3	10.2	21.4
GDP增长率（年度百分比）	7.0	4.9	6.0
GDP隐含价格平减指数（年度增长百分比）	22.4	7.6	7.4
农业增加值（占GDP的百分比）	46	33	29
工业增加值（占GDP的百分比）	18	19	24
服务业增加值（占GDP的百分比）	36	47	47
货物和服务出口（占GDP的百分比）	13	13	23
货物和服务进口（占GDP的百分比）	37	20	35
资本形成总额（占GDP的百分比）	26	17	30
中央政府收入（占GDP的百分比）	..	..	..
中央政府现金盈余/赤字（占GDP的百分比）	..	..	..
政府与市场			
创办企业的时间（天）	..	..	29
股票市场资本总额（占GDP的百分比）	..	2.3	*6.2*
军费支出（占GDP的百分比）	2.0	1.3	1.0
移动电话用户（每100人）	0	0	40
互联网用户（每100人）	0.0	0.1	1.5
铺敷道路（占总数的百分比）	..	..	*7.4*
高科技出口（占制成品出口的百分比）	..	1	4
全球联系			
商品贸易（占GDP的百分比）	31.9	22.2	44.2
净易货贸易条件指数（2000年=100）	107	100	121
外债总额（10亿美元）	6.4	7.1	7.3
债务还本付息总额（占出口的百分比）	32.9	12.4	3.5
净移民（千人）	68	-206	-300
获得的侨汇（百万美元）	..	8.0	23.3
外国直接投资，净流入额（百万美元）	0.0	463.4	414.5
获得的净官方发展援助（10亿美元）	1.2	1.1	2.9

泰国

东亚和太平洋地区			中低收入经济体
人口（百万）	67.8	人口增长率（百分比）	0.6
陆地面积（千平方公里）	513	国家贫困率（占人口的百分比）	8.1
GNI（10亿美元）	254.7	人均GNI（美元）	3,760
PPP衡量的GNI（10亿美元）	517.5	PPP衡量的人均GNI（美元）	7,640

	1990	2000	2009
人口			
最贫困的20%人口占国家消费/收入的份额（百分比）	*5.6*	5.9	3.9
出生时的预期寿命（岁）	69	68	69
总生育率（每个女性生育数）	2.1	1.8	1.8
青年女性生育率（每千名15—19岁女性生育数）	..	47	36
避孕普及率（占15—49岁已婚女性的百分比）	..	79	*77*
在熟练医护人员护理下的分娩（占总数的百分比）	..	99	*97*
5岁以下儿童死亡率（每千人）	32	20	14
儿童营养不良，体重不足（占5岁以下儿童的百分比）	..	..	*7.0*
儿童麻疹免疫接种率（占12—23个月年龄组的百分比）	80	94	98
小学毕业率，总数（占适龄年龄组的百分比）	..	*87*	..
中学总入学率，总数（占适龄年龄组的百分比）	29	*63*	76
小学和中学中女孩与男孩的比率（百分比）	*99*	*98*	103
HIV感染率（占15—49岁人口的百分比）	1.0	1.8	1.3
环境			
森林（千平方公里）	195	190	190
森林采伐（1990—2010年，平均年度百分比）			0.1
淡水使用量（占内陆水资源的百分比）	..	..	*25.5*
获得改善的水资源的人口（占总人口的百分比）	91	96	*98*
获得改善的卫生设施的人口（占总人口的百分比）	80	93	*96*
人均能源使用量（千克石油当量）	742	1,158	*1,591*
人均二氧化碳排放量（吨）	1.7	3.2	*4.1*
人均用电量（千瓦时）	708	1,462	*2,079*
经济			
GDP（10亿美元）	85.3	122.7	263.8
GDP增长率（年度百分比）	11.2	4.8	-2.2
GDP隐含价格平减指数（年度增长百分比）	5.8	1.3	2.0
农业增加值（占GDP的百分比）	12	9	12
工业增加值（占GDP的百分比）	37	42	43
服务业增加值（占GDP的百分比）	50	49	45
货物和服务出口（占GDP的百分比）	34	67	68
货物和服务进口（占GDP的百分比）	42	58	58
资本形成总额（占GDP的百分比）	41	23	22
中央政府收入（占GDP的百分比）	..	..	18.6
中央政府现金盈余/赤字（占GDP的百分比）	..	..	-3.0
政府与市场			
创办企业的时间（天）	..	..	32
股票市场资本总额（占GDP的百分比）	28.0	24.0	52.4
军费支出（占GDP的百分比）	2.6	1.4	1.8
移动电话用户（每100人）	0	5	123
互联网用户（每100人）	0.0	3.7	25.8
铺敷道路（占总数的百分比）	*88.4*	98.5	..
高科技出口（占制成品出口的百分比）	21	33	26
全球联系			
商品贸易（占GDP的百分比）	65.7	106.7	108.5
净易货贸易条件指数（2000年=100）	119	100	97
外债总额（10亿美元）	28	80	59
债务还本付息总额（占出口的百分比）	16.9	16.3	6.8
净移民（千人）	65	-465	300
获得的侨汇（10亿美元）	1.0	1.7	1.6
外国直接投资，净流入额（10亿美元）	2.4	3.4	5.0
获得的净官方发展援助（百万美元）	796	697	-77

东帝汶

东亚和太平洋地区 **中低收入经济体**

人口（百万）	1.1	人口增长率（百分比）	3.2
陆地面积（千平方公里）	15	国家贫困率（占人口的百分比）	*49.9*
GNI（10亿美元）	*2.7*	人均GNI（美元）	*2,460*
PPP衡量的GNI（10亿美元）	*5.2*	PPP衡量的人均GNI（美元）	*4,730*

	1990	2000	2008
人口			
最贫困的20%人口占国家消费/收入的份额（百分比）	..	*6.7*	*9.0*
出生时的预期寿命（岁）	46	56	62
总生育率（每个女性生育数）	5.3	7.1	6.4
青年女性生育率（每千名15—19岁女性生育数）	..	89	52
避孕普及率（占15—49岁已婚女性的百分比）	..	*8*	*20*
在熟练医护人员护理下的分娩（占总数的百分比）	..	*24*	..
5岁以下儿童死亡率（每千人）	184	106	56
儿童营养不良，体重不足（占5岁以下儿童的百分比）	..	*40.6*	..
儿童麻疹免疫接种率（占12—23个月年龄组的百分比）	..	*56*	70
小学毕业率，总数（占适龄年龄组的百分比）	..	..	*80*
中学总入学率，总数（占适龄年龄组的百分比）	..	*35*	51
小学和中学中女孩与男孩的比率（百分比）	..	..	..
HIV感染率（占15—49岁人口的百分比）	..	..	..
环境			
森林（千平方公里）	9.7	8.5	7.4
森林采伐（1990—2010年，平均年度百分比）			0.9
淡水使用量（占内陆水资源的百分比）	..	..	..
获得改善的水资源的人口（占总人口的百分比）	..	52	*69*
获得改善的卫生设施的人口（占总人口的百分比）	..	32	*50*
人均能源使用量（千克石油当量）	..	..	..
人均二氧化碳排放量（吨）	..	*0.2*	*0.2*
人均用电量（千瓦时）	..	..	..
经济			
GDP（百万美元）	..	316	558
GDP增长率（年度百分比）	..	13.7	1.9
GDP隐含价格平减指数（年度增长百分比）	..	3.0	10.0
农业增加值（占GDP的百分比）	..	26	..
工业增加值（占GDP的百分比）	..	19	..
服务业增加值（占GDP的百分比）	..	56	..
货物和服务出口（占GDP的百分比）	..	..	..
货物和服务进口（占GDP的百分比）	..	..	..
资本形成总额（占GDP的百分比）	..	26	..
中央政府收入（占GDP的百分比）	..	..	..
中央政府现金盈余/赤字（占GDP的百分比）	..	..	..
政府与市场			
创办企业的时间（天）	..	..	83
股票市场资本总额（占GDP的百分比）	..	..	..
军费支出（占GDP的百分比）	..	..	11.8
移动电话用户（每100人）	..	..	..
互联网用户（每100人）	..	..	..
铺敷道路（占总数的百分比）	..	..	..
高科技出口（占制成品出口的百分比）	..	..	..
全球联系			
商品贸易（占GDP的百分比）	..	..	..
净易货贸易条件指数（2000年=100）	..	..	..
外债总额（10亿美元）	..	..	..
债务还本付息总额（占出口的百分比）	..	..	..
净移民（千人）	1	-170	10
获得的侨汇（百万美元）	..	..	..
外国直接投资，净流入额（百万美元）	..	..	..
获得的净官方发展援助（百万美元）	0.1	231.3	216.7

多哥

撒哈拉以南非洲地区			低收入经济体
人口（百万）	6.6	人口增长率（百分比）	2.4
陆地面积（千平方公里）	57	国家贫困率（占人口的百分比）	*61.7*
GNI（10亿美元）	2.9	人均GNI（美元）	440
PPP衡量的GNI（10亿美元）	5.6	PPP衡量的人均GNI（美元）	850

	1990	2000	2009
人口			
最贫困的20%人口占国家消费/收入的份额（百分比）	..	..	*5.4*
出生时的预期寿命（岁）	58	60	63
总生育率（每个女性生育数）	6.3	5.1	4.2
青年女性生育率（每千名15—19岁女性生育数）	..	86	62
避孕普及率（占15—49岁已婚女性的百分比）	*34*	26	*17*
在熟练医护人员护理下的分娩（占总数的百分比）	*31*	49	*62*
5岁以下儿童死亡率（每千人）	150	124	98
儿童营养不良，体重不足（占5岁以下儿童的百分比）	*21.2*	*23.2*	*22.3*
儿童麻疹免疫接种率（占12—23个月年龄组的百分比）	73	58	84
小学毕业率，总数（占适龄年龄组的百分比）	35	63	61
中学总入学率，总数（占适龄年龄组的百分比）	21	31	*41*
小学和中学中女孩与男孩的比率（百分比）	58	69	*75*
HIV感染率（占15—49岁人口的百分比）	0.6	3.6	3.2
环境			
森林（千平方公里）	6.9	4.9	2.9
森林采伐（1990—2010年，平均年度百分比）			2.9
淡水使用量（占内陆水资源的百分比）	..	..	*1.5*
获得改善的水资源的人口（占总人口的百分比）	49	55	*60*
获得改善的卫生设施的人口（占总人口的百分比）	13	12	*12*
人均能源使用量（千克石油当量）	322	402	*397*
人均二氧化碳排放量（吨）	0.2	0.3	*0.2*
人均用电量（千瓦时）	87	89	*99*
经济			
GDP（10亿美元）	1.6	1.3	2.9
GDP增长率（年度百分比）	-0.2	-0.8	2.5
GDP隐含价格平减指数（年度增长百分比）	3.0	-1.7	1.3
农业增加值（占GDP的百分比）	34	34	..
工业增加值（占GDP的百分比）	23	18	..
服务业增加值（占GDP的百分比）	44	48	..
货物和服务出口（占GDP的百分比）	33	31	*42*
货物和服务进口（占GDP的百分比）	45	51	*62*
资本形成总额（占GDP的百分比）	27	18	..
中央政府收入（占GDP的百分比）	..	..	18.8
中央政府现金盈余/赤字（占GDP的百分比）	..	..	-0.6
政府与市场			
创办企业的时间（天）	..	..	75
股票市场资本总额（占GDP的百分比）	..	..	..
军费支出（占GDP的百分比）	3.1	..	*2.0*
移动电话用户（每100人）	0	1	33
互联网用户（每100人）	0.0	1.9	5.4
铺敷道路（占总数的百分比）	21.2	31.6	*21.0*
高科技出口（占制成品出口的百分比）	*1*	1	*0*
全球联系			
商品贸易（占GDP的百分比）	52.1	69.6	80.6
净易货贸易条件指数（2000年=100）	133	100	29
外债总额（10亿美元）	1.3	1.4	1.6
债务还本付息总额（占出口的百分比）	12.3	6.5	*16.1*
净移民（千人）	1	128	-5
获得的侨汇（百万美元）	27	34	307
外国直接投资，净流入额（百万美元）	18.2	41.9	50.1
获得的净官方发展援助（百万美元）	258	70	499

东亚和太平洋地区		中低收入经济体	
人口（千人）	104	人口增长率（百分比）	0.4
陆地面积（平方公里）	750	国家贫困率（占人口的百分比）	..
GNI（百万美元）	338.6	人均 GNI（美元）	3,260
PPP 衡量的 GNI（百万美元）	475.3	PPP 衡量的人均 GNI（美元）	4,570

	1990	2000	2009
人口			
最贫困的 20% 人口占国家消费/收入的份额（百分比）	..	..	..
出生时的预期寿命（岁）	70	71	72
总生育率（每个女性生育数）	4.6	4.2	3.9
青年女性生育率（每千名 15—19 岁女性生育数）	..	21	21
避孕普及率（占 15—49 岁已婚女性的百分比）	..	33	*24*
在熟练医护人员护理下的分娩（占总数的百分比）	*92*	95	..
5 岁以下儿童死亡率（每千人）	23	20	19
儿童营养不良，体重不足（占 5 岁以下儿童的百分比）	..	..	..
儿童麻疹免疫接种率（占 12—23 个月年龄组的百分比）	86	95	99
小学毕业率，总数（占适龄年龄组的百分比）	128	*105*	*105*
中学总入学率，总数（占适龄年龄组的百分比）	97	101	*103*
小学和中学中女孩与男孩的比率（百分比）	99	102	*100*
HIV 感染率（占 15—49 岁人口的百分比）	..	..	..
环境			
森林（平方公里）	90	90	90
森林采伐（1990—2010 年，平均年度百分比）			0.0
淡水使用量（占内陆水资源的百分比）	..	..	..
获得改善的水资源的人口（占总人口的百分比）	..	100	*100*
获得改善的卫生设施的人口（占总人口的百分比）	96	96	*96*
人均能源使用量（千克石油当量）	..	..	..
人均二氧化碳排放量（吨）	0.8	1.2	*1.7*
人均用电量（千瓦时）	..	..	..
经济			
GDP（百万美元）	114	189	311
GDP 增长率（年度百分比）	-2.0	3.2	-0.4
GDP 隐含价格平减指数（年度增长百分比）	12.2	3.3	-1.2
农业增加值（占 GDP 的百分比）	36	23	20
工业增加值（占 GDP 的百分比）	14	21	18
服务业增加值（占 GDP 的百分比）	50	56	62
货物和服务出口（占 GDP 的百分比）	34	15	13
货物和服务进口（占 GDP 的百分比）	65	47	58
资本形成总额（占 GDP 的百分比）	18	22	26
中央政府收入（占 GDP 的百分比）	..	..	..
中央政府现金盈余/赤字（占 GDP 的百分比）	..	..	..
政府与市场			
创办企业的时间（天）	..	..	25
股票市场资本总额（占 GDP 的百分比）	..	..	..
军费支出（占 GDP 的百分比）	..	..	..
移动电话用户（每 100 人）	0	0	51
互联网用户（每 100 人）	0.0	2.4	8.1
铺敷道路（占总数的百分比）	..	27.0	..
高科技出口（占制成品出口的百分比）	..	0	..
全球联系			
商品贸易（占 GDP 的百分比）	64.3	41.9	51.1
净易货贸易条件指数（2000 年 =100）	..	100	77
外债总额（百万美元）	44	65	105
债务还本付息总额（占出口的百分比）	3.5	*8.3*	7.7
净移民（千人）	-10	-10	-9
获得的侨汇（百万美元）	24	*53*	87
外国直接投资，净流入额（百万美元）	0.2	4.8	14.6
获得的净官方发展援助（百万美元）	30	19	40

特立尼达和多巴哥

高收入经济体

人口（百万）	1.3	人口增长率（百分比）	0.4
陆地面积（千平方公里）	5.1	国家贫困率（占人口的百分比）	..
GNI（10亿美元）	22.4	人均GNI（美元）	16,700
PPP衡量的GNI（10亿美元）	33.4	PPP衡量的人均GNI（美元）	24,970

	1990	2000	2009
人口			
最贫困的20%人口占国家消费/收入的份额（百分比）	5.5	..	..
出生时的预期寿命（岁）	69	68	70
总生育率（每个女性生育数）	2.4	1.6	1.6
青年女性生育率（每千名15—19岁女性生育数）	..	39	34
避孕普及率（占15—49岁已婚女性的百分比）	..	38	*43*
在熟练医护人员护理下的分娩（占总数的百分比）	..	96	*98*
5岁以下儿童死亡率（每千人）	34	34	35
儿童营养不良，体重不足（占5岁以下儿童的百分比）	..	4.4	..
儿童麻疹免疫接种率（占12—23个月年龄组的百分比）	70	90	94
小学毕业率，总数（占适龄年龄组的百分比）	*102*	86	93
中学总入学率，总数（占适龄年龄组的百分比）	85	76	*89*
小学和中学中女孩与男孩的比率（百分比）	102	103	*101*
HIV感染率（占15—49岁人口的百分比）	0.2	1.2	1.5
环境			
森林（千平方公里）	2.4	2.3	2.3
森林采伐（1990—2010年，平均年度百分比）			0.2
淡水使用量（占内陆水资源的百分比）	..	..	*6.0*
获得改善的水资源的人口（占总人口的百分比）	88	91	*94*
获得改善的卫生设施的人口（占总人口的百分比）	93	92	*92*
人均能源使用量（千克石油当量）	4,899	7,565	*14,557*
人均二氧化碳排放量（吨）	13.9	18.9	*27.9*
人均用电量（千瓦时）	2,690	3,907	*5,789*
经济			
GDP（10亿美元）	5.1	8.2	21.2
GDP增长率（年度百分比）	1.5	6.1	-3.0
GDP隐含价格平减指数（年度增长百分比）	15.5	12.9	-15.7
农业增加值（占GDP的百分比）	3	1	0
工业增加值（占GDP的百分比）	47	49	52
服务业增加值（占GDP的百分比）	50	49	47
货物和服务出口（占GDP的百分比）	45	59	*68*
货物和服务进口（占GDP的百分比）	29	45	*39*
资本形成总额（占GDP的百分比）	13	20	*12*
中央政府收入（占GDP的百分比）	..	*27.1*	*36.1*
中央政府现金盈余/赤字（占GDP的百分比）	..	*2.0*	*2.3*
政府与市场			
创办企业的时间（天）	..	..	43
股票市场资本总额（占GDP的百分比）	13.7	53.1	52.6
军费支出（占GDP的百分比）	..	..	..
移动电话用户（每100人）	0	12	147
互联网用户（每100人）	0.0	7.7	36.2
铺敷道路（占总数的百分比）	46.2	51.1	..
高科技出口（占制成品出口的百分比）	*0*	1	0
全球联系			
商品贸易（占GDP的百分比）	60.6	93.0	75.8
净易货贸易条件指数（2000年=100）	100	100	131
外债总额（10亿美元）	..	..	..
债务还本付息总额（占出口的百分比）	..	..	..
净移民（千人）	-63	-20	-20
获得的侨汇（百万美元）	3.4	38.1	99.3
外国直接投资，净流入额（百万美元）	109.4	679.5	709.1
获得的净官方发展援助（百万美元）	17.8	-1.5	6.9

突尼斯

中东和北非 | **中低收入经济体**

人口（百万）	10.4	人口增长率（百分比）	1.0
陆地面积（千平方公里）	164	国家贫困率（占人口的百分比）	*3.8*
GNI（10 亿美元）	38.8	人均 GNI（美元）	3,720
PPP 衡量的 GNI（10 亿美元）	81.4	PPP 衡量的人均 GNI（美元）	7,810

	1990	**2000**	**2009**
人口			
最贫困的 20% 人口占国家消费/收入的份额（百分比）	5.9	5.9	..
出生时的预期寿命（岁）	70	73	74
总生育率（每个女性生育数）	3.5	2.1	2.1
青年女性生育率（每千名 15—19 岁女性生育数）	..	8	7
避孕普及率（占 15—49 岁已婚女性的百分比）	*50*	66	*60*
在熟练医护人员护理下的分娩（占总数的百分比）	*69*	90	*95*
5 岁以下儿童死亡率（每千人）	50	27	21
儿童营养不良，体重不足（占 5 岁以下儿童的百分比）	*8.5*	3.5	*3.3*
儿童麻疹免疫接种率（占 12—23 个月年龄组的百分比）	93	95	98
小学毕业率，总数（占适龄年龄组的百分比）	80	88	*93*
中学总入学率，总数（占适龄年龄组的百分比）	44	76	*92*
小学和中学中女孩与男孩的比率（百分比）	85	99	*103*
HIV 感染率（占 15—49 岁人口的百分比）	0.1	0.1	0.1
环境			
森林（千平方公里）	6.4	8.4	10.1
森林采伐（1990—2010 年，平均年度百分比）			-1.5
淡水使用量（占内陆水资源的百分比）	..	..	*67.6*
获得改善的水资源的人口（占总人口的百分比）	81	90	*94*
获得改善的卫生设施的人口（占总人口的百分比）	74	81	*85*
人均能源使用量（千克石油当量）	607	764	*889*
人均二氧化碳排放量（吨）	1.6	2.1	*2.3*
人均用电量（千瓦时）	638	991	*1,298*
经济			
GDP（10 亿美元）	12.3	19.4	39.6
GDP 增长率（年度百分比）	7.9	4.7	3.1
GDP 隐含价格平减指数（年度增长百分比）	4.5	3.2	2.9
农业增加值（占 GDP 的百分比）	16	12	8
工业增加值（占 GDP 的百分比）	30	29	30
服务业增加值（占 GDP 的百分比）	54	59	62
货物和服务出口（占 GDP 的百分比）	44	45	52
货物和服务进口（占 GDP 的百分比）	51	48	55
资本形成总额（占 GDP 的百分比）	27	27	27
中央政府收入（占 GDP 的百分比）	30.7	29.2	31.4
中央政府现金盈余/赤字（占 GDP 的百分比）	-3.2	-2.7	-1.7
政府与市场			
创办企业的时间（天）	..	..	11
股票市场资本总额（占 GDP 的百分比）	4.3	14.5	23.1
军费支出（占 GDP 的百分比）	2.0	1.7	1.4
移动电话用户（每 100 人）	0	1	93
互联网用户（每 100 人）	0.0	2.7	33.5
铺敷道路（占总数的百分比）	76.1	68.4	*75.2*
高科技出口（占制成品出口的百分比）	2	3	6
全球联系			
商品贸易（占 GDP 的百分比）	73.5	74.1	84.8
净易货贸易条件指数（2000 年 =100）	109	100	94
外债总额（10 亿美元）	7.7	11.3	21.7
债务还本付息总额（占出口的百分比）	27.0	21.9	10.1
净移民（千人）	-25	-56	-20
获得的侨汇（10 亿美元）	0.6	0.8	2.0
外国直接投资，净流入额（10 亿美元）	0.1	0.8	1.6
获得的净官方发展援助（百万美元）	391	222	474

土耳其

欧洲和中亚			中高收入经济体
人口（百万）	74.8	人口增长率（百分比）	1.2
陆地面积（千平方公里）	784	国家贫困率（占人口的百分比）	18.1
GNI（10亿美元）	652.4	人均GNI（美元）	8,720
PPP衡量的GNI（10亿美元）	1,009.8	PPP衡量的人均GNI（美元）	13,500

	1990	2000	2009
人口			
最贫困的20%人口占国家消费/收入的份额（百分比）	..	*5.6*	5.7
出生时的预期寿命（岁）	65	70	72
总生育率（每个女性生育数）	*3.1*	2.4	*2.1*
青年女性生育率（每千名15—19岁女性生育数）	..	47	36
避孕普及率（占15—49岁已婚女性的百分比）	*63*	*64*	73
在熟练医护人员护理下的分娩（占总数的百分比）	..	*81*	95
5岁以下儿童死亡率（每千人）	84	42	20
儿童营养不良，体重不足（占5岁以下儿童的百分比）	..	*7.0*	..
儿童麻疹免疫接种率（占12—23个月年龄组的百分比）	78	87	97
小学毕业率，总数（占适龄年龄组的百分比）	88	..	*93*
中学总入学率，总数（占适龄年龄组的百分比）	47	70	*82*
小学和中学中女孩与男孩的比率（百分比）	81	83	*93*
HIV感染率（占15—49岁人口的百分比）	0.1	0.1	0.1
环境			
森林（千平方公里）	97	101	113
森林采伐（1990—2010年，平均年度百分比）			-0.5
淡水使用量（占内陆水资源的百分比）	..	..	*17.7*
获得改善的水资源的人口（占总人口的百分比）	85	93	*99*
获得改善的卫生设施的人口（占总人口的百分比）	84	87	*90*
人均能源使用量（千克石油当量）	941	1,149	1,232
人均二氧化碳排放量（吨）	2.7	3.2	*4.0*
人均用电量（千瓦时）	894	1,573	*2,308*
经济			
GDP（10亿美元）	150.7	266.6	614.6
GDP增长率（年度百分比）	9.3	6.8	-4.7
GDP隐含价格平减指数（年度增长百分比）	58.2	49.2	5.2
农业增加值（占GDP的百分比）	18	11	9
工业增加值（占GDP的百分比）	32	31	26
服务业增加值（占GDP的百分比）	50	57	65
货物和服务出口（占GDP的百分比）	13	20	23
货物和服务进口（占GDP的百分比）	18	23	24
资本形成总额（占GDP的百分比）	25	21	15
中央政府收入（占GDP的百分比）	..	..	21.8
中央政府现金盈余/赤字（占GDP的百分比）	..	..	-5.5
政府与市场			
创办企业的时间（天）	..	..	6
股票市场资本总额（占GDP的百分比）	12.7	26.1	36.7
军费支出（占GDP的百分比）	3.5	3.7	2.8
移动电话用户（每100人）	0	24	84
互联网用户（每100人）	0.0	3.8	35.3
铺敷道路（占总数的百分比）	..	*34.0*	..
高科技出口（占制成品出口的百分比）	1	5	2
全球联系			
商品贸易（占GDP的百分比）	23.4	30.9	39.5
净易货贸易条件指数（2000年=100）	109	100	95
外债总额（10亿美元）	49	117	251
债务还本付息总额（占出口的百分比）	33.8	38.9	41.6
净移民（千人）	-73	14	-44
获得的侨汇（10亿美元）	3.2	4.6	1.0
外国直接投资，净流入额（10亿美元）	0.7	1.0	8.4
获得的净官方发展援助（10亿美元）	1.2	0.3	1.4

土库曼斯坦

欧洲和中亚 | **中低收入经济体**

人口（百万）	5.1	人口增长率（百分比）	1.3
陆地面积（千平方公里）	488	国家贫困率（占人口的百分比）	..
GNI（10亿美元）	17.5	人均 GNI（美元）	3,420
PPP 衡量的 GNI（10亿美元）	35.7	PPP 衡量的人均 GNI（美元）	6,980

	1990	2000	2009
人口			
最贫困的20%人口占国家消费/收入的份额（百分比）	*10.5*	*6.0*	..
出生时的预期寿命（岁）	63	64	65
总生育率（每个女性生育数）	4.3	2.8	2.4
青年女性生育率（每千名15—19岁女性生育数）	..	20	18
避孕普及率（占15—49岁已婚女性的百分比）	..	62	*48*
在熟练医护人员护理下的分娩（占总数的百分比）	..	97	*100*
5岁以下儿童死亡率（每千人）	99	71	45
儿童营养不良，体重不足（占5岁以下儿童的百分比）	..	10.5	..
儿童麻疹免疫接种率（占12—23个月年龄组的百分比）	*76*	97	99
小学毕业率，总数（占适龄年龄组的百分比）	..	..	..
中学总入学率，总数（占适龄年龄组的百分比）	..	..	..
小学和中学中女孩与男孩的比率（百分比）	..	..	..
HIV 感染率（占15—49岁人口的百分比）	..	..	..
环境			
森林（千平方公里）	41	41	41
森林采伐（1990—2010年，平均年度百分比）			0.0
淡水使用量（占内陆水资源的百分比）	..	..	*1,831.6*
获得改善的水资源的人口（占总人口的百分比）	..	83	..
获得改善的卫生设施的人口（占总人口的百分比）	98	98	*98*
人均能源使用量（千克石油当量）	5,352	3,223	*3,730*
人均二氧化碳排放量（吨）	*7.2*	7.9	*9.2*
人均用电量（千瓦时）	2,293	1,698	*2,273*
经济			
GDP（10亿美元）	3.2	2.9	19.9
GDP 增长率（年度百分比）	0.7	18.6	8.0
GDP 隐含价格平减指数（年度增长百分比）	6.3	9.8	20.5
农业增加值（占 GDP 的百分比）	32	24	12
工业增加值（占 GDP 的百分比）	30	44	54
服务业增加值（占 GDP 的百分比）	38	31	34
货物和服务出口（占 GDP 的百分比）	*39*	96	76
货物和服务进口（占 GDP 的百分比）	*27*	81	46
资本形成总额（占 GDP 的百分比）	40	35	11
中央政府收入（占 GDP 的百分比）	..	..	..
中央政府现金盈余/赤字（占 GDP 的百分比）	..	..	..
政府与市场			
创办企业的时间（天）	..	..	..
股票市场资本总额（占 GDP 的百分比）	..	..	..
军费支出（占 GDP 的百分比）	..	*2.9*	..
移动电话用户（每100人）	0	0	29
互联网用户（每100人）	0.0	0.1	1.6
铺敷道路（占总数的百分比）	73.5	81.2	..
高科技出口（占制成品出口的百分比）	..	5	..
全球联系			
商品贸易（占 GDP 的百分比）	..	147.8	66.9
净易货贸易条件指数（2000年=100）	..	..	..
外债总额（10亿美元）	..	2.5	0.6
债务还本付息总额（占出口的百分比）	..	..	..
净移民（千人）	-35	-50	-25
获得的侨汇（百万美元）	..	..	..
外国直接投资，净流入额（10亿美元）	..	0.1	1.4
获得的净官方发展援助（百万美元）	*8.6*	31.5	39.9

特克斯和凯科斯群岛

高收入经济体

人口（千人）	33	人口增长率（百分比）	0.4
陆地面积（平方公里）	950	国家贫困率（占人口的百分比）	..
GNI（10亿美元）	..	人均GNI（美元）	..
PPP衡量的GNI（10亿美元）	..	PPP衡量的人均GNI（美元）	..

	1990	2000	2009
人口			
最贫困的20%人口占国家消费/收入的份额（百分比）	..	..	..
出生时的预期寿命（岁）	..	..	..
总生育率（每个女性生育数）	..	..	..
青年女性生育率（每千名15—19岁女性生育数）	..	..	..
避孕普及率（占15—49岁已婚女性的百分比）	..	..	..
在熟练医护人员护理下的分娩（占总数的百分比）	..	*97*	*99*
5岁以下儿童死亡率（每千人）	..	..	..
儿童营养不良，体重不足（占5岁以下儿童的百分比）	..	..	..
儿童麻疹免疫接种率（占12—23个月年龄组的百分比）	..	..	..
小学毕业率，总数（占适龄年龄组的百分比）	..	*99*	*92*
中学总入学率，总数（占适龄年龄组的百分比）	..	*95*	*86*
小学和中学中女孩与男孩的比率（百分比）	..	*98*	*100*
HIV感染率（占15—49岁人口的百分比）	..	..	..
环境			
森林（平方公里）	340	340	340
森林采伐（1990—2010年，平均年度百分比）	0.0	0.0	0.0
淡水使用量（占内陆水资源的百分比）	..	..	..
获得改善的水资源的人口（占总人口的百分比）	100	100	*100*
获得改善的卫生设施的人口（占总人口的百分比）	..	96	..
人均能源使用量（千克石油当量）	..	..	..
人均二氧化碳排放量（吨）	..	0.8	*4.9*
人均用电量（千瓦时）	..	..	..
经济			
GDP（10亿美元）	..	..	..
GDP增长率（年度百分比）	..	..	..
GDP隐含价格平减指数（年度增长百分比）	..	..	..
农业增加值（占GDP的百分比）	..	..	..
工业增加值（占GDP的百分比）	..	..	..
服务业增加值（占GDP的百分比）	..	..	..
货物和服务出口（占GDP的百分比）	..	..	..
货物和服务进口（占GDP的百分比）	..	..	..
资本形成总额（占GDP的百分比）	..	..	..
中央政府收入（占GDP的百分比）	..	..	..
中央政府现金盈余/赤字（占GDP的百分比）	..	..	..
政府与市场			
创办企业的时间（天）	..	..	..
股票市场资本总额（占GDP的百分比）	..	..	..
军费支出（占GDP的百分比）	..	..	..
移动电话用户（每100人）	..	..	..
互联网用户（每100人）	..	..	..
铺敷道路（占总数的百分比）	..	..	..
高科技出口（占制成品出口的百分比）	..	20	..
全球联系			
商品贸易（占GDP的百分比）	..	..	..
净易货贸易条件指数（2000年=100）	..	100	81
外债总额（10亿美元）	..	..	..
债务还本付息总额（占出口的百分比）	..	..	..
净移民（千人）	..	..	..
获得的侨汇（10亿美元）	..	..	..
外国直接投资，净流入额（10亿美元）	..	..	..
获得的净官方发展援助（百万美元）	12	7	*15*

东亚和太平洋			中低收入经济体
人口（千人）	10	人口增长率（百分比）	..
陆地面积（平方公里）	30	国家贫困率（占人口的百分比）	..
GNI（10亿美元）	..	人均GNI（美元）	..
PPP衡量的GNI（10亿美元）	..	PPP衡量的人均GNI（美元）	..

	1990	2000	2009
人口			
最贫困的20%人口占国家消费/收入的份额（百分比）	..	..	..
出生时的预期寿命（岁）	..	..	..
总生育率（每个女性生育数）	..	..	..
青年女性生育率（每千名15—19岁女性生育数）	..	..	..
避孕普及率（占15—49岁已婚女性的百分比）	39	*32*	*31*
在熟练医护人员护理下的分娩（占总数的百分比）	..	*100*	*98*
5岁以下儿童死亡率（每千人）	53	43	35
儿童营养不良，体重不足（占5岁以下儿童的百分比）	..	..	90.0
儿童麻疹免疫接种率（占12—23个月年龄组的百分比）	95	81	..
小学毕业率，总数（占适龄年龄组的百分比）	..	110	*99*
中学总入学率，总数（占适龄年龄组的百分比）	..	*80*	..
小学和中学中女孩与男孩的比率（百分比）	..	*112*	..
HIV感染率（占15—49岁人口的百分比）	..	..	..
环境			
森林（平方公里）	10	10	10
森林采伐（1990—2010年，平均年度百分比）	0.0	0.0	0.0
淡水使用量（占内陆水资源的百分比）	..	..	..
获得改善的水资源的人口（占总人口的百分比）	90	94	*97*
获得改善的卫生设施的人口（占总人口的百分比）	80	83	*84*
人均能源使用量（千克石油当量）	..	..	..
人均二氧化碳排放量（吨）	..	..	..
人均用电量（千瓦时）	..	..	..
经济			
GDP（10亿美元）	..	..	..
GDP增长率（年度百分比）	..	..	..
GDP隐含价格平减指数（年度增长百分比）	..	..	..
农业增加值（占GDP的百分比）	..	..	..
工业增加值（占GDP的百分比）	..	..	..
服务业增加值（占GDP的百分比）	..	..	..
货物和服务出口（占GDP的百分比）	..	..	..
货物和服务进口（占GDP的百分比）	..	..	..
资本形成总额（占GDP的百分比）	..	..	..
中央政府收入（占GDP的百分比）	..	..	..
中央政府现金盈余/赤字（占GDP的百分比）	..	..	..
政府与市场			
创办企业的时间（天）	..	..	..
股票市场资本总额（占GDP的百分比）	..	..	..
军费支出（占GDP的百分比）	..	..	..
移动电话用户（每100人）	..	..	*12*
互联网用户（每100人）	..	..	*23.9*
铺敷道路（占总数的百分比）	..	..	..
高科技出口（占制成品出口的百分比）	..	28	..
全球联系			
商品贸易（占GDP的百分比）	..	..	..
净易货贸易条件指数（2000年=100）	..	..	..
外债总额（10亿美元）	..	..	..
债务还本付息总额（占出口的百分比）	..	..	..
净移民（千人）	..	..	..
获得的侨汇（10亿美元）	..	..	..
外国直接投资，净流入额（10亿美元）	..	..	..
获得的净官方发展援助（10亿美元）	5.1	4.0	17.5

乌干达

撒哈拉以南非洲地区		低收入经济体	
人口（百万）	32.7	人口增长率（百分比）	3.3
陆地面积（千平方公里）	241	国家贫困率（占人口的百分比）	*24.5*
GNI（10亿美元）	15.2	人均GNI（美元）	460
PPP衡量的GNI（10亿美元）	39.0	PPP衡量的人均GNI（美元）	1,190

	1990	2000	2009
人口			
最贫困的20%人口占国家消费/收入的份额（百分比）	*6.0*	*5.7*	5.8
出生时的预期寿命（岁）	48	46	53
总生育率（每个女性生育数）	7.1	6.8	6.3
青年女性生育率（每千名15—19岁女性生育数）	..	181	142
避孕普及率（占15—49岁已婚女性的百分比）	5	*23*	*24*
在熟练医护人员护理下的分娩（占总数的百分比）	*38*	*39*	*42*
5岁以下儿童死亡率（每千人）	184	154	128
儿童营养不良，体重不足（占5岁以下儿童的百分比）	*19.7*	*19.0*	*16.4*
儿童麻疹免疫接种率（占12—23个月年龄组的百分比）	52	57	68
小学毕业率，总数（占适龄年龄组的百分比）	..	*58*	72
中学总入学率，总数（占适龄年龄组的百分比）	11	16	27
小学和中学中女孩与男孩的比率（百分比）	78	93	99
HIV感染率（占15—49岁人口的百分比）	10.2	7.3	6.5
环境			
森林（千平方公里）	48	39	30
森林采伐（1990—2010年，平均年度百分比）			1.5
淡水使用量（占内陆水资源的百分比）	..	..	*0.8*
获得改善的水资源的人口（占总人口的百分比）	43	57	67
获得改善的卫生设施的人口（占总人口的百分比）	39	44	*48*
人均能源使用量（千克石油当量）	..	..	..
人均二氧化碳排放量（吨）	0.05	0.06	*0.10*
人均用电量（千瓦时）	..	..	..
经济			
GDP（10亿美元）	4.3	6.2	16.0
GDP增长率（年度百分比）	6.5	3.1	7.1
GDP隐含价格平减指数（年度增长百分比）	44.4	11.1	16.5
农业增加值（占GDP的百分比）	57	29	25
工业增加值（占GDP的百分比）	11	23	26
服务业增加值（占GDP的百分比）	32	48	50
货物和服务出口（占GDP的百分比）	7	11	23
货物和服务进口（占GDP的百分比）	19	22	35
资本形成总额（占GDP的百分比）	13	19	24
中央政府收入（占GDP的百分比）	..	10.8	12.4
中央政府现金盈余/赤字（占GDP的百分比）	..	-1.9	-0.9
政府与市场			
创办企业的时间（天）	..	..	25
股票市场资本总额（占GDP的百分比）	..	*0.6*	*1.2*
军费支出（占GDP的百分比）	3.3	2.5	2.2
移动电话用户（每100人）	0	1	29
互联网用户（每100人）	0.0	0.2	9.8
铺敷道路（占总数的百分比）	..	..	..
高科技出口（占制成品出口的百分比）	..	4	*1*
全球联系			
商品贸易（占GDP的百分比）	10.2	32.2	42.3
净易货贸易条件指数（2000年=100）	146	100	120
外债总额（10亿美元）	2.6	3.5	2.5
债务还本付息总额（占出口的百分比）	81.4	10.3	2.0
净移民（千人）	233	-46	-135
获得的侨汇（百万美元）	..	238.1	749.7
外国直接投资，净流入额（百万美元）	-5.9	160.7	603.7
获得的净官方发展援助（10亿美元）	0.7	0.9	1.8

乌克兰

欧洲和中亚			中低收入经济体
人口（百万）	46.0	人口增长率（百分比）	-0.5
陆地面积（千平方公里）	604	国家贫困率（占人口的百分比）	7.9
GNI（10亿美元）	128.9	人均GNI（美元）	2,800
PPP衡量的GNI（10亿美元）	284.4	PPP衡量的人均GNI（美元）	6,180

	1990	2000	2009
人口			
最贫困的20%人口占国家消费/收入的份额（百分比）	*9.4*	*8.9*	*9.4*
出生时的预期寿命（岁）	70	68	69
总生育率（每个女性生育数）	1.8	1.1	1.5
青年女性生育率（每千名15—19岁女性生育数）	..	36	27
避孕普及率（占15—49岁已婚女性的百分比）	..	72	67
在熟练医护人员护理下的分娩（占总数的百分比）	..	*100*	99
5岁以下儿童死亡率（每千人）	21	19	15
儿童营养不良，体重不足（占5岁以下儿童的百分比）	..	4.1	..
儿童麻疹免疫接种率（占12—23个月年龄组的百分比）	*90*	99	94
小学毕业率，总数（占适龄年龄组的百分比）	94	92	95
中学总入学率，总数（占适龄年龄组的百分比）	96	99	94
小学和中学中女孩与男孩的比率（百分比）	102	100	*99*
HIV感染率（占15—49岁人口的百分比）	0.1	0.9	1.1
环境			
森林（千平方公里）	93	95	97
森林采伐（1990—2010年，平均年度百分比）			-0.2
淡水使用量（占内陆水资源的百分比）	..	..	*72.5*
获得改善的水资源的人口（占总人口的百分比）	..	97	*98*
获得改善的卫生设施的人口（占总人口的百分比）	95	95	*95*
人均能源使用量（千克石油当量）	4,852	2,721	*2,943*
人均二氧化碳排放量（吨）	*11.7*	6.2	6.8
人均用电量（千瓦时）	4,787	2,778	*3,534*
经济			
GDP（10亿美元）	81.5	31.3	113.5
GDP增长率（年度百分比）	-6.3	5.9	-15.1
GDP隐含价格平减指数（年度增长百分比）	16.3	23.1	13.4
农业增加值（占GDP的百分比）	26	17	8
工业增加值（占GDP的百分比）	45	36	29
服务业增加值（占GDP的百分比）	30	47	62
货物和服务出口（占GDP的百分比）	28	62	46
货物和服务进口（占GDP的百分比）	29	57	48
资本形成总额（占GDP的百分比）	27	20	17
中央政府收入（占GDP的百分比）	..	26.8	34.5
中央政府现金盈余/赤字（占GDP的百分比）	..	-0.6	-5.6
政府与市场			
创办企业的时间（天）	..	..	27
股票市场资本总额（占GDP的百分比）	..	6.0	14.8
军费支出（占GDP的百分比）	..	3.6	2.9
移动电话用户（每100人）	0	2	120
互联网用户（每100人）	0.0	0.7	33.3
铺敷道路（占总数的百分比）	93.7	96.7	*97.8*
高科技出口（占制成品出口的百分比）	..	5	*3*
全球联系			
商品贸易（占GDP的百分比）	..	91.3	75.0
净易货贸易条件指数（2000年=100）	..	..	..
外债总额（10亿美元）	*0.6*	12.2	93.2
债务还本付息总额（占出口的百分比）	..	18.6	36.2
净移民（千人）	2	-547	-80
获得的侨汇（10亿美元）	..	0.0	5.1
外国直接投资，净流入额（百万美元）	*0.2*	0.6	4.8
获得的净官方发展援助（百万美元）	..	..	668.0

阿拉伯联合酋长国

高收入经济体

人口（百万）	4.6	人口增长率（百分比）	2.5
陆地面积（千平方公里）	84	国家贫困率（占人口的百分比）	..
GNI（10 亿美元）	..	人均 GNI（美元）	..
PPP 衡量的 GNI（10 亿美元）	..	PPP 衡量的人均 GNI（美元）	..

	1990	2000	2009
人口			
最贫困的 20% 人口占国家消费/收入的份额（百分比）	..	..	..
出生时的预期寿命（岁）	73	77	78
总生育率（每个女性生育数）	4.4	2.7	1.9
青年女性生育率（每千名 15—19 岁女性生育数）	..	28	15
避孕普及率（占 15—49 岁已婚女性的百分比）	..	..	..
在熟练医护人员护理下的分娩（占总数的百分比）	..	..	..
5 岁以下儿童死亡率（每千人）	17	11	7
儿童营养不良，体重不足（占 5 岁以下儿童的百分比）	..	..	..
儿童麻疹免疫接种率（占 12—23 个月年龄组的百分比）	80	94	92
小学毕业率，总数（占适龄年龄组的百分比）	97	80	99
中学总入学率，总数（占适龄年龄组的百分比）	64	75	95
小学和中学中女孩与男孩的比率（百分比）	104	100	100
HIV 感染率（占 15—49 岁人口的百分比）	..	..	..
环境			
森林（千平方公里）	2.5	3.1	3.2
森林采伐（1990—2010 年，平均年度百分比）			-0.9
淡水使用量（占内陆水资源的百分比）	..	..	*2,032.0*
获得改善的水资源的人口（占总人口的百分比）	100	100	*100*
获得改善的卫生设施的人口（占总人口的百分比）	97	97	*97*
人均能源使用量（千克石油当量）	10,645	10,405	*13,030*
人均二氧化碳排放量（吨）	29.3	39.1	*31.0*
人均用电量（千瓦时）	8,325	11,919	*16,891*
经济			
GDP（10 亿美元）	33.7	70.6	230.3
GDP 增长率（年度百分比）	17.5	5.0	-0.7
GDP 隐含价格平减指数（年度增长百分比）	4.3	21.8	-11.3
农业增加值（占 GDP 的百分比）	2	4	*2*
工业增加值（占 GDP 的百分比）	64	56	*61*
服务业增加值（占 GDP 的百分比）	35	41	*38*
货物和服务出口（占 GDP 的百分比）	66	73	*87*
货物和服务进口（占 GDP 的百分比）	41	55	*64*
资本形成总额（占 GDP 的百分比）	20	23	*20*
中央政府收入（占 GDP 的百分比）	..	*10.0*	..
中央政府现金盈余/赤字（占 GDP 的百分比）	..	*0.1*	..
政府与市场			
创办企业的时间（天）	..	..	15
股票市场资本总额（占 GDP 的百分比）	..	8.1	47.6
军费支出（占 GDP 的百分比）	..	9.4	5.6
移动电话用户（每 100 人）	2	44	232
互联网用户（每 100 人）	0.0	23.6	82.2
铺敷道路（占总数的百分比）	94.2	100.0	..
高科技出口（占制成品出口的百分比）	*0*	1	3
全球联系			
商品贸易（占 GDP 的百分比）	103.2	120.2	136.8
净易货贸易条件指数（2000 年 =100）	..	100	135
外债总额（10 亿美元）	..	..	..
债务还本付息总额（占出口的百分比）	..	..	..
净移民（千人）	240	572	343
获得的侨汇（百万美元）	..	..	..
外国直接投资，净流入额（百万美元）	..	..	..
获得的净官方发展援助（百万美元）	3.5	..	..

英国

高收入经济体

人口（百万）	61.8	人口增长率（百分比）	0.7
陆地面积（千平方公里）	244	国家贫困率（占人口的百分比）	..
GNI（10亿美元）	2,558.0	人均GNI（美元）	41,370
PPP衡量的GNI（10亿美元）	2,217.4	PPP衡量的人均GNI（美元）	35,860

	1990	2000	2009
人口			
最贫困的20%人口占国家消费/收入的份额（百分比）	..	*6.1*	..
出生时的预期寿命（岁）	76	78	80
总生育率（每个女性生育数）	1.8	1.6	2.0
青年女性生育率（每千名15—19岁女性生育数）	..	28	22
避孕普及率（占15—49岁已婚女性的百分比）	..	*83*	..
在熟练医护人员护理下的分娩（占总数的百分比）	..	*99*	..
5岁以下儿童死亡率（每千人）	10	7	6
儿童营养不良，体重不足（占5岁以下儿童的百分比）	..	..	..
儿童麻疹免疫接种率（占12—23个月年龄组的百分比）	87	88	86
小学毕业率，总数（占适龄年龄组的百分比）	..	..	..
中学总入学率，总数（占适龄年龄组的百分比）	84	102	*99*
小学和中学中女孩与男孩的比率（百分比）	102	100	*101*
HIV感染率（占15—49岁人口的百分比）	0.1	0.1	0.2
环境			
森林（千平方公里）	26	28	29
森林采伐（1990—2010年，平均年度百分比）			-0.3
淡水使用量（占内陆水资源的百分比）	..	..	*10.0*
获得改善的水资源的人口（占总人口的百分比）	100	100	*100*
获得改善的卫生设施的人口（占总人口的百分比）	100	100	*100*
人均能源使用量（千克石油当量）	3,597	3,785	3,195
人均二氧化碳排放量（吨）	10.0	9.2	*8.8*
人均用电量（千瓦时）	5,357	6,115	*6,061*
经济			
GDP（10亿美元）	1,012.6	1,477.6	2,174.5
GDP增长率（年度百分比）	0.8	3.9	-4.9
GDP隐含价格平减指数（年度增长百分比）	7.7	1.2	1.4
农业增加值（占GDP的百分比）	2	1	1
工业增加值（占GDP的百分比）	34	27	21
服务业增加值（占GDP的百分比）	64	72	78
货物和服务出口（占GDP的百分比）	24	28	28
货物和服务进口（占GDP的百分比）	26	29	30
资本形成总额（占GDP的百分比）	20	18	14
中央政府收入（占GDP的百分比）	..	37.1	35.9
中央政府现金盈余/赤字（占GDP的百分比）	..	1.6	-10.9
政府与市场			
创办企业的时间（天）	..	..	13
股票市场资本总额（占GDP的百分比）	83.8	174.4	128.6
军费支出（占GDP的百分比）	3.8	2.4	2.7
移动电话用户（每100人）	2	74	130
互联网用户（每100人）	0.1	26.8	83.2
铺敷道路（占总数的百分比）	100.0	100.0	*100.0*
高科技出口（占制成品出口的百分比）	24	32	23
全球联系			
商品贸易（占GDP的百分比）	40.3	42.9	38.4
净易货贸易条件指数（2000年=100）	101	100	104
外债总额（10亿美元）	..	..	..
债务还本付息总额（占出口的百分比）	..	..	..
净移民（千人）	29	494	948
获得的侨汇（10亿美元）	2.1	3.6	7.3
外国直接投资，净流入额（10亿美元）	33.5	122.2	72.9
获得的净官方发展援助（百万美元）	..	..	..

美国

高收入经济体

人口（百万）	307.0	人口增长率（百分比）	0.9
陆地面积（千平方公里）	9,832	国家贫困率（占人口的百分比）	..
GNI（10 亿美元）	14,233.5	人均 GNI（美元）	46,360
PPP 衡量的 GNI（10 亿美元）	14,011.0	PPP 衡量的人均 GNI（美元）	45,640

	1990	2000	2009
人口			
最贫困的 20% 人口占国家消费/收入的份额（百分比）	..	5.4	..
出生时的预期寿命（岁）	75	77	79
总生育率（每个女性生育数）	2.1	2.1	2.1
青年女性生育率（每千名 15—19 岁女性生育数）	..	48	33
避孕普及率（占 15—49 岁已婚女性的百分比）	71	*73*	..
在熟练医护人员护理下的分娩（占总数的百分比）	*99*	*99*	..
5 岁以下儿童死亡率（每千人）	11	8	8
儿童营养不良，体重不足（占 5 岁以下儿童的百分比）	..	*1.1*	..
儿童麻疹免疫接种率（占 12—23 个月年龄组的百分比）	90	91	92
小学毕业率，总数（占适龄年龄组的百分比）	..	98	95
中学总入学率，总数（占适龄年龄组的百分比）	92	93	*94*
小学和中学中女孩与男孩的比率（百分比）	99	100	*100*
HIV 感染率（占 15—49 岁人口的百分比）	0.5	0.5	0.6
环境			
森林（千平方公里）	2,963	3,002	3,040
森林采伐（1990—2010 年，平均年度百分比）			-0.1
淡水使用量（占内陆水资源的百分比）	..	..	*17.0*
获得改善的水资源的人口（占总人口的百分比）	99	99	*99*
获得改善的卫生设施的人口（占总人口的百分比）	100	100	*100*
人均能源使用量（千克石油当量）	7,672	8,057	7,075
人均二氧化碳排放量（吨）	19.5	20.3	*19.3*
人均用电量（千瓦时）	11,713	13,671	*13,654*
经济			
GDP（10 亿美元）	5,754.8	9,898.8	14,119.0
GDP 增长率（年度百分比）	1.9	4.2	-2.6
GDP 隐含价格平减指数（年度增长百分比）	3.9	2.2	0.9
农业增加值（占 GDP 的百分比）	2	1	*1*
工业增加值（占 GDP 的百分比）	28	23	*21*
服务业增加值（占 GDP 的百分比）	70	75	*77*
货物和服务出口（占 GDP 的百分比）	10	11	11
货物和服务进口（占 GDP 的百分比）	11	15	14
资本形成总额（占 GDP 的百分比）	18	21	14
中央政府收入（占 GDP 的百分比）	..	*20.1*	15.9
中央政府现金盈余/赤字（占 GDP 的百分比）	..	*0.5*	-10.4
政府与市场			
创办企业的时间（天）	..	..	6
股票市场资本总额（占 GDP 的百分比）	53.2	152.6	106.8
军费支出（占 GDP 的百分比）	5.3	3.0	4.7
移动电话用户（每 100 人）	2	39	97
互联网用户（每 100 人）	0.8	43.9	78.1
铺敷道路（占总数的百分比）	..	..	*67.4*
高科技出口（占制成品出口的百分比）	33	34	23
全球联系			
商品贸易（占 GDP 的百分比）	15.8	20.6	18.8
净易货贸易条件指数（2000 年＝100）	101	100	99
外债总额（10 亿美元）	..	..	..
债务还本付息总额（占出口的百分比）	..	..	..
净移民（千人）	5,449	7,980	5,052
获得的侨汇（10 亿美元）	1.2	2.8	2.9
外国直接投资，净流入额（10 亿美元）	48.5	321.3	134.7
获得的净官方发展援助（百万美元）	..	..	..

乌拉圭

拉丁美洲和加勒比地区			中高收入经济体
人口（百万）	3.3	人口增长率（百分比）	0.3
陆地面积（千平方公里）	176	国家贫困率（占人口的百分比）	*20.5*
GNI（10亿美元）	30.2	人均GNI（美元）	9,010
PPP衡量的GNI（10亿美元）	43.1	PPP衡量的人均GNI（美元）	12,900

	1990	2000	2009
人口			
最贫困的20%人口占国家消费/收入的份额（百分比）	*5.2*	4.8	5.6
出生时的预期寿命（岁）	73	75	76
总生育率（每个女性生育数）	2.5	2.2	2.0
青年女性生育率（每千名15—19岁女性生育数）	..	65	60
避孕普及率（占15—49岁已婚女性的百分比）	..	..	..
在熟练医护人员护理下的分娩（占总数的百分比）	..	*99*	..
5岁以下儿童死亡率（每千人）	24	18	13
儿童营养不良，体重不足（占5岁以下儿童的百分比）	..	*5.4*	..
儿童麻疹免疫接种率（占12—23个月年龄组的百分比）	97	89	94
小学毕业率，总数（占适龄年龄组的百分比）	95	97	*106*
中学总入学率，总数（占适龄年龄组的百分比）	81	98	*88*
小学和中学中女孩与男孩的比率（百分比）	..	105	*104*
HIV感染率（占15—49岁人口的百分比）	0.1	0.3	0.5
环境			
森林（千平方公里）	9.2	14.1	17.4
森林采伐（1990—2010年，平均年度百分比）			-2.2
淡水使用量（占内陆水资源的百分比）	..	..	*5.3*
获得改善的水资源的人口（占总人口的百分比）	96	98	*100*
获得改善的卫生设施的人口（占总人口的百分比）	94	96	*100*
人均能源使用量（千克石油当量）	725	932	*1,254*
人均二氧化碳排放量（吨）	1.3	1.6	*1.9*
人均用电量（千瓦时）	1,246	1,990	*2,393*
经济			
GDP（10亿美元）	9.3	22.8	31.5
GDP增长率（年度百分比）	0.3	-1.9	2.9
GDP隐含价格平减指数（年度增长百分比）	106.8	3.5	5.9
农业增加值（占GDP的百分比）	9	7	10
工业增加值（占GDP的百分比）	35	25	26
服务业增加值（占GDP的百分比）	56	69	64
货物和服务出口（占GDP的百分比）	24	17	26
货物和服务进口（占GDP的百分比）	18	20	26
资本形成总额（占GDP的百分比）	12	14	18
中央政府收入（占GDP的百分比）	23.8	24.7	29.4
中央政府现金盈余/赤字（占GDP的百分比）	0.5	-3.0	-1.5
政府与市场			
创办企业的时间（天）	..	..	65
股票市场资本总额（占GDP的百分比）	..	0.7	*0.7*
军费支出（占GDP的百分比）	2.9	1.3	1.6
移动电话用户（每100人）	0	12	114
互联网用户（每100人）	0.0	10.6	55.5
铺敷道路（占总数的百分比）	..	..	..
高科技出口（占制成品出口的百分比）	..	2	5
全球联系			
商品贸易（占GDP的百分比）	32.6	25.2	39.0
净易货贸易条件指数（2000年=100）	116	100	98
外债总额（10亿美元）	4.4	8.4	12.2
债务还本付息总额（占出口的百分比）	40.8	27.2	21.0
净移民（千人）	-30	-26	-50
获得的侨汇（百万美元）	..	*0.0*	100.8
外国直接投资，净流入额（10亿美元）	0.0	0.3	1.3
获得的净官方发展援助（百万美元）	52	17	51

乌兹别克斯坦

欧洲和中亚			中低收入经济体
人口（百万）	27.8	人口增长率（百分比）	1.6
陆地面积（千平方公里）	447	国家贫困率（占人口的百分比）	..
GNI（10 亿美元）	30.6	人均 GNI（美元）	1,100
PPP 衡量的 GNI（10 亿美元）	80.9	PPP 衡量的人均 GNI（美元）	2,910

	1990	2000	2009
人口			
最贫困的 20% 人口占国家消费/收入的份额（百分比）	*10.9*	*7.8*	..
出生时的预期寿命（岁）	67	67	68
总生育率（每个女性生育数）	4.1	2.6	2.7
青年女性生育率（每千名 15—19 岁女性生育数）	..	28	13
避孕普及率（占 15—49 岁已婚女性的百分比）	..	67	*65*
在熟练医护人员护理下的分娩（占总数的百分比）	..	96	*100*
5 岁以下儿童死亡率（每千人）	74	62	36
儿童营养不良，体重不足（占 5 岁以下儿童的百分比）	..	*7.1*	*4.4*
儿童麻疹免疫接种率（占 12—23 个月年龄组的百分比）	*84*	99	95
小学毕业率，总数（占适龄年龄组的百分比）	..	96	92
中学总入学率，总数（占适龄年龄组的百分比）	101	88	104
小学和中学中女孩与男孩的比率（百分比）	..	98	99
HIV 感染率（占 15—49 岁人口的百分比）	0.1	0.1	0.1
环境			
森林（千平方公里）	30	32	33
森林采伐（1990—2010 年，平均年度百分比）			-0.2
淡水使用量（占内陆水资源的百分比）	..	..	*364.8*
获得改善的水资源的人口（占总人口的百分比）	90	89	*87*
获得改善的卫生设施的人口（占总人口的百分比）	84	91	*100*
人均能源使用量（千克石油当量）	2,261	2,058	*1,849*
人均二氧化碳排放量（吨）	*5.3*	4.8	*4.3*
人均用电量（千瓦时）	2,383	1,780	*1,646*
经济			
GDP（10 亿美元）	13.4	13.8	32.1
GDP 增长率（年度百分比）	1.6	3.8	8.1
GDP 隐含价格平减指数（年度增长百分比）	4.0	47.3	20.8
农业增加值（占 GDP 的百分比）	33	34	20
工业增加值（占 GDP 的百分比）	33	23	33
服务业增加值（占 GDP 的百分比）	34	43	47
货物和服务出口（占 GDP 的百分比）	29	25	36
货物和服务进口（占 GDP 的百分比）	48	22	36
资本形成总额（占 GDP 的百分比）	32	16	26
中央政府收入（占 GDP 的百分比）	..	..	..
中央政府现金盈余/赤字（占 GDP 的百分比）	..	..	..
政府与市场			
创办企业的时间（天）	..	..	15
股票市场资本总额（占 GDP 的百分比）	..	0.2	*4.2*
军费支出（占 GDP 的百分比）	..	1.2	..
移动电话用户（每 100 人）	0	0	59
互联网用户（每 100 人）	0.0	0.5	16.9
铺敷道路（占总数的百分比）	79.0	87.3	..
高科技出口（占制成品出口的百分比）	..	..	..
全球联系			
商品贸易（占 GDP 的百分比）	..	40.1	61.5
净易货贸易条件指数（2000 年 =100）	..	..	..
外债总额（10 亿美元）	*0.1*	4.6	4.1
债务还本付息总额（占出口的百分比）	..	..	..
净移民（千人）	-451	-400	-400
获得的侨汇（百万美元）	..	..	..
外国直接投资，净流入额（百万美元）	*9.0*	74.7	750.0
获得的净官方发展援助（百万美元）	*62*	186	190

瓦努阿图

东亚和太平洋地区		中低收入经济体	
人口（千人）	240	人口增长率（百分比）	2.5
陆地面积（千平方公里）	12	国家贫困率（占人口的百分比）	..
GNI（百万美元）	627.3	人均 GNI（美元）	2,620
PPP 衡量的 GNI（百万美元）	1,027.6	PPP 衡量的人均 GNI（美元）	4,290

	1990	2000	2009
人口			
最贫困的 20% 人口占国家消费/收入的份额（百分比）	..	..	..
出生时的预期寿命（岁）	63	68	71
总生育率（每个女性生育数）	4.9	4.5	3.9
青年女性生育率（每千名 15—19 岁女性生育数）	..	58	44
避孕普及率（占 15—49 岁已婚女性的百分比）	*15*	28	*38*
在熟练医护人员护理下的分娩（占总数的百分比）	..	*88*	*74*
5 岁以下儿童死亡率（每千人）	40	25	16
儿童营养不良，体重不足（占 5 岁以下儿童的百分比）	..	..	*11.7*
儿童麻疹免疫接种率（占 12—23 个月年龄组的百分比）	66	61	52
小学毕业率，总数（占适龄年龄组的百分比）	*83*	86	83
中学总入学率，总数（占适龄年龄组的百分比）	*18*	34	47
小学和中学中女孩与男孩的比率（百分比）	*93*	101	100
HIV 感染率（占 15—49 岁人口的百分比）	..	..	..
环境			
森林（千平方公里）	4.4	4.4	4.4
森林采伐（1990—2010 年，平均年度百分比）			0.0
淡水使用量（占内陆水资源的百分比）	..	..	..
获得改善的水资源的人口（占总人口的百分比）	57	72	*83*
获得改善的卫生设施的人口（占总人口的百分比）	..	41	*52*
人均能源使用量（千克石油当量）	..	..	..
人均二氧化碳排放量（吨）	0.5	0.4	*0.4*
人均用电量（千瓦时）	..	..	..
经济			
GDP（百万美元）	158	281	648
GDP 增长率（年度百分比）	11.7	5.8	4.0
GDP 隐含价格平减指数（年度增长百分比）	-1.0	2.2	4.1
农业增加值（占 GDP 的百分比）	21	25	*22*
工业增加值（占 GDP 的百分比）	14	12	*10*
服务业增加值（占 GDP 的百分比）	65	62	*68*
货物和服务出口（占 GDP 的百分比）	47	38	*43*
货物和服务进口（占 GDP 的百分比）	73	46	*55*
资本形成总额（占 GDP 的百分比）	33	19	*24*
中央政府收入（占 GDP 的百分比）	26.1	*18.8*	..
中央政府现金盈余/赤字（占 GDP 的百分比）	-7.8	*-0.7*	..
政府与市场			
创办企业的时间（天）	..	..	39
股票市场资本总额（占 GDP 的百分比）	..	..	..
军费支出（占 GDP 的百分比）	..	..	..
移动电话用户（每 100 人）	0	0	53
互联网用户（每 100 人）	0.0	2.1	7.1
铺敷道路（占总数的百分比）	21.6	23.9	..
高科技出口（占制成品出口的百分比）	20	1	*2*
全球联系			
商品贸易（占 GDP 的百分比）	72.6	40.2	54.3
净易货贸易条件指数（2000 年 =100）	..	100	95
外债总额（百万美元）	38	74	130
债务还本付息总额（占出口的百分比）	2.3	1.1	*1.5*
净移民（千人）	-3	-7	0
获得的侨汇（百万美元）	8.2	34.7	6.5
外国直接投资，净流入额（百万美元）	13.1	20.3	34.6
获得的净官方发展援助（百万美元）	50	46	103

委内瑞拉

拉丁美洲和加勒比地区			中高收入经济体
人口（百万）	28.4	人口增长率（百分比）	1.6
陆地面积（千平方公里）	912	国家贫困率（占人口的百分比）	29.0
GNI（10 亿美元）	286.4	人均 GNI（美元）	10,090
PPP 衡量的 GNI（10 亿美元）	346.9	PPP 衡量的人均 GNI（美元）	12,220

	1990	2000	2009
人口			
最贫困的 20% 人口占国家消费/收入的份额（百分比）	*4.8*	*2.9*	*4.9*
出生时的预期寿命（岁）	71	73	74
总生育率（每个女性生育数）	3.4	2.8	2.5
青年女性生育率（每千名 15—19 岁女性生育数）	..	93	89
避孕普及率（占 15—49 岁已婚女性的百分比）	..	77	..
在熟练医护人员护理下的分娩（占总数的百分比）	..	94	..
5 岁以下儿童死亡率（每千人）	32	23	18
儿童营养不良，体重不足（占 5 岁以下儿童的百分比）	6.7	3.9	*3.7*
儿童麻疹免疫接种率（占 12—23 个月年龄组的百分比）	61	84	83
小学毕业率，总数（占适龄年龄组的百分比）	79	83	95
中学总入学率，总数（占适龄年龄组的百分比）	55	59	82
小学和中学中女孩与男孩的比率（百分比）	*105*	105	102
HIV 感染率（占 15—49 岁人口的百分比）	..	..	..
环境			
森林（千平方公里）	520	492	463
森林采伐（1990—2010 年，平均年度百分比）			0.4
淡水使用量（占内陆水资源的百分比）	..	..	*1.3*
获得改善的水资源的人口（占总人口的百分比）	90	92	..
获得改善的卫生设施的人口（占总人口的百分比）	82	89	..
人均能源使用量（千克石油当量）	2,206	2,320	*2,295*
人均二氧化碳排放量（吨）	6.2	6.3	*6.0*
人均用电量（千瓦时）	2,463	2,655	*3,074*
经济			
GDP（10 亿美元）	47.0	117.1	326.1
GDP 增长率（年度百分比）	6.5	3.7	-3.3
GDP 隐含价格平减指数（年度增长百分比）	41.7	29.5	8.4
农业增加值（占 GDP 的百分比）	5	4	..
工业增加值（占 GDP 的百分比）	61	50	..
服务业增加值（占 GDP 的百分比）	34	46	..
货物和服务出口（占 GDP 的百分比）	39	30	18
货物和服务进口（占 GDP 的百分比）	20	18	20
资本形成总额（占 GDP 的百分比）	10	24	25
中央政府收入（占 GDP 的百分比）	24.5	21.2	..
中央政府现金盈余/赤字（占 GDP 的百分比）	3.0	-1.2	..
政府与市场			
创办企业的时间（天）	..	..	141
股票市场资本总额（占 GDP 的百分比）	17.8	6.9	2.7
军费支出（占 GDP 的百分比）	*1.9*	1.5	1.3
移动电话用户（每 100 人）	0	22	99
互联网用户（每 100 人）	0.0	3.4	31.2
铺敷道路（占总数的百分比）	35.6	33.6	..
高科技出口（占制成品出口的百分比）	4	3	4
全球联系			
商品贸易（占 GDP 的百分比）	52.8	42.5	30.1
净易货贸易条件指数（2000 年 =100）	90	100	187
外债总额（10 亿美元）	33	42	55
债务还本付息总额（占出口的百分比）	23.3	16.8	6.4
净移民（千人）	75	40	40
获得的侨汇（百万美元）	1.0	17.0	131.0
外国直接投资，净流入额（10 亿美元）	0.5	4.7	-3.1
获得的净官方发展援助（百万美元）	76	76	67

越南

东亚和太平洋地区		中低收入经济体	
人口（百万）	87.3	人口增长率（百分比）	1.2
陆地面积（千平方公里）	331	国家贫困率（占人口的百分比）	*14.5*
GNI（10 亿美元）	87.7	人均 GNI（美元）	1,000
PPP 衡量的 GNI（10 亿美元）	243.6	PPP 衡量的人均 GNI（美元）	2,790

	1990	2000	2009
人口			
最贫困的 20% 人口占国家消费/收入的份额（百分比）	..	*7.5*	*7.3*
出生时的预期寿命（岁）	65	72	75
总生育率（每个女性生育数）	3.7	2.3	2.0
青年女性生育率（每千名 15—19 岁女性生育数）	..	22	16
避孕普及率（占 15—49 岁已婚女性的百分比）	*53*	74	*80*
在熟练医护人员护理下的分娩（占总数的百分比）	..	68	*88*
5 岁以下儿童死亡率（每千人）	55	29	24
儿童营养不良，体重不足（占 5 岁以下儿童的百分比）	*40.7*	26.7	*20.2*
儿童麻疹免疫接种率（占 12—23 个月年龄组的百分比）	88	97	97
小学毕业率，总数（占适龄年龄组的百分比）	..	96	..
中学总入学率，总数（占适龄年龄组的百分比）	35	65	..
小学和中学中女孩与男孩的比率（百分比）	..	93	..
HIV 感染率（占 15—49 岁人口的百分比）	*0.1*	0.2	0.4
环境			
森林（千平方公里）	94	117	138
森林采伐（1990—2010 年，平均年度百分比）			-1.3
淡水使用量（占内陆水资源的百分比）	..	..	*22.8*
获得改善的水资源的人口（占总人口的百分比）	58	79	*94*
获得改善的卫生设施的人口（占总人口的百分比）	35	57	*75*
人均能源使用量（千克石油当量）	367	477	*689*
人均二氧化碳排放量（吨）	0.3	0.7	*1.3*
人均用电量（千瓦时）	98	295	*799*
经济			
GDP（10 亿美元）	6.5	31.2	97.2
GDP 增长率（年度百分比）	5.1	6.8	5.3
GDP 隐含价格平减指数（年度增长百分比）	42.1	3.4	6.0
农业增加值（占 GDP 的百分比）	39	25	21
工业增加值（占 GDP 的百分比）	23	37	40
服务业增加值（占 GDP 的百分比）	39	39	39
货物和服务出口（占 GDP 的百分比）	36	55	68
货物和服务进口（占 GDP 的百分比）	45	57	79
资本形成总额（占 GDP 的百分比）	13	30	38
中央政府收入（占 GDP 的百分比）	..	..	..
中央政府现金盈余/赤字（占 GDP 的百分比）	..	..	..
政府与市场			
创办企业的时间（天）	..	..	44
股票市场资本总额（占 GDP 的百分比）	..	..	21.8
军费支出（占 GDP 的百分比）	7.9	..	2.2
移动电话用户（每 100 人）	0	1	101
互联网用户（每 100 人）	0.0	0.3	27.5
铺敷道路（占总数的百分比）	23.5	*25.1*	*47.6*
高科技出口（占制成品出口的百分比）	..	11	5
全球联系			
商品贸易（占 GDP 的百分比）	79.7	96.6	130.7
净易货贸易条件指数（2000 年 =100）	..	100	97
外债总额（10 亿美元）	23	13	29
债务还本付息总额（占出口的百分比）	..	7.5	1.8
净移民（千人）	-1,207	-200	-200
获得的侨汇（10 亿美元）	..	*2.0*	6.6
外国直接投资，净流入额（10 亿美元）	0.2	1.3	7.6
获得的净官方发展援助（10 亿美元）	0.2	1.7	3.7

美属维尔京群岛

高收入经济体

人口（千人）	110	人口增长率（百分比）	0.0
陆地面积（平方公里）	350	国家贫困率（占人口的百分比）	..
GNI（10亿美元）	..	人均GNI（美元）	..
PPP衡量的GNI（10亿美元）	..	PPP衡量的人均GNI（美元）	..

	1990	2000	2009
人口			
最贫困的20%人口占国家消费/收入的份额（百分比）	..	..	..
出生时的预期寿命（岁）	74	78	79
总生育率（每个女性生育数）	2.6	2.1	1.8
青年女性生育率（每千名15—19岁女性生育数）	..	45	28
避孕普及率（占15—49岁已婚女性的百分比）	..	..	..
在熟练医护人员护理下的分娩（占总数的百分比）	..	98	..
5岁以下儿童死亡率（每千人）	..	..	..
儿童营养不良，体重不足（占5岁以下儿童的百分比）	..	..	..
儿童麻疹免疫接种率（占12—23个月年龄组的百分比）	..	..	..
小学毕业率，总数（占适龄年龄组的百分比）	..	..	..
中学总入学率，总数（占适龄年龄组的百分比）	..	..	..
小学和中学中女孩与男孩的比率（百分比）	..	..	..
HIV感染率（占15—49岁人口的百分比）	..	..	..
环境			
森林（平方公里）	240	220	200
森林采伐（1990—2010年，平均年度百分比）			0.6
淡水使用量（占内陆水资源的百分比）	..	..	..
获得改善的水资源的人口（占总人口的百分比）	..	..	..
获得改善的卫生设施的人口（占总人口的百分比）	..	..	..
人均能源使用量（千克石油当量）	..	..	..
人均二氧化碳排放量（吨）	..	..	..
人均用电量（千瓦时）	..	..	..
经济			
GDP（10亿美元）	1.6	..	..
GDP增长率（年度百分比）	*7.1*	..	..
GDP隐含价格平减指数（年度增长百分比）	*4.1*	..	..
农业增加值（占GDP的百分比）	..	..	..
工业增加值（占GDP的百分比）	..	..	..
服务业增加值（占GDP的百分比）	..	..	..
货物和服务出口（占GDP的百分比）	..	..	..
货物和服务进口（占GDP的百分比）	..	..	..
资本形成总额（占GDP的百分比）	..	..	..
中央政府收入（占GDP的百分比）	..	..	..
中央政府现金盈余/赤字（占GDP的百分比）	..	..	..
政府与市场			
创办企业的时间（天）	..	..	..
股票市场资本总额（占GDP的百分比）	..	..	..
军费支出（占GDP的百分比）	..	..	..
移动电话用户（每100人）	0	32	..
互联网用户（每100人）	0.0	13.8	27.3
铺敷道路（占总数的百分比）	..	..	..
高科技出口（占制成品出口的百分比）	..	..	..
全球联系			
商品贸易（占GDP的百分比）	..	..	..
净易货贸易条件指数（2000年=100）	..	..	..
外债总额（10亿美元）	..	..	..
债务还本付息总额（占出口的百分比）	..	..	..
净移民（千人）	-11	-5	-4
获得的侨汇（百万美元）	..	..	..
外国直接投资，净流入额（百万美元）	..	..	..
获得的净官方发展援助（百万美元）	..	..	..

西岸和加沙

中东和北非			中低收入经济体
人口（百万）	4.0	人口增长率（百分比）	2.7
陆地面积（千平方公里）	6.0	国家贫困率（占人口的百分比）	21.9
GNI（10 亿美元）	..	人均 GNI（美元）	..
PPP 衡量的 GNI（10 亿美元）	..	PPP 衡量的人均 GNI（美元）	..

	1990	2000	2009
人口			
最贫困的 20% 人口占国家消费/收入的份额（百分比）	..	..	..
出生时的预期寿命（岁）	68	72	74
总生育率（每个女性生育数）	6.4	5.8	4.9
青年女性生育率（每千名 15—19 岁女性生育数）	..	100	73
避孕普及率（占 15—49 岁已婚女性的百分比）	..	..	*50*
在熟练医护人员护理下的分娩（占总数的百分比）	..	97	*99*
5 岁以下儿童死亡率（每千人）	43	30	30
儿童营养不良，体重不足（占 5 岁以下儿童的百分比）	..	..	*2.2*
儿童麻疹免疫接种率（占 12—23 个月年龄组的百分比）	..	..	..
小学毕业率，总数（占适龄年龄组的百分比）	..	103	82
中学总入学率，总数（占适龄年龄组的百分比）	..	82	87
小学和中学中女孩与男孩的比率（百分比）	..	103	104
HIV 感染率（占 15—49 岁人口的百分比）	..	..	..
环境			
森林（千平方公里）	90	90	90
森林采伐（1990—2010 年，平均年度百分比）			0.0
淡水使用量（占内陆水资源的百分比）	..	..	*51.5*
获得改善的水资源的人口（占总人口的百分比）	..	93	*91*
获得改善的卫生设施的人口（占总人口的百分比）	..	89	*89*
人均能源使用量（千克石油当量）	..	..	..
人均二氧化碳排放量（吨）	..	0.3	*0.6*
人均用电量（千瓦时）	..	..	..
经济			
GDP（百万美元）	..	4,113	..
GDP 增长率（年度百分比）	..	-5.6	..
GDP 隐含价格平减指数（年度增长百分比）	..	2.9	..
农业增加值（占 GDP 的百分比）	..	..	..
工业增加值（占 GDP 的百分比）	..	..	..
服务业增加值（占 GDP 的百分比）	..	..	..
货物和服务出口（占 GDP 的百分比）	..	16	..
货物和服务进口（占 GDP 的百分比）	..	71	..
资本形成总额（占 GDP 的百分比）	..	33	..
中央政府收入（占 GDP 的百分比）	..	..	..
中央政府现金盈余/赤字（占 GDP 的百分比）	..	..	..
政府与市场			
创办企业的时间（天）	..	..	49
股票市场资本总额（占 GDP 的百分比）	..	18.6	..
军费支出（占 GDP 的百分比）	..	..	..
移动电话用户（每 100 人）	0	6	30
互联网用户（每 100 人）	0.0	1.2	8.8
铺敷道路（占总数的百分比）	..	*100.0*	*100.0*
高科技出口（占制成品出口的百分比）	..	..	..
全球联系			
商品贸易（占 GDP 的百分比）	..	..	..
净易货贸易条件指数（2000 年 = 100）	..	..	..
外债总额（10 亿美元）	..	..	..
债务还本付息总额（占出口的百分比）	..	..	..
净移民（千人）	-11	0	-10
获得的侨汇（10 亿美元）	..	1.0	1.3
外国直接投资，净流入额（百万美元）	..	62.0	*51.5*
获得的净官方发展援助（10 亿美元）	..	0.6	3.0

也门共和国

中东和北非		中低收入经济体	
人口（百万）	23.6	人口增长率（百分比）	2.9
陆地面积（千平方公里）	528	国家贫困率（占人口的百分比）	*34.8*
GNI（10亿美元）	25.0	人均GNI（美元）	1,060
PPP衡量的GNI（10亿美元）	55.0	PPP衡量的人均GNI（美元）	2,330

	1990	**2000**	**2009**
人口			
最贫困的20%人口占国家消费/收入的份额（百分比）	*6.1*	*7.4*	..
出生时的预期寿命（岁）	54	59	63
总生育率（每个女性生育数）	8.1	6.3	5.1
青年女性生育率（每千名15—19岁女性生育数）	..	91	64
避孕普及率（占15—49岁已婚女性的百分比）	*10*	..	*28*
在熟练医护人员护理下的分娩（占总数的百分比）	*16*	..	*36*
5岁以下儿童死亡率（每千人）	125	100	66
儿童营养不良，体重不足（占5岁以下儿童的百分比）	*29.6*	..	..
儿童麻疹免疫接种率（占12—23个月年龄组的百分比）	69	62	58
小学毕业率，总数（占适龄年龄组的百分比）	..	55	*61*
中学总入学率，总数（占适龄年龄组的百分比）	..	43	..
小学和中学中女孩与男孩的比率（百分比）	..	56	..
HIV感染率（占15—49岁人口的百分比）	..	..	..
环境			
森林（千平方公里）	5.5	5.5	5.5
森林采伐（1990—2010年，平均年度百分比）			0.0
淡水使用量（占内陆水资源的百分比）	..	..	*161.4*
获得改善的水资源的人口（占总人口的百分比）	..	65	62
获得改善的卫生设施的人口（占总人口的百分比）	18	37	52
人均能源使用量（千克石油当量）	204	261	*326*
人均二氧化碳排放量（吨）	*0.8*	0.8	*1.0*
人均用电量（千瓦时）	119	136	*220*
经济			
GDP（10亿美元）	4.8	9.4	26.4
GDP增长率（年度百分比）	*2.0*	4.4	3.8
GDP隐含价格平减指数（年度增长百分比）	*17.1*	25.8	-4.1
农业增加值（占GDP的百分比）	24	10	..
工业增加值（占GDP的百分比）	27	47	..
服务业增加值（占GDP的百分比）	49	43	..
货物和服务出口（占GDP的百分比）	14	42	..
货物和服务进口（占GDP的百分比）	20	37	..
资本形成总额（占GDP的百分比）	15	19	..
中央政府收入（占GDP的百分比）	18.9	*23.9*	..
中央政府现金盈余/赤字（占GDP的百分比）	-7.8	-2.3	..
政府与市场			
创办企业的时间（天）	..	..	12
股票市场资本总额（占GDP的百分比）	..	..	..
军费支出（占GDP的百分比）	7.7	5.0	*4.4*
移动电话用户（每100人）	0	0	16
互联网用户（每100人）	0.0	0.1	1.8
铺敷道路（占总数的百分比）	9.1	..	..
高科技出口（占制成品出口的百分比）	..	*0*	0
全球联系			
商品贸易（占GDP的百分比）	46.9	67.8	53.5
净易货贸易条件指数（2000年=100）	..	100	127
外债总额（10亿美元）	6.4	5.1	6.4
债务还本付息总额（占出口的百分比）	11.1	5.9	*2.7*
净移民（千人）	-50	-100	-135
获得的侨汇（10亿美元）	1.5	1.3	1.2
外国直接投资，净流入额（百万美元）	-130.9	6.4	129.2
获得的净官方发展援助（百万美元）	400	263	500

赞比亚

撒哈拉以南非洲地区 **低收入经济体**

人口（百万）	12.9	人口增长率（百分比）	2.5
陆地面积（千平方公里）	753	国家贫困率（占人口的百分比）	*59.3*
GNI（10亿美元）	12.5	人均GNI（美元）	960
PPP衡量的GNI（10亿美元）	16.5	PPP衡量的人均GNI（美元）	1,280

	1990	2000	2009
人口			
最贫困的20%人口占国家消费/收入的份额（百分比）	*0.7*	*3.3*	..
出生时的预期寿命（岁）	51	42	46
总生育率（每个女性生育数）	6.5	6.2	5.7
青年女性生育率（每千名15—19岁女性生育数）	..	152	133
避孕普及率（占15—49岁已婚女性的百分比）	*15*	*34*	*41*
在熟练医护人员护理下的分娩（占总数的百分比）	*51*	*43*	*47*
5岁以下儿童死亡率（每千人）	179	166	141
儿童营养不良，体重不足（占5岁以下儿童的百分比）	*21.2*	*23.3*	*14.9*
儿童麻疹免疫接种率（占12—23个月年龄组的百分比）	90	85	85
小学毕业率，总数（占适龄年龄组的百分比）	..	61	87
中学总入学率，总数（占适龄年龄组的百分比）	21	24	49
小学和中学中女孩与男孩的比率（百分比）	*87*	91	96
HIV感染率（占15—49岁人口的百分比）	12.7	14.4	13.5
环境			
森林（千平方公里）	528	511	495
森林采伐（1990—2010年，平均年度百分比）			0.2
淡水使用量（占内陆水资源的百分比）	..	..	*2.2*
获得改善的水资源的人口（占总人口的百分比）	49	54	*60*
获得改善的卫生设施的人口（占总人口的百分比）	46	47	*49*
人均能源使用量（千克石油当量）	683	595	*583*
人均二氧化碳排放量（吨）	0.3	0.2	*0.2*
人均用电量（千瓦时）	774	595	*602*
经济			
GDP（10亿美元）	3.3	3.2	12.8
GDP增长率（年度百分比）	-0.5	3.6	6.4
GDP隐含价格平减指数（年度增长百分比）	106.4	30.0	12.7
农业增加值（占GDP的百分比）	21	22	22
工业增加值（占GDP的百分比）	51	25	34
服务业增加值（占GDP的百分比）	28	52	44
货物和服务出口（占GDP的百分比）	36	27	36
货物和服务进口（占GDP的百分比）	37	41	32
资本形成总额（占GDP的百分比）	17	17	22
中央政府收入（占GDP的百分比）	20.4	*19.7*	*17.6*
中央政府现金盈余/赤字（占GDP的百分比）	..	*1.8*	*-0.8*
政府与市场			
创办企业的时间（天）	..	..	18
股票市场资本总额（占GDP的百分比）	..	7.3	*20.6*
军费支出（占GDP的百分比）	3.7	*1.8*	1.7
移动电话用户（每100人）	0	1	34
互联网用户（每100人）	0.0	0.2	6.3
铺敷道路（占总数的百分比）	16.6	*22.0*	..
高科技出口（占制成品出口的百分比）	..	0	2
全球联系			
商品贸易（占GDP的百分比）	76.9	58.2	63.3
净易货贸易条件指数（2000年=100）	*207*	100	156
外债总额（10亿美元）	6.9	5.7	3.0
债务还本付息总额（占出口的百分比）	14.7	20.8	3.8
净移民（千人）	29	83	-85
获得的侨汇（百万美元）	..	..	41.3
外国直接投资，净流入额（百万美元）	202.7	121.7	699.2
获得的净官方发展援助（10亿美元）	0.5	0.8	1.3

津巴布韦

撒哈拉以南非洲地区			低收入经济体
人口（百万）	12.5	人口增长率（百分比）	0.5
陆地面积（千平方公里）	391	国家贫困率（占人口的百分比）	*72.0*
GNI（10亿美元）	4.6	人均GNI（美元）	360
PPP衡量的GNI（10亿美元）	..	PPP衡量的人均GNI（美元）	..

	1990	2000	2009
人口			
最贫困的20%人口占国家消费/收入的份额（百分比）	..	..	..
出生时的预期寿命（岁）	61	43	45
总生育率（每个女性生育数）	5.2	3.9	3.4
青年女性生育率（每千名15—19岁女性生育数）	..	91	61
避孕普及率（占15—49岁已婚女性的百分比）	*43*	*54*	65
在熟练医护人员护理下的分娩（占总数的百分比）	*70*	*73*	60
5岁以下儿童死亡率（每千人）	81	116	90
儿童营养不良，体重不足（占5岁以下儿童的百分比）	*8.0*	*11.5*	*14.0*
儿童麻疹免疫接种率（占12—23个月年龄组的百分比）	87	75	76
小学毕业率，总数（占适龄年龄组的百分比）	94	*90*	..
中学总入学率，总数（占适龄年龄组的百分比）	47	43	*41*
小学和中学中女孩与男孩的比率（百分比）	96	94	*97*
HIV感染率（占15—49岁人口的百分比）	10.1	24.8	14.3
环境			
森林（千平方公里）	222	189	156
森林采伐（1990—2010年，平均年度百分比）			1.2
淡水使用量（占内陆水资源的百分比）	..	..	*34.3*
获得改善的水资源的人口（占总人口的百分比）	78	80	*82*
获得改善的卫生设施的人口（占总人口的百分比）	43	44	*44*
人均能源使用量（千克石油当量）	889	794	*763*
人均二氧化碳排放量（吨）	1.5	1.1	*0.8*
人均用电量（千瓦时）	863	856	*1,022*
经济			
GDP（10亿美元）	8.8	6.6	5.6
GDP增长率（年度百分比）	7.0	-2.7	5.7
GDP隐含价格平减指数（年度增长百分比）	-0.9	0.3	25.3
农业增加值（占GDP的百分比）	16	18	18
工业增加值（占GDP的百分比）	33	25	29
服务业增加值（占GDP的百分比）	50	57	53
货物和服务出口（占GDP的百分比）	23	39	36
货物和服务进口（占GDP的百分比）	23	36	65
资本形成总额（占GDP的百分比）	17	14	2
中央政府收入（占GDP的百分比）	24.1	..	..
中央政府现金盈余/赤字（占GDP的百分比）	-2.6	..	..
政府与市场			
创办企业的时间（天）	..	..	90
股票市场资本总额（占GDP的百分比）	27.3	36.8	*106.3*
军费支出（占GDP的百分比）	4.7	5.2	*2.8*
移动电话用户（每100人）	0	2	24
互联网用户（每100人）	0.0	0.4	11.4
铺敷道路（占总数的百分比）	14.0	*19.0*	..
高科技出口（占制成品出口的百分比）	2	2	1
全球联系			
商品贸易（占GDP的百分比）	40.7	57.3	91.9
净易货贸易条件指数（2000年=100）	98	100	91
外债总额（10亿美元）	3.3	3.8	5.0
债务还本付息总额（占出口的百分比）	23.1	..	..
净移民（千人）	121	-300	-700
获得的侨汇（百万美元）	0.8	..	..
外国直接投资，净流入额（百万美元）	-12.2	23.2	60.0
获得的净官方发展援助（百万美元）	334	176	737

注释

a. 私人分析师估计，2007—2009 年消费者价格指数的通货膨胀相对很高，他们认为自 2008 年第四季度以来，GDP 的增长额远小于官方报道给出的数据。

b. 包括卢森堡。

c. 包括中国台湾。

d. 估计值不同于中国政府的官方统计值中公布的军费开支估计值：2000 年为 GDP 的 1.2%，2008 年为 GDP 的 1.4%（见中国国家统计局，www.stats.gov.cn）。

e. 不包括法国海外属地：法属圭亚那、瓜德罗普、马提尼克和留尼旺。

词汇表

获得改善的卫生设施——拥有足够的处理排泄物设施（私人或共用的，但不是公共的）的人口比例，这些设施可以有效地防止人类、动物和蚊蝇与粪便的接触。改善的设施范围包括从简单而有防护的厕坑到具有排水管线的直冲式厕所。为了保证有效，设施必须得到正确安装并适当地维护。（世界卫生组织）

获得改善的水资源——从改善的水源合理获得足够用水的人口比例。改善的水源包括诸如接入家庭的水、公共水管、受到保护的蓄水池、受到保护的井、泉以及雨水收集。未经改善的水源包括未保护的井和泉、自动售水机抽取的水、瓶装水和油罐卡车中的水。合理地获得足够的量意味着每人每天从距离居住区 1 公里范围内的水源可获取至少 20 升水。（世界卫生组织）

青年女性生育率——每千名 15—19 岁女性的生育数量。（联合国人口署）

在熟练医护人员护理下的分娩——在经过培训的医护人员护理下分娩的百分比，护理内容包括在女性怀孕、分娩和产后期间给予必要的监护、照顾和忠告，引导产妇自己分娩以及照顾新生儿。（联合国儿童基金会、宏观国际）

人均二氧化碳排放量——化石燃料燃烧和水泥生产所产生的二氧化碳排放量除以年中人口数量。它们包括在消费固态、液态和气态燃料以及气态闪光时产生的二氧化碳。（二氧化碳信息分析中心）

中央政府现金盈余/赤字——指收益（包括赠款）减去支出和非金融资产的净获得额。在 2005 年前的版本中，非金融资产包括在收入和支出总额中。现金盈余/赤字的概念最接近于早期的总预算盈余（缺少的仍然是贷款减去债务偿还，该项被记作金融资产净获得额下的融资项目）。（国际货币基金组织）

中央政府收入——来自税收、社会捐款以及其他诸如罚金、收费、租金和来自财产销售的收入。赠款通常也被认为是中央政府收入的一部分，但这里不包括该项收益。（国际货

币基金组织）

儿童麻疹免疫接种率——指在调查时接种了麻疹疫苗的12—23个月的儿童所占的百分比，接种是在12个月之内或调查之前的任何时间。儿童在接种1次麻疹疫苗后被认为对麻疹有足够的免疫力。（世界卫生组织、联合国儿童基金会）

儿童营养不良，体重不足——相对于其年龄，体重低于国际参照人口中值即0－59个月的平均数两个标准差的5岁以下儿童所占的百分比。数据与世界卫生组织2006年公布的最新儿童成长标准一致。（世界卫生组织）

避孕普及率——15—49岁结婚或者同居女性（或者其性伴侣）采取任何形式的避孕措施所占的百分比。（联合国儿童基金会、宏观国际）

森林采伐——天然林永久性地转换为其他用途，包括林农轮作、永久性农业、牧业、拓居地以及基础设施建设。森林面积减少不包括已砍伐但准备重植的面积，也不包括采集薪柴、酸沉降或森林火灾所导致的森林退化的面积。负数表示森林面积的增加。（粮食与农业组织）

人均用电量——用电量为发电厂和热力、电力综合工厂的发电量减去输变电损耗和热力、电力厂的自用量，再加上进口减去出口，除以年中人口数量。（国际能源署）

人均能源使用量——在转化为其他最终用途的燃料之前，主要能源的使用量，等于国内生产量加进口量和存量变化，减去出口量和用于国际运输中的船舶和飞机用燃料，除以年中人口数量。（国际能源机构）

货物和服务出口——提供给世界其他地区的所有货物与服务的价值，包括商品、货运、保险、运输、旅游、版税、特许权费和其他服务的价值。劳动收入及财产收益（以前称为要素服务）和转移支付不在其中。（世界银行、经济合作与发展组织、联合国）。

词汇表

外国直接投资，净流入量——投资者为获得其本国之外企业经营中持久的管理利益而进行、投资形成的净流入量。它是股票、收益再投资、其他长期资本以及国际收支平衡表中显示的短期资本之和。（世界银行、国际货币基金组织）

森林——自然生长或人工种植的立木所覆盖的地区，无论其是否是生产性的。（粮食与农业组织）

淡水使用量——对居民、工业和农业淡水使用的估计总量，但不包括在水存储地点的蒸腾损失。国内的水资源仅仅指国内可更新的水资源，即包括一个国家内降水产生的河川和地表水径流量。因为不包括来自其他国家的河川径流，因为从不可更新的含水地层抽取或咸水淡化厂生产的淡水量很大，或者因为水的重复利用规模很大，水的使用量可以超过可更新的淡水总量。（粮食与农业组织、世界资源研究所）

GDP（国内生产总值）——以购买者价格计算的国内生产总值。即一个经济体内所有居民创造的总增加值之和加上任何产品税，减去不包括在产品价值中的任何补贴。计算中没有扣除成套设备资产的折旧或自然资源的损耗和退化。（世界银行、经济合作与发展组织、联合国）

GDP 增长率——国内生产总值一年的实际增长率。（世界银行、经济合作与发展组织、联合国）

GDP 隐含价格平减指数——一个经济体整体上一年的价格变化率。（世界银行、经济合作与发展组织、联合国）

GNI（国民总收入）——国内生产总值（GDP）加上境外营业收入的净收益（雇员获得的报酬和收入）。国内生产总值（GDP）指所有居民生产者创造的增加值的总和，加上未统计在估计产值中的产品税（减去补贴）。（世界银行）

人均 GNI——利用世界银行图表集方法将国民总收入转化成美元之后除以年中人口数量。国民总收入（GNI）指所有居民生产者创造的增加值的总和，加上未统计在估计产值中的任何产品税（减去补贴），加上境外营业收入的净收益（雇员获得的报酬和财产收入）。以本币计算的GNI通常要以官方汇率（与各经济体的比较）转化成美元。世界银行图表集方法通常用于熨平价格和汇率的波动。将给定年份及其前两年的汇率加以平均，对各个国家、欧元区、日本、英国和美国不同的通货膨胀率加以调整。（世界银行）

购买力平价衡量的GNI——利用购买力平价将GNI转化成国际美元。对于GNI来讲，一国际美元所具有的购买力与美国美元在美国的购买力相同。（世界银行）

购买力平价衡量的人均GNI——利用购买力平价将GNI转化成国际美元，除以年中人口数量。对于GNI来讲，一国际美元所具有的购买力与美国美元在美国的购买力相同。（世界银行）

资本形成总额——由新增固定资产支出加上库存的净变动值构成。固定资产包括改良后的土地（围栏、水渠、排水沟等）；厂房、机器和设备的购置；建设公路、铁路以及学校、办公室、医院、私人住宅和工商业建筑等的修建。库存是企业为满足生产、销售或引进项目的暂时需要或应付意外变化而贮存的商品。依照1993年SNA，贵重物品的净收入也被认为是主要的构成。（世界银行、经济合作与发展组织、联合国）

中学总入学率——指占总的中学教育入学人数（不考虑年龄，与官方中学教育相对应的年龄组的人口）的比率。中学教育由更专业化的教师向学生提供更专业或技术性的、导向性的教育，从而开启学生终生学习与发展的基本能力和基本目标。（联合国教科文组织统计研究所）

高科技出口——具有较高的研究与开发强度的产品，包括诸如航空航天、计算机、药品和科研设备等。（联合国商品贸易统计数据库）

HIV感染率——15—49岁的人口感染HIV的百分比。（联

合国 HIV/AIDS 合作规划署、世界卫生组织）

货物和服务进口——提供给世界其他国家的所有货物和服务的价值，包括商品、货运、保险、运输、旅游、版税、特许权费和其他服务。劳务和财产收入（以前称要素性服务）作为转移支付不包括在内。（世界银行、经济合作与发展组织、联合国）

互联网用户——使用国际互联网络的人数。（国际电信联盟）

出生时的预期寿命——假定出生时死亡格局在其一生中保持不变，一名新生儿可能生存的年数。（欧洲统计局、联合国人口署、世界银行）

商品贸易——以现值美元衡量的商品出口和进口之和。（世界贸易组织、世界银行）

军费支出——包括用于武装力量的所有日常开支和资本开支，武装力量包括维和部队、国防部以及从事国防项目的其他政府机构、准武装力量（如果他们受过训练并装备了武器）以及军事空间活动等。这些开支包括军职人员和文职人员，其中包括军事人员的退休金以及向军事人员提供的社会服务、运转和维护费用、采购、军事研究与开发以及军事援助（包括在援助国的军费开支内）等。民间防御以及用于以往军事活动的日常开支不包括在内，例如，退役军人的福利，复员、转业以及武器的销毁等。该定义并不适用于所有国家，然而，这需要更为详细的信息，而不仅仅是军费预算和预算外军费开支项目中所包含的内容。（斯德哥尔摩国际和平研究所）

移动电话用户——利用蜂窝技术而获得公共交换台电话网使用权的手机用户，包括非预付话费和预付话费用户。（国际电信联盟）

国家贫困率——生活在国家贫困线以下的人口所占百分比。国家的估计值基于来自家庭调查的加权人口分组的估计数。

数据来自2000年以来最新获得的数据。斜体字数据表示近几年的数据，而非2008年的数据。（世界银行）

净易货贸易条件指数——相对于以2000年为基年的出口价格指数与相应的进口价格指数之比。（联合国贸易与发展会议、国际货币基金组织）

净移民——一段期间内的外国向本国移民人数减本国向外国移民人数，包括公民和非公民。数据为1985—1990年、1995—2000年和2000—2005年各时期的估计数。（联合国人口署）

获得的净官方发展援助——为满足发展援助委员会所定义的官方发展援助的资金流量（净偿还额），并且要拨付给发展援助委员会受援国名单上的国家和地区。（经济合作与发展组织）

铺敷道路——用混凝土浇筑的或用鹅卵石铺成的，以碎石和碳氢化合黏结料或用沥青铺敷路面的道路占一国所有道路里程的百分比，按长度衡量。（国际道路联合会）

人口——年中所有居民的估计数，无论其法律地位或公民权状况如何，该数字不包括在避难国非永久居住的难民，他们通常被认为是来源国人口的一部分。（欧洲统计局、联合国人口署、世界银行）

人口增长率——相对于前一年年中人口的指数增长率。（世界银行）

小学毕业率，总数——完成最后一年小学教育的学生所占的百分比。其计算如下：完成最后一年小学教育的学生人数减去该年级的复读人数，然后除以达到官方规定的毕业年龄的儿童总数。（联合国教科文组织统计研究所）

小学和中学中女孩与男孩的比率——指小学与中学中女性与男性总入学率之比。（联合国教科文组织统计研究所）

词汇表

获得的侨汇——由移民劳工的经常性转移支付、非移民劳工的工资和薪金组成。（国际货币基金组织、世界银行）

最贫困的20％人口占国家消费或者收入的份额——最贫困的1/5人口的消费或者收入在总的国家消费或者收入中占有的份额。（世界银行）

创办企业的时间——指在法律上创办一个企业而必须完成的程序所需要的日历天数。如果某项程序将加剧额外的成本，那么选择最快的程序将不惜成本。表中给出的2008年的数据为2009年6月的数据。（世界银行）

股票市场资本总额——指股票价格乘以已发行的股票数量所得的价值。（标准普尔）

陆地面积——一国的总面积，包括内陆水体和部分沿海水道。（粮食与农业组织）。

债务还本付息总额——对长期债务（政府债务、政府担保债务以及私人未担保的债务）的本金偿还和实际利息支付、短期债务的利息支付以及国际货币基金组织贷款的使用的总额，以占出口的百分比表示。出口涉及一般商品的所有权变更、加工或者修理的货物、非货币黄金、服务、非居民劳工就业赔偿收入、投资收入和劳工侨汇的国际交易。（世界银行）

外债总额——拖欠非居民的以外币、商品和服务形式偿付的债务。外债总额是政府债务、政府担保债务和私人无担保长期债务、短期债务和国际货币基金组织贷款的使用的总和。（世界银行）

总生育率——一个女性育龄期结束时，如按目前特定年龄生育率生育孩子的话，可能生育的孩子数量。（欧洲统计局、联合国人口署、世界银行）

5岁以下儿童死亡率——在当前特定年龄组别死亡率情况下，一名新生儿在5岁以前死亡的概率。（联合国儿童基金会、世界卫生组织、世界银行、联合国人口署）

农业增加值——农业部门（国际工业标准分类1—5项，包括林业和渔业）净产出的加总减去中间产品的投入。（世界银行、经济合作与发展组织、联合国）

工业增加值——工业部门（国际工业标准分类10—45项，包括采矿、制造业、建筑、电力、供水和煤气）净产出的加总减去中间产品的投入。（世界银行、经济合作与发展组织、联合国）

服务业增加值——服务业部门（国际工业标准分类50—99项）净产出的加总减去中间产品的投入。这部分属残余的来源，不可能恰当地反映服务产出总量，其中包括银行业和金融服务业。（世界银行、经济合作与发展组织、联合国）

图书在版编目（CIP）数据

2011年世界发展数据手册/世界银行著；王辉译．—北京：中国财政经济出版社，2011.10

书名原文：The Little Data Book 2011

ISBN 978-7-5095-3091-7

Ⅰ.①2… Ⅱ.①世… ②王… Ⅲ.①世界经济—经济发展—统计数据—2011—手册 Ⅳ.①F112-62

中国版本图书馆CIP数据核字（2011）第182327号

责任编辑：付克华　　责任校对：方丽英

封面设计：北平面　　版式设计：李香杰

2011年世界发展数据手册

中国财政经济出版社出版

URL：http://www.cfeph.cn

E-mail：cfeph@cfeph.cn

社址：北京市海淀区阜成路甲28号　邮政编码：100142

发行处电话：88190406　财经书店电话：64033436

北京财经印刷厂印刷　各地新华书店经销

787×1092毫米　24开　10.25印张　230 000字

2011年10月第1版　2011年10月北京第1次印刷

定价：25.00元

图字：01-2011-6647

ISBN 978-7-5095-3091-7/F·2620

（图书出现印装问题，本社负责调换）

本社质量投诉电话：010-88190744